Bessy Albrecht-Ross

## Der Wille zu leben

Bessy Albrecht-Ross

# Der Wille zu leben

## Fragen zum guten Leben bei Menschen mit Dissoziativer Identitätsstörung

Tectum Verlag

Bessy Albrecht-Ross

Der Wille zu leben. Fragen zum guten Leben bei Menschen mit Dissoziativer Identitätsstörung

© Tectum – ein Verlag in der Nomos Verlagsgesellschaft, Baden-Baden 2017

Zugl. Diss. Carl von Ossietzky Universität Oldenburg 2016

ISBN: 978-3-8288-3921-2

Umschlagabbildung: Fotolia.com © vali_111

Umschlaggestaltung: Norman Rinkenberger | Tectum Verlag

Druck und Bindung: CPI buchbücher.de, Birkach

Printed in Germany

Alle Rechte vorbehalten

Besuchen Sie uns im Internet
www.tectum-verlag.de

**Bibliografische Informationen der Deutschen Nationalbibliothek**
Die Deutsche Nationalbibliothek verzeichnet diese Publikation in der Deutschen Nationalbibliografie; detaillierte bibliografische Angaben sind im Internet über http://dnb.ddb.de abrufbar.

# Inhaltsverzeichnis

1. Einleitung .................................................................. 1

2. Dissoziative Identitätsstörung .............................................. 5
  2.1 Trauma und Dissoziation .................................................. 6
    2.1.1 Definition Dissoziation ............................................. 6
    2.1.2 Definition Trauma .................................................. 8
    2.1.3 Flight, Fight oder Freeze – Antworten auf lebensbedrohliche Situationen ..... 10
    2.1.4 Die Folgen des Freeze: Fragmente, Trigger und dissoziative Störungen ........ 11
    2.1.5 Die Erde bebt ..................................................... 13
    2.1.6 Der Einfluss von Trauma auf die assoziative Gehirnentwicklung .............. 15
    2.1.7 Das dissoziative Kontinuum – Eine diagnostische Zuordnung ................. 16
  2.2 Dissoziative Identitätsstörung (DIS) .................................... 18
    2.2.1 Diagnosekriterien der DIS .......................................... 18
        2.2.1.1 Exkurs: Kritik am DSM-5 ..................................... 21
    2.2.2 Ätiologie der DIS .................................................. 22
    2.2.3 Prävalenz der DIS ................................................. 23
    2.2.4 Diagnostische Instrumente, Komorbidität und Psychotherapie bei der DIS .... 25
  2.3 Phänomenologie der DIS ................................................. 27
    2.3.1 Persönlichkeiten – Eine sprachliche Annäherung ..................... 27
    2.3.2 Innenpersonen und Personensystem .................................. 29
    2.3.3 Anzahl der Persönlichkeiten und deren Innenwelt .................... 30
    2.3.4 Wechsel zwischen den Persönlichkeiten ............................. 31
    2.3.5 Charakteristika und Funktionen der Persönlichkeiten ................ 32
        2.3.5.1 Alltagspersönlichkeit ....................................... 33
        2.3.5.2 BeschützerInpersönlichkeit .................................. 34
        2.3.5.3 Kindpersönlichkeit .......................................... 35
        2.3.5.4 Tätergebundene Persönlichkeit ............................... 36

I

2.3.6 Kritik am Modell der DIS ... 38
   2.3.6.1 Kritik an der Traumaätiologie –
       Iatrogene oder soziokognitive Erklärungsmodelle ... 39
   2.3.6.2 Kritik an der Validität der Diagnose DIS ... 40
   2.3.6.3 Verdrängung vs. Dissoziation ... 41
2.4 Zusammenfassung ... 42

## 3. Theoretische Rahmung ... 45

3.1 Den störungsorientierten Blickwinkel wechseln ... 47
3.2 Salutogenese ... 49
   3.2.1 Das Konzept der Salutogenese – Ein Gesundheitskontinuum ... 50
   3.2.2 Das Kohärenzgefühl – SOC ... 52
   3.2.3 Kritik am Modell der Salutogenese ... 54
   3.2.4 Das Konzept der Resilienz ... 55
   3.2.5 Salutogenese und DIS ... 56
   3.2.6 Forschungspraktische Konsequenzen –
       Erhebung des SOC und die Frage nach dem guten Leben ... 58
3.3 Empowerment ... 59
   3.3.1 Definition Empowerment ... 59
   3.3.2 Expert by experiences ... 62
   3.3.3 Empowerment, expert by experiences und DIS ... 64
   3.3.4 Forschungspraktische Konsequenzen ... 66
3.4 Zusammenfassung ... 67

## 4. Das Forschungsdesign ... 69

4.1 Konkretisierung des Forschungsgegenstandes ... 70
4.2 Forschungsethik ... 71
   4.2.1 Informierte Einwilligung ... 72
   4.2.2 Vermeidung von Schädigung ... 74
   4.2.3 Ethische Achtsamkeit – Das Herstellen einer Vertrauensatmosphäre ... 76
   4.2.4 Forschen mit Kindern ... 80
4.3 Datenerhebung – Aufbau und Durchführung ... 82
   4.3.1 Erhebungsmethode – Leitfadengestütztes Interview ... 83
   4.3.2 Das episodische Interview – Die Leitfragen ... 84

| | | |
|---|---|---|
| 4.3.3 | Zugang zu den InterviewpartnerInnen | 87 |
| 4.3.4 | Der Informationsbogen | 88 |
| 4.3.5 | Nachbereitende Gespräche | 90 |
| 4.3.6 | Prä- und Postskript | 91 |
| 4.3.7 | Transkription und Aufbewahrung | 92 |

**4.4 Das Interviewsample** ... 93
    4.4.1 Übersicht InterviewpartnerInnen ... 95
    4.4.2 Rollenbeschreibung der interviewten Persönlichkeiten ... 96
        4.4.2.1 Alltagspersönlichkeit – Die Spagat-Organisatorin ... 97
        4.4.2.2 BeschützerInpersönlichkeit – Kritische AußenbeobachterIn mit ausgeprägter Handlungsmacht ... 100
        4.4.2.3 Kindpersönlichkeiten – Kindlich-ernste Lebensfreude ... 104
        4.4.2.4 Tätergebundene Persönlichkeiten – Voraussetzung zum Überleben .. 107
    4.4.3 Das Geschlecht der InterviewpartnerInnen ... 110

**4.5 Zusammenfassung** ... 112

**4.6 Grounded Theory – Methodologie und Methode** ... 113
    4.6.1 Sicherung der wissenschaftlichen Gütekriterien ... 115
        4.6.1.1 Grundprinzip Validierung ... 116
        4.6.1.2 Grundprinzip theoretische Sensibilität ... 118
        4.6.1.3 Präkonzepte der Forscherin ... 120
        4.6.1.4 Grundprinzip Theoretisches Sampling ... 122
        4.6.1.5 Grundprinzip des ständigen Vergleichens und Erhebungsformen ... 124
    4.6.2 Methodische Schritte der Datenanalyse in dieser Studie ... 125
        4.6.2.1 Das offene Kodieren, Kodes und Kategorien ... 126
        4.6.2.2 Axiales Kodieren um das Phänomen – Das Paradigmatische Modell ... 129
        4.6.2.3 Selektives Kodieren – Die Kernkategorie ... 131

**5. „Der Wille zu leben" – Darstellung der Ergebnisse** ... 135

**5.1 Ein Recht auf (gutes) Leben – Kernkategorie Daseinsberechtigung** ... 136
    5.1.1 Kontext: Du bist nicht – Ich bin nicht ... 137
    5.1.2 Kernkategorie: Daseinsberechtigung ... 139
        5.1.2.1 Innere und äußere Daseinsberechtigung ... 139
    5.1.3 Ursächliche Bedingungen der Daseinsberechtigung ... 141
        5.1.3.1 Externer Wirkfaktor – Menschen im Außen als Erfahrungserweiterung ... 141

5.1.3.2 Externer Wirkfaktor – Die anderen Innenpersönlichkeiten ............ 143
5.1.3.3 Interner Wirkfaktor und Kontext – Der ursprüngliche Lebenswille .... 145
5.1.3.4 Interner Wirkfaktor Nullpunkterfahrung –
„Ich habe sehr, sehr gelitten"........................................... 146
5.1.3.5 Interner Wirkfaktor – Der Wille zur Veränderung ..................... 147
5.1.4 Konsequenz: Da-Sein........................................................ 149
    5.1.4.1 Konsequenz: Wir sind – Ich bin. Keine Integration ohne Da-Sein...... 150
    5.1.4.2 Konsequenz: Da-Sein. Selbstbemächtigung .......................... 152
    5.1.4.3 Konsequenz: Da-Sein. Erkennen und Nutzen der eigenen
    Handlungsmacht ...................................................... 153
    5.1.4.4 Konsequenz: Da-Sein. Besseres – Gutes Leben ........................ 154
5.1.5 Bedingungsmatrix – Intervenierende Bedingungen und
Handlungsstrategien ............................................................ 155
    5.1.5.1 Definition Ebene Innen und Außen.................................... 157
    5.1.5.2 Innere Ebene. Viele sein – Zwischen Verleugnung und Akzeptanz .... 159
    5.1.5.3 Innere Ebene. Innere Kommunikation und Kooperation –
    Intervenierende Bedingungen und Handlungsstrategien ............. 161
    5.1.5.4 Innere und äußere Ebene. Orte und Räume der
    Daseinsberechtigung .................................................. 164
    5.1.5.5. Innere und äußere Ebene. Sicherheit schaffen ....................... 166
    5.1.5.6 Äußere Ebene. Menschen im Außen –
    Nahes und weites soziales Umfeld .................................... 168
    5.1.5.7 Äußere Ebene. Gesellschaftliche Ebene –
    Strukturelle Bedingungen............................................. 172
    5.1.5.8 Äußere Ebene – Gesellschaftliche Diskurse über Gesundheit
    und Krankheit ........................................................ 175
    5.1.5.9 Äußere Ebene – Stigmatisierungserfahrungen
    und Normierungsdiskurse............................................. 178
5.1.6 Zusammenfassung Daseinsberechtigung...................................... 181
5.1.7 Paradigmatisches Modell „Daseinsberechtigung"............................. 184
5.1.8 Die Daseinsberechtigung der einzelnen Persönlichkeiten ..................... 185
    5.1.8.1 Alltagspersönlichkeiten – Das Netz knüpfen.......................... 186
    5.1.8.2 Visuelle Darstellung Paradigmatisches Modell „Das Netz knüpfen" ... 194
    5.1.8.3 Innenkinder – Draußen Kind sein .................................... 195
    5.8.1.4 Visuelle Darstellung Paradigmatisches Modell „Draußen Kind sein" .. 202
    5.1.8.5 BeschützerInnen – Mehr als BeschützerIn sein. Selbstbestimmt
    eigenen Interessen und Bedürfnissen nachgehen..................... 203

5.1.8.6 Visuelle Darstellung Paradigmatisches Modell „Mehr als Beschützerln sein. Selbstbestimmt eigenen Interessen und Bedürfnissen nachgehen" ......... 210
5.1.8.7 Tätergebundene Persönlichkeiten – Vom TäterIn-Du zum Ich ......... 211
5.1.8.8 Visuelle Darstellung Paradigmatisches Modell „Vom TäterIn-Du zum Ich" ......... 219
5.1.8.9 Zusammenfassung Daseinsberechtigung der einzelnen Persönlichkeiten ......... 220
5.2 **Exemplarische Anwendung der Theorie Daseinsberechtigung** ......... 221
5.2.1 Das Netz knüpfen – A1: „Ein gutes Leben leben" ......... 224
5.2.2 Draußen Kind sein – K1: „Spielen, auch wenn der Körper groß ist" ......... 227
5.2.3 Mehr als BeschützerIn sein. Selbstbestimmt eigenen Interessen und Bedürfnissen nachgehen – B1: „Eigene Ziele verfolgen" ......... 230
5.2.4 Vom TäterIn Du zum Ich – T1: „Daseinsberechtigung und Akzeptanz" ......... 233
5.2.5 Zusammenfassung der exemplarischen Darstellung ......... 237
5.3 **Der SOC-Fragebogen** ......... 237
5.3.1 Der SOC-L9 – Ergebnisse und Diskussion ......... 239
5.3.2 Zusammenfassung SOC-Fragebogen ......... 244
5.4 **Reflexion des Forschungsprozesses** ......... 245
5.4.1 Handwerkszeug zur (Selbst-)Reflexion ......... 246
5.4.2 Die eigenen Grenzen spüren – Interviews mit tätergebundenen Persönlichkeiten ......... 248
5.4.3 Und die Frage nach dem guten Leben? ......... 250

**6. Die Daseinsberechtigung im aktuellen Fachdiskurs – Diskussion und Ausblick** ......... 253

6.1 **Die Daseinsberechtigung im Außen** ......... 255
6.1.1 Das multidimensionale Selbst: Ego-State-Therapie und Teile-Arbeit ......... 256
6.1.1.1 Die Daseinsberechtigung in der Tradition der Teile-Arbeit. Anschlussfähigkeit und Erweiterungen ......... 260
6.1.2 Daseinsberechtigung und tätergebundene Persönlichkeiten – Eine brisante Allianz? ......... 262
6.1.3 Viele Persönlichkeiten und deren Daseinsberechtigung – Die DIS im Rechtfertigungsdiskurs ......... 267
6.1.4 Das Vergessen der Gesellschaft und das falsche Erinnern der Opfer ......... 271
6.1.5 Eine Annäherung an die Leerstellen ......... 274

6.1.6 Die Daseinsberechtigung im sozialen Umfeld .................................. 277
6.1.7 Die Daseinsberechtigung im Empowerment- und Viktimisierungsdiskurs ..... 279
6.1.8 Zusammenfassung Einbettung der Daseinsberechtigung im Außen in
aktuelle Fachdiskurse .......................................................... 284
**6.2 Die Daseinsberechtigung im Innen**.................................................. 285
    6.2.1 Der Wille zu leben............................................................... 286
        6.2.1.1 Den Rubikon überwinden – Motivations- und Volitionsforschung .... 287
        6.2.1.2 Der Wille als (Über-)Lebensantrieb...................................... 291
        6.2.1.3 Der Wille – Eine wissenschaftliche und therapeutische Leerstelle..... 293
    6.2.2 Die salutogenen Faktoren der Daseinsberechtigung........................... 296
        6.2.2.1 Verstehbarkeit ............................................................ 297
        6.2.2.2 Handhabbarkeit .......................................................... 299
        6.2.2.3 Sinnhaftigkeit ............................................................ 300
**6.3 Zusammenfassung und Ausblick** .................................................. 304

**7. Abschließende Bemerkungen**........................................................ 307

**8. Glossar und Abkürzungen** ............................................................ 309

**9. Literaturverzeichnis** .................................................................... 313

# Abbildungsverzeichnis

| | | |
|---|---|---|
| Abbildung 1: | Dissoziatives Kontinuum und diagnostische Zuordnung nach Peichl, 2010, S.10. | 17 |
| Abbildung 2: | Übersicht InterviewpartnerInnen | 95 |
| Abbildung 3: | Alltagspersönlichkeit – Spagat-Organisatorin | 97 |
| Abbildung 4: | BeschützerIn – Kritische AußenbeobachterIn | 101 |
| Abbildung 5: | Kindpersönlich. – Kindlich-ernste Lebensfreude | 105 |
| Abbildung 6: | Tätergebundene Persönlichkeiten – Voraussetzung zum Überleben | 108 |
| Abbildung 7: | Grafische Darstellung des Paradigmatischen Modells nach Strauss & Corbin (1996, S.96) in Mühlmeyer-Mentzel & Schürmann (2011, Absatz 103). | 130 |
| Abbildung 8: | Grafische Darstellung des Paradigmatischen Modells zum Kernphänomen der Kindpersönlichkeiten | 132 |
| Abbildung 9: | Bedingungsmatrix Daseinsberechtigung | 157 |
| Abbildung 10: | Paradigmatisches Modell „Daseinsberechtigung" | 184 |
| Abbildung 11: | Alltagspers.– Das verbindende Elemente | 186 |
| Abbildung 12: | Paradigmatisches Modell „Das Netz knüpfen" | 194 |
| Abbildung 13: | Paradigmatisches Modell „Draußen Kind sein" | 202 |
| Abbildung 14: | Paradigmatisches Modell „Mehr als BeschützerIn sein. Selbstbestimmt eigenen Interessen und Bedürfnissen nachgehen" | 210 |
| Abbildung 15: | Paradigmatisches Modell „Vom TäterIn-Du zum Ich" | 219 |

*„Our culture has dissociated dissociativity. Profound aggressor/victim themes and psychodynamics, along with narcisstic, sadistic, or psychopathic coloring, run deep in our culture while simultaneously being denied. Victims are often blamed and shamed. One of the most shaming aspects of DID may be that this extremely painful and disorganizing problem of living is so often viewed as not existing." (Howell, 2011, XVI)*

# 1. Einleitung

Diese Studie stellt die Frage nach dem guten Leben. Es wird nach den Möglichkeiten, den Begrenzungen, den Bedürfnissen, den frühen Erfahrungen und den noch unerfüllten Wünschen gefragt. Was fördert ein gutes Leben? Durch was wird es verhindert? Welche Rahmenbedingungen sind nötig, um es zu ermöglichen? Oder ist es womöglich eine Sehnsucht, die sich nie erfüllt?

Diese elementaren Fragen werden an Menschen gestellt, die so frühe, so lang anhaltende und so zerstörerische Gewalt erfahren haben, dass sich ihre Persönlichkeit in viele Persönlichkeiten zersplittert hat. Die Dissoziative Identitätsstörung (DIS), ehemals Multiple Persönlichkeitsstörung (MPS), gilt als die schwerste dissoziative Störung, die derzeit bekannt ist. Sie findet sich in allerlei mystischen, pseudowissenschaftlichen und poetisch anmutenden Diskursen wieder. Doch sind es ganz im Gegenteil nüchterne hirnphysiologische Vorgänge, die dem psychischen und physischen Überleben von, potentiell lebensvernichtenden, Erlebnissen dienen.

Wie kann hier die Frage nach dem guten Leben gestellt werden, ohne als ignorant gegenüber dem erfahrenen Leid und Schmerz zu gelten? Gilt es nicht vornehmlich, die Vulnerabilität dieser Menschen in den Fokus zu nehmen? Und welche Haltung außer der, dass diese Menschen eine schwere psychische Erkrankung haben, kann noch eingenommen werden? Wie können dabei auf eine respektvolle, die Phänomenologie dieser Persönlichkeitsstruktur achtende Art und Weise eben die Fragen nach dem Guten, dem Frohen, dem Glücklichen gestellt werden? Und dabei nicht Gefahr zu laufen, den Hilfebedarf außer Acht zu lassen, sondern stets auf die Dringlichkeit der Weiterentwicklung und Ausweitung von psychosozialer Versorgung hin zu weisen?

Sich diesem Gegenstandsbereich mit den Fragen nach Gesundheitsfaktoren, Zufriedenheit und Wohlbefinden anzunähern und dabei das psychopathologische Verständnis solcher Identitätsstrukturen zu erweitern ist Anliegen dieser Studie. Dabei nähert sie sich dem Gegenstand angemessen nicht nur einer Persönlichkeit, sondern nimmt durch die Befragung von vier unterscheidbaren Persönlichkeitengruppen verschiedene Sinnstrukturen innerhalb eines Menschen mit einer Dissoziativen Identitätsstörung in den Blick. Diese explorative Vorgehensweise zeichnet den innovativen Charakter dieser Studie aus. Das Befragen von mehr als einer Persönlichkeit mittels qualitativer Interviews hat bisher in wissenschaftlichen Kontexten nicht statt gefunden und stellt eine Leerstelle in der Erforschung solch komplexer Identitätsstrukturen wie der DIS dar.

Der Aufbau der vorliegenden Arbeit orientiert sich dabei an den Prämissen wissenschaftlicher Ausarbeitungen und stellt in Kapitel 2 den Forschungsgegenstand zunächst in aller Ausführlichkeit vor. Der Zusammenhang von Trauma und Dissoziation wird hier ebenso ausgebreitet wie die Definition der Dissoziativen Identitätsstörung, deren Diagnosekriterien, Ätiologie und Prävalenz. Daran anschließend findet sich eine Beschreibung der einzelnen in dieser Studie interviewten Persönlichkeitengruppen (Alltagspersönlichkeit, Kindpersönlichkeit, BeschützerIn[1] und tätergebundene Persönlichkeit). Dem folgt eine Nachzeichnung der kritischen Diskurse rund um die DIS.

Das dritte Kapitel beschäftigt sich mit der theoretischen Rahmung der Studie und stellt die Konzepte Salutogenese und Empowerment in das Zentrum der Diskussion. Es werden inhaltliche Verbindungen zur DIS gezogen sowie daraus resultierende forschungs-praktische Konsequenzen vorgestellt.

Daran anschließend findet sich im vierten Kapitel die Darstellung des Forschungsdesigns. Dabei wird zunächst der Forschungsgegenstand weiter ausdifferenziert sowie das Thema Forschungsethik mit den Aspekten der Informierten Einwilligung, Ethischen Achtsamkeit, Vermeidung von Schädigung und Forschen mit Kindern vorgestellt. Es folgt die Darstellung der Datenerhebung, deren Aufbau und Durchführung expliziert werden. Daran schließt sich eine erste Ergebnisdarstellung an, die die Aufgabenbeschreibungen der einzelnen Persönlichkeitengruppen auf Grundlage der erhobenen Daten beschreibt. Dieses Kapitel schließt mit der Vorstellung der hier genutzten Methode der

---

[1] Die geschlechtersensible Schreibweise dieser Studie folgt den Empfehlungen des Leitfadens für gendergerechte Sprache der Frauenbeauftragten LMU München (2011), sowie den Ausführungen des AK Feministische Schreibweise (2011).

Datenanalyse ab und zeigt an konkreten Beispielen die Umsetzung und Anwendung der Grounded Theory Methode.

Das fünfte Kapitel widmet sich der Ergebnisdarstellung. Zunächst wird die herausgearbeitete Kernkategorie *Daseinsberechtigung* detailliert anhand der hier relevanten Kategorien vorgestellt. Dabei wird auf eine Organisationsstruktur von Analyseergebnissen bei der Verwendung der Grounded Theory Methode rekurriert: Das Paradigmatischen Modell. Dies findet sich als visuelle Darstellung am Ende der Erläuterungen zur *Daseinsberechtigung*. Diese wird spezifiziert durch die einzelnen interviewten Persönlichkeitengruppen. Den jeweiligen Kernphänomenen entsprechend findet sich zu jeder Persönlichkeit ein Kapitel, welches sich der inhaltlichen Darstellung der Ergebnisse annimmt und an dessen Ende sich ebenfalls eine spezifische Abbildung nach dem Paradigmatischen Modells befindet. An diese Ausführungen anschließend beschäftigt sich dieses Kapitel mit der praktischen Anwendbarkeit der entwickelten Theorie und rekonstruiert ein geführtes Interview mittels des zuvor eingeführten theoretischen Vokabulars. Nach einer Diskussion der Ergebnisse bezüglich der Erhebung des Kohärenzgefühls mittels eines Fragebogens schließt dieses Kapitel mit der Reflexion des Forschungsprozesses ab.

Das letzte Kapitel bettet nun die Ergebnisse dieser Studie in bestehende Theorien ein. Dabei werden sowohl psychotherapeutische Behandlungskonzepte, die Salutogenese, das Empowerment-Konzept sowie Modelle der Motivations- und Willensforschung relevant. Es werden Verbindungen zwischen der in dieser Studie erarbeiteten und bereits bestehenden Theorie geschlagen und Ausblick nehmend wissenschaftliche Leerstellen herausgearbeitet, die einer weiteren wissenschaftlichen Betrachtung bedürfen. Eine abschließende Bemerkung rundet diese Arbeit ab.

## 2. Dissoziative Identitätsstörung

Den Diskursen um die Dissoziative Identitätsstörung (DIS), vormals Multiple Persönlichkeitsstörung (MPS), sind viele interdisziplinäre Kontroversen inhärent. Diese reichen von einer grundsätzlichen Infragestellung der Existenz mehrerer Persönlichkeiten in einem Körper bis hin zu einer Mystifizierung und populärwissenschaftlicher Darstellung der multiplen Persönlichkeit sowie deren Ursachen. Es lassen sich zudem öffentliche, künstlerische und (auto-)biografische Veröffentlichungen zur DIS finden, in denen erschreckende und beängstigende Gewaltbeschreibungen von Folter und anderen brutalen (sexualisierten) Vergehen an Kindern beschrieben werden, die jenseits alltäglicher Vorstellungskraft mitten in unserer Gesellschaft statt finden. Diese oft, aber nicht ausschließlich (auto-)biografischen Abhandlungen (vgl. Fröhling, 2008) lesen sich schockierend und können eine emotionale Betroffenheit bis hin zu einer ungläubigen und abwehrenden Haltung gegenüber dem Wahrheitsgehalt der Beschreibungen zur Folge haben. Das wiederum beinhaltet die Gefahr, dass der DIS und ihren Ursachen Skepsis und Verunsicherung entgegen gebracht wird. Kontrastierend zu diesen emotional gefärbten Darstellungen finden sich klinische und wissenschaftliche Abhandlungen in fachlich-distanzierter Ausdrucksweise (Hart, Nijenhuis & Steele, 2008). Diese sehr abstrakt gehaltenen Beschreibungen der DIS und ihrer Ursachen lassen wiederum eine konkrete und lebensnahe Beschreibung vermissen und können insofern zu einer Mystifizierung beitragen, als die Störung aufgrund der ungenauen Beschreibungen in der (klinischen) Praxis schwer erkennbar wird (Dell, 2009). Das Anliegen dieses Kapitels ist es, einen Weg zwischen diesen Diskursen zu finden, auf dem die Ursachen der DIS zwar nicht ignoriert werden, aber der Schwerpunkt nicht auf der Darstellung von Gewalt liegt, sondern auf einer verständlichen und wissenschaftlich fundierten Erläuterung dieser komplexen Identitätsstörung, um die LeserInnen möglichst in die Lage zu versetzen, die Forschungsarbeit und ihren Gegenstandsbereich nachvollziehen zu können. Aufgrund dessen werden bestimmte Diskurse in ihrer Darstellung fokussiert (u.a. Definition von Trauma und Dissoziation, hirnphysiologische Vorgänge, Erscheinungsform der DIS), andere gleichermaßen wichtige und relevante Themenbereiche (u.a. ritualisierte und organisierte Gewalt, frühkindliche Traumatisierungen, False Memory Syndrom Foundation) aber unter dem Aspekt einer zunächst einmal grundsätzlichen Verständlichkeit dieses komplexen Themenbereiches lediglich am Rande behandelt.

## 2.1 Trauma und Dissoziation

Der folgende Abschnitt beschäftigt sich nach einer allgemeinen Einführung zum Thema der Dissoziation mit dem unmittelbaren Zusammenhang von dissoziativen Störungen und traumatischen Lebenserfahrungen. Anhand eines fiktiven Beispiels werden die hirnphysiologischen Prozesse bei einer traumatischen Erfahrung zusammengefasst. Dem nachfolgend wird das dissoziative Spektrum vorgestellt, um sich in der Folge der spezifischen Ausprägung in Form der Dissoziativen Identitätsstörung anzunähern.

### 2.1.1 Definition Dissoziation

Wörtlich übersetzt meint Dissoziation „Bewusstseinsspaltung" (Hoffmann, 2009, S.161) und wird zunächst als eine „fundamentale und universelle Komponente der menschlichen Psyche" (ebd.) verstanden[2]. Die Erscheinungsformen von Dissoziation umfassen ein breites Spektrum, welches von „normalpsychologischen dissoziativen Zuständen wie sie in Übermüdungs- und Stresssituationen vorkommen" (ebd.), bis hin zu ihrer extremsten Ausprägung in Form der Dissoziativen Identitätsstörung reichen. Doch vor der Klärung dieser sehr komplexen Erscheinungsform ist zunächst einmal fest zu stellen, dass die Dissoziation (Spaltung, Trennung) ein Alltagsphänomen ist und das Gegenteil der Assoziation (Verknüpfung) darstellt (Ross, 1997). Ver-

---

[2] Eine historische Herleitung und intensive Diskussion des Phänomens der Dissoziation findet sich bei Ellenberger (1996).

knüpft bzw. getrennt werden Sinneswahrnehmungen von bestimmten Instanzen unseres Gehirns. Dies sind hirnphysiologisch verankerte alltägliche Vorgänge, die dazu dienen, wichtige von unwichtigen Informationen zu trennen. Dieses allgemeine Prinzip der Dissoziation zeigt sich beispielsweise beim „kreativen Dissoziieren" (Beahrs, 1982, S.85) oder bei der „Alltagstrance" (Wolinsky, 1993) in Form von Tagträumen oder dem Versinken in einem Buch. Dieser Vorgang dient dazu, das Gehirn vor Reizüberflutung zu schützen und durch kurzzeitige Erholungsphasen die Handlungsfähigkeit eines Menschen wieder zu steigern (Beahrs, 1982, S.85). In der Dissoziation werden einige Elemente der Wahrnehmung fokussiert, andere hingegen aus der Wahrnehmung ausgeblendet. Morton Prince (1932) beschreibt die Dissoziation diesbezüglich als ein „allgemeines Prinzip, das die normalen psychisch-neurologischen Mechanismen steuert und deshalb nur in besonders ausgeprägter Form pathologisch ist" (S. 123). Denn je stressreicher bis hin zu traumatischer eine Situation ist, um so ausgeprägter finden die dissoziativen Mechanismen ihre Anwendung und bewirken dann eine „teilweise oder völlige Desintegration psychischer Funktionen" (Hoffmann, 2009, S.161). Die das Bewusstsein über die eigene Identität, das Erinnerungsvermögen, die Wahrnehmung des Selbst, der Umgebung und unmittelbare Empfindungen betreffen können. Bezüglich dieser Erkenntnisse über die Dissoziation gilt der Kliniker und Wissenschaftler Pierre Janet (1859-1947) als Pionier. Seine Studien an PatientInnen (Janet, 1889), die unter verschiedenen dissoziativen Störungen litten, veranlassten ihn zu der Formulierung der Hypothese, dass sich diese pathologischen Formen der Dissoziation „als Folge einer Überforderung des Bewusstseins bei der Verarbeitung traumatischer, überwältigender Erlebenssituationen" (Fischer, 2009, S.37) bezeichnen lassen. Er stellte den unmittelbaren Zusammenhang von Trauma und Dissoziation fest, der im Laufe der wissenschaftlichen Forschung zweifellos untermauert werden konnte und auf dessen aktuelle Ergebnisse im Laufe dieses Kapitels detailliert eingegangen wird.

Trotz verschiedenster Anschlüsse an Janets Theorie über Dissoziation bei Prince (1932) und später Taylor (1982) sank in den dreißiger Jahren des 20. Jahrhunderts vorübergehend das wissenschaftliche und klinische Interesse an diesem Phänomen. Derartige seelische Zustände wurden in der Folge fast nur noch durch den psychoanalytischen Ansatz mit Hilfe des Erklärungsmodells der Verdrängung beschrieben (Freud, 1923) und erklärt. Das Wiederaufleben der klinischen und wissenschaftlichen Auseinandersetzung mit der Dissoziation in den 1970er Jahren in Zusammenhang mit traumatischen Erfahrungen lag einerseits an der vermehrten Diagnose dissoziativer Zustände innerhalb der klinischen Population, andererseits am zunehmenden Interesse an posttraumatischen Belastungssyndromen u.a. aufgrund der Symptome der Überlebenden des Vietnamkriegs (Herman, 1989). Diese darauf folgenden wissenschaftlichen und psychotherapeutischen Auseinandersetzungen mit dem Wesen der Dissoziation führten zu neuen Erkenntnis innerhalb der Traumaforschung, sowohl in psychologischer als auch in hirnphysiologischer Hinsicht, die insbesondere zu einem besseren Verständnis der extremsten Ausprägung von Dissoziation, der DIS beigetragen haben. Bevor diese neuen Erkenntnisse nachgezeichnet werden, bedarf es jedoch einer begrifflichen Klärung dessen, was ein Trauma ist, um sich dann im nächsten Schritt den daraus resultierenden komplexen Verarbeitungsprozessen zu nähern.

**2.1.2 Definition Trauma**

Im klinischen Kontext wird der Begriff Trauma zunächst über die derzeit zur Verfügung stehenden Diagnosemanuale International Classification of Diseases (ICD) in der aktuell 10. Auflage (2016) und Diagnostic and Statistical Manual of Mental Disorders der American Psychiatric Association (Hrsg. von Falkai & Wittchen) von 2015 in der aktuell 5. Auflage (DSM-5) definiert. Der ICD 10 definiert Trauma als „ein belastendes Ereignis oder eine Situation außergewöhnlicher Bedrohung oder katastrophenartigen Ausmaßes (kurz oder langhaltend), die bei fast jedem eine tiefe Verzweiflung hervorrufen würde" (ICD-Code F43.1, 2016). Detaillierter findet sich eine Definition von Trauma im DSM-5 als eine „potenzielle oder reale Todesbedrohung, ernsthafte Verletzung oder eine Bedrohung der körperlichen Unversehrtheit bei sich oder bei anderen, auf die mit intensiver Furcht, Hilflosigkeit oder Schrecken reagiert wird" (Falkai & Wittchen, 2015, S.373 f). Der entscheidende Faktor, der eine stressreiche, resp. belastende Lebenssituation zu einem Trauma werden lässt, wird hier bereits deutlich; die Todesbedrohung. Ereignisse, die ein Gefühl der Todesbedrohung auslösen und dadurch in Folge traumatisierend wirken, sind in Mono- und Komplextrauma (Huber, 2011) unterteilt. Monotraumatische Ereignisse sind kurzzeitige, einmalige Vorkommen, wie beispielsweise Naturkatastrophen oder technische Katastrophen. Komplextrauma sind gekennzeichnet durch sich wiederholende und lang andauernde Geschehnisse wie beispielsweise Folter, wiederholte sexualisierte Gewalt oder Kriegsgefangenschaft (Dangendorf, 2007, S.8f). Es wird zudem zwischen „man-made" (Vergewaltigung, Vernachlässigung, häusliche Gewalt etc.) und durch höhere Gewalt hervorgerufenen (Naturkatastrophen, Unfälle, Erkrankungen, etc.) Traumas unterschieden, wobei die man-made Traumas als schwerwiegender eingestuft werden aufgrund ihrer zusätzlichen zwischenmenschlichen Komponente (Reddemann, 2011).

Wesentlich für ein Trauma ist also das Erleben von Todesangst, begleitet von den Gefühlen der Ausweg- und Hilflosigkeit in einer äußerst bedrohlichen Situation. Doch nicht jede äußere Bedrohung ruft bei jedem Menschen dieselben inneren Empfindungen von Todesbedrohung oder Hilflosigkeit hervor. Diesbezüglich erweitern Fischer & Riedesser (2009) die Definition von Trauma um den Aspekt, dass ein solches Erleben nicht objektivierbar ist, sondern auch personenabhängige Faktoren darüber entscheiden, ob eine Situation als traumatisch empfunden wird: „Ein Trauma ist ein vitales Diskrepanzerlebnis zwischen bedrohlichen Situationsfaktoren und den individuellen Bewältigungsmöglichkeiten, das mit Gefühlen von Hilflosigkeit und schutzloser Preisgabe (Freeze) einhergeht und so eine dauerhafte Erschütterung von Selbst- und Weltverständnis bewirkt" (Fischer & Riedesser, 2009, S.79).

Wie kommt es nun zu diesem Zustand der schutzlosen Preisgabe und wie äußert er sich? Was hilft bei einer Lebensbedrohung zu überleben, sofern der Tod nicht eintritt? Um diese Fragen zu klären, bedarf es der Feststellung, dass Menschen (und Säugetiere im Allgemeinen) über ein „genetisch determiniertes Notprogramm" (Scherwath, 2014, S.18) verfügen, welches auf Bedrohung automatisch reagiert. Es besteht aus den biologisch determinierten Reaktionsmustern Flucht und Kampf. Erst wenn eine dieser beiden Optionen nicht mehr zur Verfügung steht, tritt Todesangst ein. Als Konsequenz darauf empfindet der Mensch die bereits beschrieben Hilf- und Schutzlosigkeit, und der Zustand des Freeze tritt ein. Auf diesen Vorgang und seine hirnphysiologischen Konsequenzen wird im Folgenden eingegangen.

### 2.1.3 Flight, Fight oder Freeze – Antworten auf lebensbedrohliche Situationen

Bewertet das Gehirn eine Situation als bedrohlich treten zunächst hirnphysiologische Prozesse in Kraft[3], die den Körper für eine mögliche Flucht (Flight) oder einen Kampf (Fight) aktivieren (Peichl, 2010, S.71). Dies geschieht, indem eine körperliche Notfallreaktion in Gang gesetzt wird: „Die Aktivierung des peripheren und sympathischen Systems führt zu den für Stress- und Angstreaktionen typischen Veränderungen von Blutfluss, Herzfrequenz, Atmung und Muskeltonus, zur Mobilisierung von Energiereserven und zu Veränderungen des Immunsystems" (Hüther, 2001, S.139). Dieser als „sympathikogen" (Peichl, 2010, S.70) bezeichnete Zustand dient der Aktivierung des gesamten Muskeltonus und richtet die Funktionen des Körpers auf Flucht bzw. Kampf aus, falls sich eine Gelegenheit dazu bietet. Ist jedoch die Ausnutzung dieses erhöhten Energielevels für Flucht oder Kampf nicht möglich und dauert die Bedrohung dennoch weiter an, tritt die bereits erwähnte empfundene Todesnähe ein. Diese nun ausweglose Situation führt zu dem Zustand des Freeze, der im Deutschen auch als „Schreck" (Peichl, 2010, S.71) bezeichnet wird. Dieser Status wiederum ist „parasympathisch" (ebd.) gesteuert und sorgt dafür, dass der Blutdruck fällt, die Schmerzempfindlichkeit abnimmt, der Puls ruhiger wird und die Muskulatur erschlafft: „Es kommt zur Vasodilatation, und damit wäre eine Flucht (...) nicht mehr möglich – nur der Tod kann noch eintreten" (Peichl, 2010, S.71). Es entsteht jene Situation, die das Erleben als traumatisch kennzeichnet: no flight, no fight (Scherwath, 2014). Es ist keine Flucht und auch kein Kampf in einer bedrohlichen Situation möglich, nur der Tod ist noch zu erwarten.

Diese Prozesse führen in der Konsequenz dazu, dass jene Funktionen der Großhirnrinde außer Kraft gesetzt werden, die normalerweise das Denken und Handeln steuern und der integrativen, also einer zeit-

---

[3] Für eine weiterführende Beschäftigung mit den hier beschriebenen hirnphysiologischen Prozessen bei traumatischen Erlebnissen empfehlen sich Hüther, 2012; Peichl, 2010, Tulving, 2013 und Wöller, 2009.

lich und räumlich orientierten Gedächtnisleistung, dienen (Wöller, 2009). In einer derart lebensbedrohlichen Situation übernimmt nun das sogenannte Notfallsystem, die Amygdala (Hüther, 2012), die hirnphysiologischen Prozesse. Die eingehenden Sinnesreize können hier jedoch lediglich fragmentarisch, also dissoziiert, verarbeitet und abgespeichert werden[4]. Was nun sind die Folgen dieser unbewusst ablaufenden hirnphysiologisch und neurobiologisch verankerten Verarbeitungsprozesse von traumatischen Stress?

### 2.1.4 Die Folgen des Freeze: Fragmente, Trigger und dissoziative Störungen

Je unumgänglicher die Ausweglosigkeit einer Situation wird, in der weder Kämpfen noch Fliehen möglich ist, umso unausweichlicher wird die Konsequenz des parasympathischen Zustandes des Freeze. Sobald dieser eingesetzt hat und nur noch der Tod als Aussicht besteht, „kommt das Mittel des *Fragmen*tierens hinzu: Die Erfahrung wird zersplittert, und diese Splitter werden so ′weggedrückt′, dass das äußere Ereignis nicht mehr [...] zusammenhängend wahrgenommen und erinnert werden kann" (Huber, 2003, S.43. Herv. i. O.). Einzelne Wahrnehmungsdetails werden aufgrund der beschriebenen hirnphysiologischen Vorgänge in der Amygdala in sensorisches, emotionales, körperliches und kognitives Erleben fragmentiert (Scherwath, 2014, S.20). Hüther (2012) stellt diesbezüglich fest, dass unter extremen Belastungen die „räumlich-zeitliche Einordnung (Hippocampus) und die assoziativen Fähigkeiten des Bewusstseins (Frontalhirnfunktionen), die normalerweise den sensorischen Input zu einem zusammenhängenden Erlebnis und einer späten abrufbaren Erinnerung verknüpft, außer Kraft gesetzt" (S. 22) werden. Dies geschieht unmittelbar während des traumatischen Erlebnisses und dient dazu, die erlebte Unausweg-barkeit der Gefahrensituation durch Wahrnehmungsveränderung abmildernd zu beeinflussen.

Als eine Folge dieses unzusammenhängenden und fragmentarischen Abspeicherns der traumatischen Erfahrungsinhalte können, im Falle eines Überlebens, lange nach dem Vergehen einer solchen Situa-

---

[4] Für eine intensivere Auseinandersetzung mit diesen neurobiologisch beschreibbaren Prozessen ist der Artikel von Kapfhammer (2004) zu empfehlen, in dem er den Zusammenhang von Dissoziation und Gedächtnis detailliert aufarbeitet.

tion sogenannte „Flashbacks" (American Psychiatric Association, 2015, S.375) auftreten. Diese zeichnen sich dadurch aus, dass Aspekte des traumatischen Ereignisses von der betroffenen Person zukünftig wieder erlebt werden, oder sie sich so verhält, „als würde das Ereignis gerade statt finden" (ebd.). So können sich beispielsweise „Körpersensationen" (Reddemann, 2011, S.145) in Form von isolierten Körperschmerzen oder unzusammenhängenden Erinnerungsbildern an eine Gewalterfahrung zeigen. Diese können durch einen „Trigger", also einen äußeren Reiz, ausgelöst und in Folge der bewussten Wahrnehmung zugänglich gemacht werden: „Traumatische Erinnerungen werden häufig durch einen Stimulus (Trigger) ausgelöst, der an irgendeinen Aspekt des ursprünglichen traumatischen Vorgangs erinnert" (Boon, Steele & Van der Hart, 2013, 169)[5]. Entscheidend hierbei ist der Umstand, dass die Erinnerungen an traumatische Ereignisse nicht vollständig und ganzheitlich zugänglich sein können, da sie aufgrund der beschriebenen hirnphysiologischen Vorgänge fragmentarisch abgespeichert wurden und dem wachen Bewusstsein, resp. dem Hippocampus-System, nicht als vollständige und integrierte Erinnerung zur Verfügung stehen.

Die beschriebenen hirnphysiologischen Verarbeitungsprozesse können so zu dissoziativen Störungen der üblichen Wahrnehmung führen, die wiederum einen prägenden Einfluss auf die Selbst- und Körperwahrnehmung haben. Dazu zählen dissoziative Störungen wie beispielsweise die Derealisation, die sich dadurch ausdrückt, dass die Umgebung als „fremd und unwirklich wahrgenommen" (Scherwath, 2014, S.20) wird. Eine weitere ist die Depersonalisation, bei der die eigene Person oder der eigene Körper nicht mehr gespürt wird oder die Betroffenen sich unbeteiligt am Geschehen fühlen (ebd). Im klinischen Kontext werden weitere dissoziative Störungen unterschieden: Die dissoziative Amnesie, in der kein Zugriff auf üblicherweise zugängliches Wissen über die eigene Biografie oder den eigenen Alltag möglich ist (Huber, 2003, S.56). Und die "Fugue" (Wöller, 2009, S.118), worunter ein Verlassen der „gewohnten Umgebung" (ebd.) verstanden wird, für das im Nachhinein eine Amnesie besteht. In der Differential-

---

5 Boon, Steele & Van der Hart (2013) unterscheiden verschiedene Triggertypen. Erinnerungsauslösende Reize werden unterteilt in Zeit-, Ort-, Beziehungs-, sensorische und innere Trigger (S. 169ff).

diagnostik finden sich weitere dissoziative Phänomene wie beispielsweise der „dissoziative Stupor" (Wöller, 2009, S.118), „Beeinträchtigung des Körperselbsterlebens" (ebd.) oder „spontane Trance-ähnliche Zustände" (ebd.).

Auf Grundlage dieser Erkenntnisse können nicht nur Jahre nach einem traumatisierenden Vorfall auftauchende Erinnerungsdetails an beispielsweise sexualisierte Gewalt in der Kindheit erklärt werden. Sondern zudem die in einigen Fällen auftretende eingeschränkte Fähigkeit von Gewaltopfern, sich detaillierter an TäterInnen unmittelbar nach einem Überfall erinnern zu können. Nicht eine objektiv von Außen beurteilte Qualität einer Gewalterfahrung sondern die Ausprägung der individuell empfundenen Todesnähe entscheidet hierbei über die fragmentarische Wahrnehmung und Verarbeitung dieser Erfahrung. Wie ein solches Erleben konkret von statten gehen kann (wobei dies lediglich als eine Annäherung an mögliche Realitäten verstanden werden soll) wird im folgenden Kapitel anhand eines fiktiven Beispiels erläutert.

## 2.1.5 Die Erde bebt

Zuallererst soll angemerkt sein, dass die nachfolgende Beschreibung eines Erdbebens lediglich der konkreteren Darstellung der bislang abstrakten Nachzeichnung verhaltensbiologischer und hirnphysiologischer Prozesse dient und keinesfalls den Anspruch einer richtigen und wahren Beschreibung solcher Naturgewalten beinhaltet. Aus ethischen Gründen wurde auf die Schilderung einer Gewalterfahrung an dieser Stelle verzichtet, da dies detailliert und angemessen zu schildern zum Einen nicht das Anliegen dieser Arbeit ist, zum Anderen der Fokus auf der kognitiven Nachvollziehbarkeit der beschriebenen Vorgänge und nicht auf dem Abwehren möglicher emotionaler Bewegungen seitens der LeserInnen aufgrund der Schilderung von Gewaltsituationen liegen soll.

Angenommen, es befindet sich ein Mensch in einem kleinen Haus und die Erde fängt an zu beben. Die Amygdala als das Notfallsystem bewertet die eingehenden Informationen der bebenden Erde als Gefahr und bringt die beschriebene Notfallreaktion in Gang. Der Mensch bekommt Angst, gleichzeitig ist er überaus wachsam und seine Muskeln werden mit ausreichend Sauerstoff zum Zwecke der Mobilisation versorgt (sympathikogener Zustand). Die Prozesse Fight oder Flight sind aktiviert, die Augen geweitet, die Muskeln angespannt. Der Mensch kann auch tatsächlich auf die Bedrohung reagieren und sich in Sicherheit bringen, indem er aus dem Haus auf ein offenes Feld flüchtet. Das Beben lässt langsam nach. Die aktivierte Energie konnte erfolgreich genutzt werden, ein Flüchten war möglich. Das Ereignis wird zwar als bedrohlich, aber nicht lebensbedrohlich im Sinne eines Traumas erlebt, die Erfahrung kann aller Voraussicht nach integrativ verarbeitet werden. Das hat zur Folge, dass der Mensch das Erlebnis chronologisch und einhergehend mit dem Zugriff auf Gefühle von Angst vor dem Beben und der Erleichterung über die gelungene Flucht bei Bedarf erzählen kann.

Traumatisch kann dieselbe Situation unter anderen Bedingungen werden. Im Zuge des bereits aktivierten sympathikogenen Zustands aufgrund des Erdbebens versucht der Mensch die Tür zu öffnen, um sich vor herunterkommenden Balken zu schützen. Die Tür klemmt. Er versucht es am Fenster, die Gardinen haben Feuer gefangen. Die Todesangst und Panik steigt mehr und mehr, das Beben wird immer stärker. Doch es ist keine Flucht möglich, kein Kampf, die Situation erscheint aussichtslos. Der Freeze-Zustand tritt ein. Die Schmerzempfindlichkeit wird herunter gesetzt, der Mensch sinkt in sich zusammen, die Muskeln erschlaffen, er versucht nicht mehr, sich in Sicherheit zu bringen, die Situation erscheint hoffnungslos. In diesem Zustand beobachtet er nur noch die herunterkommenden Balken und hört deren Aufprall, er rechnet jederzeit mit dem Tod. Der setzt jedoch nicht ein, nichts trifft den Körper, das Haus steht noch, das Beben lässt nach. Die Person kommt nach einer gewissen Zeit wieder zu sich. Wie ist er auf dem Boden gelandet? Woher kommen die Schnittwunden an der Hand? Wie lange hat das Beben angedauert? Vermutlich wird sie hierauf eine Zeit lang keine Antworten finden, diese Informationen sind mit anderen aufgrund der hohen Amygdala-Aktivität fragmentarisch abgespeichert, also dissoziiert worden. Doch kann es sein, dass, sobald diese Person Monate später an einer Baustelle vorbei läuft und fallende Steine sieht (Trigger), sie heftige Panik, nahezu Todesangst bekommt, ihre Knie weich werden und sie am ganzen Körper anfängt zu zittern. Die lediglich durch die Amygdala fragmentarisch gespeicherten Sinneseindrücke kommen unzusammenhängend in das Wachbewusstsein und übernehmen die Kontrolle, der Hippocampus konnte die gemachten Erdbebenerfahrungen bisher nicht kontextualisieren und integrieren. Das Erleben war zu ungewöhnlich und bedrohlich, es standen bisher keine vergleichbaren Erfahrungen zur Verfügung, in die diese eine hätte integriert werden können. Die Erinnerungen bleiben bruchstückhaft und abgespalten und können in Folge die Ausbildung einer dissoziativen Störung begünstigen.

In diesem Beispiel wurde von einem erwachsenen Menschen ausgegangen. Doch haben die Qualität, die Dauer und vor allem der Zeitpunkt von traumatischen Erfahrungen entscheidenden Einfluss auf die Entwicklung dissoziativer Störungen aufgrund der entsprechenden hirnphysiologischen Vorgänge. Je jünger ein Mensch ist, je weniger Erfahrungen er insgesamt bisher gesammelt hat und je weniger sein Sprachzentrum ausgebildet ist, umso langwieriger wird eine Überführung der Erfahrungen in das integrative Gedächtnis des Hippocampus werden. In welcher Weise diese und weitere Faktoren Einfluss nehmen, erläutert das folgende Kapitel.

### 2.1.6 Der Einfluss von Trauma auf die assoziative Gehirnentwicklung

Aktuelle Ergebnisse der Hirnforschung lassen den Schluss zu, dass das menschliche Gehirn sich grundsätzlich nach seinen Nutzungsbedingungen (Scherwath, 2014, S.20) strukturiert. Demnach sind interaktive Prozesse an der Gehirn- und Persönlichkeitsentwicklung beteiligt, die verdeutlichen, dass „das Gehirn keine überwiegend genetisch determinierte Maschine ist, sondern sich in Abhängigkeit von Erfahrungen neuroplastisch entwickelt" (ebd). Besonders frühkindliche Traumatisierungen haben verheerende Auswirkungen auf die weiteren hirnphysiologischen Entwicklungen eines Kindes. Diesbezüglich stellt Hüther (2012) fest, dass alles, was früh erlebt und getan wird und mit starken Emotionen zu tun hat, die stabilsten neuronalen Netze im Gehirn bilden, die wiederum unser Denken, Handeln und Fühlen steuern. Und bei frühkindlichen Traumatisierungen die integrativen und assoziativen Bereiche des Gehirns nur mangelhaft ausgebildet werden. Huber (2003) bezeichnet diesbezüglich traumatische Erfahrungen als einen „Anschlag auf die Identität" (S. 68) und verdeutlicht damit die tiefe Erschütterung und direkte Beeinflussung auf identitäre Entwicklungsprozessen, die traumatische Erfahrungen haben. Wobei ein früher Zeitpunkt und die Dauer „in der Entwicklung aufgrund ihrer besonderen Relevanz bzgl. neuronaler Prägungsprozesse als besondere Risikofaktoren" (Scherwath, 2014, S. 22) für dissoziative Symptombildungen und Störungen nach traumatischem Erleben gelten. Welche dissoziativen Störungsbilder derzeit bekannt sind, wird im nachfolgenden Kapitel erläutert.

### 2.1.7 Das dissoziative Kontinuum – Eine diagnostische Zuordnung

Die, durch traumatische, Erfahrungen hervorgerufenen dissoziativen Symptome weisen eine enorme Spannbreite auf, wobei die Übergänge von der alltäglichen zur pathologischen Dissoziation fließend und wie bereits erwähnt abhängig von der Qualität des traumatischen Erlebens sind. Der aktuelle Erkenntnisstand über den Zusammenhang der Qualität traumatischer Erfahrungen und der Entwicklung dissoziativer Störungen lässt sich aufgrund klinischer und empirischer Studien wie folgt zusammen fassen: „Die Schwere der vorangegangenen [...] [E]rlebnisse korreliert positiv mit dem Ausmaß der Dissoziationsneigung" (Eckhardt-Henn, 2004, S. 268). Dieses Ergebnis gilt für retrospektive Studien ebenso wie für prospektive (ebd.). Mit Zunahme der traumatischen Belastung wird die Dissoziation entsprechend ausgeprägter und zeigt sich im folgenden Spektrum von Belastungsstörungen, die posttraumatisch auftreten können:

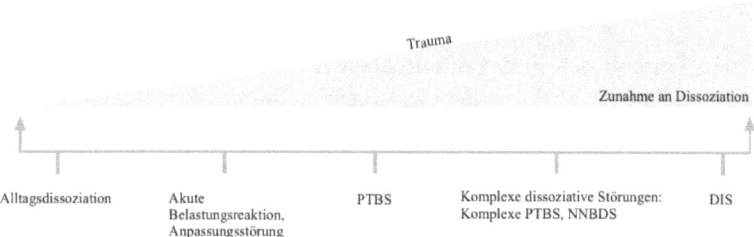

*Abbildung 1: Dissoziatives Kontinuum und diagnostische Zuordnung nach Peichl, 2010, S.10.*

Neben der DIS (Dissoziativen Identitätsstörung), auf die in den kommenden Kapiteln eingegangen wird, gibt es weitere posttraumatische Belastungsreaktionen. Hier sind die Akute Belastungsreaktion, Posttraumatische Belastungsstörung (PTBS), sowie die komplexe PTBS zu nennen. Die nachfolgenden komplexen dissoziativen Störungen werden weiter unterschieden, zwischen der DIS und der „nicht näher bezeichneten dissoziativen Störung, Typ 1b" (Reddemann, 2011, S.42), abgekürzt NNBDS (englisch: „Dissociative Disorder, not otherwise specified" DDNOS) (ebd.). In dieser Kategorie finden sich jene dissoziativen Ausprägungen wieder, die nicht eindeutig der DIS zuzuordnen sind, wenngleich sich die Auswirkungen nicht grundlegend voneinander unterscheiden (Boon, Steele & Van der Hart, 2013, S. 38). Jede dieser hier erwähnten posttraumatischen Belastungsstörungen beinhaltet als Symptome einzelne der bereits beschriebenen dissoziativen Phänomene (dissoziative Amnesie, Fugue, etc.), die entweder deutlich ausgeprägt oder in Form von Begleiterkrankungen (Komorbidität) wie beispielsweise einer Angststörung, bipolaren Störungen oder Depressionen (Hensel, 2014, S.27) auftreten können. Die DIS hingegen kann sämtliche beschriebene dissoziative Ausformungen beinhalten und wird als die extremste Ausformung von Dissoziation in den nun folgenden Kapiteln erläutert.

## 2.2 Dissoziative Identitätsstörung (DIS)

Einen Durchbruch in der öffentlichen ebenso wie in der Fachdiskussion zum Thema Multiple Persönlichkeit stellte das Buch „Sybil" (1974) dar, eine von der Journalistin Schreiber verfassten Dokumentation der psychoanalytischen Therapie einer Person mit dieser Störung. In darauf folgenden zahlreichen Fallstudien wurde in den 1980er und 1990er Jahre eine Reihe von standardisierten Testverfahren und Fragebögen entwickelt, um dissoziative Störungen im Allgemeinen und die Multiple Persönlichkeit im Besonderen adäquat zu erfassen (Huber, 1997, 21ff). 1980 wurde die separate diagnostische Kategorie „Dissoziative Störungen" in das internationale Diagnostik-Handbuch für psychische Störungen (ICD) aufgenommen. Im ICD 10 erscheint die Multiple Persönlichkeitsstörung (MPS) 1992 erstmals als eigenständige Diagnose, in der deutschen Übersetzung der dritten Ausgabe (1987) des amerikanischen Manual Diagnostic and statistical manual of Mental Disorders (DSM) erfolgte die Beschreibung zunächst ebenfalls unter dem Namen Multiple Persönlichkeitsstörung. Wie sich die Diagnosekriterien aktuell darstellen, welche Erscheinungsform diese komplexe dissoziative Störung annimmt und welche kritischen Diskurse sich rund um die DIS finden lassen, wird in den nachfolgenden Kapiteln vorgestellt.

### 2.2.1 Diagnosekriterien der DIS

Im ICD 10 findet sich unter der Kennziffer 44.8 die Dissoziative Identitätsstörung, allerdings finden sich hier keine näheren Beschreibungen der Symptome[6]. Aufgrund dessen und wegen der Aktualität des 2015 in der deutschen Übersetzung erschienen DSM-5 wird im Folgenden auf diesen rekurriert. Hier finden sich unter der Kennnummer 300.14 die Diagnosekriterien für die Dissoziative Identitätsstörung (S. 399). Als erstes Kriterium (A) wird die Anwesenheit von zwei oder mehr unterscheidbaren Persönlichkeitszuständen, die eine jeweils eigene Art zu sein haben, beschrieben. Dieser Personenwechsel kann

---

6 Der bereits online zugängliche, doch bisher noch nicht in Druckversion veröffentlichte draft des ICD11 ist bereits wesentlich detaillierter (http://apps.who.int/classifications/icd11/, letzter Zugriff 3.5.2016).

## 2.2 Dissoziative Identitätsstörung (DIS)

entweder von Außen beobachtet oder von den Betroffenen selbst berichtet werden:

> „A. Störung der Identität, die durch zwei oder mehr Persönlichkeitszustände gekennzeichnet ist (...). Die Störung der Identität umfasst eine deutliche Diskontinuität des Bewusstseins des eigenen Selbst und des Bewusstseins des eigenen Handelns, begleitet von den damit verbundenen Veränderungen des Affektes, des Verhaltens, des Bewusstseins, des Gedächtnisses, der Wahrnehmung und/oder sensorisch-motorischer Funktionen. Diese Merkmale und Symptome können von anderen beobachtet oder von der Person selbst berichtet werden."
> (American Psychiatric Association, 2015, S.399)

Menschen mit einer dissoziativen Identitätsstörung berichten diesbezüglich beispielsweise von depersonalisierten Zuständen, in denen sie sich selbst beobachten und keine Kontrolle mehr über ihr Sprechen und Handeln haben: „Individuals with dissociative identity disorder may report the feeling that they have suddenly become depersonalized observers of their ′own′ speech and actions, which they may feel powerless to stop" (American Psychiatric Association, 2013, S.293). Als Ursache für diesen depersonalisierten Zustand ist ein Wechsel in einen anderen Persönlichkeitszustand verantwortlich, für den möglicherweise eine Amnesie bestehen kann, welche ein weiteres Diagnosekriterium (B) darstellt:

> „B. Wiederkehrende Lücken bei der Erinnerung alltäglicher Ereignisse, wichtiger persönlicher Informationen und/oder traumatischer Ereignisse, die nicht als gewöhnliche Vergesslichkeit zu bewerten sind." (American Psychiatric Association, 2015, 399)

Im alltäglichen Bereich kann das zur Folge haben, unbekannte Gegenstände im Einkaufswagen zu finden oder Eintragungen in Notizbüchern mit fremden Handschriften, die aber von der eigenen Person angefertigt worden sind: „(....) finding unexplained objects in their shopping bag (...) or finding perplexing writings or drawings that they must have created" (American Psychiatric Association, 2013, S.293). Es werden außerdem drastische Gedächtnisverluste beschrieben, in denen sich eine Person an einem Ort wieder findet und nicht weiß, wie sie dort hin gelangt ist:

> „Thus, individuals with dissociative identity disorder may report that they have suddenly found themselves at the beach, at work, in a nightclub, or

somewhere at home (...) with no memory on how they came to be there" (American Psychiatric Association, 2013, S.293).

Es besteht des Weiteren eine deutliche psychische Belastung aufgrund der Symptome, die die Betroffenen in bestimmten Teilen ihres Lebens beeinträchtigen:

„C. Die Symptome verursachen in klinisch bedeutsamer Weise Leiden oder Beeinträchtigungen in sozialen, beruflichen oder anderen wichtigen Funktionsbereichen."
(American Psychiatric Association, 2013, S.399)

Normale kulturelle oder religiöse Praktiken sind aus der Diagnose ebenso ausgenommen wie Fantasiespiele von Kindern:

„D. Das Störungsbild ist nicht normaler Bestandteil breit akzeptierter kultureller oder religiöser Praktiken. **Beachte:** Bei Kindern können die Symptome nicht besser durch imaginierte Spielkameraden oder anderes Fantasiespiel erklärt werden."
(American Psychiatric Association, 2013, 399. Herv.i.O.)

Außerdem gehen die Symptome nicht von der Einnahme einer Substanz oder medizinischen Behandlung aus:

„E. Die Symptome sind nicht Folge der physiologischen Wirkung einer Substanz [...] oder eines medizinischen Krankheitsfaktors (z.B. komplex-partielle Anfälle)."
(American Psychiatric Association, 2013, 399)

Insbesondere innerhalb der klinischen Diagnostik wird das DSM mit den darin enthaltenen Kriterien für das Feststellen einer DIS genutzt. Trotz seiner Wirkungsmacht und Relevanz als das derzeit führende Diagnosemanual für psychische Erkrankungen ist es durchaus Kritik ausgesetzt. Insbesondere die Herausgabe der aktuellen Ausgabe DSM-5 hat zu einer breit geführten Auseinandersetzung zu Auswirkungen der Definitionsmacht über Gesundheit und Krankheit auf Grundlage eines Manuals geführt. Wenngleich hier der Zusammenhang zur DIS (noch) nicht unmittelbar besteht, so soll bereits an dieser Stelle der nachfolgende Exkurs die historisch-gesellschaftliche Relativität eines Gesundheits- und Krankheitsverständnis aufzeigen.

## 2.2.1.1 Exkurs: Kritik am DSM-5

Es ist eingangs fest zu stellen, dass die Vorstellung von Gesundheit grundsätzlich keine a-historische ist, sondern immer in den jeweiligen historischen, kulturellen und gesellschaftlichen Kontexten eingebunden ist (Franke, 2010, S.24), somit sind auch die hier vorgestellten Diagnosemanuale als veränderbar und nicht statisch zu verstehen. Zudem muss gesellschaftspolitisch zusätzlich von einer „interessengeleiteten Definitionsmacht" (S. 26) dessen, was als gesund und was als krank gilt, gesprochen werden. Die Herausgabe des derzeit aktuellen DSM-5 unterliegt diesbezüglich deutlicher Kritik mit dem Hinweis, dass die Einführungen neuer Diagnosen und der damit einhergehenden neuen Medikationen möglicherweise entsprechend interessengeleitet sind:

> „Nicht selten werden hier Psychopharmaka verschrieben, vor allem in den USA, wo viele Mediziner bereits bei leichten psychischen Störungen Medikamente verordnen. So ist auch der Vorwurf entstanden, vor allem die Pharmaindustrie habe ein Interesse an neuen DSM-Kriterien." (Habekuss, 2013, Absatz 5)

Trotz der nicht unmittelbaren Bezugnahme zu der für diese Arbeit relevanten DIS wird dennoch auf Metaebene deutlich, dass Diagnosemanuale hinsichtlich ihrer konstruierenden Definitionsmacht dessen, was als gesund und was krank gilt, kritisch zu hinterfragen sind. Diese Annahme wird zudem um einen feministischer Blickwinkel erweitert, der davon ausgeht, dass vornehmlich Frauen, die innerhalb eines patriarchal organisierten Gesellschaftssystems deutlich mehr Gewalterfahrungen und einer zusätzlichen Stigmatisierung sowie Pathologisierung durch Diagnostikmanuale und psychiatrische Systeme ausgesetzt sind. Was in Anbetracht dessen, dass die DIS (als eine der schwersten psychopathologischen Störungen) zum größeren Teil in der weiblichen Population zu finden ist, als ein Hinweis darauf verstanden werden kann (vgl. Kapitel 2.2.3). Weiterführende Diskussionen hierzu finden sich bei u.a. bei Burgard, 2002 und Becker & Kortendiek, 2010.

Nun stellt sich unabhängig von dieser strukturellen Diskussion hinsichtlich einer potentiellen Pathologisierung von Menschen die Frage, wie sich, bezogen auf die vorliegende Studie speziell die DIS konkret darstellt. Bevor auf die Erscheinungsform näher eingegangen wird, werden zunächst die Themenbereiche Ätiologie, Prävalenz und

Komorbidität beleuchtet, um die theoretische Einbettung der DIS in die entsprechenden Fachdiskurse abzuschließen.

### 2.2.2 Ätiologie der DIS

Wie bereits heraus gearbeitet wurde, ist Dissoziation eine physiologische Antwort auf traumatische Erfahrungen. Dieser Zusammenhang ist durch Studien sowie Meta-Analysen hinreichend belegt worden (Gast, 2003). In den vorangegangenen Kapiteln wurde ebenfalls auf die Auswirkung von (frühkindlichen) Traumatisierungen auf eine integrative Gehirnentwicklung eingegangen. Konsequenterweise stellt sich somit die DIS (engl. Dissociative Identity Disorder – DID) als eine Folge von chronischen und frühen Traumaerfahrungen dar: „DID is an outcome of psychological trauma that was early, chronic and severe" (Howell, 2011, S.73). Putnam (1986) stellte in einer Studie über 100 Menschen mit einer DIS fest, dass 85-95% von sexualisierter oder physischer Gewalt berichten. Dies wurde von Ross (1997) bestätigt: „88,5% to 96% of patients with DID in three large studies reported a history of sexual or physical abuse" (Ross zit. n. Gast, 2011, S.73). In den wenigen überbleibenden Fällen, in denen der DIS keine Gewalterfahrungen als Ursache zugrunde liegen, spielen andere schwere Traumatisierungen eine Rolle. Darunter fallen beispielsweise frühkindlich erfahrene Naturkatastrophen, schwerwiegende Erkrankungen oder medizinische Behandlungen in Form von langwierigen und schmerzhaften Operationen (Sachsse, 2004, 62ff).

Auch aktuelle retrospektive Studien weisen prozentual überwiegend auf durch Menschen verursachten Komplextrauma hin und geben in über 90% der Fälle von DIS als Ursache „traumatische Erfahrungen in der Kindheit in Form von schwerer Vernachlässigung, seelischer, körperlicher und sexueller Misshandlung" (Gast, 2011, S.26) an. Es finden sich Berichte von schweren frühkindlichen Gewalterfahrungen sowohl in häuslicher Umgebung, als auch innerhalb organisierter Strukturen wie beispielsweise Missbrauch für Kinderpornographie oder ritualisierte Gewalt (Fliß & Igney, 2010). In einer internationalen, anonymen Online-Befragung zum Thema extreme Gewalt haben 52% der 1.471 Personen mit schweren Dissoziationen Erfahrungen in ritualisierter Gewalt und Mind Control angegeben (Igney, 2010, S.71 f).

Unter dem Begriff der ritualisierten Gewalt versteht sich „schwere, sexualisierte, physische und emotionale Misshandlung, die sich häufig in einem Kontext ereignet, der systematisch organisiert ist. Die Gewaltausübung ist in der Regel mit Symbolen oder Tätigkeiten verbunden, die den Anschein von Religiosität, Magie oder übernatürlicher Bedeutung haben" (Mann, Spieckermann, & Wagner, 2010, S.1). Becker plädiert diesbezüglich für die Einordnung solcher Gewaltausübungen als „ideologisch motivierte Straftaten" (Becker, 2010, S.115), da es sich um organisierte Gewalt und das konsequente Begehen von schweren Straftaten in Verbindung mit einem (vorgetäuschten) Glaubenssystem handelt. Eine detaillierte Ausarbeitung und erste Ergebnisse entsprechender Untersuchungen über den Zusammenhang von organisierter Gewalt und DIS finden sich u.a. bei Smith (1994), Huber (2009, 2011, 2013), Fröhling (2008) und Fliß & Igney (2010).

### 2.2.3 Prävalenz der DIS

Das Vorkommen dissoziativer Störungen im Allgemeinen stellt zunächst keine Seltenheit innerhalb der Bevölkerung dar: „Schätzungen zur Prävalenz und Inzidenz dissoziativer Störungen in der Erwachsenen-Bevölkerung schwanken zwischen 2 bis 6 Prozent." (Mergenthaler, 2008, S.28). Klinische Populationen weisen im Gegensatz dazu naturgemäß ein höheres Vorkommen dissoziativer Störungen insgesamt auf. Brand et al. (2009) halten bei einer Übersichtsarbeit internationaler Studien mit 280 PatientInnen und 292 TherapeutInnen zur Prävalenz dissoziativer Störungen fest, dass sich das prozentuale Vorkommen in ambulant klinischen Zusammenhängen zwischen 12% und 38% (S. 1) bewegt. Foote, Smolin, Neft und Lipschitz (2008) stellen bei einer Untersuchung mit 321 PatientInnen einer Psychiatrie hinsichtlich der Diagnose differenziert fest, dass „29% of an outpatient group had a dissociative disorder. Of these 10% had dissociative amnesia, 9% had Dissociative Identity Not Otherwise Specified (DD-NOS), 6% had Dissociative Identity Disorder (DID), and 5% had depersonalization disorder" (S. 29).

Das Vorkommen einer DIS bei 6% einer klinischen Populationen stellt somit international betrachtet keine Seltenheit dar. Gast (2006) bestätigt dies mit leichter Abweichung ebenfalls für den europäischen

Raum: „Studien gehen für die DIS von einer Prävalenz von 0,5 bis 1 Prozent in der Gesamtbevölkerung und 5 Prozent in stationären psychiatrischen Patientenpopulationen aus" (Gast, 2006). Die Verteilung der DIS in der Gesamtbevölkerung wird von Howell (2011) prozentual erhöht. Dabei rekurriert sie auf aktuelle Erhebungen der International Society for the Study of Trauma and Dissociation (ISSTD) und stellt fest, dass „current epidemiological research sets the prevalence of DID at 1,1% to 3% of the general population" (S. 17). Von einem innerhalb dieses prozentualen Spektrums mittleren Vorkommen geht auch der aktuelle DSM-5 aus, indem sich hier auf die Ergebnisse einer Untersuchung in einer kleinen U.S. amerikanischen Stadt bezogen wird, die das Vorkommen der DIS unabhängig von der Verteilung der Geschlechter von 1,5 % bestätigt hat.

Wenngleich die Dissoziationsfähigkeit selbst weitgehend geschlechtsunabhängig ist, werden klinisch relevante dissoziative Störungen „jedoch bei Frauen bis zu 9-mal häufiger diagnostiziert als bei Männern" (Gast & Rodewald, 2011, S.38). Die Gründe hierfür erscheinen vielfältig, Ross (1989) vermutet diesbezüglich, dass männliche DIS Patienten eher im Gefängnis als in der Psychiatrie landen. Overkamp (2005) hingegen fragt, ob „nun tatsächlich mehr Frauen von DIS betroffen sind oder ob multiple Männer einfach weniger häufig zum Arzt gehen, weniger systematisch auf sexuelle oder physische Missbrauchserfahrungen befragt werden" (Overkamp, 2005, S.121). Eine weitere Ursache stellen sicher die bestehenden gesellschaftlichen (patriarchalen) Strukturen dar, in denen Mädchen und Frauen einem wesentlich höheren Risiko von physischer und sexualisierter Gewalt ausgesetzt sind (Steinhage, 2004, 45ff) und somit das dissoziative Störungen, resp. DIS vermehrt innerhalb der weiblichen Population zu finden sind.

Die prozentuale Variabilität innerhalb der hier vorgestellten Ergebnisse lässt sich methodisch und aufgrund der unterschiedlichen Diagnose- Erhebungs-, und Analysekonzeptionen (Gast & Rodewald, 2011, S.46) erklären. Unabhängig von diesen leichten Schwankungen legen die Zahlen den Schluss nahe, dass komplexe dissoziative Störungen wie die DIS bisher „unterdiagnostiziert" (Gast & Rodewald, 2011, S.46) sind und die Annahme eines sehr seltenen Vorkommens dieser

Störung nicht mehr dem neuesten Forschungsstand entspricht (vgl. Reddemann, Hofmann & Gast, 2011).

### 2.2.4 Diagnostische Instrumente, Komorbidität und Psychotherapie bei der DIS

Es gibt derzeit drei verschiedene Erhebungsmethoden um dissoziative Störungen im Allgemeinen und die DIS im Besonderen fest zu stellen: Strukturierte Interviews, die von TherapeutInnen durch geführt werden, Selbstbeurteilungsinstrumente und Selbstbeurteilungs-Screening-Instrumente. Im Folgenden werden einzelne Beispiele erläutert, um einen groben Einblick in geläufige diagnostische Testverfahren zu ermöglichen (Chu et al., 2011).

Das Structured Clinical Interview for DSM-4 Dissociative Disorders Revised (SCID-D-R17)[7], welches als strukturiertes Interview von TherapeutInnen durch geführt wird, beinhaltet 277 Items und erfragt fünf dissoziative Symptome: Amnesie, Depersonalisation, Derealisation, Identitätsunsicherheit und Identitätsänderung (Chu et al., 2011, S.25). Ein Selbstbeurteilungstest ist das Multidimensional Inventory of Dissociation (MID; Dell, 2006), das zur intensiven Erfassung dissoziativer Phänomene entwickelt wurde. Es umfasst 218 Fragen, davon sind 168 Dissoziations- und 50 Validitätsfragen (Chu et al., 2011). Die Dissociative Experiences Scale (DES, dt. FDS bei Bernstein & Putnam, 1986) ist ein Screeninginstrument. Die DES ist das am meisten eingesetzte Messinstrument in Klinik und Forschung, um Dissoziationen fest zu stellen und besteht aus 28 Selbstbeurteilungsfragen (Chu et al., 2011, S.25-29).

Es gibt noch weitere Testverfahren, doch soll hier lediglich ein kleiner Einblick in angewandte klinische Instrumente zur Diagnose gegeben werden. Studien wie die von Brand, McNary, Loewenstein, Kolos & Barr (2006) belegen zudem, dass die hier vorgestellten Instrumente zudem als am hilfreichsten bei der Feststellung einer DIS eingeschätzt werden.

Jedoch ersetzt keines dieser Instrumente eine Differentialdiagnostik, da insbesondere dissoziative Phänomene deutliche Komorbidität

---

7 In der deutschen Übersetzung findet sich das Strukturierte Klinische Interview für Dissoziative Störungen (SKID-D) bei Gast (2000).

zu anderen psychischen Zuständen aufweisen. Ellason, Ross & Fuchs (1996) stellten bei 135 DIS-PatientInnen im Durchschnitt in über 63% der Fälle gleichzeitig drei verschiedene Diagnosen für Persönlichkeitsstörungen fest: Borderline (56,3%), ängstlich-vermeidend (48,5%), selbstentwertend (46,6%), paranoid (43,7%), dependent (35,9%) und zwanghaft (35,9%) (Overkamp, 2005, S.60). Zusätzlich weisen Menschen mit einer DIS oft somatoforme Störungen auf, die eine Diagnose zusätzlich erschwert: „Somatoforme Symptome bei DIS-Patienten variieren stark und können u. a. Bauchschmerzen, Unterleibsschmerzen, Gelenkschmerzen, Gesichts- und Kopfschmerzen, Globusgefühl, Rückenschmerzen, pseudoepileptische Anfälle, psychogenes Asthma und weiteres beinhalten" (Chu et al., 2011, S.33). Auch im DSM-5 findet sich der Hinweis auf komorbide Symptome, die sich typischerweise im Zusammenhang mit der DIS finden: „Individuals with dissociative identity disorder typically present with comorbid depression, anxiety, substance abuse, self-injury, non-epileptic seizures, or another common symptom" (American Psychiatric Association, 2013, S.294).

Zusammenfassend bleibt fest zu stellen, dass zum Einen ausreichend klinische Diagnoseinstrumente für die DIS bestehen, zum Anderen die Differentialdiagnostik aber aufwändig und komplex erscheint, was wiederum eine genügend aufgeklärte und ausgebildete Fachklientel benötigt (Dell, 2009). Diesbezüglich verweist Rodewald (2004) auf den Umstand, dass „betroffene PatientInnen jedoch eine störungsspezifische Behandlung benötigen, die auf die Besonderheiten der Dissoziation des Identitätserleben eingeht" (S. 351). Wenn diese allerdings gewährleistet ist, sind die möglicherweise belastenden Symptome einer DIS gut zu behandeln (ebd). Hierzu finden sich differenziert ausgearbeitete und gut validierte traumatherapeutische Ansätze. Am prominentesten sind diesbezüglich die psychodynamisch imaginative Traumatherapie (PITT) nach Reddemann (2011) und die Ego-State-Therapie nach Watkins & Watkins (1997, 2012), auf die in den nachfolgenden Kapiteln in Verbindung mit der theoretischen Rahmung (vgl. Kapitel 3.3.3) und den Ergebnissen (vgl. Kapitel 6.1.1) dieser Studie noch intensiver eingegangen wird. Huber (2003, 2011, 2013) bietet ebenfalls praxisnah ausgearbeitete Manuale zur therapeutischen Begleitung von Menschen mit einer DIS. Eine ausführliche Übersicht weiterer aktueller traumatherapeutischer Ansätze finden sich zudem bei Sachsse (2004) und Wöller (2009).

Doch wie ist nun die konkrete Erscheinungsform der bis hierhin erst lediglich abstrakt und klinischen Beschreibung der DIS? Wie stellen sich die einzelnen Persönlichkeiten dar und welche Aufgaben haben sie? Und wie werden die speziellen Phänomene der DIS sprachlich gefasst?

## 2.3 Phänomenologie der DIS

Entsprechend der Darstellung in den vorangegangenen Kapiteln ist die DIS als eine „psychobiologische Antwort auf die erlittenen Traumatisierungen in einem bestimmten Zeitfenster der frühen Kindheit" zu verstehen (Gast, 2011, S.26). Ein relevanter hirnphysiologsicher Entwicklungsschritt, nämlich die „Herausbildung eines zentralen integrativen Bewusstseins" (ebd.) wird durch anhaltende Traumatisierungen verhindert oder zumindest deutlich erschwert. Die neurobiologische Fähigkeit eines Kindes zur Dissoziation einhergehend mit der „Schaffung von Projektionsfiguren geben den verschiedenen Persönlichkeitszuständen schließlich ihre individuelle Ausprägung" (Rodewald, 2011, S.26). Dieser Prozess zeichnet das schlussendliche Ausmaß der Dissoziation vor, da in ihm die Entwicklung von einem lediglich dissoziiert abgespeicherten Traumainhalt zur Ausformung einer ganzen zusätzlichen Persönlichkeit statt findet.

Doch wie findet ein Wechsel zwischen diesen Persönlichkeiten statt? Woher weiß ich, mit wem ich rede? Welche Persönlichkeiten gibt es? Haben die ein eigenes Alter, sprechen sie unterschiedlich? Um sich diesen Fragen zu nähern, wird sich dieses Kapitel sprachlich an die komplexe Realität von Menschen mit einer DIS annähern und diese anhand von Erläuterungen zu evidenten Themenbereichen konkretisieren.

### 2.3.1 Persönlichkeiten – Eine sprachliche Annäherung

Die im DSM-5 als „Persönlichkeitszustände" (American Psychiatric Association, 2013, S.399) bezeichneten Phänomene der DIS erhalten in Wissenschafts-, Fach,- und Populärliteratur verschiedene Bezeichnungen, das Nutzen einer einheitlichen Terminologie ist diesbezüglich nicht fest zu stellen. Im Folgenden werden die prominentesten Annäherungen dargestellt, um für die vorliegende Arbeit zu einer kohärenten sprachlichen Fassung zu gelangen[8].

Die Vielzahl an Begriffen dieses charakteristischen Merkmals der Dissoziativen Identitätsstörung hat eine kontroverse und komplexe Diskussion rund um das Wesen dieser Störung zur Folge: „Whether they are called identities, personalities, personality states, ego states, subpersonalities, parts, disaggregate self-states, alters or any number of other descritptive terms (...), they form a central and often colorful and controversial feature of these disorder" (Kluft, 2006, S. 281). Besonders deutlich wird die Kontroverse an dem für die einzelnen Persönlichkeiten häufig genutzten Begriff „Ego-State" (Watkins & Watkins, 2012), der auf die Entwicklung der Ego-State Therapie des Ehepaares Watkins & Watkins zurück führt. Diese Bezeichnung ist in dem Zusammenhang mit der DIS allerdings nicht trennscharf, da sich hinter diesem Begriff ein komplexes Konzept einer ganzen Persönlichkeitstheorie verbirgt. Dabei wird von einem „Kern-Selbst" (Watkins & Watkins, 2012, S.45) ausgegangen, das grundsätzlich von unterschiedlichen „Ich-Zuständen" (ebd.), resp. Ego-States durchzogen wird und sich erst in seiner extremsten Form als multiple Persönlichkeit darstellt. Die Nutzung des Begriffes Ego-State in einer Arbeit zur Dissoziativen Identitätsstörung würde somit trotz ihres geläufigen Gebrauchs in der Fachliteratur dennoch aufgrund dieser inhaltlichen Ungenauigkeit zu unnötiger Verwirrung beitragen.

Boon, Steele & Van der Hart (2013) hingegen bezeichnen die Dissoziation der Persönlichkeit bereits konkreter als „dissoziierte Persönlichkeitsanteile" (S. 35). Diese zeichnen sich dadurch aus, dass zwischen ihnen ungenügend ausgebildete Verknüpfungen bestehen und so getrennt voneinander eigene „Reaktions- und Verhaltensmuster" (ebd.) auftreten. Kluft (2006) hingegen konkretisiert dieses Erscheinungsbild einer DIS weiter, indem er fest stellt, dass das Ausschlaggebende bei Menschen mit einer DIS der Umstand ist, dass sie schlicht

---

8 Eine Übersicht aller genutzten fachspezifischen Termini dieser Studie findet sich im Glossar auf S. 309.

viele Persönlichkeiten sind (S. 282). Des Weiteren macht er deutlich, warum der Begriff der Persönlichkeit die Komplexität und Vielschichtigkeit dieses dissoziierten Zustandes einer Person mit dissoziativer Identitätsstörung am treffendsten beschreibt:

> „Eine Alter-Persönlichkeit ist eine Wesenheit mit einem festen, dauerhaften und wohlfundierten Selbstgefühl und einem charakteristischen und konsistenten Muster von Verhaltensweisen und Gefühlen, die auf eine bestimmte Stimuli hin aktiviert werden. Sie muß [sic] über ein Spektrum von Funktionen, ein Spektrum emotionaler Reaktionen und eine signifikante (auf ihre Existenz bezogene) Lebensgeschichte verfügen." (Kluft in Putnam, 2003, S.133)

Eckhardt-Henn und Hoffmann (2004) nehmen sich dieser Definition an und weisen ergänzend darauf hin, dass ihres Erachtens der Begriff des im Englischen geläufig genutzten „alter" dennoch keinen so „aufwändigen Sachverhalt wie das Bestehen von autonomen Persönlichkeitszuständen" (S. 6) trifft. Deistler & Vogler (2002) verfeinern die sprachliche Fassung dieser Komplexität, indem sie auf alle zusätzlichen Anhänge verzichten und von Persönlichkeiten sprechen – die sich in Alter, Handschrift, Sprache, Bildungsniveau, Interessen und Hobbys, sozialen Bezügen, sexueller Identität und Orientierung, dem subjektiven Körperschema sowie physiologischen Messwerten (57) unterscheiden können. Um das grundlegende Erscheinungsmerkmal der DIS in der vorliegenden Arbeit sprachlich zu fassen, wird rekurrierend auf Deistler & Vogler somit in Abgrenzung zu anderen hier nachgezeichneten Umschreibungen der Begriff der „Persönlichkeit", resp. „Person" verwandt, wenn sich auf die einzelnen Persönlichkeiten der Menschen mit DIS bezogen wird. Diese Bezeichnung wird ggfs. um die jeweilige Funktion ergänzt (Kindpersönlichkeit, tätergebundene Persönlichkeit, etc.). Eine detaillierte Beschreibung dieser Funktionen findet sich in Kapitel 2.3.5.

### 2.3.2 Innenpersonen und Personensystem

Die Bezeichnung Innenperson findet sich vor allem dann, wenn mit einer Persönlichkeit eines Menschen mit einer DIS über andere seiner oder ihrer Persönlichkeiten gesprochen wird. Dieser Begriff rekurriert in erster Linie auf die genutzte Feldsprache der InterviewpartnerInnen:

*"Dass ich halt keine, äh, Menschen habe, bei denen ich die Innenpersonen raus lassen kann." (A4, Interview vom 28.2.2012, S.I-168, Z.32-33)*

Hier berichtet eine Alltagsperson über die Problematik, dass ein Wechsel von einer Persönlichkeit zu einer anderen Persönlichkeit in ihrem direkten sozialen Umfeld nicht möglich ist. Als Abgrenzung zu sich selbst nutzt sie den Begriff Innenperson, damit deutlich wird, dass sie von jemanden spricht, der sich in ihrem Innen befindet und nicht sie selbst ist. Dieser Begriff bietet sich für eben diese Unterscheidung an und wird entsprechend im Folgenden genutzt.

Mit „Personensystem", „Persönlichkeitssystem" (Gast, 2004, 213) oder schlicht „System" (Bohlen, 2010, S. 44) wird die Gesamtheit aller Persönlichkeiten bezeichnet. Hierzu finden sich insbesondere in der Feldsprache weitere Bezeichnungen: Multi-System, Viele-Sein, multiple sein, Multis, Truppe (Vielfalt, 2009) sind nur einige davon. Auffallend ist zudem, dass einzelne Persönlichkeiten, wenn sie von sich als der multiplen Gesamtheit sprechen, von „uns", resp. „wir" sprechen. Für die vorliegende Arbeit wird der Begriff „Personensystem" genutzt. Dabei wird der Singular genutzt, wenn sich auf eine einzelne Persönlichkeit eines Personensystems bezogen wird. Die plurale Bezeichnung wird dann eingesetzt, wenn über das gesamte Personensystem geschrieben wird.

### 2.3.3 Anzahl der Persönlichkeiten und deren Innenwelt

Verschiedene Studien haben die Anzahl von Persönlichkeiten bei einem Menschen mit DIS systematisch untersucht (Bliss, 1980; Boon & Draijer, 1993; Coons, Bowman & Milstein, 1988; Putnam, 1986; Ross, Norton & Wozney, 1989). In ca. 20% der Fälle wurden sehr komplexe Aufspaltungen mit 20 und mehr Persönlichkeiten gefunden (Gast, 2004a, S.213). Die Interviewpartner-Innen dieser Studien berichteten von durchschnittlich 8-10 voneinander unterscheidbare Persönlichkeiten. Putnam (2003) merkt diesbezüglich an, dass die Anzahl der Persönlichkeiten bei einer erwachsenen DIS-Patientin in einer „signifikanten Korrelation zur Zahl unterschiedlicher Traumata, die die Betreffenden in ihrer Kindheit erlebt haben" (S. 78) steht. Es kann also davon ausgegangen werden, dass, je früher und massiver die Gewalter-

fahrungen waren, umso wahrscheinlicher eine höhere Anzahl von Persönlichkeiten innerhalb eines Personensystems zu finden sind.
Die Wahrnehmung des Aufenthaltes der unterschiedlichen Persönlichkeiten wird zumeist als eine äußerst reale Innenwelt beschrieben:

> „An 'inner world' is commonly developed in which the alters interact. (...) Furthermore, events in this inner world constitute a 'third reality' to the patient and may be experienced as just as real as events that take place in external reality." (Kluft, 2006, S.286)

Der Begriff der Innenwelt ist ebenfalls ein Begriff des Feldes, er findet sich in den erhobenen Interviews wieder und wird entsprechend auch in dieser Arbeit verwandt. Wie nun findet ein Übergang zwischen den einzelnen Persönlichkeiten statt, wie wird er bemerkt und was sind die Auslöser dafür?

### 2.3.4 Wechsel zwischen den Persönlichkeiten

Der Wechsel zwischen den einzelnen Persönlichkeiten ist eines der zentralen Verhaltensphänomene bei der DIS und wird als „switch" (Huber, 2011a, S.98) oder „switching" (Putnam, 2003, S.52) bezeichnet. Das Switchen ist ein „psychophysiologischer Prozess" (Putnam, 2003, S.147), der sowohl kontrolliert als auch unkontrolliert statt finden kann. Unkontrolliert ist er zumeist aufgrund von Triggern, also entsprechenden Auslösern in Form von Umgebungsreizen oder inneren Konflikten, die einen Wechsel in eine Persönlichkeit zur Folge haben, die mit der gegebenen Situation adäquat umgehen kann: „Dem Switching-Prozeß [sic] wohnt jedoch eine gewisse auf Anpassung an die aktuelle Situation zielende Logik inne, die dafür sorgt, daß [sic] in den meisten Fällen eine adäquate Identität aktiviert wird" (Putnam, 2003, S.147). Ein kontrolliertes Switchen hingegen kann auf Grundlage einer Absprache mit anderen Innenpersonen statt finden, was eine Folge des bereits erlernten steuerbaren Prozesses des Switchens ist.

Der Wechsel von einer Persönlichkeit in eine andere ist im Wesentlichen an körperlichen Veränderungen erkennbar und kann einen veränderten Gesichtsausdruck, Veränderung der Haltung und des motorischen Verhaltens und/oder Veränderung des Stimmcharakters und der Sprechweise zur Folge haben (Putnam, 2003, S.109). Zudem kann das Switchen eine Amnesie über beispielsweise die Inhalte eines laufenden Gespräches zur Folge haben (ebd.). Ein Wechsel von einer erwachsenen Persönlichkeit zu einer anderen erwachsenen Persönlichkeit ist sicherlich mit weniger physischen und psychischen Veränderungen verbunden als der Wechsel von einem erwachsenen Mann zu einem 5-jährigen Kind (Putnam, 2003, S.148). Abgesehen von beobachtbaren Veränderungen kann ein Wechsel auch anhand einer Namensänderung fest gemacht werden, wenn der jeweilige Namen der agierenden Persönlichkeit erfragt wird (Huber, 1997, 2003, 2011).

Die einzelnen Persönlichkeiten können nun anhand ihre Charakteristika und Funktionen wiederum in beschreibbare Gruppen gefasst werden. Diese für diese Arbeit relevanten Gruppen von Persönlichkeiten werden im Folgenden definiert.

### 2.3.5 Charakteristika und Funktionen der Persönlichkeiten

Die Persönlichkeiten eines Menschen mit dissoziativer Identitätsstörung lassen sich anhand ihrer Merkmale und Funktionen in verschiedene Gruppen einteilen: „Die gemeinsamen Nenner, die es ermöglichen, bestimmte große Gruppen von Alter-Persönlichkeiten zu charakterisieren, sind die Funktionen der einzelnen Persönlichkeiten sowie die damit verbundenen Affekte und Erinnerungen" (Putnam, 2003, S.136). Die Aufgaben- und Funktionsverteilung versinnbildlichen das Ziel der Aufrechterhaltung eines funktionsfähigen, resp. überlebensfähigen (Personen-)Systems vor dem Hintergrund massiver Traumaerfahrung. Aufgrund einer von Ross, Norton & Wozney (1989) durchgeführten Studie lassen sich folgende Charakteristika identifizieren, deren Vorkommen innerhalb eines multiplen Systems am häufigsten zu beobachten sind: „Eine Kindpersönlichkeit (86, 0%), [...] eine Beschützer-Persönlichkeit (84,0%), eine Täter-Persönlichkeit (75%)" (Eckhardt-Henn, 2004, S.18). Zudem findet sich in der Regel eine Alltagspersönlichkeit, die an die täglichen Anforderungen angepasst agiert (Gast, 2004, S.213). Das jeweilige Identitätsgefühl einer Persönlichkeit lässt sich an der je eigenen Namensgebung fest stellen (Gast, 2004, S.215). Die Nennung des jeweiligen Namens erlaubt zudem Rückschlüsse darüber, wer zum Zeitpunkt eines Gespräches die Kontrolle über den Körper und das Gesagte hat. Wenngleich jedes multiple System individuell ausgeformt ist, wird aufgrund ihres statistisch häufigen Vorkommens innerhalb eines Personensystems auf die hier erwähnten vier Personengruppen im Folgenden näher eingegangen.

### 2.3.5.1 Alltagspersönlichkeit

Die Alltagspersönlichkeit wird in der Fachliteratur unterschiedlich bezeichnet. Üblicherweise wird von der „Gastgeber-Persönlichkeit" (Huber, 1997, S.58; Putnam, 2003, S.136), oder, von der englischsprachigen Literatur übernommen, „host" (Kluft, 2006) gesprochen. Die Alltagspersönlichkeit lässt sich einem sogenannten „Anscheinend Normalen Persönlichkeitsanteil – ANP" (Nijenhuis, 2006) zuordnen. Dieser wird als „im Alltag funktionierend und traumatische Erinnerungen vermeidend" (Gast, 2006, S.3) beschrieben. Peichl (2010) spricht in diesem Zusammenhang von Persönlichkeiten, die der Anpassung dienen und über viele Ressourcen und Stärken verfügen. Sie sind insgesamt geistig flexibel und in der Lage, zwischenmenschliche Beziehungen aufzubauen. Sie verfolgen das Ziel, den „Umgebungskontext zu kontrollieren" (Peichl, 2010, S.65 f) und durch soziale Unauffälligkeit das gesamte Personensystem zu schützen, sofern sie von den anderen Persönlichkeiten wissen. Denn des Weiteren finden sich in der Fachliteratur häufig Hinweise darüber, dass die Alltagspersönlichkeiten über amnestische Phasen berichten. In diesen Momenten der Amnesie agieren die anderen Persönlichkeiten mit Hilfe eines Switches ohne Wissen der Alltagspersönlichkeit. Als Folge davon werden diese auch als „hilflos ausgeliefert" (Putnam, 2003, S.136), als „machtlos" (ebd.) und als „unwissend über die anderen Persönlichkeitszustände" (ebd.) beschrieben. Die Alltagspersönlichkeit wird dann als passive Trägerin der anderen Innenpersönlichkeiten verstanden, die nach Außen hin funktional agiert und nur eingeschränkten oder gar keinen Kontakt zu den Anderen hat.

## 2.3.5.2 BeschützerInpersönlichkeit

Obgleich das mit 85% (Eckhardt-Henn, 2004,S. 18) ausgesprochen häufige Vorkommen einer BeschützerInnenpersönlichkeit[9] innerhalb eines Personensystems einen differenzierten Diskurs um eben jene Gruppe erwarten lässt, weist die derzeitige Literatur hinsichtlich diesbezüglich eine frappierende Leerstelle auf. Bei Putnam (2003) findet sich zwar eine kurze Übersicht, in der beschrieben wird, dass die BeschützerInnen „glücklicherweise" (S. 138) ein Gegengewicht zu suizidalen Persönlichkeiten und Verfolgern, resp. tätergebundenen Persönlichkeiten bilden. Sie beschützen auf vielerlei Arten, je nachdem, wovor ein multiples System geschützt werden muss. Ein defensives Auftreten ist diesen Persönlichkeiten aufgrund ihrer Aufgabe inhärent und Putnam weist darauf hin, dass „man ihnen versichern und demonstrieren [sollte], daß [sic] nicht beabsichtigt wird, der Patientin Schaden zuzufügen" (Putnam, 2003, S.139). Eine dieser Beschreibung entsprechende Situation einer Therapiesitzung findet sich bei Kluft (2004), hier wird die aktivierte BeschützerInpersönlichkeit aufgrund ihres derben Auftretens als feindselig beschrieben. Denn aufgrund der Weigerung des Therapeuten, eine weinende Kindpersönlichkeit zu trösten, findet offensichtlich ein Wechsel in eine BeschützerInpersönlichkeit statt: „Die Weigerung des Therapeuten, auf diese Bitte [das Kind zu trösten] einzugehen, führte fast immer zum Auftauchen einer feindseligen Beschützerpersönlichkeit, die dem Therapeuten Vorwürfe machte, ihm drohte und häufig aus der Sitzung heraus stürmte" (Kluft, 2004, S.71).

Diese recht reduktionistischen Ausführungen zu den BeschützerInnen weisen auf eine bestehende Leerstelle hin. Eines der Anliegen der vorliegenden Arbeit ist es, diese mit Hilfe von speziell bei diesen Persönlichkeiten erhobenen Daten und deren Analyse zu füllen und Ergebnisse auszudifferenzieren. Die Analyseergebnisse sowie eine Diskussion dazu findet sich unter den Kapiteln „BeschützerInpersönlichkeit – Kritische Außenbeobachterin mit ausgeprägter Handlungsmacht" (vgl. Kapitel 4.4.2.2) und „BeschützerInnen – Mehr als BeschützerIn sein" (vgl. Kapitel 5.1.8.5).

---

9 Im Folgenden werden für diese Persönlichkeitengruppe die Bezeichnungen BeschützerInn(en) und BeschützerInnenpersönlichkeit(en) synonym verwendet.

## 2.3.5.3 Kindpersönlichkeit

Der Psychotherapeut Bradshaw (1992) entwickelte eine therapeutische und persönlichkeitsentwickelnde Arbeit mit kindlichen Persönlichkeitsanteilen und prägte in Folge dessen den Begriff des „Inneren Kindes" (S. 12). Verschiedenste Therapiekonzepte arbeiten darauf aufbauend mit einer bestimmten Betrachtungsweise innerer Lebenswelten, bei der davon ausgegangen wird, dass unterschiedlichste Emotionen aus der eigenen Kindheit abgespeichert wurden. Eine therapeutische Auseinandersetzung mit dem Inneren Kind funktioniert nach dem Prinzip einer beabsichtigten, bewussten, therapeutischen Ich-Spaltung zwischen dem beobachtenden, reflektierenden inneren Erwachsenen-Ich und dem vorrangig emotional erlebenden Inneren Kind (Steiner & Krippner, 2006, S.196). Das Innere Kind umfasst dabei alles innerhalb der Bereiche von Sein, Fühlen und Erleben der eigenen Kindheit (Chopich & Paul, 2005, S.20 f). Wenngleich eine gewisse Ähnlichkeit zu den Kindpersönlichkeiten[10] innerhalb eines Personensystems besteht, bedarf es einer Differenzierung dieser Konzepte. Eine Innere-Kind-Abspaltung im Sinne Bradshaws (1992) ist eine Abspaltung kindlicher Verhaltensmuster wie sie sich wahrscheinlich bei allen Menschen finden lässt. Hierbei hat allerdings der erwachsene Anteil die Kontrolle über das Innere Kind und nähert sich dessen Bedürfnissen vornehmlich in therapeutischen Kontexten an. Kindpersönlichkeiten bei Menschen mit einer DIS hingegen zeichnen sich durch individuelle Identitätskonzepte aus, agieren unabhängig und autonom. Diese Persönlichkeiten gehen altersgerechten Interessen nach und entsprechen in ihrem gesamten Auftreten, ihrem Sprachgebrauch sowie ihrer Mimik und Gestik einem Kind in dem jeweiligen Alter (Boon, Steele & Van der Hart, 2013, S.286). Sie wirken vertrauensvoll und zugewandt und sind zumeist in der Lage trotz extremer Beziehungstraumata Bindungen einzugehen und diese aufrecht zu erhalten (Gast, 2004a, S.214). Gleichwohl finden sich auch Innenkinder, die traumatische Erinnerungen und entsprechende Affekte abgespeichert haben in nahezu unverarbeiteter Form und „ohne jegliche sprachliche und symbolische Enkodierung" (ebd.). Diese Kindpersönlichkeiten treten im Gegensatz

---

10 Im Folgenden werden für diese Persönlichkeitengruppe die Bezeichnungen Kindpersönlichkeit(en) und Innenkind(er) synonym verwendet.

zu den vorher beschriebenen vornehmlich in therapeutischen Kontexten bzw. emotional sehr sicheren Beziehungen zu Tage.

### 2.3.5.4 Tätergebundene Persönlichkeit

Treffend als „verinnerlichte Abbildung" (Vogt, 2012, S.23) wird in der aktuellen Fachliteratur diese Gruppe von Persönlichkeiten diskutiert. Denn sie „repräsentieren traumatische Einkapselungen von Verhalten, das vom Täter gebilligt, initiiert oder erzwungen wurde" (Schwartz, 2013, S. 297). Wenngleich inhaltlich übereinstimmend hinsichtlich ihres Ursprungs, finden sich auch in diesem Kontext uneinheitliche Begriffe zur sprachlichen Fassung dieser Persönlichkeiten. Die Bezeichnungen „Täterloyalität" (Huber, 2011), „Täterintrojekt" (Peichl, 2012) oder "täterinduzierter Anteil" (Vogt, 2012) sind hier zu nennen. Im Englischen ist vom „Perpretator" (Ross, 2011), also dem inneren Verfolger, die Rede. Van der Hart (2013) spricht von „täterimitierenden Persönlichkeiten" und betont damit den Umstand, dass ein Unterschied zwischen den TäterInnen und den dissoziierten Persönlichkeiten selbst besteht. Denn aufgrund der Wiedergabe täterinduzierter Wertvorstellungen und dem Verteidigen eines gewaltausübenden Systems wirken diese Persönlichkeiten oftmals wie die TäterInnen selbst. Dabei weist Van der Hart darauf hin, dass ihm der Begriff des Introjekts trotz seiner Geläufigkeit zu passiv erscheint, der Begriff der Imitation hingegen betont ihm zufolge den aktiven Part und eine Ich-Perspektive dieser Persönlichkeiten.

Als Fachärztin in einer Klinik für Psychosomatische Medizin bezeichnet Rudolph (2015) diesen Personenkreis hingegen als „tätergebunden" (Rudolph, M., persönlicher Emailverkehr, 10. Juni 2015). Der Ausdruck Gebundenheit impliziert zum Einen die tragische Verstrickung der Persönlichkeit mit den TäterInnen, ist zum Anderen jedoch nicht deterministisch und erweitert subjektive Handlungsmöglichkeiten dieser Persönlichkeiten auch jenseits der Imitation. Eine Gebundenheit kann möglicherweise erkannt, reflektiert und ggfs. gelöst werden. Die diesem Begriff inhärenten intrapersonellen Verhaltens- und Veränderungsmöglichkeiten decken sich mit den Analyseergebnissen der vorliegenden Arbeit (vgl. Kapitel 5.1.8.7) und er wird aufgrund dessen im weiteren Verlauf dieser Arbeit als Bezeichnung für diese Persönlichkeitsgruppe verwandt.

Das Nachahmen des Verhaltens der gewaltausübenden Menschen und die emotionale Gebundenheit an sie hat zur Folge, dass sich tätergebundene Persönlichkeiten sowohl anderen Persönlichkeiten innerhalb des Personensystems als auch anderen Menschen gegenüber möglicherweise aggressiv und abwertend äußern können: „Sie beschämen, bedrohen oder strafen andere Persönlichkeitsanteile, können ihre Wut aber auch auf Menschen in der Außenwelt richten. Ihr Verhalten kann angsterregend, beschämend oder unannehmbar sein; (...)" (Boon, Steele & Van der Hart, 2013, S.59). Wenngleich ein solches Verhalten anstrengend und verletzend sowohl für das Innenleben eines Personensystems als auch für Menschen außerhalb ist, liegt darin nicht der Grund der Existenz tätergebundener Persönlichkeiten begründet: „Sie sind entstanden, um eine Vielzahl aufwühlender, niederschmetternder Gefühle der Wut, Hilflosigkeit und manchmal auch Schuld- und Schamgefühle in sich aufzunehmen und (...) auf diese Weise zu schützen" (ebd.). Die Entstehung einer tätergebunden Persönlichkeit ist komplex, Howell (2011) beschreibt diesen Prozess als einen zweistufigen. Zunächst entstehen diese Spaltungen aufgrund von Gewalt, die sie zum Opfer macht. Im zweiten Schritt allerdings findet eine Identifikation mit den TäterInnen statt: „The first stage is initiated by the trauma, but the second stage is agentic and defensive. While identification with the aggressor begins an automatic process, with repeated activation and use, it becomes a defensive process" (Howell, 2011, S.220). Auch Schwartz (2012) stellt diesbezüglich fest, dass tätergebundene Persönlichkeiten eben jene Gewalt reinszenieren, die stellvertretend für das soziale System steht, „in dem die Patienten aufgewachsen und indoktriniert wurden" (Schwartz, 2012, S.98). Das hat zur Folge, dass tätergebundene Persönlichkeiten zwei intrapersonelle Zustände in sich vereinen: sie sind Opfer und TäterIn zugleich: „As a dissociative defense, it has to enacted relational parts, the part of the victim and the part of the aggressor" (Howell, 2011, S.220). Dieser innere Konflikt findet sich auch in den erhobenen Daten wieder und wird ebenso wie die daraus resultierenden Konsequenzen ausführlich in den Ergebniskapiteln (vgl. Kapitel 5.1.8.7) diskutiert.

Es lassen sich bezüglich einer inhaltlichen Beschreibung der einzelnen Persönlichkeitengruppen lediglich die hier vorgestellten eher zusammenfassenden und grob beschreibenden Ausführungen finden. Wissenschaftliche Arbeiten haben sich bisher kaum oder gar nicht mit den einzelnen Persönlichkeiten beschäftigt, die Erforschung der individuellen Sinnstrukturen steht bis zum jetzigen Zeitpunkt aus. Doch um sich einem Verständnis der DIS zu nähern, bedarf es wissenschaftlicher Auseinandersetzungen, die die Phänomenologie der DIS methodisch wie methodologisch mitdenken und diese Leerstellen füllen. Diesbezüglich stellt die vorliegende Arbeit im deutschsprachigen Raum einen innovativen und explorativen Anfang dar. Sie beschäftigt sich dezidiert mit einzelnen Persönlichkeiten und erhebt mittels qualitativer Interviews (vgl. Kapitel 4.3.2) deren je subjektive Sichtweise. Die dazugehörigen Ausführungen der Analyseergebnisse finden sich unter dem Kapitel 4.4 „Das Interviewsample".

Rund um die DIS lassen sich unabhängig von diesen noch zu füllenden Leerstellen bezogen auf die Persönlichkeitengruppen zudem divergente und kritische Diskurse um die DIS finden. Im Nachfolgenden werden ausgewählte Diskussionsstränge, die zu den Irritationen in Bezug auf diese komplexe Persönlichkeitsstörung beitragen, vorgestellt.

### 2.3.6 Kritik am Modell der DIS

Die Existenz von so offensichtlich getrennten Persönlichkeiten innerhalb eines Menschen, die selbständig agieren und eine eigene Charakteristik haben, löst zum Einen Faszination, zum Anderen Skepsis aus (Gast, 2011, S.24). Zumal eine solche Persönlichkeitsstruktur die Grundannahme einer kohärenten und zentralen Ordnung des Bewusstseins in Frage stellt (Putnam, 1986, S.203). Das und die bereits beschriebene komplexe Differentialdiagnostik sowie die an dieser Stelle noch zu füllenden Leerstellen führen zu einem wissenschaftlichen Diskurs, der „häufig von Polarisierungen und starken Emotionen geprägt ist" (Gast, 2011, S.24). Solch divergente Diskussionslinien finden sich vornehmlich bei den Themen der Traumaätiologie, der Validität der Diagnose und einer inhaltlich nicht voneinander getrennten Setzung verwendeter Begrifflichkeiten.

## 2.3.6.1 Kritik an der Traumaätiologie – Iatrogene oder soziokognitive Erklärungsmodelle

Die Traumaätiologie der DIS wird hier insofern in Frage gestellt, als davon ausgegangen wird, dass sie ein von ÄrztInnen induziertes Krankheitsbild darstellt und es sich um eine Konsequenz unsachgemäß durchgeführter und suggestiver Therapie handelt (Elzinga, Van Dyck & Spinoven, 1998). Innerhalb dieses iatrogenen Erklärungsmodells wird vermutet, dass die BehandlerInnen für die Erkrankung der PatientInnen verantwortlich sind, indem sie „bei diesen durch suggestive Fragen und unsachgemäße Hypnose" (Gast, 2011, S.26) eine entsprechende Symptomatik induzieren und diese keinesfalls auf real erfahrenen Traumata basiert.

Eine weitere Kritik an der Traumaätiologie nach dem DIS- Modell beinhaltet das soziokognitive Modell. Hier wird vermutet, dass der Einfluss von Literatur und Medien ein suggeriertes Rollenverhalten den Symptomen der DIS entsprechend zur Folge hat (Lilienfeld & Lynn, 2003, S.117).

Das iatrogene wie das soziokognitive Erklärungsmodell wurden von verschiedenen AutorInnen detailliert diskutiert und auf Grundlage entsprechender Forschungsergebnisse zurück gewiesen (Gleaves, May & Cardena, 2001; Elzinga, Van Dyck & Spinoven, 1998; Ross, 1989 a). Es wurde untersucht, ob und inwieweit unterschiedliche Persönlichkeitszustände bzw. Identitäten durch Suggestion oder Hypnose erschaffen werden können (Spanos & Burgess, 1994). Die Ergebnisse zeigen, dass zwar tatsächlich eine hypnotische Suggestion in einigen Fällen gelungen ist, sich diese Identitäten jedoch als instabil erwiesen und nach kurzer Zeit wieder „zerfallen" (Deistler, 2002, S.20) sind. Zudem konnten diese Studien eine mögliche Leitsymptomatik einer „klinischen Präsentation verschiedener Identitäten in Form eines schauspielerischen Auftretens, [...] nicht belegen" (Gast, 2011, S.27). Der Begriff der „iatrogenen DIS" sei daher „irreführend" (ebd.) und sollte wegen mangelnder wissenschaftlicher Fundierung nicht genutzt werden, zumal er einen Generalverdacht der Fehlbehandlung durch Psycho-therapeutInnen beinhaltet. Zudem haben die Diskussionen zum iatrogenen und soziokognitiven Modell dazu beigetragen, dass eine unpassende Vorstellung über die Phänomenologie der DIS entstanden ist, verbunden mit der Vermutung, dass es sich hier um „eine Störung mit dramatische[m] und floride[m] Erscheinungsbild handelt" (Chu et al., 2011, S.10). Vielmehr erscheint die DIS oftmals in einer polysymptomatischen Mischung, die einer fundierten Differentialdiagnostik bedarf.

Zusammenfassend kann fest gehalten werden, dass derzeit keine empirischen Befunde vorliegen, die belegen würden, dass „die Phänomenologie einer DIS durch Suggestion, Hypnose oder Ansteckung hervorgerufen werden kann" (Gast, 2011, S.27), zumal nicht über einen längeren Zeitraum.

### 2.3.6.2 Kritik an der Validität der Diagnose DIS

Ein weitere kritische Diskussion zur DIS behandelt die Frage, inwieweit es sich um eine vailde und eigenständige psychiatrische Erkrankung handelt. Hierzu findet sich bei Gast (2011) eine detaillierte Übersicht der aktuellen Diskurse, von denen im Folgenden in verkürzter Form die wichtigsten Argumentationslinien nachgezeichnet werden.

In der klinischen Psychologie bestehen eine Reihe von Validitätskriterien (Augenscheinvalidität, deskriptive Validität, qualifizierte Publikationen, Diagnosekriterien, Messinstrumente, u.a.), die etwas über die gesicherte Tragfähigkeit einer Diagnose aussagen. Diesbezüglich stellt Gast (2011) grundsätzlich fest, dass „bei der DIS alle Kriterien für die Aufnahme in das DSM-4 erfüllt sind" (S. 32) und sie in überarbeiteter Form mittlerweile auch im aktuellen DSM-5 erscheint. Dorahy et al. (2014) stellen bei einer Auswertung von aktuellen Forschungsarbeiten zur DIS diesbezüglich ebenfalls zusammen fassend fest, dass „DID was found to be a complex yet valid disorder across a range of markers" (S. 402). Hinzu kommt die stetige Entwicklung bildgebender Verfahren, die sich einer Messung und Darstellung beteiligter Hirnareale bei einer DIS annähern: „Psychobiological studies are beginning to identify clear correlates of DID associated with diverse brain areas and cognitive functions" (ebd.).

Doch trotz der gut belegten Validität dieser Diagnose sowohl in wissenschaftlichen als auch psychotherapeutischen oder klinischen Diskursen lassen sich immer wieder skeptische Diskussionen hinsichtlich ihrer Gültigkeit finden (Reddemann, 2011). Gast geht hier neben

„individuellen und kollektiven Abwehrprozessen" (Gast, 2011, S.32)[11] davon aus, dass möglicherweise auch nicht geeignete Definitionskriterien die Ursache dieser Kontroversen sind. Die sehr abstrakte und wenig klinisch praktikable Merkmalsbeschreibung der DIS im DSM-4 (und auch weiterhin im DSM-5) trägt nach Dell (2009) zu einer Mystifizierung der Diagnose bei. Die reduktionistische und relevante Einzelheiten weglassende Symptombeschreibung mache es auch für erfahrene KlinikerInnen schwer, diese auf die Erscheinungsform der DIS im klinischen Alltag zu übertragen:

> „The primary problem is that the average clinician simply does not know what MPD [Abkürzung des früheren Namen: Multiple Personality Disorder] patients really looks like (...) and DSM-III and DSM-III-R failed (and DSM-IV continues) to delineate the typical signs and symptoms of MPD patients." (Dell, 2009, S.384)

Auch das DSM-5 reiht sich ein in die von Dell kritisierte abstrakte Symptombeschreibung der DIS. Daher schlagen Dell (2006, 2009) und Gast (2011, S.33ff) eine detailliertere Konzeptualisierung der diagnostischen Kriterien vor, um damit zu einer „benutzerfreundlichen Diagnosestellung" (Gast, 2011, S.32) beizutragen. Zur Vertiefung dieser Thematik finden sich weiterführende Diskussionen bei Dell (2009), Gast (2011) und Huber (2013).

#### 2.3.6.3 Verdrängung vs. Dissoziation

Der dritte fachliche Disput rankt sich weniger um das Infragestellen einer Aufspaltung in viele Persönlichkeiten an sich, sondern dreht sich vielmehr um das Anzweifeln nachträglich auftauchender Erinnerungen an traumatische Erlebnisse aus der Vergangenheit. Als einer der Ursachen dieser Diskurse ist die False Memory Syndrom Foundation zu nennen, die es sich zum Auftrag gemacht hat, Behandlungsfehler von TherapeutInnen, die vermeintlich falsche Erinnerungen induzieren, aufzudecken. Eine intensivere Darstellung dieser Diskussion in Verbindung mit den Ergebnissen dieser Studie findet sich unter Kapitel 6.1.4.

---

11 Mögliche Gründe dieser Abwehrprozesse sowie daraus resultierende Konsequenzen diskutiert das Kapitel 6.1.4.

An dieser Stelle geht es bezogen auf wiederkehrende Erinnerungen an kindliche Traumata vielmehr um einen unreflektierten und eklektischen Sprachgebrauch unterschiedlicher psychologischer Schulen. Die sich zwar einem ähnlichen Phänomen, aber vor dem Hintergrund völlig verschiedener epistemologischer Grundlagen annähern. So wird das Phänomen der Abspaltung ebenfalls in der Psychoanalyse nach Freud (1923) besprochen, findet jedoch seine Verankerung in einem anderen Theorieverständnis der menschlichen Psyche als der Erklärungsansatz von Dissoziation in der Psychotraumatologie. Die größte Problematik liegt hierbei in der Vernachlässigung der korrekten Unterscheidung zwischen verdrängten vs. dissoziierten psychischen Material und des damit einhergehenden sprachlichen Bezugs auf zwei völlig unterschiedliche Theoriekonzepte: die Psychoanalyse nach Freud (1923) und die interdisziplinäre Theoriebildung der Psychotraumatologie. Der Disput der Schulen dreht sich vornehmlich um das Auftauchen von Erinnerungen an kindliche Traumata und die Frage, ob diese tatsächlich statt gefunden haben oder ob sie lediglich eine stellvertretende Funktion für andere verdrängte Emotionen haben. Wichtig ist, dazu in zusammenfassender Weise zu erläutern, dass traumatische Erfahrungen, wie sie als Ursache für die DIS gelten, dezidiert nicht als verdrängt, sondern als dissoziiert verstanden werden. Somit gelten sie nicht als Ersatzsymptom verdrängter Triebbedürfnisse (Peichl, 2010), wie Inzest-Erinnerungen in der freudianischen Psychoanalyse zuweilen begriffen werden, sondern als real erfahrene Traumata, die aufgrund bereits beschriebener hirnphysiologischer Prozesse dem Bewusstsein nicht zugänglich waren oder sind. Unübersichtlich werden die entsprechenden Fachdiskurse, wenn die Begriffe Dissoziation und Verdrängung, welche wie dargelegt auf grundverschiedene theoretische Modellgebäude der menschlichen Psyche rekurrieren, für das Symptom der Abspaltung traumatischer Erfahrungen bei Menschen mit einer DIS deckungsgleich genutzt werden.

## 2.4 Zusammenfassung

Dieses Kapitel hat sich mit der Definition und Darstellung der Erscheinungsform der DIS als dem Gegenstandsbereich dieser Studie beschäftigt. Da die DIS eine posttraumatische Störung ist, wurde für eine bessere Nachvollziehbarkeit zunächst der Zusammenhang von Trauma und Dissoziation nachgezeichnet. Neben den Kriterien der klinischen Diagnostikmanuale wurden die Ätiologie, Prävalenz und Komorbidität der DIS vorgestellt. Nach einer intensiven Darstellung der Phänomenologie wurde gezeigt, dass die DIS eine valide Diagnose ist, die in klinischen Zusammenhängen keinesfalls selten auftritt. Der Zusammenhang von chronischer und frühkindlicher Traumatisierung und Ausbildung einer DIS ist hinreichend belegt und kann von niemandem, „der wissenschaftlich ernst genommen werden will infrage gestellt werden" (Eckhardt-Henn, 2004, S.5). Aktuelle hirnphysiologische Ergebnisse stützen diese traumatologischen Erkenntnisse zunehmend. Trotz kritischer Diskurse um diese Diagnose weist Eckhardt-Henn außerdem darauf hin, dass die Existenz dissoziativer psychischer Vorgänge seriöserweise nicht länger bestritten werden kann und das Vorkommen der DIS außer Diskussion steht (S. 5).

Nun wurde die DIS bisher in einem klinischen Kontext diskutiert, der vornehmlich die pathologischen Aspekte im Sinne einer psychischen Erkrankung diskutiert. Doch stellen diese Diskurse einen lediglich einseitigen Blick auf Menschen mit einer DIS dar und reduzieren diese auf psychisch kranke und von dem psychiatrischen System zu behandelnde PatientInnen. Auf welche Weise kann dieser defizitorientierte Fokus um eine Lesart erweitert werden, die nicht mehr die Störung sondern die Lebensstärke und die gesundheitserhaltenden Faktoren von Menschen mit komplexen Traumaerfahrungen in den Fokus stellt? Es gilt, die Rahmung dieser Studie um jene theoretischen Modelle zu erweitern, die ihren Blick auf intrapsychische Ressourcen, Wohlbefinden und Zufriedenheit richten. Um darauf aufbauend zu einer umfassenderen Sicht auf Menschen mit einer DIS zu gelangen, so dass die Frage nach dem guten Leben in den Mittelpunkt des Interesses rücken kann.

## 3. Theoretische Rahmung

Die Frage nach dem guten Leben findet sich als eine der ältesten Fragen der Menschheit bereits in den Schriften der antiken Individualethik wieder (Fenner, 2007). Der griechische Philosoph Aristoteles beispielsweise verstand jedwedes menschliche Handeln als ein Streben nach einem bestimmten Gut oder Ziel (Wolf, 1999, S.11). Der anvisierte Zielpunkt des Handelns erscheint hier bei allen Menschen gleich; es gilt die „Eudaimonia" (Fenner, 2007, S.17), das gute Leben, welches mit dem Erreichen von Glückseligkeit gleich gesetzt wird, zu erreichen. Trotz unterschiedlichster Erklärungsversuche der verschiedenen philosophischen Epochen bleibt dennoch unklar, was genau es ist – das gute Leben. Einig ist man sich heute lediglich darin, dass die inhaltliche Ausformung eine stets subjektive und individuelle ist (S. 44).

Wie aktuell die Frage nach dem guten Leben auch in zeitgenössischen gesamtgesellschaftlichen Zusammenhängen ist, zeigt sich an einer Umfrage der Bundesregierung zu dem Thema. Bürgerinnen und Bürger werden derzeit gefragt, was sie unter Lebensqualität in Deutschland verstehen, wie das gute Leben genau zu definieren sei und welche Kriterien (z.B. gute Schulen, ausreichendes Pflegepersonal) dafür ausschlaggebend sind (Bundesregierung, 2014).

Auch bei Martha Nussbaum (2000, 2011) findet sich im Rahmen des Konzeptes des Capability Approach und der damit einhergehenden Formulierung einer Gerechtigkeitstheorie die Frage nach dem guten Leben als zentral. Sie entwirft eine spezifische Liste menschlicher Fähigkeiten mit der (politischen) Forderung nach Schaffung von Lebensbedingungen, die es ermöglichen, eben diese Fähigkeiten auszubilden und zu stärken. Bei ihr verschränken sich Politik und Ethik, indem sie zwar einen individualistischen Ansatz verfolgt, bei dem das einzelne Subjekt in seiner Handlungsmacht erscheint (Nussbaum, 2000, S.247) jedoch bei gleichzeitiger Forderung an eine politische Herrschaft, die "es sich zum Ziel setzt, die Ausbildung und Erhaltung der Bedingungen eben jenes guten Leben umfassend zu fördern bzw. zu gewährleisten" (Nathschläger, 2014, 17 f).

Die leitende Fragestellung dieser Arbeit knüpft an die hier deutlich werdende Aktualität dieser Frage an und kontextualisiert sie neu, indem sie nach dem guten Leben speziell von Menschen mit einer DIS fragt.

Hierzu finden sich zunehmend Diskussionen in psycho- und traumatherapeutischen Kontexten um Wohlbefinden, Lebenszufriedenheit und das Vergnügen am Leben an sich (Dick, 2011). Der rein medizinische Blick, der psychotherapeutische und andere helfende Berufe als eine Art „seelisches Arzneimittel" (S. 44) zum Verringern von seelischen Leiden begriffen hat, erscheint mittlerweile als reduktionistisch. Der Nutzen von helfenden Interventionen wird deshalb immer stärker daran gemessen, inwieweit sie zum Erreichen von oder der Annäherung an ein subjektiv definiertes gutes Leben beitragen. Dabei steht ein verändertes Verständnis von (psychischer) Gesundheit im Vordergrund. Diese wird nicht mehr nur unter dem Aspekt der Abwesenheit von Leid diskutiert, sondern zeichnet sich vielmehr durch Elemente wie Wohlbefinden, Selbstakzeptanz, Sinnfindung und wirksame Umweltkontrolle aus (S. 44).

Wenngleich diese Diskurse in psychotherapeutischen Kontexten bereits verstärkt zu finden sind, so ist es doch augenscheinlich, dass insbesondere im Zusammenhang mit komplexen Traumaerfahrungen die Auseinandersetzung mit diesen Themen bisher lediglich am Rande geführt wird (Frank, 2011). Möglicherweise fällt es schwer, diese Lebensbereiche bei Menschen mit schweren Gewalterfahrungen zu denken. Und das wohl verstärkt bei jenen, die eine der schwersten dissoziativen Störungen in Form einer DIS vor dem Hintergrund chronischer Traumatisierungen ausgebildet haben. Hier finden sowohl wissenschaftliche als auch gesellschaftliche Diskurse zum größten Teil innerhalb eines pathogen denkenden und behandelnden Umfeldes statt, welches sich auf Diagnostikmanuale bezieht und in defizitären Modellen denkt, bzw. seine Konzentration auf die aus der DIS resultierenden Belastungen und problematische Symptomatik legt. Der Fokus in Verbindung mit dieser Diagnose wird nicht selbstverständlich auf ein gutes Leben oder die intrapsychischen Ressourcen gerichtet, die ein solches ermöglichen.

Dennoch lassen sich Berichte und Selbstdarstellungen von Betroffenen finden (Fischer, 2005; Huber & Frei, 2009; Marya, 1999, 2005), aus denen hervor geht, dass Menschen mit einer DIS sich durchaus in die Lage versetzen können, sich mit der Vergangenheit auf eine konstruktive Weise auseinander zu setzen und trotz möglicher Beeinträchtigungen ein frohes und zufriedenes Leben führen. Aufgrund dessen und einer entsprechenden theoretischen Einbettung in jene aktuelle Fachdiskurse, die sich mit dem Thema gutes Leben und Trauma beschäftigen, nimmt sich diese Arbeit der Frage nach dem guten Leben speziell bei Menschen mit einer DIS an.

Bevor diese jedoch ausführlich ausbuchstabiert wird bedarf es einer Kontextualisierung dieser Studie in wissenschaftliche Fachdiskurse, die sich mit dem guten Leben in Verbindung mit Traumaerfahrungen auseinandersetzen. Diese sind leitend sowohl für die forschungspraktische Herangehensweise in Form der konkreten Konzeptualisierung der Fragestellung als auch hinsichtlich der Datenerhebung und -analyse. Im Nachfolgenden wird zunächst dargestellt, wie eine Veränderung des störungsorientierten Blickes aussehen kann, welche konzeptuellen, theoretischen und handlungsorientierten Modelle diesbezüglich entwickelt wurden und in welcher Weise diese die Forschungsarbeit rahmen.

## 3.1 Den störungsorientierten Blickwinkel wechseln

Die bisherigen Ausführungen rund um die DIS haben sich an der klinischen Psychologie und an den innerhalb dieser Disziplin genutzten Diagnosemanualen orientiert. In diesen wird in erster Linie die Symptomatologie, also die störenden und negativ auffälligen Symptome einer Diagnose fokussiert. Dieser fast naturgemäß anmutende Umstand ignoriert die Tatsache, dass Kanfer und Saslow (1965) bereits vor mehr als 50 Jahren darauf hinweisen, dass neben störenden Verhaltensaspekten auch immer die Aktivposten und das Ressourcenguthaben von PatientInnen mit zu diagnostizieren seien (Kanfer & Saslow, 1965 in Frank, 2011, S.4). Diese Erweiterung des diagnostischen Blickes soll dazu führen, jenen Faktoren Aufmerksamkeit zu schenken, die ein direktes (Wieder-)Erlangen von „Wohlbefinden" (Frank, 2011, S.4) begünstigen bzw. unterstützen.

Nachdem die Psychologie sich im vorangegangenen Jahrhundert vor allem mit negativem Befinden und psychischem Leid beschäftigt hat, zeichnet sich in den letzten Jahrzehnten nun die von Kanfer & Saslow geforderte Abkehr von einem einseitigen Krankheitsmodell ab. Eine Hinwendung zu Gesundheit und positivem Befinden findet vermehrt statt (Mayring, 2007, S.52). Diese Erweiterung des pathologischen Blickes auf menschliches Verhalten wird in der aktuellen fachlichen Psychologiedebatte insbesondere innerhalb der „Positiven Psychologie" geführt.

In den USA ist dieser Forschungs- und Arbeitsbereich der Psychologie bereits etabliert (Seligman & Csikszentmihalyi, 2000; Linley & Joseph, 2004), in Deutschland finden sich mittlerweile sowohl Netzwerke Positiver Psychologen (ENNP Germany, 2016) als auch verschiedenste wissenschaftliche Anschlüsse an die Positive Psychologie (Esch, 2011; Brandstädter 2011). Martin Seligman (2003), als Mitbegründer dieser Bewegung innerhalb der Psychologie, bringt deren inhaltliche Ausrichtung folgendermaßen auf den Punkt: „Psychology is not just the study of disease, weakness, and damage. It also is the study of happiness, strength, and virtue" (Seligman, 2003, S.XIV)[12].

Es ist das erklärte Ziel der Positiven Psychologie, Menschen dabei zu unterstützen, zufriedener und glücklicher zu sein und ihre Talente und Tugenden zu stärken (Frank, 2011). Wright & Lopez (2009) betonen, dass eine der größten Herausforderungen dabei darin besteht, sich einem grundlegenden Denkfehler der Psychologie zu stellen:

> „In positive psychology, we must challenge a common error of professional psychology, today: making diagnostic, treatment, and policy decisions primarily on deficiencies of the person instead of giving serious consideration to 'deficits' and 'strengths' of both person and environment."

Die Forderung, Defizite ebenso wie Stärken und Ressourcen sowohl innerhalb eine Person als auch der (psychosozialen) Umgebung zu betrachten, bringt auch Frank (2011) zu der Aufforderung, den Blick-

---

12 Diesem Anliegen folgend nimmt sich insbesondere die psychologische Glücksforschung (Argyle, 2001) der Herausforderung an, eine einheitliche Theorie des Glücks zu entwickeln und zu etablieren.

winkel nicht nur zu erweitern, sondern ihn grundlegend zu wechseln. Und zwar auf jene Merkmale und Bedingungen, die es Menschen ermöglichen, sich wohl zu fühlen und ein gutes und zufriedenes Leben zu leben (S. 4). Somit befindet sich auch die Psychologie mittlerweile auf der Suche nach den „Orten des guten Lebens" (Mayring, 2007, S.52).

Nun haben sich verschiedene WissenschaftlerInnen diesem erweiterten Blick angenommen und ihn entweder konzeptuell oder theoretisch weiter ausgearbeitet. Als theoretische Rahmung für die vorliegende Arbeit sind diesbezüglich insbesondere die Salutogenese und das Empowerment Konzept, auf welche im Folgenden eingegangen wird, zu nennen.

## 3.2 Salutogenese

Der amerikanische Soziologe Aaron Antonovsky veröffentlichte mit seinem Werk „Health, Stress and Coping" (1979) sein Konzept der Salutogenese und damit einen „signifikant und radikal anderen Ansatz der Erforschung von Gesundheit und Krankheit" (S. 18) als den der Pathogenese. Der Begriff Salutogenese leitet sich von dem lateinischen Wort salus ab, welches für Gesundheit steht und sich damit am gegenüberliegenden Ende der Pathogenese befindet, die sich wiederum vom griechischen Pathos, dem Leiden und dessen Entstehung ableitet (Sandritter & Beneke, 1981).

Als Israeli befand sich Antonovsky zwischen dem Spannungsfeld von Vertreibung und Vernichtung, damit bildet der Entwurf der Salutogenese „in eindrucksvoller Weise seine Suche nach sinnerfüllenden Bewältigungsmöglichkeiten des Menschen ab" (Lorenz, 2005, S.13). Antonovsky nahm nun nicht mehr die krankmachenden Faktoren in den Fokus, sondern fragte nach Gesundheit und gesunderhaltenden Aspekten, auch und gerade unter Stresseinwirkung. Er prägte damit die Vorstellung eines Gesundheitskontinuums, auf dem sich Menschen befinden.

### 3.2.1 Das Konzept der Salutogenese – Ein Gesundheitskontinuum

In einem seiner Forschungsprojekte beschäftigte sich Antonovsky in der Zeit von 1960-1970 mit dem Verhalten von Frauen in der Menopause und ging hierbei davon aus, dass jene Frauen, deren Leib und Leben durch die Schoah bedroht war, wesentlich größere Schwierigkeiten mit dem Eingang in die neue Lebensphase haben müssten (Lorenz, 2005, S.19). Diese Annahme wurde in Teilen bestätigt, eine nicht unerhebliche Anzahl der untersuchten Frauen allerdings hat sich trotz der grauenhaften Erfahrungen recht stabil und problemlos auf die Menopause einstellen können. Diese Entdeckung veranlasste Antonovsky zu der Frage, wie es diesen Frauen trotz der traumatischen Erlebnisse gelungen war, sich an diesen neuen Lebensabschnitt auf solch unproblematische Weise anpassen zu können. In Folge waren die leitenden Fragen, denen Antonovsky in den nachfolgenden Studien nachgegangen ist, die nach den Faktoren, die Gesundheit und Wohlbefinden bei jenen begünstigen, die ein schweres Trauma erlitten haben. Damit wandte er den Blick von der Frage nach krankheitsverursachenden Faktoren, also der pathogenen Denkstruktur ab und führte eine „salutogene" (Antonovsky, 1997, S.23) Blickrichtung ein. Das salutogene Verständnis plädiert dafür, PatientInnen nicht auf ihre Krankheiten und Leiden zu reduzieren, bzw. ausschließlich diese zu diagnostizieren, sondern sich auf die Frage zu konzentrieren, welche „Coping-Ressourcen" (Lorenz, 2005, S.26), also Bewältigungsstrategien, dabei hilfreich sind, die Belastungen des Lebens zu bewältigen. Erfolgreiches Bewältigen wird hier als die Aktivierung jener individuellen Möglichkeiten verstanden, die in der jeweiligen Situation angemessen und effektiv sind und nicht zwangsläufig innerhalb der Grenzen der Pathophysiologie zu finden sind:

> „Wenn man nach effektiver Adaption des Organismus sucht, kann man sich über den postkartesianischen Dualismus hinausbewegen und sich Phantasie, Liebe, Spiel, Bedeutung, Willen und soziale Strukturen ansehen, die die Adaption fördern. Oder, wie ich es am liebsten sage, die Theorien erfolgreichen Copings." (Antonovsky, 1997, S.27)

Somit steht nicht mehr ein dichotomes Verständnis von Krankheit und Gesundheit im Vordergrund, bei dem ein Mensch in ein entweder/ oder dieser Zustände einsortiert wird. Antonovsky eröffnet vielmehr

## 3.2 Salutogenese

das Bild eines multidimensionalen Kontinuums, in dem ein Mensch nie ganz gesund oder ganz krank ist, sondern das jeweilige Element des Einen jederzeit auch in das Andere hinein fließt, ein gesunder Mensch also auch immer kranke Anteile in sich hat und umgekehrt (Grabert, 2009, S.17). Somit begreift Antonovsky Gesundheit weniger als einen vollständigen, absoluten Zustand sondern spricht hier vielmehr von einem individuellen Wohlbefinden, resp. Missempfinden oder Unbehagen als von objektiv anlegbaren Massstäben (Bengel, Strittmatter & Willmann, 1998, S.32).

Unter einer Abkehr von der bis dahin mehrheitlichen Meinung, dass spezifische Stressoren (psychische und physische) Störungen hervor rufen, entstand nun eine Theorie, die davon ausgeht, dass Stress nicht grundsätzlich krank macht, sondern vielmehr eine psychophysische Anspannung verursacht. Der Mensch wiederum verfolgt nun das Ziel, diese Anspannung zu lösen. So betrachtet, rückt die „psychologische Komponente individueller Stressverarbeitung bei unterschiedlicher dispositioneller Vulnerabilität in den Vordergrund" (Lorenz, 2005, S.19). Zudem geht Antonovsky von der grundsätzlichen Annahme einer Heterostase, also Unordnung und einem ständigen psychischen Druck aus, dem ein Mensch im Laufe seines Lebens ausgesetzt ist, so dass die Bewältigung von Stress weniger eine Seltenheit als vielmehr die Normalität darstellt. Und in Folge dessen auch Krankheit, „wie auch immer sie definiert sein mag, keineswegs ein unübliches Ereignis ist" (Antonovsky, 1997, S.22). Er plädiert somit dafür, Stressoren nicht als etwas zu betrachten, was reduziert und ausgelöscht werden muss, sondern vielmehr als etwas Allgegenwärtiges und die Konsequenzen aus deren Bewältigung nicht notwendigerweise als pathologisch zu beurteilen, sondern als möglicherweise sehr gesund (S. 30). Diesbezüglich merkt Antonovsky zudem an, grundsätzlich nicht von PatientInnen zu sprechen, sondern von Menschen, die sich auf einem Kontinuum befinden und die, so lange ein Hauch von Leben in ihnen ist, sie in einem gewissen Ausmaß auch gesund sind (S. 23). Dennoch stellt er gleichermaßen fest, dass es deutliche Unterschiede in der je individuellen Möglichkeit gibt, mit Stressoren umzugehen. Nicht jede stressreiche Situation wird von jedem Menschen gleich verarbeitet. Diese individuelle Fähigkeit zur Stressverarbeitung nannte Antonovsky den „sense of coherence" (Antonovsky, 1979, S.160-182), in der deutschen Übersetzung wird vom „Kohärenzgefühl" (Franke, 1997) gesprochen.

### 3.2.2 Das Kohärenzgefühl – SOC

Die jeweilige Ausprägung des sense of coherence (SOC) ist entscheidend für eine gelingende oder auch nicht gelingende Stressbewältigung. Damit liegt der Fokus auf der individuellen Verarbeitungsmöglichkeit und nicht auf einer objektiven Beurteilung, resp. einem vereinfachten Ursache-Wirkungs-Modell von Stressoren.

Drei zentrale Komponenten füllen das Kohärenzgefühl aus: Die Verstehbarkeit (1), die Handhabbarkeit (2) und die Bedeutsamkeit (3) (Antonovsky, 1988, S.34). Personen mit einem starken SOC verfügen über eine deutliche Ausprägung dieser Komponenten, die im Folgenden erläutert werden. Die Verstehbarkeit (1) zeichnet sich durch das Ausmaß aus, in welchem ein Mensch interne und externe Stimuli als kognitiv sinnhaft wahrnimmt, als „geordnete, konsistente, strukturierte und klare Information und nicht als Rauschen – chaotisch, ungeordnet, willkürlich, zufällig und unerklärlich" (Antonovsky, 1988, S.34). Nicht die Erwünschtheit dieser Stimuli ist dabei ausschlaggebend, sondern der Umstand, dass Gewalt, Tod oder traumatische Erfahrungen durchaus eintreten können, aber erklärbar bleiben. Die Handhabbarkeit (2) bezieht sich darauf, dass eine Person wahr nehmen kann, dass geeignete Ressourcen innerhalb oder ausserhalb ihrer Selbst zur Verfügung stehen, um den Anforderungen, bzw. den Stimuli des Lebens zu begegnen und diese zu bewältigen. Die Bedeutsamkeit (3) versteht Antonovsky als die motivationale Komponente, da sie diejenige ist, die dem Leben einen Sinn verleiht (Antonovsky, 1997, S.35). Im deutschen Raum wird statt von der Bedeutsamkeit auch von der Sinnhaftigkeit (Tameling, 2014, S.59) gesprochen. Sinnhaftigkeit trägt dazu bei, dass eine Bewältigung der Herausforderungen des Lebens als grundsätzlich lohnenswert erachtet wird. Das Leben wird mit Bedeutung und Sinn gefüllt, auch wenn ein Mensch mit Erlebnissen konfrontiert wird, die schmerzhaft oder zerstörerisch sind (Antonovsky, 1997, S.36). Ein spiritueller Glaube kann als ebenso sinnstiftend erlebt werden wie eine sich selbstgestellte Aufgabe im Leben.

Das in dieser Weise inhaltlich gefüllte Kohärenzgefühl versteht Antonovsky als die entscheidende Determinante dafür, wo sich ein Mensch auf dem Kontinuum zwischen Gesundheit und Krankheit befindet. Es besteht ein dynamischer und wechselseitiger Zusammenhang zwischen den drei Komponenten, die ausschlaggebend für die Ausprägung des SOC sind. Dabei versteht Antonovsky die motivationale Komponente der Bedeutsamkeit als die wichtigste. Ohne sie ist ein hohes Ausmaß an Handhabbarkeit und Verstehbarkeit vermutlich von kurzer Dauer, da dann die Motivation zur Bewältigung der Belastungen nicht ausreichend vorhanden ist (Antonovsky, 1997, S.38). Der Zusammenhang von Kohärenzgefühl und der daraus resultierenden gelingenden oder weniger gelingenden Verarbeitung von Stresszuständen konnte auch in aktuellen Studien weiterhin empirisch bestätigt werden (Grabert, 2009, S.34).

Entwicklungstheoretisch ist die Ausbildung des Kohärenzgefühls ab dem 30. Lebensjahr beendet (Antonovsky, 1988, S.91). Die Lebensabschnitte des Säuglingsalters, der Kindheit und der Adoleszenz haben hierbei einen entscheidenden Einfluss. Die hier gemachten Erfahrungen können modifizierenden Einfluss auf die Stärke, bzw. Schwäche des Kohärenzgefühls haben. Lediglich radikale Veränderungen der sozialen und/oder kulturellen Einflüsse oder der strukturellen Lebensbedingungen wie beispielsweise Wohnortwechsel, Veränderung des Familienstandes oder der Beschäftigungsverhältnisse können zu einer Veränderung des SOC führen. Eine Veränderung ist in erster Linie durch jene „Muster von Lebenserfahrungen" (Antonovsky, 1997, S.117) herbei zu führen, die über mehrere Jahre bestehen, wie Z.B. eine liebevolle Beziehung, langjährige Psychotherapie oder eine neue Arbeit. Auch Interventionen seitens helfender Berufe beurteilt Antonovsky als möglicherweise SOC-fördernd oder -schwächend, insofern sie dafür sorgen, dass ein/e Klient/in die Hilfsangebote „als konsistent erlebt, dass die Belastungen ausgeglichen sind und daß [sic] er [/sie] die Bedeutung versteht" (Antonovsky, 1997, S.119). Gleichwohl hält Antonovsky die Wirksamkeit solcher Interventionen nur bei lang andauernder Begleitung für möglich.

Auf Grundlage seiner Forschungsergebnisse und vor dem Hintergrund seiner wissenschaftlichen Verortung in der Umfrageforschung (Antonovsky, 1997, S.71) legte Antonovsky 1987 eine Skala zur Messung des SOC mit 29 Items vor, 11 davon beziehen sich auf die Verstehbarkeit, zehn auf die Handhabbarkeit und acht auf die Bedeutsamkeit (Singer & Brähler, 2007, S.20). Die Skala liegt zusätzlich in einer Kurzfassung von 9 Items (SOC-L9) vor (Schumacher & Brähler, 2004). Die vielfach überprüfte Reliabilität und Validität sowohl der Lang- als auch der Kurzform des Fragebogens findet sich ausführlich dargestellt bei Singer & Brähler (2007). Dennoch schränkt Antonovsky die Nutzung des Fragebogens grundsätzlich ein und weist darauf hin, dass andere Erhebungsverfahren wie beispielsweise qualitative Tiefeninterviews wünschenswert seien, um Differenzierungen in den Ergebnissen zu ermöglichen. Hier verweist er insbesondere auf die von Glaser und Strauss (1967) entwickelte Grounded Theory und „wäre erfreut, wenn ihre Perspektive und ihre Techniken auf die salutogenetische Fragestellung angewendet würde" (Antonovsky, 1997, S.71).

Wie diese forschungsmethodische Empfehlung in der vorliegenden Arbeit umgesetzt wurde und an welche Grenzen insbesondere eine Fragebogenerhebung bei Menschen mit einer DIS stößt, wird im Kapitel 5.3 diskutiert. Zunächst sollen nach einer zusammenfassenden Erörterung der kritischen Diskurse um die Salutogenese die Konsequenzen einer salutogenen Betrachtungsweise auf Menschen mit einer DIS erörtert werden.

### 3.2.3 Kritik am Modell der Salutogenese

Schneider (2015) stellt fest, dass die bisherigen Ausarbeitungen des Salutogenese-Konzeptes die Wechselwirkung der gesellschaftlichen und der individuellen Ebene unzureichend beleuchtet haben (S. 176). Faktoren wie Geschlechtszugehörigkeit, soziokulturelle Wurzeln, Bildung oder Schichtzugehörigkeit wurde bisher zu wenig Beachtung bei der Diskussion um die Ausbildung des SOC geschenkt. Bezugnehmend auf den Fragebogen zur Messung des SOC fragt auch Faltermaier (2000) kritisch, ob dieser überhaupt in der Lage sei, die äußerst komplexen Zusammenhänge, die das Kohärenzgefühl beeinflussen, zu erfassen (S. 192).

Ein weiterer und äußerst relevanter Kritikpunkt bezieht sich auf die Entwicklungsmöglichkeit des SOC. Höfer (2000) kommentiert Antonovskys Annahme des Kohärenzgefühls als eine recht stabile Persönlichkeitseigenschaft als zu statisch. Sie plädiert dafür, die gegenwärtigen gesellschaftlichen Veränderungsprozesse, die die Identitätsarbeit von Subjekten als unabgeschlossen bleiben lassen, noch stärker mit zu denken und damit auch das Kohärenzgefühl als dynamisch und veränderbar im Laufe des Lebens zu betrachten, auch unabhängig von radikalen und langjährigen Veränderungsprozessen (S. 66). Damit wäre eine Modifikation des Verständnisses vom SOC an die Bedingungen einer gesellschaftlichen Realität sich permanent verändernder Lebenswelten anzupassen. Zu diesem Thema ist ein ergänzender und erweiternder Blick auf das Konzept der Resilienz lohnenswert.

### 3.2.4 Das Konzept der Resilienz

Sehr zeitnah zu Antonovskys Werk erschien Werners (1971) Veröffentlichung ihrer Langzeitstudie über BewohnerInnen der Insel Kauai und über das auf dieser Grundlage entwickelte Konzept der Resilienz. Die leitenden Fragen für die Forscherin waren fast analog zu denen Antonovsky jene nach gelingender Lebensbewältigung und der Erlangung von Lebenszufriedenheit, hier allerdings mit Fokus auf dem Zusammenleben mit anderen Menschen (Fröhlich-Gildhoff & Rönnau-Böse, 2009, S.7). In diesem Zusammenhang ist das Konzept der Resilienz entstanden und wird bis heute weiter entwickelt (ebd.). Resilienz wird verstanden als eine „psychische Widerstandsfähigkeit gegenüber biologischen, psychologischen und psychosozialen Entwicklungsrisiken" (Wustmann, 2004, S.18). Die Interaktionsprozesse von Individuum und Umwelt und die damit einhergehenden Schutz- bzw. Risikofaktoren stehen bei der Resilienz deutlicher als bei der Salutogenese im Fokus (Fröhlich-Gildhoff & Rönnau-Böse, 2009, S.10). Ebenso wie die Annahme, dass sich die Widerstandsfähigkeit im Laufe des Lebens eines Menschen verändert und damit eine variable Größe darstellt. So kann ein Mensch im Laufe seines Lebens resiliente Phasen ebenso erleben wie verwundbare. Zudem wird hier davon ausgegangen, dass die Resilienz sich nicht auf alle Lebensbereiche gleichermaßen bezieht. Resiliente Kompetenz in der Schule beispielsweise bedeutet nicht gleichermaßen eine ebensolche Widerstandsfähigkeit in privaten sozialen Beziehungen (S. 11).

Die Kernannahmen der Modelle Salutogenese und Resilienz sind sich sehr ähnlich, lediglich Akzente werden unterschiedlich gesetzt. Das Salutogenese-Modell setzt wie dargestellt den Schwerpunkt zur Erhaltung von Gesundheit auf Schutzfaktoren in Form von Kohärenz. Das Resilienz-Konzept konzentriert sich mehr auf Prozesse der Anpassung und Bewältigung, ist somit mehr an Methoden (insbesondere in der Prävention) interessiert. Es lässt sich sinnvoll in das Salutogenese-Modell integrieren und kann dieses sinnvoll ergänzen (Fröhlich-Gildhoff & Rönnau-Böse, 2009, S.14).

Es sei an dieser Stelle darauf hingewiesen, dass die bisher diskutierten Konzepte nicht als Beschreibungen einer lediglich individuellen Anpassung an gesellschaftliche Vorgaben misszuverstehen sind, bei der die jeweilige Person schlicht nicht über genug Widerstandsfähigkeit verfügt, um mit den gemachten Erfahrungen umgehen zu können. Pauline Boss (2008) schreibt dazu:

„Wir dürfen uns nicht damit zufrieden geben, dass Resilienz des Menschen die einzige Antwort ist. Das entscheidende Kriterium individueller Resilienz ist zwar die persönliche Gesundheit, aber wir müssen auch die Gesundheit der Gesellschaft und Umwelt fördern, in der Menschen gedeihen können." (S. 85)

Krieg, Gewalt, Armut, Missbrauch von Kindern und andere Formen von Gewalt und Ausbeutung dürfen nicht akzeptiert, bzw. mit den Theorien von Widerstandsfähigkeit und Gesundheitsfaktoren legitimiert werden. Hier gilt es, gesellschaftliche Verantwortung und strukturelle Gegebenheiten, die ein traumatisierendes Umfeld begünstigen, mit zu denken. Diese Aspekte werden in Zusammenhang mit den Analyseergebnissen in den Kapiteln 6.1.4 und 6.1.7 näher beleuchtet.

Es stellt sich nun die Frage nach der Passung der Salutogenese mit dem hier fokussierten Interessenbereich DIS. Welche Konsequenzen ergeben sich aus dem vorgestellten salutogenen Blick für das Verständnis von Menschen mit einer DIS? Dieser Frage wendet sich das nachfolgende Kapitel zu.

### 3.2.5 Salutogenese und DIS

Die Perspektive der Salutgenese eröffnet wie diskutiert unabhängig von den Erkrankungen eines Menschen den Blick auf dessen gesunde

Anteile und damit auf einen erweiterten Handlungsspielraum. Mehr noch, versteht die Salutogenese die Coping-Strategien eines Menschen bei Stress grundsätzlich als sinnvoll. Somit kann bezugnehmend auf die bisherigen Ausführungen zu Trauma und Dissoziation unter einer salutogenen Prämisse das Ausbilden einer dissoziierten Gesamt-Persönlichkeit als eine angemessene und zudem äußerst effektive (psychophysische) Möglichkeit verstanden werden, vorangegangene traumatische Situationen zu bewältigen.

Die in den vorherigen Kapiteln zur Diagnostik vorgestellte Lesart, die die DIS als eine pathologische Störungssymptomatik begreift, kann dadurch erweitert werden, dass die Ausbildung solch massiver Dissoziationen darüber hinaus als eine gesund- und lebenserhaltende Antwort auf eine ungesunde Umwelt begriffen werden kann. Auch Huber (2010) spricht diesbezüglich von einem „Überlebensmechanismus eines extrem gequälten Kindes" (S. 238). Es wird deutlich, dass die Dissoziation auch hier zunächst eher als ein hilfreicher Mechanismus denn als Störung verstanden wird. So kann der psychopathologische Blick auf die DIS um einen salutogenen erweitert werden, der nicht den Fokus auf die Spaltung der Identität als Störung vornimmt, sondern im Sinne von Bohlen (2010) von einer „Dissoziativen Identitätsstruktur" spricht. Die Abkürzung DIS ist in diesem Sinne im weiteren Verlauf der Arbeit als Abkürzung für **D**issoziative **I**dentitäts **S**truktur gemeint. Dieses Kürzel stellt hier wie bei Bohlen also nicht weiter die Störung in das Zentrum von Identität, der Fokus wird nun vielmehr auf die Coping-Fähigkeit der Dissoziation gelegt. Das ignoriert keinesfalls mögliche (psychische und/oder physische) Belastungen, die aufgrund der Symptome entstehen können, sondern verändert lediglich den ausschließlich psychopathologischen Störungsblick. Fragen nach individuellen Strategien der Gesundheitsförderung und -erhaltung sowie Gesundheitsressourcen, die Menschen mit einer DIS in sich selbst oder in ihrem sozialen Umfeld zur Verfügung stehen, rücken auf diese Weise deutlicher in den Vordergrund (Grabert, 2009, S.19).

Die hier geführte Darstellung und Nachzeichnung eines salutogenen Verständnisses hat wie gezeigt Auswirkungen auf ein theoretisches Verständnis von DIS (nun S = Struktur), was gleichermaßen einen deutlichen Einfluss auf die Fragestellung dieser Studie nimmt.

### 3.2.6 Forschungspraktische Konsequenzen – Erhebung des SOC und die Frage nach dem guten Leben

Die Auseinandersetzung mit dem Konzept der Salutogenese führte in der Konsequenz zu der Annahme, dass zumindest eine der zu interviewenden Innenpersonen über einen hohen SOC verfügt, da das Konzept der DIS im salutogenetischen Sinn als effektive Coping-Strategie auf massive Stressoren begriffen wurde. Da dies allerdings nicht im Mittelpunkt des Interesses stand, wurde am Ende jedes Interviews lediglich die Kurzfassung des SOC-L9 Fragebogens, zur Erhebung des Kohärenzgefühls vorgelegt (s. Anhang). Eine Diskussion der Ergebnisse findet sich in Kapitel 5.3.

Wesentlich entscheidender war die Auswirkung der vorgestellten theoretischen Rahmung auf die Ausrichtung der Fragestellung. Den (salutogenen) Blick ausschließlich auf die individuellen Gesundheitsstrategien zu legen führte in der Konsequenz dazu, diese Haltung ebenso konsequent in der Fragestellung bei zu behalten. Damit war die Frage nach dem guten Leben und den je individuellen Strategien zur Erhaltung resp. Erlangung von Wohlbefinden eine logische Schlussfolgerung.

Nun bleibt trotz der differenzierten Ausarbeitung und den stets weiter führenden Untersuchungen zu Themen der Salutogenese diese dennoch in erster Linie ein theoretisches Konzept, das insbesondere in der klinischen Ressourcendiagnostik in Form von SOC-Fragebogenerhebungen seine Anwendung findet (Brähler, 2008). Somit eröffnete die Salutogenese für die vorliegende Forschung zwar ein erweitertes theoretisches Konstrukt bezüglich der DIS, bot jedoch für die Frage nach Handlungskonsequenzen zu wenig Spielraum. Insbesondere im psychosozialen Bereich finden sich diesbezüglich konzeptualisierte Handlungsstrategien, die innerhalb des Modells der Salutogenese kontextualisiert werden. In diesem Rahmen ist, neben der Salutotherapie (Linden & Weig, 2009), vornehmlich das Empowerment-Konzept (Herriger, 2010) zu nennen, mit dem darin verankerten Verständnis, dass Menschen mit „psychischen Erkrankungen" in erster Linie als ExpertInnen aus Erfahrung (Freimüller & Wölwer, 2012) wahr zu nehmen und zu behandeln sind. Diese veränderte Haltung nimmt derzeit insbesondere in Psychiatriekontexten immer mehr an Bedeutung zu

(Helfrich, 2013). Wie diese Konzepte sich darstellen und wie sie fruchtbar für die vorliegende Forschung gemacht wurden, wird in den folgenden Kapiteln diskutiert.

## 3.3 Empowerment

Empowerment als Handlungsstrategie findet zwar in erster Linie in psychosozialen Arbeitsfeldern (Herriger, 2010) Anwendung, doch wenden sich zunehmend auch andere Disziplinen diesem Modell zu. Insbesondere jene, in denen ein Strukturwandel fest zu stellen ist wie generell in der Krankenversorgung, in der nicht mehr die zu versorgende Schäden, vielmehr der Gedanke der Prävention und des Case Management im Vordergrund stehen (Sambale, 2010). Doch auch in Kontexten der Personalführung (Dupont, 2011) und sogar im Tourismusmanagement (Berchtold, 2008) finden Empowerment-Strategien ihre Anwendungsfelder. Was beinhaltet das Empowerment-Konzept nun konkret und wieso erscheint es insbesondere an jenen Stellen sinnvoll, an denen ein Umdenken von der Defizitorientierung hin zu einer Ressourcenstärkung von Menschen unabhängig vom Anwendungsbereich statt findet?

### 3.3.1 Definition Empowerment

Die Geburt des Empowerment als „Stärkung der Eigenmacht" (Knuf & Seibert, 2000, S.18) vollzog sich im Rahmen der Bürgerrechtsbewegung der schwarzen Minderheitsbevölkerung in den USA der 1950er und 60er Jahre. Das Empowerment-Konzept als eine „neue Kultur des Helfens" (Herriger, 2010, S.21) legte seinen Fokus erstmals auf die Selbstermächtigung und die Eroberung von Stolz und Selbstbewusstsein in schwarzen Ghettos. Die feministische Bewegung kann mit ihrem Kampf um die Selbstbestimmung der Frauen in patriarchalen Gesellschaftsstrukturen als zweiter Entstehungsrahmen und einer weiterführenden Professionalisierung der Empowerment-Diskurse verstanden werden (S. 25). Abgesehen von seinem gesamtgesellschaftlichen Nutzen hinsichtlich der individuellen Bewältigung immer komplexer werdender Veränderungsprozesse einer Gesellschaft, die vermehrt von Offenheit und Individualisierung (Beck, 1986) geprägt ist, gilt das Empowerment-Konzept aktuell als besonders zukunftsweisendes Modell in der Theorie- und Praxisentwicklung für die Arbeit mit Menschen, die unter chronischen psychischen Belastungen leiden (Pankofer, 2000, S.7).

Mit Empowerment ist, auf eine kurze Formel gebracht, die Stärkung der salutogenen Ressourcen (Kaimer, 2011, S.101) von Menschen gemeint. Es verfolgt damit einhergehend das Ziel des Abbaus von Strukturen der Entmündigung sowohl in medizinischen als auch in psychosozialen Kontexten (Herriger, 2010, S.31). Hierbei sollen Menschen konkret dabei unterstützt werden, ein Optimum an Kontrolle über das eigene Leben (zurück) zu erlangen, wobei das besonders sensible Gleichgewicht zwischen der Anerkennung bereits vorhandener Ressourcen und einer Bereitstellung von Unterstützung durch psychosoziale HelferInnen gefunden werden soll (Kaimer, 2011, S.102). Der Fokus liegt nunmehr auf den Selbstgestaltungs- und Selbstbewältigungskräften von Menschen, insbesondere von jenen in deprivierenden Lebenssituationen.

Nun bedarf eine Veränderung der Perspektive auf Menschen in vermeintlich aussichtslosen Situationen ebenso eines veränderten Verständnisses von professionellen HelferInnen und ExpertInnen (Pankofer, 2000, S.7). Die Kritik an paternalistischen Versorgungs-, Behandlungs- und Betreuungsstrukturen im medizinischen und psychosozialen System hat dazu geführt, neu über die Beziehung von Ärztin-Patient oder Helfer-Klientin Beziehungen nach zu denken (Röh, 2005, S.45). Für Herriger (2010) besteht hier ein Herrschaftsverhältnis einhergehend mit einer von den Professionellen erzeugten „Inszenierung von Hilfebedürftigkeit" (S.65). Die Konsequenzen dieser Inszenierung können nach Saleebey (1992) soweit reichen, dass von Außen getroffenen Zuschreibungen subjektivierende Konsequenzen haben können:

> „Soziale Arbeit, wie so viele andere helfende Berufe auch, hat viele Bestände ihrer Theorie und Praxis auf der Annahme aufgebaut, dass Klienten zu Klienten werden, weil sie Träger von Defiziten, Problemen, Pathologien und Krankheiten sind, dass sie – in kritischem Maße – beschädigt oder schwach sind. (...) Die Sprachformen und Symbolismen der Schwäche oder des Defizits zeichnen das Bild der Klienten in den Augen der anderen, sie konturieren die Selbstwahrnehmung der Klienten." (Saleebey 1992, S.3)

## 3.3 Empowerment

Als eine "dehumanising professional practice" nennt McNamee (2016) diesen Umgang, bei dem professionell Helfende bei allen guten Absichten das Gegenüber dennoch auf anzuwendende diagnostische und therapeutische Interventionen, Techniken und Defizite reduzieren. Damit einhergehend kann es zu einer Rollenzuweisung von Betroffenen kommen, die eine Haltung eines passiven „Hilfe- oder Rezeptempfänger[s]" (Röh, 2005, S.48) fördert, der/die lediglich darauf wartet, was der Experte oder die Expertin ihm/ihr rät. Aus dieser „erlernten Hilflosigkeit" (Seligman, 1972) beiderseitig auszusteigen und Menschen zu befähigen sich mit den „somato-psycho-sozialen" (Röh, 2005, S.55) Belastungen selbstbestimmt auseinander zu setzen sind hier die Ziele des Empowerment-Konzeptes. Dabei stehen die Wünsche nach Selbstbestimmung, Autonomie und einem Lebensgelingen im Vordergrund. Menschen bei der (Wieder-)Entdeckung ihrer eigenen und oftmals verschütteten Stärken zu ermutigen und diesen Prozess auf Augenhöhe zu begleiten sind weitere Anliegen (Pankofer, 2000, S.7). Dabei steht im Vordergrund, dass die Bedingungen bereit gestellt oder erarbeitet werden, welche ein gutes Leben ermöglichen (Röh, 2005, S.131). Das Empowerment-Konzept versteht sich diesbezüglich gerade in jenen Lebenssituationen als anschlussfähig, in denen die Ressourcen und Selbsthilfestrategien der AdressatInnen (sozialer) Hilfe „unter einer Schicht von Abhängigkeit, Resignation und ohnmächtiger Gegenwehr verschüttet" (Herriger, 2010, S.73) sind und ein gutes Leben nicht mehr denkbar erscheint.

Rekurrierend auf die „Philosophie der Menschenstärken" (Weik, Rapp, Sullivan, & Kisthardt, 1989) wird hier jedoch von einem grundsätzlichen Vertrauen in die Stärke und Lebenskraft des Menschen ausgegangen und von dessen Fähigkeit, sich aus eigener Kraft ein Mehr an Autonomie, Selbstverwirklichung und Lebenssouveränität (Herriger, 2010, S.73) zu erstreiten, um das eigene Leben, wenngleich nicht unmittelbar gut, so doch besser zu gestalten. Somit liegen im Fokus der Aufmerksamkeit nun die Stärken und Fähigkeiten von Menschen gerade in jenen Lebensetappen, die von Schwäche, Verletzlichkeit und Deprivation geprägt sind. Der Schwerpunkt wird auf die Suche nach guten „Lebensräumen und Lebenszukünften" (Pankofer, 2000, S.7) gelegt, die einen Zugewinn an Autonomie, selbstbestimmter Lebensregie und sozialer Teilhabe bieten und eine langwierige Begleitung durch das psychosoziale Helfersystem auf die Dauer überflüssig machen. Außerdem wird ein gesamtgesellschaftliches Ziel verfolgt, das darauf ausgerichtet ist, Menschen mit gleichen Interessen und Anliegen zu vernetzen, um mehr demokratische Teilhabe an unterschiedlichsten Orten des Gesundheitssystems zu erlangen (S. 55). Damit werden unterschiedliche Ebenen von Empowerment-Strategien deutlich. Neben der individuellen Ebene, wird Empowerment ebenso auf der Ebene der kollektiven Selbstorganisation, innerhalb institutioneller Strukturen, sowie innerhalb sozialräumlicher Kontexte wie beispielsweise in Stadtteilen verstanden und umgesetzt (Herriger, 2010, S.86-182).

Unabhängig von der jeweiligen Ebene wird auf lange Sicht das Ziel verfolgt, auf „entmündigende Expertenurteile" (Herriger, 2010, S.77) zu verzichten, die von Außen die Definitionsmacht über Lebensprobleme, deren Lösungen sowie die wünschenswerten Lebenszukünfte haben. Das Recht auf die individuelle Definitionsmacht dessen, was ein gutes Leben ausmacht und was möglicherweise mit einem Anders-Sein einhergeht, steht bei der Abkehr von einem Normierungsprinzipes ebenso im Vordergrund wie das offene und machtgleiche Aushandeln von Lebensperspektiven (S. 77). Die NutzerInnen des Hilfesystems, resp. „Betroffene" werden nun verstärkt als ExpertInnen ihres eigenen Lebens, ihrer Symptome und Lösungsstrategien verstanden. Hierzu finden sich Empfehlungen für konkrete Handlungsstrategien bei Herriger, 2010; Röh, 2005 und Knuf & Seibert, 2000.

Auf diesem Grundverständnis aufbauend hat sich zudem ein (Ausbildungs-)Konzept entwickelt, das zu einem neuen Verständnis von professionellem Wissen und Machtverteilung führt. Im Folgenden wird dieses Modell vorgestellt, um dann den Gegenstandsbereich der vorliegenden Arbeit in die hier vorgestellte theoretische Rahmung einzubetten.

### 3.3.2 Expert by experiences

Bereits die Sozialpsychiatrie (Wollschläger, 2010) hat sich im Zuge der Psychiatriereform (beginnend mit der Psychiatrieenquete von 1975) der Idee angenommen, Menschen mit psychischer Erkrankung nicht mehr nur als zu behandelndes Objekt zu begreifen. Sie forderte stattdessen eine verstärkte Integration der individuellen Erfahrungen, Erkenntnisse und Bewertungen der Betroffenen (Bombosch, Hansen & Blume, 2004, S. 11). Aus diesem Verständnis entstand der Trialog, in dem professionell Tätige (z.b. PsychiaterInnen und SozialarbeiterInnen) sowie Angehörige und Menschen mit psychischer Erkrankung gemeinsam beispielsweise Hilfeplanungen erarbeiten (Freimüller & Wölwer, 2012, S.53). Dennoch blieb im Schwerpunkt auch hier das ExpertInnenwissen ungleich verteilt auf Seiten der Professionellen.

Eine Erweiterung des Trialogs ist das aktuell diskutierte Konzept des „expert by experiences" (Basset & Stickley, 2010, S.4). Dieses Modell, bekannt in der deutschen Übersetzung als „Experten aus eigener Erfahrung" (Freimüller & Wölwer, 2012, S.46) beinhaltet vorrangig die Unterscheidung in ExpertInnen aufgrund Ausbildung und ExpertInnen aufgrund eigener Erfahrung. Damit wird die vom Empowerment anvisierte Abkehr von der Ungleichverteilung von Wissens- und Definitionsmacht zwischen Hilfesuchendem und HelferInnen bereits sprachlich gefasst. Die Anerkennung der Verteilung von unterschiedlichen Wissensformen steht nun im Vordergrund – zum Einen die des theoretisch angeeigneten und innerhalb der eigenen Profession angewandten Wissens, zum Anderen das Wissen derjenigen, welche eigene Lebenserfahrungen mit Erkrankungen und Krisen gemacht haben:

> „The doctor maybe considered the expert in terms of education and the experience of implementing that education in practice, doctors can never be fully expert until they have experienced the disease themselves. Thus, there are two experts – one by education and training, the other by experience." (Basset & Stickley, 2010, S.4)

Hauptanliegen der VertreterInnen dieser Sichtweise ist es, das Wissen der ExpertInnen aus Erfahrung kollektiv nutzbar zu machen und von einem singularen und individuellen „Ich-Wissen" (Jahnke, 2012, S.48) zu einem breit aufgestellten „Wir-Wissen" (S. 48) zu gelangen. Dazu bedarf es in erster Linie Selbstreflexivität der eigenen Lebenserfahrungen sowie der Explikationsfähigkeit, diese mitteilen und weiter geben zu können. Diese Fähigkeiten auszubilden und gemachte Erfahrungen mit psychischen Krisen ebenso wie mit den verschiedenen Institutionen innerhalb des Hilfesystems zu teilen und zu professionalisieren ist die Idee einer Ausbildung, die aus einem EU-Projekt entstanden ist und seit 10 Jahren in Deutschland angeboten wird (Sielaff, 2015). Das Ziel einer beruflichen Teilhabe von ExpertInnen aus Erfahrung innerhalb des psychosozialen Hilfesystems wird hierbei verfolgt. Eine Darstellung der Grenzen und Möglichkeiten dieser Ausbildung aus der Perspektive einer Ex-In Absolventin findet sich bei Jahnke, 2012. Eine europäische Perspektive auf die Ausbildung zeichnen Bethmann & Hilgeböcker (2013) in ihrem Artikel nach, indem sie Erfolge und Hindernisse des Berufseinstiegs der AbsolventInnen in den ersten Arbeitsmarkt vorstellen.

Wie findet nun aktuell eine Verknüpfung sowohl der Empowerment-Diskurse als auch den neueren Entwicklungen der expert by experiences Bewegung mit schwer traumatisierten Menschen, die eine DIS ausgebildet haben, statt? Nach einer Übersicht über die bisher geführten Auseinandersetzungen werden die Einflüsse und forschungspraktischen Konsequenzen dieser theoretischen Rahmung auf die vorliegende Arbeit beleuchtet.

### 3.3.3 Empowerment, expert by experiences und DIS

Die Förderung von Selbstermächtigung ist insbesondere in psychotherapeutischen Zusammenhängen in der Arbeit mit traumatisierten Menschen nicht neu, wenngleich der Begriff Empowerment hier wenig genutzt wird (Reddemann, 2011, S.78). Reddemann betont diesbezüglich, dass alle Interventionen, die empowernd sind und damit die Selbstermächtigung stärken, das Erleben von Würde und zudem die Resilienz stärken (S. 74) und somit hilfreich dabei sein können, ein gutes Leben zu leben, bzw. sich zu erstreiten, so es denn ein erklärtes Ziel der KlientInnen ist (S. 18). Auf diesem Verständnis aufbauend sind mittlerweile verstärkt Therapie- und Gruppenarbeitskonzepte entwickelt worden, deren Fokus auf Empowerment und der Förderung salutogener Ressourcen von (schwer) traumatisierten Menschen gerichtet ist. Für den US-amerikanischen Raum ist diesbezüglich das von Harris (1998) entwickelte Trauma Recovery and Empowerment Modell (TREM) für die Arbeit mit traumatisierten Frauen in klinischen Kontexten zu erwähnen. Im deutschsprachigen Raum ist aktuell die Psychodynamisch Imaginative Traumatherapie (PITT) nach Reddemann (2011) zu nennen, auf der aufbauend Krüger (2015) Manuale speziell für traumatisierte Kinder entwickelt hat (PITT-KID).

Das erklärte Ziel dieser Manuale ist die Förderung von Resilienz und Wohlbefinden- und zwar unabhängig vom individuellen Standort auf dem dissoziativen Kontinuum (Reddemann, 2011, S.250). Somit unterscheidet Reddemann in der Anwendung dieser empowernden Arbeit nicht grundsätzlich zwischen leicht und hoch dissoziativen KlientInnen, wenngleich sie für die Arbeit mit DIS eine Zusatzausbildung empfiehlt, um sich der deutlichen Trennung zwischen den dissoziierten Anteilen bewusst zu werden (S. 255). Dabei stellt sie fest, dass sie früher gegebene Empfehlungen, das Auftreten verschiedener Persönlichkeiten zu ignorieren für überholt hält (S. 252) und empfiehlt vielmehr das Stärken und Empowern eben jener Persönlichkeiten, die gerade anwesend sind (S. 253).

Dennoch ist anzumerken, dass die Selbstreflexion der professionellen BegleiterInnen hinsichtlich ihrer Definitions- und Behandlungsmacht in Bezug auf traumatisierte Menschen lediglich marginal, und wenn, dann vornehmlich in feministischen Kontexten (Boothe & Riecher-Rössler, 2013, S.382) diskutiert wird. Hier stehen eine Verarbeitung und Implementierung wichtiger Ergebnisse von Genderforschung in psychotherapeutische Konzepte ebenso wie in wissenschaftliche Diskurse in Deutschland noch weitestgehend aus (S. 391).

Im englischsprachigen Raum finden sich weitaus differenzierte und kritischere Diskurse hinsichtlich der Machtverteilung innerhalb helfender Beziehungen (Budryte, Vaughn & Riegg, 2009). Dieser Umstand zeigt sich ebenfalls in der fachlichen Auseinandersetzung mit DIS-ExpertInnen aus eigener Erfahrung. So treten diese auf internationalen Kongressen, beispielsweise der European Society of Trauma and Dissociation (ESTD), nicht nur als schmückendes Beiwerk zum Zeichen der Abkehr von paternalistischen Strukturen auf. Im Gegenteil wird explizit um die Teilnahme von experts by experiences seitens der ESTD aufgerufen (ESTD, 2014 & 2016). Auch innerhalb der fachlichen Diskurse treten DIS-ExpertInnen aus eigener Erfahrung nicht in erster Linie als AnbieterInnen von Selbsthilfe in Erscheinung, sondern bieten, wie beispielsweise in England, Trainingsprogramme für die Zusammenarbeit mit Menschen mit DIS an (FirstPersonPlural, 2015).

Die Anfänge eines solchen Strukturwandels deuten sich, wie diskutiert, in Deutschland ebenfalls an und finden auch erste Konsequenzen in dem (Selbst-)Verständnis von Menschen mit einer DIS, was an etablierten online-Portalen wie beispielsweise Lichtstrahlen e.V. deutlich wird (Lichtstrahlen e.V., 2015). Doch steht eine breit geführte öffentliche, fachliche und wissenschaftliche Diskussion dieser Modelle in diesem Zusammenhang weitestgehend aus. Somit kann die Entscheidung, die hier vorgestellten und diskutierten Konzepte die Forschungsplanung und -durchführung dieser Studie beeinflussen zu lassen, als ein innovativer und notwendiger Schritt hin zur Etablierung eines erweiterten ExpertInnenverständnisses verstanden werden. Wie sich diese Einflüsse konkret darstellen wird im folgenden Kapitel vorgestellt.

### 3.3.4 Forschungspraktische Konsequenzen

Der hier vorgestellte theoretische Rahmen hatte wesentlichen Einfluss auf die Planung und insbesondere die Durchführung der Datenerhebung sowie auf den Umgang mit den InterviewpartnerInnen. Unabhängig von einer zusätzlichen Verortung der leitenden Forschungsfrage nach dem guten Leben in dem diskutierten Empowerment-Konzept hatte diese theoretische Rahmung zudem Auswirkungen auf die grundlegende Haltung der Forscherin, mit der Vorbereitung und Durchführung der Datenerhebung angegangen wurde.

Diese theoretischen Implikationen hatten zur Folge, dass die InterviewpartnerInnen nicht als psychisch Kranke, sondern vielmehr als ExpertInnen in eigener Sache verstanden wurden und somit forschungsleitend das Interesse an einer Erhebung des fundierten Fachwissens der Menschen mit DIS war. Diese Haltung erforderte eine Herangehensweise, die dem Gegenüber und seinen Kompetenzen respektvoll und achtsam begegnete, ohne die Verletzlichkeit, die ohne Frage bei Menschen mit schweren traumatischen Erfahrungen vorhanden ist, zu ignorieren. Der Fokus wurde auf die Selbstbestimmung und Selbstsorge der InterviewpartnerInnen gelegt, was sich in vielfältiger Weise bei der forschungspraktischen Umsetzung zeigte (vgl. Kapitel 4.2 & 4.3). Somit wurden beispielsweise äußere Bedingungen für die Erhebung nicht seitens der Forscherin im Vorfeld definiert, sondern jeweils von System zu System, bis hin von Persönlichkeit zu Persönlichkeit neu erfragt und ggfs. verhandelt. Zwar wurde hierbei die leitende Fragestellung nach dem guten Leben nicht aus den Augen verloren, doch die Umgebungen, Grenzen und beispielsweise Orte der Gespräche wurden immer wieder neu besprochen. Ebenso wie die Erhebungsmethode selbst, die von einem vis-a-vis Gespräch, über chats bis hin zu Gedächtnisprotokollen reichte, weil es Persönlichkeiten gab, die zwar über das Thema sprechen wollten, dabei aber das Gesprochene nicht mit einem Diktiergerät aufgezeichnet werden sollte. Es ergab sich ein positives Gesprächsklima, das zwar einen gleichgerichteten Fokus auf die leitenden Forschungsfragen ermöglichte, aber gleichwohl einen Raum eröffnete, sich diesem Thema auf je individuelle Art und Weise zu nähern. Daraus resultierte bei einem Personensystem beispielsweise die Situation, dass sich im Laufe des gemeinsamen Gespräches noch mehr Innenpersonen meldeten, die sich zu dem guten Leben äußern wollten, als ursprünglich miteinander vereinbart, und somit ein umfangreicheres ExpertInnenwissen erfragt werden konnte als zunächst geplant. Welche methodischen Konsequenzen aus diesem Umstand resultieren, wird im Kapitel 4.4 diskutiert.

Auch war beispielsweise nicht die Begleitung eines studierten oder anderweitig ausgebildeten Professionellen während der Interviews ausschlaggebend, sondern vielmehr die Entscheidung der Interviewten selbst, wen sie als Unterstützung vor, während und/oder nach dem Interview für sich am hilfreichsten empfanden.

In welcher Weise die Erhebung konkret durchgeführt wurde, inwieweit sich die Gratwanderung zwischen einer Haltung, die das Gegenüber als ExpertIn aus eigener Erfahrung wert schätzt ohne dabei ignorant mit der bestehenden Vulnerabilität umzugehen sowohl in der Erhebungsphase als auch in der Analyse wieder fand, wird in den nachfolgenden Kapiteln ausführlich expliziert.

## 3.4 Zusammenfassung

Wenngleich nun also die Psychologie der Suche nach dem guten Leben und dem Wohlbefinden durchaus ihre Aufmerksamkeit schenkt, so ist die Verbindung insbesondere zu schwer traumatisierten Menschen bisher marginal, zu Menschen mit einer DIS im deutschsprachigen Raum gar nicht zu finden. Zwar ist das erklärte Ziel verschiedener traumatherapeutischer Konzepte eine psychotherapeutische Unterstützung bei der Steigerung des persönlichen Wohlbefindens, doch auch diese beziehen sich verstärkt auf traumatisierte Menschen im Allgemeinen und denkt Menschen mit einer DIS mit, führt dies aber lediglich am Rande aus. Eine der Phänomenologie der DIS entsprechende Forschung, die die je subjektive Sichtweise, Strategien und Vorstellungen der einzelnen Innenpersonen, resp. bestimmter Persönlichkeitengruppen hinsichtlich eines guten Lebens erfragt, erscheint als eine Leerstelle und wird mit der vorliegenden Arbeit, wenngleich aufgrund der begrenzten Kapazitäten einer singularen Forschungsarbeit nicht gefüllt, so doch aber in ihren Anfängen ausgeleuchtet werden können. Das Anliegen dieser Arbeit folgt somit der Forderung von Mayring (2007), der für die Psychologie feststellt: „Wir müssen verstärkt auch nach den subjektiven Bedingungen für Wohlbefinden suchen, den vermittelnden intrapsychischen Faktoren, die für Glück und Zufriedenheit verantwortlich sind" (S. 53). Diesbezüglich sind in dieser Arbeit sowohl deskriptive Beschreibungen als auch narrative Erzählungen hinsichtlich des guten Lebens von Belang. Hierbei wurde die Grounded Theory bei der Erhebung und Auswertung der Daten als methodologische und methodische Rahmung genutzt. Wie die Fragestellung sich nun konkret darstellt, welche forschungsethischen Diskussionen sich aus der Befragung schwer traumatisierter Menschen ergibt, wie diese durchgeführt wurde und wie die Grounded Theory in dieser Arbeit ihre Anwendung fand wird in den nachfolgenden Kapiteln vorgestellt.

## 4. Das Forschungsdesign

In diesem Kapitel wird die Durchführung dieser Studie vorgestellt, wobei weitestgehend darauf verzichtet wird, auf die Grundlagen qualitativer Sozialforschung einzugehen. Dazu findet sich genügend aktuelle Einführungsliteratur (Becker & Kortendiek, 2010; Breuer, 2010; Flick, 2009, 2010, 2011; Mey & Mruck, 2010; Przyborski & Wohlrab-Sahr, 2010; Strübing, 2013, 2014; Strübing & Schnettler, 2004; Zierer, Speck & Moschner, 2013). Vielmehr wird hier die konkrete Vorgehensweise ausführlich expliziert, um die Nachvollziehbarkeit der daraus resultierenden Ergebnisse so weit wie möglich zu gewährleisten.

Die in den folgenden Abschnitten vorgestellte Erhebungsmethode stellt ein Novum dar, zum Zeitpunkt der Erstellung dieser Arbeit ist keine Studie bekannt, die bei Menschen mit einer DIS mit mehr als einer Persönlichkeit qualitative Interviews durchgeführt hat. Insofern rekurrieren die folgenden Ausführungen auf keine in diesem spezifischen Feld bereits bekannten methodischen Erfahrungen, sondern stellen eine selbst entwickelte Methode der Datenerhebung vor. Damit stellt diese Arbeit eine „Abfolge von Entscheidungen" (Flick 1995, S.148) dar, die aufgrund ihres innovativen Charakters bewusst zu treffen waren. Den Gütekriterien wissenschaftlichen Arbeitens der intersubjektiven Nachvollziehbarkeit des Forschungsprozesses und der Gegenstandsangemessenheit folgend (Helfferich, 2011, S.167), werden diese Entscheidungen in den folgenden Kapiteln entsprechend transparent nachgezeichnet.

Aufgrund des Gegenstandsbereiches ist eine forschungsethische Diskussion von grundlegender Bedeutung und wird zu Beginn geführt. Die aus diesem zunächst theoretisch geführten Diskurs folgenden forschungspraktischen Konsequenzen werden anhand des Kapitels zu den Erhebungsmethoden diskutiert. Dabei wird die gewählte Interviewmethode, die Forschungsfragen und der konkrete Ablauf eines Interview dargelegt. Darauf folgt eine Erläuterung des Interviewsample. Hier werden bereits anhand der Daten einzelne Persönlichkeitgruppen näher beschrieben. Aufgrund des bereits erwähnten explorativen Charakters der Studie liegt es auf der Hand, sich qualitativer Forschungsmethoden für die Datenanalyse zu bedienen. Insbesondere die Grounded Theory (Glaser & Strauss, 1967; Strauss 1987, 2004; Strauss & Corbin, 1990,1996; Corbin & Strauss, 2008) und deren aktuelle methodischen und methodologischen Weiterentwicklungen (Breuer, 2010; Charmaz, 2011; Clarke 2012) bieten sich für wenig erforschte Bereiche aufgrund ihres induktiven Vorgehens und ihrer datengeleiteten Theoriebildung an. Sowohl die der Grounded Theory zugrunde liegende methodologische und methodische Programmatik als auch deren konkrete Anwendung, die zu den Ergebnissen der vorliegenden Arbeit führen, werden innerhalb dieses Kapitels vorgestellt.

Um die Nachvollziehbarkeit der nachfolgenden forschungsethischen Diskussion zu gewährleisten bedarf es bereits an dieser Stelle einer weiteren Konkretisierung des Forschungsgegenstandes sowie einer Begründung der daraus resultierenden Sampleauswahl und Durchführung der Datenerhebung.

## 4.1 Konkretisierung des Forschungsgegenstandes

Aufgrund der Komplexität des Forschungsgegenstandes wird zunächst die Entscheidung für die Befragung mehrerer Persönlichkeiten eines Personensystems erläutert, um darauf aufbauend die nachfolgenden Schritte der Studie nachzuzeichnen.

Wie bereits in Kapitel 2.3.5 diskutiert, können die Persönlichkeiten innerhalb eines Personensystems einzelnen Gruppen hinsichtlich ihrer Merkmale, Affekte und Funktionen zugeordnet werden, wobei bestimmte Charakteristika wiederholt auftreten. Hierzu zählen in der überwiegenden Anzahl der Fälle das Vorkommen einer Alltagspersönlichkeit, einer Kindpersönlichkeit, einer BeschützerInpersönlichkeit und einer tätergebundenen Persönlichkeit (Eckhardt-Henn, 2004, S.18). Das Forschungsinteresse an der subjektiven Wahrnehmung und Realität von mehr als einer Persönlichkeit innerhalb eines Personensystem führte zu der Entscheidung, mit eben jenen Persönlichkeiten zu sprechen, die statistisch gesehen am häufigsten vorkommen. Abgesehen von diesem in der Fachliteratur theoretisch verankerten Umstand wurde diese Entscheidung zudem durch Diskussionen mit ExpertInnen des Feldes beeinflusst. Im Vorfeld der Studie geführte Gespräche mit Menschen mit einer DIS, die nicht zu dem Personenkreis der Interviewten gehörten, verdeutlichten die Relevanz der Befragung unterschiedlicher Persönlichkeiten, um dadurch die divergenten Meinungen und Ansichten innerhalb eines Persönlichkeitensystems umfassend zu erheben. Diese Prozesse führten zu der Entscheidung, zur Beantwortung des forschungsleitenden Interesses Interviews mit jeweils vier Persönlichkeiten innerhalb eines Personensystems zu führen: einer Alltagspersönlichkeit, einer Kindpersönlichkeit, einer BeschützerIn und einer tätergebundenen Persönlichkeit. Zum Zeitpunkt der Erstellung dieser Studie stellte die Befragung dieser vier Gruppen von Innenpersönlichkeiten eines Personensystems eine Innovation in der Forschung mit Menschen mit einer DIS dar.

Hinsichtlich der tätergebundenen Persönlichkeiten ergab sich dabei ein besonderes Interesse. Sowohl in der theoretischen Literatur (Putnam, 2003; Huber, 2013) als auch in Gesprächen mit AkteurInnen innerhalb des Feldes wurde deutlich, dass gerade diese Persönlichkeitengruppe als Störfaktor hinsichtlich eines guten Lebens wahr genommen wird. Diesen Umstand zu beleuchten und sich den subjektiven Sinnstrukturen dieser Persönlichkeiten anzunähern ist zudem Anliegen dieser Arbeit.

Doch bevor der konkrete Ablauf der Datenerhebung vorgestellt wird, bedarf es zunächst aufgrund der traumabedingten Entstehung tätergebundener Persönlichkeiten sowie der DIS im Allgemeinen einer intensiven Auseinandersetzung mit forschungsethischen Prinzipien, die die Vulnerabilität dieser Personengruppe in den Blick nimmt.

## 4.2 Forschungsethik

Das Erheben von Daten in Form von Interviews unterliegt grundsätzlich ethischen Prämissen (von Unger, Narimani & M'Bayo, 2014). Die informierte Einwilligung (Gläser & Laudel, 2010, S.50) gilt es diesbezüglich ebenso zu bedenken wie die Anonymisierung von Daten (Hopf, 2009). Die Punkte der Erhebung, Aufbewahrung, Weitergabe und Veröffentlichung erhobener Daten sind jedoch nicht nur forschungsethisch relevant, sondern in Deutschland als Datenschutzgesetz auf Bundes- und Landesebene gesetzlich verankert (Häder, 2009). Zudem konstituiert jede Forschung die jeweilige Wissensgemeinschaft inklusive ihrer ethischen Problematik mit. Roth (2004) fordert diesbezüglich eine verstärkte (kollektive) Reflexion forschungsethischer Herausforderungen, um sie auch hinsichtlich ihrer Angemessenheit weiter entwickeln zu können (Abs. 14).

Nun ergeben sich im Zusammenhang mit komplex traumatisierten InterviewpartnerInnen zudem zusätzliche, spezifische ethische Fragen. Somit ist es Anliegen dieses Kapitels zu verdeutlichen, auf welche Weise die speziellen ethischen Anforderungen an diese Forschungsarbeit angegangen und gelöst wurden. Diesbezüglich ist es u.a. von Interesse, ob das Befragen von schwer traumatisierten Menschen per se eine Belastung darstellt und somit unter forschungsethischen Kriterien als äußerst fragwürdig erscheint. Es lassen sich weitere feldspezifische Umstände lokalisieren, wie beispielsweise die Befragung von Innenkindern. Welche besonderen Aspekte sind hier aus forschungsethischer Sicht zu beachten? Wie ist die informierte Einwilligung zu behandeln bei einem Gegenüber, welches die Vorannahme eines kohärenten Subjekts aufgrund der bestehenden Multiplizität grundlegend in Frage stellt?

### 4.2.1 Informierte Einwilligung

Das Prinzip der informierten Einwilligung erfordert, dass der/die InterviewpartnerIn vor dem Interview über das Ziel der Untersuchung, den Umgang mit den erhobenen Daten und wie diese geschützt und anonymisiert werden (Gläser & Laudel, 2010, S.144) ausführlich informiert wird. Dies geschah zunächst in Form eines Informationsbogen, der alle relevanten Informationen zum Interviewablauf, zur Datenverarbeitung sowie zum Forschungsvorhaben insgesamt beinhaltete. Zum Abschluss eines jeden Interviews wurde von der Persönlichkeit, deren Name dem des Passnamens entsprach (an dieser Stelle stand die Rechtsperson im Vordergrund), eine Einwilligungserklärung zur weiteren Verarbeitung der erhobenen Daten unterschrieben. Diese Einwilligungserklärung wurde in Anlehnung an die Empfehlungen von Helfferich (2011, S.203) entwickelt und beinhaltete Hinweise auf Datenschutzbestimmungen, den weiteren Umgang mit den erhobenen Daten (Transkription, Anonymisierung, Weiterverarbeitung für wissenschaftliche Zwecke), die Freiwilligkeit und die zu jeder Zeit bestehende Widerrufsmöglichkeit, was die Erlaubnis zur Nutzung der Daten angeht. Diese Einwilligungserklärung wurde im Sinne der informierten Einwilligung bereits vor den Interviews an interessierte Personensysteme verschickt, so dass sich potentielle InterviewpartnerInnen mit diesem Passus auseinander setzen konnten. Zudem konnte dieser bei Bedarf den anderen beteiligten Persönlichkeiten im Vorfeld erklärt werden, um ggfs. auftretende Fragen an die Forscherin bei den nachfolgenden Treffen zu stellen.

Nun stellt die informierte Einwilligung bei einem multiplen Personensystem eine besondere Herausforderung dar. Normalerweise wird in qualitativen Befragungen davon ausgegangen, dass pro Person auch nur eine Persönlichkeit befragt wird. Dieses Axiom wurde von dem vorliegenden Gegenstandsbereich subversiv unterlaufen und bedurfte eines entsprechend modifizierten Vorgehens. Da nun innerhalb eines Körpers mindestens vier Persönlichkeiten befragt werden sollten, war dementsprechend eine informierte Einwilligung aller interviewten Personen erforderlich. Zwar wurde am Ende jedes Interviews eine Einwilligungserklärung von jener Persönlichkeit unterschrieben, die als rechtliche Vertreterin den Passnamen trägt, doch wurde zu Beginn jedes Interviews die Informationen zum Forschungsvorhaben, dem Vorgang der digitalen Auf- zeichnungen, der Weiterverarbeitung, der Möglichkeit zur Unterbrechung etc. wiederholt. Der Fokus der Forscherin lag diesbezüglich auf einem dialogischen Verstehensprozess und damit einer jeweils individuellen informierten Zustimmung zum Interview von allen daran beteiligten Persönlichkeiten.

Die informierte Einwilligung und die eingeholte Einwilligungserklärung sichert die Forscherin zwar in gewisser Hinsicht rechtlich ab, entlässt sie aber keinesfalls aus ihrer ethischen Verantwortlichkeit (Gläser & Laudel, 2010, S.55), wozu insbesondere die Vermeidung von Schädigung zählt.

## 4.2.2 Vermeidung von Schädigung

Ein relevanter Aspekt der Forschungsethik ist die Vermeidung von Schädigung aufgrund der Teilnahme an einer Forschung (Hopf, 2009, S.590). Sowohl die Forschungsdurchführung als auch mögliche belastende Konsequenzen insbesondere für Menschen, die als vulnerabel, also verletzlich, bzw. verletzt, gelten, müssen mit Vorsicht und Voraussicht bedacht werden. Schnell & Heinritz (2006) konkretisieren dies, indem sie besondere ethische Prävention bei Menschen fordern, die „aufgrund ihrer Lebenssituation durch die Teilnahme an einem Forschungsvorhaben in besonderem Maße belastet oder gar gefährdet werden könnten" (S. 43).

Hierbei ist allerdings zu bedenken, dass die Vorannahme von individueller Verletzlichkeit aufgrund der Zugehörigkeit zu einer vulnerablen Gruppe die Gefahr einer Stigmatisierung enthält. Verletzlichkeit an einer Typik fest zu machen, beinhaltet die Gefahr, dass „die Vulnerabilitätsprüfung in Stigmatisierung (Goffman) umschlägt" (Schnell & Heinritz, 2006, S.44). Diese Arbeit orientiert sich diesbezüglich an der Empfehlung von Schnell & Heinritz (2006), Stigmatisierungspotential in erster Linie mit der Wahrnehmung der jeweiligen Individualität zu begegnen, bei der „forschungsethisches Verhalten (...) den Menschen nicht hinter einer Typik verschwinden" (S. 44) lässt.

Dieser Standpunkt wird untermauert durch den bei Moser (2007) in ihrem Buch „Von Opfern reden" geführten Diskurs. Hier wird eben jene potentielle Gefahr der Stigmatisierung thematisiert, die durch voreingenommene Fremdwahrnehmung und ein daraus resultierendes stigmatisierendes Verhalten gegenüber einer vermeintlich vulnerablen Gruppe wie beispielsweise traumatisierten Frauen eine hilflose Opferrolle mitkonstituiert. Demzufolge hat eine Haltung, die von Außen die Vulnerabilität einer, in diesem Fall, multiplen Frau definiert und fremdbestimmt, wie sich diese vermutlich fühlt und was sie ggfs. benötigt, zur Folge, dass sich „(...) als Opfer wahrgenommene und definierte Frauen immer wieder mit den Vorstellungen, wie ein Opfer zu sein hat, herumschlagen" (S. 66) müssen. Doch ist insbesondere vor dem Hintergrund des bereits diskutierten Empowerment-Konzeptes fest zu stellen, dass Menschen unabhängig von ihrer Verletztheit in der Lage sind, „in produktiver Weise die Belastungen und Zumutungen der alltäglichen Lebenswirklichkeit zu verarbeiten" (Herriger, 2010, S.85). Und somit vielmehr eine respektvolle Anerkennung der jeweils individuellen Bewältigungsstrategien und die Wahrung subjektiver Bedürfnisse im Vordergrund stehen. Diese theoretische Verortung der vorliegenden Studie hat zur Folge, dass, ungeachtet der Tatsache, dass die InterviewpartnerInnen aufgrund der massiven Gewalterfahrungen, die zur Spaltung der Persönlichkeit führten, vulnerabel sind, es dennoch gilt, diesen Blick zu differenzieren. Und die Ausprägung, bzw. den jeweils individuellen Ort der Verletzlichkeit genauer zu erfassen und immer wieder individuell nach möglichen Grenzen und Bedürfnissen hinsichtlich eines Interviews zu erfragen. So wird die Gefahr, stigmatisierende Muster im Diskurs über Opfer und Vulnerabilität unreflektiert zu bedienen, so gering wie möglich gehalten.

Gleichwohl darf dieses Vorgehen keinesfalls die ethische Verantwortung einer Forschung ignorieren, die sich mit schwer traumatisierten Menschen beschäftigt. Die Möglichkeit einer triggernden oder sogar retraumatisierenden Gesprächssituation gilt es hierbei ebenso zu bedenken, wie das begrenzte Beziehungsangebot, dass die Forscherin in ihrer wissenschaftlich-professionellen Rolle anbieten kann und darf (Helfferich, 2011, S.152). Diesen Diskussionen folgend, wurden für die Datenerhebung Rahmenbedingungen geschaffen, die eine gelungene ethische Gradwanderung zwischen geforderter Achtsamkeit, möglicher Diskriminierung und zu vermeidender Ignoranz gegenüber der bestehenden Vulnerabilität anstrebten.

Für den konkreten Ablauf einer Interviewsituation bedeutete das u.a., danach zu fragen, ob es bestimmte Gerüche, Farben, Situationen oder Worte gab, die triggernd wirken und ggfs. vermieden werden können. So gab es beispielsweise in dem Interview mit einem Personensystem immer wieder die Notwendigkeit der Zusicherung seitens der Forscherin, dass niemand sonst den Raum, in dem das Interview statt fand, betreten würde. In einem anderen Fall stellte das Aufnehmen des Gesprochenen per Diktiergerät eine deutliche Belastung dar. Aufgrund dessen wurde das Interview mit Hilfe virtueller Kommunikation via chat durchgeführt und die gesprochenen Inhalte eines persönlichen Treffens wurden mit Feldnotizen fest gehalten. Somit wurde die Art und Weise der Interviewdurchführung modifiziert und an die individuelle Vulnerabilität angepasst. Stets wurde gemeinsam nach

Möglichkeiten gesucht, die Datenerhebung trotz bestehender Einschränkungen durchführen zu können.

Hilfreich zusammenfassend erörtert Hageman-White (2013) diesbezüglich die Wichtigkeit der forschungsethischen Aspekte Anerkennung der Gefährdung, Sorge für Sicherheit und informierte Zustimmung, Umgang mit Machtbeziehungen, Empowerment und Vertraulichkeit (S. 13-33). Die Methodik und Durchführung dieser Forschung mit Menschen mit Gewalterfahrung ist unter Berücksichtigung dieser von Hageman-White erörterten Bereiche in Folge so gestaltet worden, dass die Gefahr einer starken psychischen Belastung sowie die Gefährdung von Sicherheit deutlich reduziert wurde. Wie sich dies konkret darstellt wird in den Kapiteln 4.2.3 und 4.3 dargelegt.

Es konnte deutlich gemacht werden, dass nicht die Befragung schwer traumatisierter Menschen per se eine Belastung darstellt, vielmehr sind die Rahmenbedingungen sowie die damit zusammenhängenden notwendigen Auseinandersetzungen der Forschenden mit forschungsethischen Fragen relevant. Ethische Achtsamkeit (Warin, 2011) sowie eine angemessene Gesprächsführung sind weitere wichtige Elemente einer sensiblen Interviewrahmung und werden im Folgenden diskutiert.

### 4.2.3 Ethische Achtsamkeit – Das Herstellen einer Vertrauensatmosphäre

Warin (2011) fordert die Forschungshaltung einer „Ethical mindfullness", also einer ethischen Achtsamkeit, die sie, rekurrierend auf Etherington (2007) beschreibt als einen Balanceakt „between our own needs as researchers and our obligations toward care for, and connection with, those who participate in our research" (S. 807). Das Aufbauen einer vertrauensvollen Beziehung zu den InterviewpartnerInnen steht hierbei im Vordergrund der Bemühungen: „This describes the state that the researcher needs to sustain in conducting relational ethical research in order to preserve trusting relationships between researchers and their participants." (S. 809). Sich dieser Diskussion anschließend, wurde für die Situation der Datenerhebung für diese Arbeit besonderer Wert auf einen vertrauensvollen Beziehungsaufbau gelegt. Dieser schlug sich nieder in der Förderung und Herstellung einer Atmosphäre, in der sich Interviewte und Interviewende gleichermaßen wohl fühlten, was ein entspanntes und offenes Gesprächsklima förderte.

Auch Haubl (2003) unterstützt einen Interviewvorgang, der einer vertrauensbildenden Interviewführung (S. 67) dient, die zwar eine klare Strukturierung auf ein leitendes Thema vorgibt, aber zu nichts drängt, damit der/die Interviewte zu jeder Zeit die Definitionsmacht darüber in der Hand hält, worüber gesprochen wird oder eben nicht (S. 67). Damit wird eine Gesprächsatmosphäre hergestellt, die insbesondere in einer Interviewsituation mit Menschen mit traumatischen Erfahrungen ihren Fokus auf Selbstbestimmung und Sicherheit legt (S. 72) und nicht in Gefahr gerät, eine handlungsohnmächtige, resp. fremdbestimmte und damit retraumatisierende Erfahrung zu reinszenieren.

Wie wurde nun konkret eine Atmosphäre hergestellt, die zwar Sicherheit und Vertrauen anbietet, allerdings ohne dabei den Charakter eines Interviews zu verlieren? Handlungsleitend hierfür waren die vorgestellten ethischen Grundprinzipien von Sicherheit und Selbstbestimmung, sowie achtsamer Umgang mit den InterviewpartnerInnen. Das dementsprechende Vorgehen wird im Folgenden erläutert.

Grundsätzlich wurde der Schwerpunkt darauf gelegt, dass das Interview mehr den Charakter eines gemeinsamen Gespräches denn einer sterilen Befragung bekam. Zwar wurden die in Kapitel 4.3.2 vorgestellten Fragen als Richtschnur genutzt, doch wurden auch Fragen seitens der InterviewpartnerInnen an die Forscherin durchaus beantwortet. Zeitweise kam es an unterschiedlichen Stellen zu einem Erfahrungsaustausch zu den verschiedensten Themen, die auch dann vertieft wurden, wenn sie nicht in erster Linie der Beantwortung der Fragestellung dienten. Dies geschah jedoch, ohne das leitende Thema aus den Augen zu verlieren.

Auch der Ort des Interviews wurde von den InterviewpartnerInnen selbst gewählt. Hierbei wurde davon ausgegangen, dass zum Einen nicht alle sicherheitsrelevanten Aspekte, die eine Räumlichkeit zur Verfügung stellen sollte, seitens der Forscherin mitgedacht werden konnten, da diese die InterviewpartnerInnen nicht kannte. Zum Anderen wurde darüber die Möglichkeit geschaffen, dass sowohl die Selbstsorge der Interviewten angeregt wie auch deren Selbstbestimmung gefördert werden konnte. Allerdings gab es den Hinweis der Forscherin, den Ort so zu wählen, dass es möglich war, mit einem Diktiergerät das Gesprochene aufzunehmen und die Umgebung einer konzentrierten Gesprächsatmosphäre diente. So kam es zu den unterschiedlichsten Gesprächsorten, wie beispielsweise bei der Forscherin zu Hause, bei den InterviewpartnerInnen zu Hause, in einem öffentlichen Café oder in einer kunsttherapeutischen Einrichtung.

Auch die Entscheidung, ob alle Interviews an einem Tag, resp. bei einem Treffen oder über mehrere Treffen hinweg durchgeführt werden sollten, oblag in erster Linie der Interviewpartnerin. Allerdings haben diesbezüglich auch forschungspragmatische Umstände wie beispielsweise die Anreise, einen entscheidenden Einfluss gehabt, so dass die Interviews nicht über mehr als zwei Tage geführt wurden, sofern sie vis a vis und vor Ort der Interviewten, aber weit entfernt vom Heimatort der Forscherin statt fanden. Telefonische und elektronische (Email und/oder chat) Nachbesprechungen fanden bei fast allen Personensystemen zusätzlich statt. Zum Einen, um offene Fragen nach zu besprechen, aber auch, um einem eventuellen Leistungsdruck entgegen zu wirken, alle Interviews innerhalb von beispielsweise zwei Tagen lückenlos durchzuführen.

Welche der Persönlichkeiten wann sprach, wurde ebenfalls dem jeweiligen Personensystem überlassen. Zwar wurde in den Informationsgesprächen bereits darauf hingewiesen, dass eine personensysteminterne Einigung vor den jeweiligen Interviews statt gefunden haben sollte, doch wurde immer zu Beginn jedes Interviews gefragt, wer nun mit der Forscherin sprechen würde. Somit konnte der Wechsel der Persönlichkeit auch unabhängig von der Veränderung der Mimik und Gestik des Gegenübers von der Forscherin nachvollzogen werden. Der explizite Hinweis darauf, dass das Erfragen traumatischer Erfahrungen nicht zum Forschungsinhalt gehörte, führte erwartungsgemäß zu einer Entspannung der gesamten Interviewsituation. Die InterviewpartnerInnen erwähnten mehrfach, dass es aufgrund dessen einfacher wäre, die einzelnen Innenpersonen zu zeigen.

Vor jedem Interview wurde mit einer Alltagsperson abgesprochen, wer zum Abschluss des Interviews wieder übernimmt, so dass kein Innenkind oder eine Persönlichkeit, die sich nicht gut im Alltag bewegen konnte oder wollte, alleine zurück blieb. Somit wurde das Interview sehr deutlich beendet, indem darauf hingewiesen wurde, dass keine weiteren Fragen mehr folgen würden. Es wurde nun entweder eine Persönlichkeit, die vor dem Interview seitens der Forscherin bereits namentlich erfragt wurde, angesprochen, verbunden mit der Bitte, den Körper wieder zu übernehmen. Oder es wurde die Persönlichkeit, die zum Interview präsent war, gebeten, sich wieder zurück zu ziehen, da nun wieder Jemand übernehmen sollte, die/der nach Hause fahren konnte, bzw. sich im Alltag bewegen konnte und wollte. Mit eben dieser (zumeist) Alltagsperson wurde ebenfalls besprochen, ob es bei Bedarf UnterstützerInnen gab, die ansprechbar und vor Ort waren.

Auch die Wahl der Personalpronomen war ein Ausdruck des Respekts und der ethischen Achtsamkeit gegenüber den InterviewpartnerInnen. So hat die Forscherin entweder gefragt, ob das Gegenüber im Singular (du) oder Plural (ihr) bei den organisatorischen Gesprächen, die für alle Beteiligten relevant waren, angesprochen werden wollten, oder sie hat sich entsprechend ihres Gegenübers verhalten. Wenn also eine Persönlichkeit des Systems im Singular sprach, begegnete die Forscherin ihr ebenso, sprach das Gegenüber im Plural, wurde auch diese Ansprache gewählt.

Des Weiteren wurde grundsätzlich jedes Interview mit jeder Persönlichkeit mit der Vorstellung der Forscherin, den Fragen nach dem Namen des Gegenübers, seinem oder ihrem Alter und der Rolle innerhalb des Personensystems eingeleitet. Dem lagen verschiedene Überlegungen zugrunde. Grundsätzlich folgte die Frage nach dem Namen den Regeln einer höflichen Konversation für den Umgang mit bis dahin unbekannten Personen, denn bis zu dem jeweiligen Wechsel hatte die Forscherin zumeist nur Kontakt mit einer Alltagspersönlichkeit. Zudem dienten die Fragen dazu, auch für die Forscherin den Wechsel der Persönlichkeit anhand von Alter und Namen nachvollziehbar zu machen. Außerdem sollte vermieden werden, dass aufgrund der Zuordnung einer Persönlichkeit zu einer bestimmten Gruppe gleichsam eine schweigende Einigkeit darüber bestünde, was die inhaltliche Ausformung einer solchen Zuordnung bedeutete. Die Gruppenbezeichnungen (Alltagspersönlichkeit, Kindpersönlichkeit, BeschützerIn, tätergebundene, bzw. täterloyale Persönlichkeit) wurden lediglich als grobe Richtlinien genutzt, ohne allerdings Aussagen darüber machen zu können, auf welche Art und Weise die jeweilige Persönlichkeit diese Zugehörigkeit individuell ausfüllte, bzw. begriff. Es sollte vermieden werden, wenn sich beispielsweise eine Persönlichkeit aufgrund der Bezeichnung „BeschützerIn" angesprochen gefühlt hatte, unbedacht vorauszusetzen, Forscherin und Interviewpartnerin würden damit dasselbe meinen. Bei Helfferich (2011) findet sich eine theoretische Diskussion dazu, in welcher Weise Vorverständnisse kritisch hinterfragt werden sollten, um auf diese Weise ein „Fremdverstehen" (S. 84) zu fördern.

Ein weiterer Aspekt der Frage nach den Aufgaben innerhalb des Personensystems ergab sich aus der Tatsache, dass, wie bereits in den vorangegangenen Kapiteln dargestellt, eine detailliertere wissenschaftliche Analyse der Rollen und Funktionen der einzelnen Persönlichkeiten weitgehend aussteht. Eine Ergebnisdarstellung dieser Befragung in Form einer deskriptiven Beschreibung der Selbstdarstellungen der einzelnen Persönlichkeiten findet sich im Kapitel 4.4.2.

Ein äußerst spezifischer Gesichtspunkt in der Interviewführung mit Menschen mit einer DIS stellt das Gespräch mit den Innenkindern dar. Dies wird im Folgenden erläutert.

### 4.2.4 Forschen mit Kindern

Einen besonderen Aspekt der Forschungsethik stellt die Befragung von Kindern dar. Unabhängig von den Besonderheiten eines Kindes in einem erwachsenem Körper gelten die gleichen ethischen Grundhaltungen bei der Befragung von Innenkindern wie Außenkindern[13]. Eine forschungsethische Auseinandersetzung in Zusammenhang mit Kindern findet sich vornehmlich in Verbindung mit medizinischer Forschung (Dahl & Wiesemann, 2001). Aus Ermangelung an sozialwissenschaftlichen Richtlinien hinsichtlich der Forschung mit gewaltbelasteten Kindern, sind ForscherInnen auf eine eigene Auseinandersetzung mit forschungsethischen Prinzipien verwiesen (Kindler, 2013). Diesbezüglich wird ein Hybrid (S. 75) der verschiedenen ethischen Standpunkte speziell für den Bereich mit Kindern vorgeschlagen, der den Grundideen der Kindheitsforschung folgt. In der vorliegenden Arbeit wurde darauf rekurrierend dem Prinzip Respekt vor Kindern als

---

13 Unter dem Begriff Außenkinder werden im DIS-Kontext Kinder, die sich außerhalb des Personensystems befinden sprachlich gefasst.

Person (Kindler, 2013, S.75) besonderer Wert beigemessen. So wurde beispielsweise hinsichtlich der informierten Einwilligung zu Beginn jedes Interviews mit einer Kindpersönlichkeit der Verlauf des Interviews erläutert, das Anliegen der Forscherin wiederholt und auf die Aufnahme durch das Diktiergerät sowie das weitere Verfahren mit den Daten hingewiesen. Auch die Möglichkeiten, jederzeit abzubrechen oder das Diktiergerät bei Bedarf abzuschalten wurden zu Beginn der Interviews mit den Innenkindern erwähnt. Somit wurde konsequent im Sinne des Respekts eine informierte Einwilligung von jeder der interviewten Persönlichkeiten eingeholt und das unabhängig vom ihrem Alter.

Erweitert werden diese forschungsethischen Grundhaltungen bezogen auf Kinder um eine Reflexion und Problematisierung des Machtungleichgewichts zwischen wissenschaftlich Tätigen und Forschungssubjekten (Kindler, 2013, S.93). Um den InterviewpartnerInnen dementsprechend so viel Handlungsmacht wie möglich zu überlassen und damit im Sinne des Empowerments zu agieren, wurde bei Bedarf auch die Wahl der Kommunikationsmittel den Kind- wie auch allen anderen Persönlichkeiten überlassen. Da das Internet für Innenkinder eine wichtige Möglichkeit der Kontaktaufnahme zu anderen Innenkindern darstellt, ist eine virtuelle Kommunikation via chat keine Seltenheit und entspricht vielmehr den kindlichen Lebenswelten dieser Persönlichkeiten. Somit wurde beispielsweise auf den Wunsch von K2 hin deshalb das Interview über eine virtuelle Kommunikationsplattform als chat geführt. In diesem Zusammenhang wird ein weiterer forschungsethischer Aspekt, den Trautmann (2010) ebenfalls diskutiert, deutlich: die angemessene und kindgerechte Sprache (S. 144).

In dem Interview mit K2 per chat ist es der Forscherin nicht sofort gelungen, auf die Sprachebene des kindlichen Gegenübers zu wechseln, was durch den nicht bestehenden Sichtkontakt zusätzlich erschwert wurde. Dadurch kam es zu einer irritierenden Situation, die durch die bestechende Offenheit des Innenkindes geklärt werden konnte:

„I: Gibt es noch mehr, was Dir wichtig erscheint?
K2: du fragst aber komisch. bist du schon sehr groß?....
I: Was meinst Du denn damit, ich frage komisch?
K2: mm so: „was dir wichtig erscheint" so das ist als wenn ich schon groß wäre und du mit mir so redest."
(K2, Interview via chat vom 26.11.2011, S.I-70, Z.10-16)

An diesem Zitat wird deutlich, dass die gewählte Sprache der Interviewerin nicht dem lebensweltlichen Ausdruck des Innenkindes entsprach. Auf die Frage hin, was für K2 komisch an der Fragestellung der Interviewerin sei, verwies diese auf ihr Alter und darauf, dass sie sich durch die Ausdrucksweise nicht altersgerecht angesprochen fühlte. Im Sinne der ethischen Achtsamkeit drückte sich die Forscherin im weiteren Verlauf des Interviews kindgerechter aus. Beispielsweise wurden die Fragen länger umschrieben und es wurde intensiver auf Nebenbemerkungen eingegangen. Es zeigt sich an dieser Störung des Interviewverlaufs, wie wichtig eine angemessene Sprache ist, die sich dem zu interviewenden Gegenüber anpasst, um einen Zugang zu den je individuellen Sinnstrukturen zu ermöglichen.

Wie sich abgesehen von diesem spezifischen Umstand die weitere Datenerhebung, deren Aufbau und die konkrete Durchführung gestalteten, stellt das nachfolgende Kapitel vor.

## 4.3. Datenerhebung – Aufbau und Durchführung

In diesem Kapitel wird der weitere konkrete Ablauf der Datenerhebung dieser Studie vorgestellt. Hierzu zählen die Darstellung der gewählten Erhebungsmethode ebenso wie die damit einhergehende Explikation der Forschungsfrage, sowie die Vor- und Nachbereitungen der Interviews. Im Folgenden wird das Interviewsample vorgestellt, wobei hier auf Grundlage der erhobenen Daten die einzelnen Persönlichkeitsgruppen, mit denen gesprochen wurde, detaillierter vorgestellt werden.

Die Daten wurden mit Hilfe eines qualitativen Interviews erhoben. Es gibt grundsätzlich sehr unterschiedliche Auffassungen hinsichtlich des epistemologischen Status von Aussagen in Interviews (eine übersichtliche Zusammenfassung dieser findet sich bei Deppermann, 2013). Diese Studie orientiert sich diesbezüglich an der Annahme, dass Interviews als probates Mittel zur Erhebung und Rekonstruktion von subjektivem Sinn und Wirklichkeitskonzepten der Interviewten gelten. Es geht hierbei um kein objektives Verständnis von Wahrheit, ein Interview stellt vielmehr eine retrospektive Neukonfiguration (Strübing, 2013, S.82) von Erlebnissen dar. Dabei wird die soziale Wirklichkeit im

Gegensatz zu standardisierter Forschung schon immer als eine interpretierte, gedeutete und damit interaktiv hergestellte begriffen, deren Sinn nicht objektiv gegeben ist. Qualitative Interviews eignen sich besonders für die Erfassung nicht beobachtbarer subjektiver Sinnstrukturen ohne den Anspruch zu haben, dabei eine Wahrheit im objektiven Sinn zu erheben. Vielmehr gilt es, sich den vielfältigen Konstruktionen von Sinn verstehend zu nähern (Helfferich, 2011, S.20). Dabei ist es für die Analyse des auf diese Weise erhobenen Materials von Belang, die Rolle der Interviewerin sowie der Interviewsituation mit einzubeziehen (Strübing, 2013, S.82), da diese an der Erhebung beteiligt sind und die Situation in dem Moment, in dem sie statt findet, ebenfalls mitkonstruieren und mit je individuellem Sinn füllen. Wie eine Reflexion dieses Umstandes in der vorliegenden Studie umgesetzt wurde findet sich in den Kapiteln zu den Präkonzepten der Forscherin (vgl. Kapitel 4.6.1.3) sowie zur Reflexion des Forschungsprozesses (vgl. Kapitel 5.4) wieder. Eine weiterführende Auseinandersetzung innerhalb der qualitativen Sozialforschung zu dieser Thematik findet sich ebenfalls u.a. bei Flick, 2010, 2011; Helfferich, 2011; Kell & Kluge, 2010; Przyborks & Wohlrab-Sahr, 2010; Reichertz, 2015; von Unger & Narimani, 2012; Strübing, 2013.

### 4.3.1 Erhebungsmethode – Leitfadengestütztes Interview

Die vorliegende Studie wurde mithilfe eines leitfadengestützten Interviews durchgeführt. Dies mag auf den ersten Blick die Prämissen der qualitativen Sozialforschung von „Offenheit und Kommunikation" (Strübing, 2013, S.22) verletzen, folgt in diesem Fall jedoch in erster Linie der Forderung nach Gegenstandsangemessenheit (S. 22) und damit ethischen Prinzipien. So wurde trotz des Interesses an biographischen Zusammenhängen kein offenes narratives Interview durchgeführt. Die Gefahr, schwere traumatische Erinnerungen dabei wach zu rufen, erschien als zu groß und der Fragestellung unangemessen.

Grundsätzlich stehen strukturierte Interviews jedoch insofern vor einem Problem, als sie aufgrund vorbereiteter Fragen und dem Fokus auf ein bestimmtes Themengebiet in Verdacht stehen, das Interview zu steuern. Die Befürchtung, dass das dazu führen könnte, dass sich die Forschenden nicht genügend auf die Relevanzsysteme der Interviewten einlassen, mag allerdings weniger an der Strukturierung durch einen Leitfaden liegen, als vielmehr an dem Verhalten und der Haltung der/des InterviewerIn selbst (Kruse, 2004, S.147). Somit zeichnen trotz der Bedenken eine offene und aufmerksame Wahrnehmung für die Themen der InterviewpartnerInnen in Verbindung mit der Formulierung offener Fragen, als auch den Aufforderungen zu freien Erzählungen ein gelungenes leitfadengestütztes Interviews aus. Zusätzlich zu diesen Prämissen war vorbereitend leitend für die Erstellung des Fragebogen neben den Empfehlungen von Helfferich (2011) zur Generierung von Leitfäden schlussendlich die Interviewmethode des episodischen Interviews nach Uwe Flick (2009, 2010, 2011), welche im Folgenden vorgestellt wird.

### 4.3.2 Das episodische Interview – Die Leitfragen

Aufgrund der Kombination von narrativer und semantischer Befragung wurde als Rahmung für die Interviewfragen das episodische Interview nach Flick (2011) gewählt, wobei zwischen semantischem und episodischem Wissen unterschieden wird: „Während semantisches Wissen um Begriffe und ihre Beziehungen untereinander herum aufgebaut ist, besteht episodisches Wissen aus Erinnerungen an Situationen. Ersteres ist am besten über Fragen und Antworten zu erheben, letzteres eher über Erzählanstöße und Erzählungen" (S. 273). Hierbei wird davon ausgegangen, dass Erfahrungen von Subjekten in beiden Wissensformen abgespeichert werden, zum Einen erfahrungsnah (narrativ), zum Anderen abstrahiert und in verallgemeinerten Annahmen und Zusammenhängen (semantisch) (Flick, 2009, S.118). Entsprechend ausgerichtete verschiedene Frageformen, die eine Antwort oder eine Erzählung anregen, eröffnen einen Zugang zu dem jeweiligen Wissensbereich (S. 118). Bezogen auf das Forschungsinteresse ermöglicht somit das episodische Interview einerseits die Erfragung eines ganzheitlichen Wissens zum Thema gutes Leben. Andererseits richtet sich die Aufmerksamkeit insbesondere wenn erzählt wird (Narration) auf eben jene Episoden bzw. Situationen, in denen die Interviewpartnerinnen lebensgeschichtliche Erfahrungen gemacht haben, die für das Forschungsinteresse relevant sind. Damit wird das Risiko einer der Fragestellung unangemessenen möglicherweise triggernden Gesprächssituation deutlich reduziert.

Flick (2009, 2011) empfiehlt für den Einstieg in das Interview zunächst eine Einführung der InterviewpartnerInnen in die Interviewmethode. Dies wurde zum Einen mündlich bereits bei den Informationsgesprächen mit den InterviewpartnerInnen gemacht. Zum Anderen wird ein einleitender Satz vor den Fragen empfohlen, aus dem deutlich wird, dass immer wieder auch narrative Erzählungen von Interesse sind (Flick, 2009, S.119). Dies wurde anhand folgender Einleitung bei jedem Interview, zusätzlich zur nochmaligen Nennung des Namens der Forscherin und dem Hinweis darauf, dass das Interview zu jeder Zeit unterbrochen werden kann, folgendermaßen umgesetzt:
- Ich werde dich/sie nun immer wieder bitten, mir Situationen zu erzählen, die mit einem guten Leben zu tun haben.

Der weitere Fragevorgang hat sich an den Empfehlungen von Flick orientiert, zunächst eine subjektive Definition des Forschungsthemas zu erfragen und im Folgenden eine Erzählung über eine entsprechende Situation anzuregen (Flick, 2009, S.119). Da für die leitende Forschungsfrage auch der prozessuale Charakter, wie sich das Verständnis und die Erfahrungswerte bezogen auf ein gutes Leben entwickelt haben im Fokus stand, wurden die Fragen auf vergangene ebenso wie auf gegenwärtige Erfahrungen ausgerichtet:
- Was ist das für dich/für sie, ein gutes Leben? Was verbindest du/ verbinden sie mit dem Begriff „gutes Leben"? (Semantisch)
- Wenn du dich/sie sich zurück erinnerst, wann war das Leben für dich/für sie das erste Mal gut? Erzähle bitte die Situation. (Narrativ)
- Was bedeutet es heute für dich/für sie ein gutes Leben zu leben? (Semantisch)
- Kannst du/Können sie mir das bitte an einem Beispiel erzählen? (Narrativ)

Rekurrierend auf die Theoriekonzepte Salutogenese (Kapitel 3.2) und Empowerment (Kapitel 3.3) bestand das Forschungsinteresse nicht lediglich an den Erfahrungen und Wissensbeständen hinsichtlich eines guten Leben, sondern auch an der Erhebung von internen und externen Ressourcen, die möglicherweise als hilfreich empfunden wurden oder werden. Entsprechende Fragen wurden im Verlauf des Interviews gestellt (Was war/ist hilfreich dabei, das Leben als gut zu empfinden?).

Gleichwohl waren die kontrastierenden Fragen nach weniger hilfreichen, resp. blockierenden Erfahrungen und Bedingungen ebenso Inhalt des Interviews.
Zusätzlich zu diesen leitenden Fragen kam eine weitere, zukunftsorientierte Frage aus zweierlei Überlegungen hinzu. Zum Einen wird von Flick (2011) eine Zukunftsfrage empfohlen, die den Blick für künftige mögliche Entwicklungen, bzw. diesbezügliche Phantasien öffnet (S. 275). Zum Zweiten führte sowohl die Feldvorerfahrung der Forscherin als auch die theoretische Auseinandersetzung mit den Ursachen so massiver Dissoziationen, wie sie bei den InterviewpartnerInnen bestehen, zu der berechtigten Überlegung, ob und inwieweit die Frage nach dem guten Leben von den zu interviewenden Persönlichkeiten überhaupt zu beantworten ist. Es erschien zweifelhaft, ob jede/r der InterviewpartnerInnen entweder bereits eine Vorstellung von einem guten Leben hatte oder bereits auf diesbezügliche Erfahrungen zurück greifen konnte. Um trotz dieser Bedenken einen gedanklichen Raum zu eröffnen, der sich dieser Frage zumindest imaginativ nähert, wurde die „Wunderfrage" (Simon, Clement & Stierlin, 2004, S.352) aus der lösungsorientierten Kurzzeittherapie nach Steve de Shazer (1985) genutzt. Hierbei wird davon ausgegangen, dass insbesondere bei sehr festgefahrenen und pessimistischen Wahrnehmungen diese Frage Varianz erzeugen kann, weil sie auf spielerische Art und Weise die Verantwortung an eine imaginative Macht in Form eines Wunders abgibt (Simon, Clement & Stierlin, 2004, S.352). Diese Fragetechnik kann den Effekt haben, dass die Aufmerksamkeitsfixierung auf eine unlösbare, resp. unvorstellbare Situation heraus tritt und sich für Neues öffnen kann (Kleve, 2011, S.348). Somit lautete die abschließende Interviewfrage jeweils:

– Jetzt habe ich noch eine etwas ungewöhnliche Frage: Nehmen wir an, du bist/sie sind wieder zu Hause. Stell dir/stellen sie sich vor du gehst/sie gehen ins Bett und schläfst/schlafen. In dieser Nacht geschieht ein Wunder, Du bemerkst/sie bemerken es aber gar nicht, denn Du schläfst/sie schlafen ja. Du wachst/sie wachen am nächsten Morgen auf und führst/führen ein gutes Leben. Was ist anders als bisher?

Das Ziel dieser Fragestellung war nicht die unbedingte Beantwortung der Frage nach einem guten Leben, sondern sie diente vielmehr der

Unterstützung bei der Eröffnung eines alternativen gedanklichen Raumes. Wenn die interviewte Persönlichkeit die Frage nicht beantworten wollte oder konnte, war auch gerade die Unmöglichkeit der Vorstellung eines guten Lebens erkenntnisgenerierend und diente der Kontrastierung und Ausdifferenzierung der zu erwartenden Ergebnisse.

An diese Fragen anschließend wurden vertiefende Nachfragen gestellt, die dazu dienten, persönliche Erfahrungen und subjektive Konzepte so substantiell und umfassend wie möglich erläutern zu lassen (Flick, 2009, S.120). Abgeschlossen wurde jedes Interview mit der Frage, ob es von Seiten der Interviewten noch etwas zu dem Thema zu ergänzen gebe, um so die Möglichkeit zu schaffen, jene Themen einzubringen, die vielleicht auch relevant erschienen, aber bisher nicht erfragt wurden (Flick, 2009, S.120).

Nach jedem Interview wurde die bereits erwähnte Kurzfassung des SOC-Fragebogens (Kapitel 3.2., 5.3) zur Erhebung des jeweils individuellen Kohärenzgefühls von den InterviewpartnerInnen ausgefüllt. Hierbei war auf Grundlage der Salutogenese unter anderem die Hypothese handlungsleitend, dass zumindest eine der befragten Persönlichkeiten über ein stark ausgeprägtes Kohärenzgefühl verfügt. Dies sollte per Fragebogen gemessen werden. Welche weiteren theoretischen Überlegungen diesem Vorgehen zugrunde lagen und wie sich die Ergebnisse dieser Fragenbogenerhebung darstellen findet sich ausführlich diskutiert im Kapitel 5.3.

Nachdem nun die konkreten Fragen und ihre erhebungsmethodische Einbettung dargestellt wurden, wendet sich das folgende Kapitel dem Feldzugang ebenso zu wie der Darstellung der Durchführung und Nachbearbeitung der Interviews.

### 4.3.3 Zugang zu den InterviewpartnerInnen

Das Kennenlernen der ersten Interviewpartnerin fand 2011 auf einer Tagung zu ritueller Gewalt statt, dort kam es zu einem Gespräch über die geplante Forschung und es ergab sich daraus das erste Interview. Nach einem Aufruf auf der Suche nach weiteren InterviewpartnerInnen über eine interdisziplinäre Mailingliste zum Thema DIS, einem Selbsthilfe-Internetforum und persönlichen Kontakten bei einer weite-

ren Fachtagung sowie aufgrund eines daraus entstehenden Schneeballsystems meldeten sich in sehr kurzer Zeit mehrere Interessierte.
Der digitale Aufruf beinhaltete in knapper Formulierung die Vorstellung der Forscherin (Name, Alter, Beruf, Forschungsfach), ihre Kontaktdaten, das Thema der Forschung und das Anliegen an die InterviewpartnerInnen, mit vier Persönlichkeiten sprechen zu wollen. Bei einer Interessensbekundung seitens der potentiellen InterviewpartnerInnen wurde ein Informationsbogen (s. nachfolgendes Kapitel) mit dem Hinweis verschickt, dass bitte alle interessierten Persönlichkeiten diesen lesen mögen und die erwachsenen Persönlichkeiten die Inhalte ggfs. kindgerecht den jüngeren an dem Interview beteiligten Persönlichkeiten vorlesen, bzw. erklären sollten. Dieser Hinweis diente dazu, bei einem daran anschließenden Termin zum näheren Kennenlernen möglichst umfassend alle auftauchenden Fragen beantworten zu können.

### 4.3.4 Der Informationsbogen

Sowohl den theoretischen Überlegungen zur Forschungsethik als auch den Empfehlungen der Ethikkommission der Carl-von-Ossietzky-Universität Oldenburg folgend, deren Zustimmung für die vorliegende Forschungsarbeit eingeholt wurde (22.12.2011, Drs. 43/2011), wurde besonderer Wert auf einen Informationsbogen und entsprechende Rahmenbedingungen für das Interview gelegt. Nach einem Erstkontakt wurde der Bogen zum Verbleib bei der potentiellen Interviewpartnerin verschickt. Dieser enthielt ausführliche Informationen zum Forschungsinteresse, zu der Forscherin, der Fragestellung und der Durchführung des Interviews. Nach dem Versenden des Informationsbogens wurde bei weiterem Bestehen des Interesses an einer Teilnahme ein Telefonat zum näheren Kennenlernen vereinbart. Hierfür wurde in Anlehnung an Helfferich (2011, S.197) ein grober Leitfaden entwickelt, der mehr als gedankliche Stütze für die Forscherin denn als Gesprächsfaden für das Kennenlernen diente. Nach einer nochmaligen persönlichen Vorstellung der Forscherin fragte diese nach Unklarheiten hinsichtlich des Informationsbogens, bzw. wurde dieser nochmals detailliert erläutert. Besonderer Wert wurde hier darauf gelegt, dass der Interviewvorgang von allen beteiligten Innenpersonen verstanden wurde. Bei Bedarf wurde ein weiterer Gesprächstermin ausgemacht, um weitere möglicherweise auftauchende Fragen zu klären. Vor dem Hintergrund der schweren Traumaerfahrungen der InterviewpartnerInnen enthielt der Informationsbogen einige spezifische Elemente, auf die im Folgenden eingegangen wird.

So fand sich darauf beispielsweise ein Hinweis, dass es sich um ein Interview handeln wird und nicht um Aufarbeitung oder Beratung, da es nur geringe Möglichkeiten gibt, aufgewühlte Emotionen aufzufangen (Helfferich, 2011, S.152). Diese eindeutige Rahmung der Gesprächssituation diente der Vermeidung einer möglichen Verwechslung mit beispielsweise Therapiegesprächen.

Zusätzlich gab es den Hinweis, dass zwar keine Fragen zu traumatischen Erfahrungen gestellt werden sollten, dass jedoch nicht alle möglichen Auslöser im Vorfeld bedacht werden konnten. Diesbezüglich enthielt der Informationsbogen die Anmerkung, die Forscherin bei Bedarf über mögliche zu vermeidende Trigger wie bestimmte Worte, Farben oder Gerüche zu informieren. Auch der Hinweis darauf, dass nach dem Interview ein/e Ansprechpartner/in zur Verfügung stehen sollte, zu der ein Vertrauensverhältnis besteht und der oder die für mögliche Gesprächsbedarfe zur Verfügung stehen würde, war ein Aspekt des Informationsbogen. Dies diente sowohl der Verdeutlichung der Rolle der Forscherin als auch als ein Appell an die Eigenverantwortung bezüglich der psychischen Selbstsorge der InterviewpartnerIn. Dementsprechend fanden sich hier zudem Hinweise auf die eigene psychische Stabilität und ein vorhandenes Hilfenetz als Voraussetzungen zur Teilnahme an dem Interview.

Aus dem Informationsbogen ging außerdem hervor, dass eine innere Kommunikation für Absprachen das Interview betreffend unter den beteiligten Persönlichkeiten gewährleistet sein sollte. Diesem Aspekt lagen forschungsethische Überlegungen zugrunde, die die bereits diskutierte Nicht-Schädigung und Sorge für Sicherheit der InterviewpartnerInnen in den Fokus rückten. Diesbezüglich wurde bereits im Vorfeld der Forschung trotz der daraus resultierenden Einschränkung des Samplings die Entscheidung getroffen, nur mit multiplen Systemen zu sprechen, die bereits über die Möglichkeit der Kommunikation untereinander verfügen. Um so die Informationsweitergabe und die Wechsel der Innenpersönlichkeiten für die jeweiligen Interviews zu gewährleisten. Die psychische Belastung für ein multiples System, bei dem möglicherweise noch Amnesien für die Persönlichkeitenwechsel bestehen, war im Vorfeld nicht abzusehen, daraus resultierende mögliche Konsequenzen entsprachen keinesfalls dem forschungsethischen Prinzip nach Sicherheit und waren zudem der Fragestellung unangemessen. Keinesfalls sollte ein Ohnmachtsgefühl, das durch nicht steuerbare Switches möglicherweise forciert werden konnte, hervorgerufen werden. Somit wurde die bereits vorgestellte Definitionsmacht (Haubl, 2003) seitens der InterviewpartnerInnen über das, was gesprochen wird, erweitert um den Aspekt, wer von dem Personensystem als Stellvertretung für die entsprechende Gruppe (also der Alltags-, Kind-, tätergebundener- oder BeschützerInnenpersönlichkeitengruppe) spricht. Somit legte der Hinweis des Informationsbogen auf die Steuerung der Personenwechsel seinen Fokus auf das Gefühl der Kontrolle über die Interviewsituation und verringerte die Gefahr einer retraumatisierenden und damit schädigenden Situation wesentlich.

Zudem gab es den Hinweis, dass eine stabile therapeutische Beziehung vorliegen sollte. Dies geschah insbesondere vor dem Hintergrund der geplanten Interviews mit tätergebundenen Persönlichkeiten. Es sollte im Rahmen der Möglichkeiten sicher gestellt werden, dass eine therapeutische Begleitung mögliche aus diesem Interview resultierende Bedarfe der Nachbearbeitung auffängt. Einige der InterviewpartnerInnen haben ihre Teilnahme an der Forschung im Vorfeld diesbezüglich in einem therapeutischen Setting besprochen.

### 4.3.5 Nachbereitende Gespräche

Nach jedem Interview gab es mindestens noch einen Kontakt zu dem jeweiligen Personensystem. Zumeist jedoch waren es mehrere Kontakte via E-Mail oder Telefon. Diese dienten der Nachbereitung des Interviews und damit einhergehend der Beantwortung möglicher Nachfragen seitens der Forscherin oder auch Anmerkungen zum Forschungsthema seitens der InterviewpartnerInnen. Auffällig hierbei war der mehrfache Hinweis einzelner Persönlichkeiten, dass das Interview als äußerst respektvoll wahr genommen wurde und das explizite Interviewen von Einzelnen des Systems als heilsame und in Folge dessen hilfreiche Erfahrung beschrieben wurde. Wenngleich das nicht das

Anliegen der Forschungsarbeit war und ist, wird an diesem Umstand deutlich, wie wichtig eine sorgfältige (auch ethische) Vor- und Nachbereitung solcher Erhebungen ist und der Vorgang, bzw. die Auswirkungen eines Interviews nicht mit dem Ausschalten des Diktiergerätes beendet ist. Die Prozesse davor und danach konnten zudem erkenntnisgenerierend genutzt werden, diesbezüglich wurde für die vorliegende Arbeit auf die Anfertigung von Prä- und Postskripten hoher Wert gelegt.

### 4.3.6 Prä- und Postskript

Schon vor den Interviews wurde, den Empfehlungen von Jaeggi, Fass & Mruck (1998) folgend, ein „Präskript" (S. 6) angefertigt. Dieses enthielt Fakten, Gefühle, Vorwissen, Erwartungen, Widersprüche und Unverständlichkeiten rund um das Interview und den Gegenstandsbereich (S. 6). Diese Notizen waren bei der späteren Analyse insofern hilfreich, als sie Ideen für Interpretationen, Hinweise auf mögliche Voreingenommenheiten und ausgeprägtes Vorwissen der Forscherin beinhalteten.

Direkt nach den Interviews wurde zudem ein Interviewbericht angefertigt, um die Eindrücke während und nach dem Interview so unmittelbar wie möglich fest zu halten. Diese „Eindrucksoffenheit" (Fuchs-Heinritz, 2015, S.275) in Form von ersten Analyseeinfällen, Auffälligkeiten und Assoziationen, die in der folgenden intensiven Materialbearbeitung zumeist nicht mehr in so direkter Form zugänglich sind, wurde auf diese Weise für die nachfolgende Analyse erkenntnisgenerierend nutzbar gemacht. Fuchs-Heinritz empfiehlt hierzu einen Fragenkatalog, den die Forscherin sich selbst direkt nach dem Interview gestellt hat (S. 275-277). Hierbei sind beispielsweise sowohl der Kontext der Befragung als auch die Eindrücke und Inhalte der Gespräche vor und nach dem Einschalten des Diktiergerätes von Belang. Alle so erhaltenen und erhobenen Daten wurden, bestimmten Regeln folgend, transkribiert.

## 4.3.7 Transkription und Aufbewahrung

Alle erhobenen Interviews wurden von der Forscherin verbatim und selbst transkribiert. Da keine Gesprächsanalyse (beispielsweise ethnographische Konversationsanalyse) folgen sollte, also weniger die Art und Weise des gesprochenen Wortes als vielmehr der Sinngehalt für die vorliegende Forschungsarbeit von Interesse war, wurde ein weniger komplexes Transkriptionssystem genutzt. Es wurde diesbezüglich den Regeln nach Kallmeyer & Schütze (2002, zitiert nach Kuckartz, 2010, S.45) gefolgt:

| | |
|---|---|
| (.) | = Abbruch des Satzes |
| (..) | = kurze Pause, unter 3 Sekunden |
| (...) | = längere Pause, bis 6 Sekunden |
| (Pause mit Zahl) | = Genaue Sekundenangabe der Pause |
| (?) | = Frageinotation |
| (`) | = Heben der Stimme |
| (;) | = Senken der Stimme |
| (h) | = Formulierungshemmung, Drucksen |
| sicher | = auffällige Betonung |
| & | = schneller Anschluss |
| @lachen@ | = lachend gesprochen |
| (schmunzeln) | = Charakterisierung von nichtsprachlichen Vorgängen |
| (Kommt es?) | = nicht verständlich, vermuteter Wortlaut |
| A: Aber da kam ich nicht weiter L und ging gleich | = gleichzeitiges Sprechen |

Die transkribierten Interviews wurden entsprechend den Abkürzungen der nachfolgenden tabellarischen Übersicht über die InterviewpartnerInnen anonymisiert und auf einem Rechner abgespeichert, der passwortgeschützt nur der Forscherin zugänglich ist. Eine Sicherheitskopie befand sich zum Zeitpunkt der Erstellung der Arbeit in einem abschließbaren Aktenschrank, zu dem ebenfalls ausschließlich die Forscherin Zugang hatte. Zum Schutz der InterviewpartnerInnen und im Sinne des von Helfferich (2011) empfohlenen Löschungsgebot (S. 191) werden sämtliche Kontaktdaten nach Abschluss der Arbeit vernichtet und alle Daten von dem Rechner gelöscht. Eine Sicherheitskopie der bereits anonymisierten Transkripte befindet sich auf einer externen Speicherplatte, die ebenfalls passwortgeschützt ist.

## 4.4 Das Interviewsample

Die Auswahl der InterviewpartnerInnen orientierte sich maßgeblich an dem „theoretical sampling" (Strauss & Corbin, 1996), einem methodischen Schritt der hier genutzten Analysemethode Grounded Theory. Dem theoretischen Sampling liegt ein sukzessives Erheben von Daten zugrunde, wobei sich die zu erhebenden Daten an der Analyse der bereits vorliegenden Daten und den sich daraus ergebenden Fragen an das Feld orientieren. Dabei liegt der Fokus auf der Kontrastierung der erarbeiteten Konzepte und Kategorien. Wie sich dieses methodische Vorgehen konkret darstellt findet sich ausführlich im nachfolgenden Kapitel 4.6 beschrieben.

An dieser Stelle steht eine Übersicht der InterviewpartnerInnen sowie der entsprechenden Sozial- und Erhebungsdaten im Vordergrund, um einen Eindruck sowie eine übersichtliche Zusammenfassung der interviewten Personensysteme zu ermöglichen. Dabei wurde bewusst darauf verzichtet, zur Anonymisierung neue Namen zu entwickeln, statt dessen wurden eingängige Abkürzungen für die jeweilige Gruppenzugehörigkeit der Persönlichkeiten gewählt. Dabei steht A für Alltagspersönlichkeit, K für Kindpersönlichkeit, B für BeschützerIn und T für tätergebundene Persönlichkeit und Sys für das gesamte Personensystem (vgl. Kapitel 8 „Glossar und Abkürzungen"). Diese Abkürzungen schließen eine Namensähnlichkeit vollends aus und folgen damit dem diskutierten ethischen Prinzip der Vermeidung von Schädigung aufgrund einer möglichen Identifizierung der realen Interviewten. Zum Anderen dienen die pragmatischen Abkürzungen der besseren Nachvollziehbarkeit bei Diskussionen direkt am Material, insbesondere dann, wenn es um einzelne Persönlichkeitengruppen geht. Das Alter und die Berufe werden lediglich allgemein umschrieben und damit vergröbert. Allerdings führt eine Verfälschung insbesondere solch relevanter Sozialdaten wie dem Geschlecht in Folge zu einer Verzerrung der Ergebnisse. Somit wurden alle weiteren Daten, der Diskussion von Unger (2014) hinsichtlich der Relevanz von „Kontextualität und Kontextualisierungen" (S. 25) erhobener Daten in der qualitativen Sozialforschung folgend, nicht verändert.

Eine Besonderheit des Sample stellt Sys 4 dar. Während des Interviews meldete sich S4, die sich selbst als Sexzurückeroberin bezeichnete, zu Wort. Auch sie wolle interviewt werden und etwas zu dem Thema beitragen. Das Interview wurde zwar analytisch bearbeitet und trug somit zur Erkenntnisgenerierung hinsichtlich der Kernkategorie *Daseinsberechtigung* bei. Doch erscheint im Folgenden keine konkrete Aufgabenbeschreibung dieser Persönlichkeit, da keine weiteren Persönlichkeiten mit einer solchen inhaltlichen Ausprägung interviewt wurden. Dieser Umstand weist zum Einen auf die ausgeprägte Individualität einzelner Personensysteme sowie auf die Begrenzung normativer Beschreibungen der phänomenologischen Ausprägung der DIS hin, die in erster Linie als grobe Umschreibungen für ein besseres Verständnis des Gegenstandsbereiches begriffen werden müssen. Zum Anderen deutet sich hier eine weitere Leerstelle in der Erforschung der DIS an. Die in der bisherigen Literatur beschriebenen Persönlichkeitengruppen können in Anbetracht der bereits bei dieser kleinen Stichproben auftretenden Ergänzung nur als begrenzt verstanden werden, die einer weiteren systematischen Untersuchung bedarf.

Für einen zusammenfassenden Überblick über das Sample dieser Studie findet sich auf der folgenden Seite eine Tabelle, die eine Übersicht über die wesentlichen Sozialdaten der InterviewpartnerInnen bietet. Sowohl das Erhebungsdatum, das Geschlecht, als auch der Berufs- und Familienstand finden sich hier wieder. Daran anschließend findet sich eine auf Grundlagen der erhobenen Daten erarbeitete detaillierte Aufgaben-, bzw. Rollenbeschreibung der interviewten Persönlichkeiten.

## 4.4.1 Übersicht InterviewpartnerInnen

| | Persönlichkeit | Alter zwischen | Geschlecht | Interview vom | Ausbildung/ Beruf | Familienstand |
|---|---|---|---|---|---|---|
| SYS 1 | A1 | 30-35 | w | 11.7.2011 | Ausbildung, berufstätig | verheiratet, Kinder |
| | B1 | 20-25 | w | 25.7.2011 | | |
| | K1 | 5-10 | w | 11.7.2011 | | |
| | T1 | k.A. | m | 25.7.2011 | | |
| SYS 2 | A2 | 25-30 | w | 1.11.2011 | Ausbildung, selbständig | PartnerInnenschaft, keine Kinder |
| | B2 | 15-20 | w | 29.11.2011 | | |
| | K2 | 10-15 | w | 16.11.2011 | | |
| | T2 | 15-20 | w | 16.12.2011 | | |
| SYS 3 | A3 | 20-25 | w | 28.1.2012 | Studium, berufstätig | alleinstehend |
| | B3 | 40-45 | w | 28.1.2012 | | |
| | K3 | 10-15 | w | 28.1.2012 | | |
| | T3 | 15-20 | w | 28.1.2012 | | |
| SYS 4 | A4 | 50-55 | w | 28.2.2012 | Studium, arbeitslos | verheiratet, Kinder |
| | T4/B4 eine Person | 15-20 | w | 28.2.2012 | | |
| | | | | 28.2.2012 | | |
| | K4 | 10-15 | w | 28.2.2012 | | |
| | R4 | k.A. | m | 28.2.2012 | | |
| | S4 | 15-20 | w | 28.2.2012 | | |
| SYS 5 | A5 | 40-45 | w | 22.3.2012 | Ausbildung, berentet | alleinstehend, Kinder |
| | B5 | 15-20 | k.A. | 22.3.2012 | | |
| | K5 | 10-15 | w | 15.5.2012 | | |
| | T5 | 15-20 | m | 8.11.2012 | | |
| SYS 6 | A6 | 30-35 | w | 28.3.2012 | Studium, berufstätig | PartnerInnenschaft, keine Kinder |
| | B6 | k.A. | w | 28.3.2012 | | |
| | K6 | 5-10 | w | 28.3.2012 | | |
| | T6 | 35-40 | m | 28.3.2012 | | |

*Abbildung 2:  Übersicht InterviewpartnerInnen*

**Legende**

Sys = Personensystem, A = Alltagspersönlichkeit, B = BeschützerInnenpersönlichkeit, K = Kindpersönlichkeit, T = tätergebundene Persönlichkeit, R 4 = ehemals tätergebundene Persönlichkeit von Personensystem 4, S 4 = Sexzurückeroberin von Personensystem 4

## 4.4.2 Rollenbeschreibung der interviewten Persönlichkeiten

Die nachfolgenden inhaltlichen und detaillierten Beschreibungen der Aufgaben und Rollen der einzelnen interviewten Persönlichkeiten stellen ein Novum in der wissenschaftlichen Beschäftigung mit Menschen mit einer DIS dar. Bis zum jetzigen Zeitpunkt lassen sich diesbezüglich lediglich grobe Zusammenfassungen finden (Putnam, 2003, S.136).

Jede Persönlichkeit wurde, wie bereits beschrieben, zu Beginn jedes Interviews nach ihrer Aufgabe bzw. Rolle innerhalb des Personensystems befragt. Diese Frage wurde gestellt, um keine unausgesprochene Einigung über das Konzept einer Persönlichkeit vorauszusetzen. Sie diente somit der Klärung von geläufigen Begriffen und sollte gleichzeitig Raum für die jeweils individuelle Ausprägung geben. Denn grundsätzlich sind die einzelnen Persönlichkeiten als sehr komplexe Entitäten zu verstehen, die keinesfalls auf ein paar Zeilen zu reduzieren sind: „Alters are complex phenomena not easily encompassed by simple descriptions that may acknowledge some of their features but that fail to adress the full range of their characteristics" (Kluft, 2006, S.284). Zudem ist jede Persönlichkeit per se, ob nun innerhalb eines multiplen Systems oder eine nicht dissoziierte Persönlichkeit, grundsätzlich als „veränderbar und dynamisch" (Sautermeister, 2013, S.70) und somit nicht als deterministisch zu begreifen. Trotz dieser Vorbehalte erleichtert eine zusammenfassende Beschreibung der einzelnen Persönlichkeitengruppen allerdings ein inhaltliches Verständnis solch komplexer Personensysteme und soll im Falle der vorliegenden Arbeit zu einer besseren Nachvollziehbarkeit der entwickelten Theorie führen.

Methodisch wurde mit dem Kodierschritt des offenen Kodierens (vgl. Kapitel 4.6.2.1) der Grounded Theory gearbeitet, dabei stand die Nachzeichnung des den Daten immanenten Sinngehaltes im Vordergrund. Dementsprechend findet sich jeweils eine auf Grundlage der erhobenen Daten beschreibende Zusammenfassung der Aufgabenbereiche der interviewten Persönlichkeitengruppe. Die schriftlichen Ausführungen werden jeweils eingangs von einem grafischen Modell begleitet. Dieses zeigt in zusammenfassender Weise die wesentlichen Aspekte der nachfolgenden Ausführungen. Diese Grafiken (Abb. 3-6) wurden auf Grundlage der Daten entwickelt und sollen einer besseren

Nachvollziehbarkeit der Beschreibungen der einzelnen Gruppen dienen.

### 4.4.2.1 Alltagspersönlichkeit – Die Spagat-Organisatorin

> „Ja, ich mache den Alltag, also ich, ich mache ganz viel Organisatorisches, also koordinier alle Termine, also ich bin praktisch die Managerin der Anderen."
> (A6, Interview vom 28.3.2012, S.I-320, Z.3-4)

Der Begriff „Alltagspersönlichkeit" ergab bei dem Interview grundsätzlich keine Verständnisschwierigkeit, es konnte sich in jedem befragten System jeweils mindestens eine Persönlichkeit diesem Bereich zuordnen. Es wurde mit insgesamt sechs Alltagspersönlichkeiten gesprochen, die alle weiblichen Geschlechts sind und sich im Alter von 20 bis 55 Jahren bewegen, was in den meisten Fällen dem Realalter, also dem Alter des Körpers, entsprach. Drei von ihnen haben ein Studium, drei eine Ausbildung absolviert, vier sind aktuell berufstätig. Drei von ihnen haben Außenkinder, also eigene leibliche Kinder, und die meisten leben in einer festen PartnerInnenschaft.

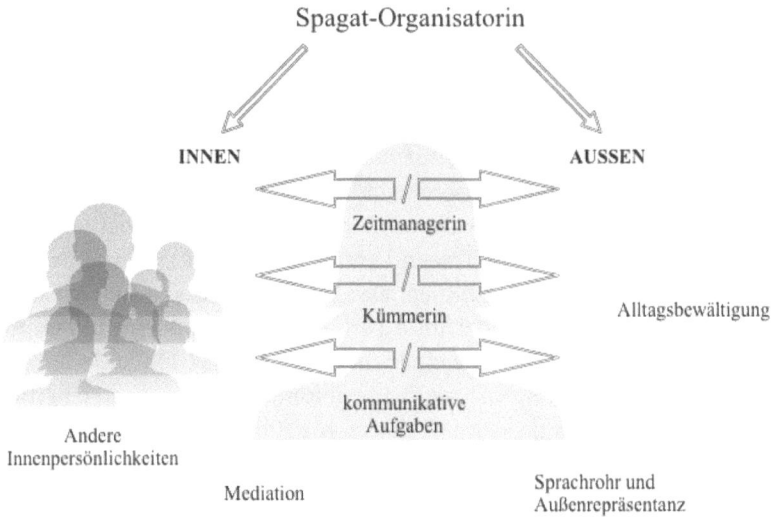

*Abbildung 3: Alltagspersönlichkeit – Spagat-Organisatorin*

Der Begriff **Spagat-Organisatorin** verdeutlicht den Umstand, dass sich die Alltagspersönlichkeiten in erster Linie als die Organisatorinnen des Lebens verstehen. Der Spagat, den sie alle vollziehen, ist der zwischen der **Innen-** und **Außen**welt, also zwischen der Zuwendung zu den inneren Persönlichkeiten und der Auseinandersetzung mit den Menschen und täglichen Anforderungen außerhalb des eigenen Persönlichkeitssystems in Beruf, Familie und sozialem Umfeld.

Ein wesentliches Merkmal dieser Organisationsrolle ist das des **Zeitmanagements**. Hierbei geht es zum Einen darum, die Zeit im Laufe eines Tages in sich zu strukturieren, um Zeit für die alltägliche Arbeit, FreundInnen, Haushalt, PartnerInnenschaft und Außenkinder zu haben. Zum Anderen steht im Mittelpunkt der Organisation, die Bedürfnisse und Anforderungen der verschiedenen Innenpersönlichkeiten zeitstrukturierend zu koordinieren:

> *(....) (...) ich kümmere mich darum, dass die Bedürfnisse (.) oder ich versuche zumindest immer darauf zu achten, dass die Bedürfnisse (h) der verschiedenen Innenpersonen, der Kinder oder (h) die, die im Außen sein wollen, dass das, was sie brauchen da ist, dass ich dafür sorge, dass Zeit über Tag (.), dass ich irgendwie mich darum kümmere, dass auch Zeit da ist, dass ich Freiräume schaffe, nee (?), (..). (A1, Interview vom 11.7.2011, S.I-4f, Z.45ff)*

An diesem Zitat von A1 wird die komplexe Leistung dieser Persönlichkeiten deutlich. Das von ihr beschriebene Management erinnert an das einer Großfamilie, bei der die Bedürfnisse und Anliegen unterschiedlicher Generationen, die zusammen leben, im Wesentlichen von einer Person zeitlich und strukturierend organisiert wird.

Zudem zeigt sich ein weiterer Aufgabenbereich, der bei allen Alltagspersönlichkeiten zum Tragen kommt; der des **Kümmerns** um das Innen ebenso wie um das Außen. Das Kümmern bezieht sich beispielsweise sowohl um die Kinder im Außen, als auch um die im Innen. A5 berichtet diesbezüglich von einer Situation, in der Innenkinder des Systems traurig waren und sie dafür gesorgt hat, dass diese einen geschützten Raum, in diesem Fall das eigene Zuhause, zur Verfügung gestellt bekommen, so dass sie da sein können und sich die Alltagspersönlichkeit dort um sie kümmert:

> *„Also ich hab mir angewöhnt, denen zu sagen, ähm, dass sie ihren Raum bekommen, sobald ich eine Möglichkeit dazu habe, also, es ist dann so, dann*

*geh ich halt nach Hause und dann sind die da, nee, und dann kümmere ich mich da darum."* (A5, Interview vom 22.3.2012, S.I-258, Z.34-36)

Abgesehen von diesen Aspekten fallen insbesondere **kommunikative Aufgaben** in den Organisations- und Aufgabenbereich der Alltagspersönlichkeit. Dabei lassen sich zwei Schwerpunkte fokussieren: kommunikative äußere Repräsentanz und innere Mediatorin, wobei die beiden Elemente Innen und Außen wieder zum Tragen kommen. Die Alltagspersönlichkeiten agieren bei Bedarf als eine Art **Sprachrohr** für die anderen Innenpersonen, um deren Anliegen, Kommentare oder Antworten nach Außen zu übermitteln, ohne dass die Einzelnen den Körper übernehmen müssen:

*„Ja, ich habe die, die Aufgaben, die Aufgabe, das System nach Außen zu vertreten sozusagen und, und ich habe hauptsächlich kommunikative Aufgaben."* (A4, Interview vom 28.2.2012, S.I-180, Z.39-40)

A4 verdeutlicht hier ihre Eigenschaft der **Außenrepräsentanz** für die Anliegen anderer Innenpersönlichkeiten. Die Analogie zur Großfamilie, bei der eine Person die familiär intern diskutierten Bedürfnisse, Ansichten und Anliegen Einzelner nach Außen vertritt, findet auch an dieser Stelle Verwendung. Ob diese Vertretung auf Grundlage einer demokratischen Aushandlung innerhalb des Personensystem gemeinschaftlich ent-schieden wurde oder diesem Umstand andere Prozesse zugrunde liegen wird aus den erhobenen Daten nicht deutlich.

Doch beziehen sich die kommunikativen Aufgaben der Alltagsperson nicht nur auf das Außen, sondern ebenfalls in Form einer **Mediation** auf das Innen. Hiermit ist sowohl eine unterstützende Rolle bei der Kommunikation untereinander gemeint als auch das lenkende Einschreiten bei Konflikten:

*„(....) ob man da was klären muss, ob es da ein Problem zwischen Zweien gibt, die das vielleicht gerade nicht hinkriegen, ja, und sonst (?) (...), also eigentlich, ich sehe das immer so wie eine Mediatorrolle."* (A1, Interview vom 11.7.2011, S.I-4, Z.11-14)

Konkrete Anwendungsstrategien dieser Mediatorinnenrolle finden sich im Falle des Sys1 in Form eines Buches, das an einem für alle zugänglichen Platz liegt und in das Einzelne bei Bedarf ihre Anliegen hineinschreiben oder ggfs. zeichnen können. Über dieses Medium kann A1 ganz konkret mit dem Innen kommunizieren und entsprechend bei Bedarf intervenieren.

Ein wesentliches Anliegen der Alltagspersönlichkeiten ist es zudem, möglichst unauffällig in ihrer Vielfältigkeit zu bleiben, also die dissoziierten Persönlichkeiten weitestgehend zu verbergen und im besten Falle von Außen als eine einheitliche Person wahr genommen zu werden. Hierbei geht es, zwar zu einem geringeren Teil aber durchaus auch, um das Verbergen der einzelnen Persönlichkeiten aufgrund von Scham. Allerdings steht hier vielmehr der Schutz der Einzelnen vor möglicherweise diffamierenden, entblößenden und vor allem retraumatisierenden Erlebnissen im Vordergrund der Bemühungen.

Das Organisieren der einzelnen Bereiche Zeit, Kommunikation und Kümmern unterstützt in Folge das **Bewältigen des Alltags**. Die ausgeprägten kommunikativen Fähigkeiten der Alltagspersonen stechen markant hervor, ein ständiges Austarieren zwischen dem Innen und dem Außen steht im Fokus und verdeutlicht die Komplexität der Rolle der **Spagat-Organisatorin** innerhalb eines Personensystems. Zusammenfassend ist fest zu stellen, dass sich die hier aus den erhobenen Daten abgeleitete Persönlichkeitsbeschreibung deutlich detaillierter als die in der Fachliteratur (s. Kapitel 2.3.5.1) darstellen. Auffällig ist an dieser Stelle der Umstand, dass keine der interviewten Alltagspersönlichkeiten sich als hilflos oder machtlos beschreibt, im Gegenteil steht eine aktive Handlungsfähigkeit im Vordergrund. Diesbezüglich muss allerdings das einschränkende und damit erkenntnislenkende Sample dieser Studie betont werden, das, wie bereits diskutiert, eben jene Systeme anspricht, die über eine gewisse psychische Stabilität sowie interne Kommunikationsmöglichkeiten verfügen.

### 4.4.2.2 BeschützerInpersönlichkeit – Kritische AußenbeobachterIn mit ausgeprägter Handlungsmacht

*„Sie werden nix bei uns tun ohne dass ich weiß, was passiert."*
*(B3, Interview vom 28.1.2012, S.I-115, Z.43)*

Es wurde mit insgesamt 6 weiblichen Beschützerinnen im Alter zwischen 15 und 45 gesprochen, wobei sich drei von fünf im jugendlichen Alter bewegen. Eine/r hat keine Angabe zum Geschlecht gemacht, eine Andere keine zu ihrem Alter und eine Interviewpartnerin war ehemals tätergebunden und begreift sich als eine Position dazwi-schen, mit eindeutiger Tendenz zur Beschützerin.

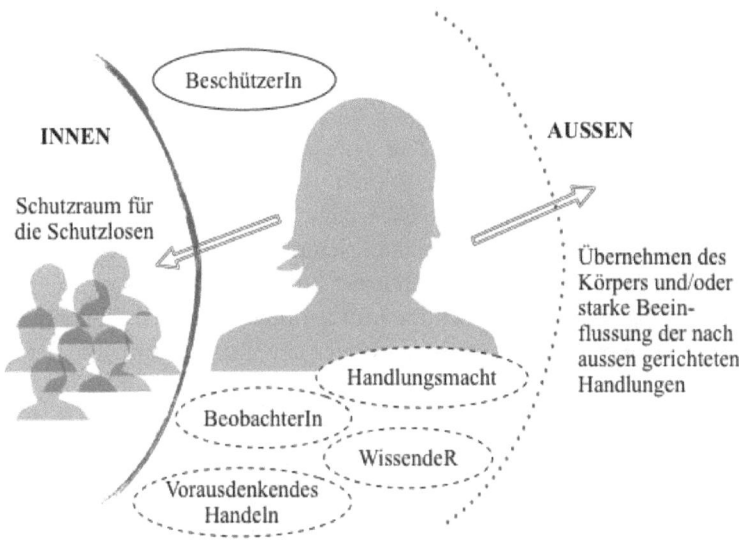

*Abbildung 4: BeschützerIn – Kritische AußenbeobachterIn*

Es wurde deutlich, dass das Hauptanliegen dieser Persönlichkeiten entsprechend ihrer Bezeichnung das **Beschützen** ist, wobei sich verschiedene Strategien zeigen. Eine Strategie stellt das aufmerksame **Beobachten** und Abtasten der unmittelbaren Umgebung im **Außen** auf Bedrohungen jedweder Art dar. Dabei bewegen sich BeschützerInnen vornehmlich im **Innen** des Personensystems und verfügen dort über einen guten Überblick. Sie bekommen jedoch gleichzeitig alles mit, was im Außen vor sich geht:

> *„Hmm (Pause 6), also, die meiste Zeit ist das so, dass ich im Innen arbeite und, ähm, in der Regel versuch ich halt, ähm, die Kinder abzuschirmen (...), dann, wenn, wenn ich das Gefühl hab, dass von Außen (..) irgendwie Gefahr droht, also sprich, es riecht komisch, es kommen komische Leute mir entgegen oder, ähm, es gibt schwierige Situationen oder so."*
> (B5, Interview vom 22.3.2012, S.I-262, Z.6-10)

B5 beschreibt hier eindrücklich ihre Fähigkeit einer zweigeteilten Aufmerksamkeit und Beobachtungsfähigkeit, zum Einen die nach Außen hinsichtlich möglicher lauernder Gefahren und gleichzeitig die nach Innen auf die Kinder, die schutzbedürftig sind. An diesem Zitat wird auch der Schwerpunkt dessen deutlich, was, bzw. wer beschützt wird; es handelt sich in erster Linie um die Innenkinder, also den Schutz von **Schutzlosen**.

Zudem lässt sich an dem Zitat von B5 bereits eine von verschiedenen schützenden Handlungen ablesen. Es wird auch von anderen BeschützerInnen mit der Fähigkeit berichtet, andere Innenpersönlichkeiten abzuschirmen und somit einen **Schutzraum** entstehen zu lassen, der sich in der Grafik als ein breiterer Strich auf der linken Seite darstellt, hinter dem sich der Schutzraum befindet. Offensichtlich können äußere, ungute Einflüsse nicht bis hinter einen so hergestellten Schutzwall dringen.

Eine weitere Strategie stellt **vorausdenkendes Handeln** dar. Situationen, die möglicherweise emotional belastend, resp. triggernd für Einzelne werden könnten, werden im voraus bedacht und ihnen wird aus dem Weg gegangen. Wenn das allerdings aus unterschiedlichen Gründen nicht mehr möglich ist, wird der **Körper übernommen**, um die Situation aktiv zu verlassen, bzw. direkt in Handlungen einzugreifen und den Körper in Sicherheit zu bringen:

> *„Und wenn das gar nicht geht, übernehme ich dann einfach auch manchmal und sehe ich zu, dass wir aus dieser Situation irgendwie (,) raus gehen."*
> (B1, Interview vom 25.7.2011, S.I-20, Z.30-32)

An diesem Zitat von B1 wird zum Einen deutlich, dass sie in Anbetracht von Gefahren handlungsfähig bleibt. Zum Anderen zeigt es auch ihre Macht gegenüber anderen Innenpersönlichkeiten, die es ihr ermöglicht, ungefragt den Körper zu übernehmen und aus einer gefährlichen Situation raus zu gehen. Die Wahl des pluralen Personalpronomen verdeutlicht, dass sie diese Entscheidungen für alle trifft.

Eine weitere Handlung, die dazu dient, Sicherheit zu schaffen, hat deutlich zerstörerischere Auswirkungen, indem **Handlungen** in zwischenmenschlichen Beziehungen bei Bedrohung übernommen, bzw. **beeinflusst** werden. Die Interviewten berichten diesbezüglich von ihrer Fähigkeit, triggernde Beziehungen abzubrechen, weil sie emotional zu nah kommen oder die Gefahr eines Abhängigkeitsgefühls beinhalten. Wenn davon ausgegangen wird, dass, unabhängig von den physischen Traumatisierungen, in erster Linie auch Beziehungstraumata vorliegen, ist eben dieser zwischenmenschliche Bereich der am stärksten verletzte und somit am schützenswertesten. Das geht soweit, dass Beziehungen abgebrochen werden, um das System vor weiteren Verletzungen zu schützen.

> *„Ich pass auf. also das hab ich immer gemacht. pass auf, dass Beziehungen nicht zu eng werden, dass wir nicht zuviel brauchen – was leider nicht funktioniert – aber ich kann abbrechen, wenns reicht. also wenn zuviel verletzt wird oder so." (B2, Interview via chat vom 29.11.2011, S.I-82, Z.22-24)*

Der Fokus von B2 auf unbedingte Unabhängigkeit, die jedoch nicht in Gänze umsetzbar ist, und der unmittelbaren Verbindung von Beziehung und Gefahr wird hier deutlich. Dieses Zitat zeigt in anschaulicher Weise, dass manche Verhaltensweisen einzelner Persönlichkeiten möglicherweise von Außen betrachtet irrational, affektiv und/oder unüberlegt erscheinen, für das Gesamtsystem aber durchaus sinnvoll sind.

Der Einsatz dieser schützenden Strategien wiederum setzt voraus, dass die BeschützerInnen sowohl die Innenkinder, resp. Schutzlosen selbst als auch deren (traumatische) Erfahrungen sehr gut kennen müssen, um einschätzen zu können, welche Situation für wen warum gefährlich, bzw. triggernd sein könnte. Hier wird der ausgesprochen große **Wissen**sschatz der Befragten deutlich.

In allen Gesprächen mit den Beschützerinnen wurde außerdem eine sehr ausgeprägte **Handlungsmacht** innerhalb des Systems und über den Körper deutlich. Wenn es eine Gefahrensituation gibt, in der die Involvierten nicht gemäß den Vorstellungen der Beschützerin agieren oder auf ihren Rat hören, besteht ebenso die Möglichkeit, den Körper und damit alle nachfolgenden Handlungen ungefragt zu übernehmen. Dabei findet nicht immer Kommunikation oder Kooperation mit anderen Persönlichkeiten statt. Im Gegenteil wurde davon berichtet, dass ausschließlich die beschützende Person sowohl über die Einschätzung einer Gefahrensituation als auch über die daraus folgende Schutzhandlung entscheidet. Zwar finden sich ebenso Berichte über ausgeprägtere Kooperationshaltungen, bei denen es darum geht, mögliche Handlungen mit anderen Innenpersonen abzusprechen. Dennoch zeigt sich, dass, wenn Gefahr im Verzug ist, die interviewten Beschützerinnen entsprechend ihrer Aufgabe jederzeit in der Lage sind, die Kontrolle über den Körper und damit über das Gesamtsystem zu übernehmen. Diese direkte Handlungsfähigkeit zeigt sich in der Grafik anhand der lediglich gestrichelten Linie auf der rechten Seite, was die Durchlässigkeit nach Außen optisch hervorhebt. Dass diese, entsprechend der Aufgabe der BeschützerInnen, deutlich ausgeprägte Handlungsmacht mit burschikosem und möglicherweise aggressivem Auftreten einhergehen kann ist vorstellbar. So erklärt sich die von Kluft (2004) in Kapitel 2.3.5.2 beschriebene Feindseligkeit, sie findet jedoch in der hier vorliegenden detaillierten Darstellung eine durchaus nachvollziehbare Rahmung.

### 4.4.2.3 Kindpersönlichkeiten – Kindlich-ernste Lebensfreude

*„I: Fällt Dir noch mehr zu der Frage ein?*
*K2: auch dass man keine Angst mehr haben muss. Niemals.*
*I: Ok. Gibt es da noch was?*
*K2: Schokoladenkuchen."*
*(K2, Interview via chat vom 16.11.2011,S.I-71, Z.4-7)*

Es wurde mit insgesamt sechs weiblichen Innenkindern im Alter zwischen 5 – 15 Jahren gesprochen. Alle interviewten Kindpersönlichkeiten strahlten eine grundlegende **Lebensfreude** und Zugewandtheit aus, die begleitet war von einer **Ernsthaftigkeit**, die eine Fülle an (traumatischen) Lebenserfahrungen vermuten lässt. Auf dieser Grundlage nehmen sie eine aktive und gestalterische Position innerhalb des Personensystems ein, von der aus sie sowohl mit anderen, meist jüngeren Innenkindern, als auch erwachsenen Innenpersonen in Kontakt stehen. Sie sind in der Lage, Geschehnisse und Vorkommnisse im Außen zu beobachten, ohne selber den Körper zu übernehmen, was sie bei Bedarf allerdings durchaus können.

Zumeist gehen sie sowohl im **Innen** als auch im **Außen kindgerechten Aktivitäten und Vorlieben** nach. Vom Pizza- und Eisessen wird ebenso berichtet wie vom Spielen mit Playmobil oder mit Kuscheltieren und vom Malen. Das tun sie sowohl alleine als auch mit anderen Innenpersönlichkeiten oder im Außen mit Menschen, zu denen sie in einer Beziehung stehen.

Eine hervorstechende Fähigkeit der Innenkinder, mit denen bei dieser Erhebung gesprochen wurde, ist der **Zugang zu inneren Ressourcen**. Sie wissen davon und können diese nutzen. Hierbei ist die

4.4 Das Interviewsample

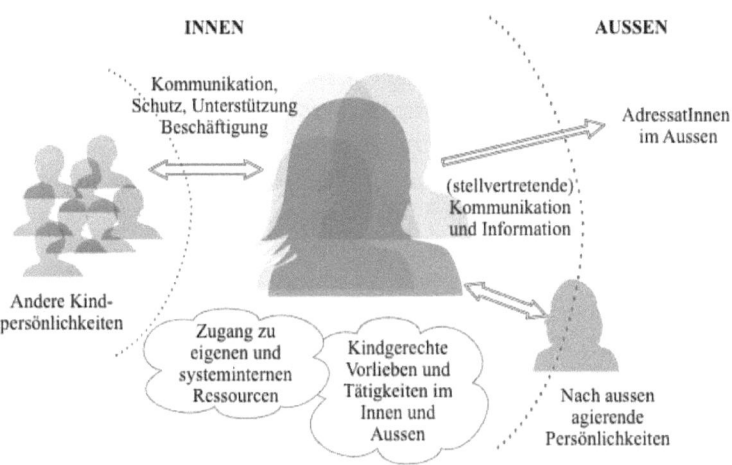

*Abbildung 5: Kindpersönlich. – Kindlich-ernste Lebensfreude*

Rede sowohl von **eigenen** Fähigkeiten als auch von anderen systeminternen Ressourcen. Auf sich selbst bezogen berichten sie von einer ausgeprägten Intuition, Menschen und Situationen gut einschätzen zu können. Dabei sind sie zudem in der Lage, spielerischer und unbelasteter mit dem Leben insgesamt umzugehen:

> „Ich glaube ich bin manchmal ein bißchen leichter als die anderen. also weil ich nicht so viel überlege. nicht soviel wie die. schon auch aber nicht so viel."
> (K2, Interview via chat vom 16.11.2011, S.I-70, Z.I-17-19)

Dieses Selbsteinschätzung von K2 verdeutlicht den Kontakt zu den und das Wissen über die anderen Persönlichkeiten und beschreibt gleichsam eine selbstreflexive Wahrnehmung der eigenen Persönlichkeit, die sich selbst als emotional unbelasteter, resp. leichter beschreibt. Alle interviewten Kindpersönlichkeiten verfügen über diese sich hier andeutende ausgeprägte Fähigkeit zur Selbstreflexion und eine gewisse sprachliche Gewandtheit, was zum Einen sicherlich der Nähe zu den Erwachsenen zu verdanken ist, zum Anderen allerdings auch als Hinweis auf eine aktive Teilnahme am Leben im Außen zu verstehen ist.

Des Weiteren haben die Innenkinder ebenso einen (wissenden) Zugang zu anderen **systeminternen Ressourcen**, wie beispielsweise zu Schutztieren in Form eines Panthers (K4, Interview vom 28.2.2012,

S.186) oder Fabelwesen, die auch für andere innere Persönlichkeiten hilfreich sein können. Das setzt voraus, dass sie mit diesen in Verbindung stehen. Es gibt demnach innere Vorgänge, die nicht zwangsläufig von den Alltagspersönlichkeiten bemerkt werden, diesbezüglich offenbart sich eine Eigendynamik innerhalb eines multiplen Systems.

Weiterhin nehmen die interviewten Kindpersönlichkeiten eine **unterstützende** Funktion gegenüber **anderen Kindern** im Innen ein. Sowohl auf körperlicher Ebene (beispielsweise beim Schuhe binden) als auch auf intellektueller Ebene (Sachverhalte kindgerecht Erklären) oder auf emotionaler Ebene (Trösten, wenn eine jüngere Persönlichkeit traurig ist). Gerade bezogen auf emotional belastete Persönlichkeiten kommt der Aspekt des **Schutz**es hinzu. Dieser wird u.a. über eine Art inneren Raum vollzogen, in dem sich Persönlichkeiten aufhalten, die schutzbedürftig sind.

> *„So dass die nicht so viel vom Alltag mitkriegen die haben ein Zimmer für sich ein gemütliches warmes aber den meisten geht es trotzdem schlecht und ich gucke immer wieder nach denen." (K5, Interview via chat vom 15.5.2012, S.I-269, Z.8-10)*

Der Umgang von K5 mit den anderen Kindpersönlichkeiten erinnert an die Fähigkeiten der Beschützerinnen, einen Schutzraum für die Schutzlosen herstellen zu können. Unabhängig von dieser beschützenden Funktion gestaltet sich der Kontakt zu anderen Innenkindern vielfältig, mit dem Fokus auf **Kommunikation und** kindgerechter **Beschäftigung**. Dabei findet das gemeinsame Spielen und Vorlesen ebenso Erwähnung wie schlichtes Beieinander sein und sich gegenseitig Erzählen. Hierbei berichten beispielsweise jene Kindpersönlichkeiten, die sich im Außen bewegen den anderen Kindpersönlichkeiten, die sich im Innen befinden, von schönen Erlebnissen.

Gleichzeitig sind die Kindpersönlichkeiten gegenüber **AdressatInnen im Außen** in der Lage, über systeminterne Vorgänge zu **kommunizieren und zu informieren**. Zum Einen bezogen auf sich selbst, doch erweitert sich diese Funktion um die einer **StellvertreterIn** für andere Kindpersönlichkeiten, die im oder zum Außen nicht sprechen können oder wollen:

> *„(....) und bei der Thera spreche ich für die, manchmal wenn die da sind, denn die können nicht reden." (K5, Interview via chat vom 15.5.2012, S.I-269, Z.5-6).*

K5 berichtet hier davon, dass sie stellvertretend für die, die nicht reden können, spricht und sich in der Therapie („Thera") mitteilt. Das hat zur Folge, dass die Innenkinder, für Menschen ausserhalb des Personensystems eine wichtige Informationsquelle für systeminterne Vorgänge sind, insbesondere bezogen auf andere Kindpersönlichkeiten.

Es wird deutlich, wie komplex eine Kommunikation mit einem multiplen System vonstatten gehen kann und welche Rolle insbesondere die Innenkinder hierbei spielen. Wenn beispielsweise ein Innenkind Informationen von Innen nach Außen weiter geben möchte, kann das auf verschiedene Arten geschehen: durch Informationsweitergabe an eine **nach Außen agierende Persönlichkeit**, die diese Information wiederum an Menschen im Außen weiter geben kann. Dies wird insbesondere bezogen auf psychotherapeutische Settings beschrieben, in denen zwar die Innenkinder Fragen beantworten, ihre Antworten allerdings an diejenige Persönlichkeit weiter geben, die im Außen in unmittelbarem Kontakt mit der Therapeutin steht. Es ist aber auch möglich, dass die Kindpersönlichkeit selber den Körper übernimmt und in direktem Kontakt mit einer Person im Außen spricht. Oder dass sie sie Informationen aus dem Innen, quasi als systeminterne Information, an beispielsweise eine Alltagsperson weiter gibt, die, auf Grundlage dieser Kommunikation, ihr Verhalten möglicherweise im Außen modifizieren kann.

Analog zur Darstellung dieser Persönlichkeitengruppe in der Fachliteratur (s. Kapitel 2.3.5.3) finden sich in den erhobenen Daten ebenfalls Hinweise darauf, dass die Innenkinder TrägerInnen schwerer traumatischer Erinnerungen und Erfahrungen sind. Allerdings fand dieser Umstand lediglich marginal Erwähnung bei der Selbstdarstellung, was zum Einen sicherlich mit dem Schwerpunkt der Forschung zu tun hat. Zum Anderen wird daran deutlich, dass das Selbstverständnis dieser Persönlichkeiten weit über den über sie geführten Diskurs hinaus geht.

#### 4.4.2.4 Tätergebundene Persönlichkeiten – Voraussetzung zum Überleben

*„(....) also am Anfang ging es ja darum, ähm (..) uns möglichst gut bei den Tätern zu fügen, damit wir nicht noch mehr Gewalt erfahren, also, Druck immer auszuweichen, damit es nicht noch schlimmer wird." (T6, Interview vom 28.3.2012, S.I-324, Z.5-7)*

# 4. Das Forschungsdesign

Es wurde mit insgesamt sechs tätergebundenen Personen gesprochen, die sich im Alter zwischen 15 und 40 Jahren bewegten, wobei zwei keine Angaben zu ihrem Alter machten. Vier dieser Persönlichkeiten definierten sich als männlich, zwei als weiblich. Zum Zeitpunkt der Interviews wurde noch mit dem Begriff „täterloyal" operiert, der sich erst im Laufe der Analyse und der Auseinandersetzung mit Literatur (vgl. Kapitel 2.3.5.4) wie diskutiert zu der genaueren begrifflichen Fassung „tätergebunden" entwickelte.

Diese Interviewgruppe stellt die divergenteste dar und kann grob in drei Bereiche unterteilt werden: 1. Zum Zeitpunkt des Interviews gab es eine bestehende und nicht hinterfragte **Loyalität** gegenüber dem gewaltausübenden System und den darin agierenden Menschen; 2. die eigene Rolle ist nicht mehr eindeutig, das ehemalige System, resp. die Menschen und auch die eigenen Handlungen und Überzeugungen werden **in Frage gestellt**; 3. eine neue Position **losgelöst** von dem gewaltausübenden System wird gesucht oder wurde bereits gefunden.

Deutlich wird diese Divergenz selbst innerhalb einer Persönlichkeit an folgendem Interviewausschnitt, in dem die Interviewerin nach den Aufgaben von T5 fragt:

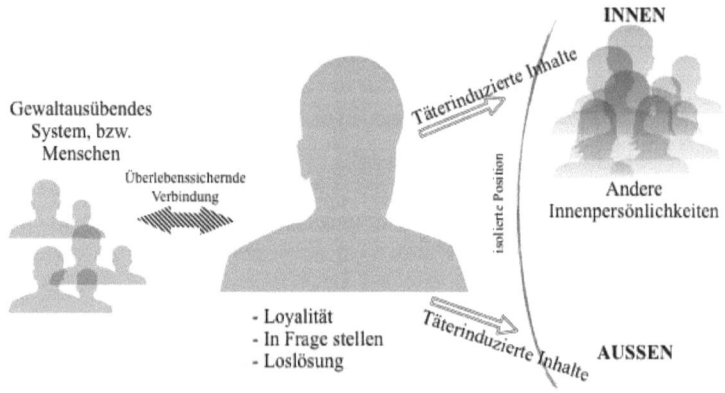

*Abbildung 6: Tätergebundene Persönlichkeiten – Voraussetzung zum Überleben*

*„I: Kannst du mir noch sagen, welche Rolle, was für Aufgaben du in eurer Innenwelt hast?*
*T5: ich glaube ich bin so ein Zwischending*
*T5: meist fühle ich mich als täterloyal absolut und dann manchmal wie ein Beschützer."*
*(T5, Interview via chat vom 8.11.2012, S.I-273, Z.26-30)*

Die Formulierung „Zwischending" weist darauf hin, dass die persönlichkeitsgebundenen Aufgaben grundsätzlich keine deterministischen sind, sondern **Entwicklungsprozessen** unterliegen.

Das verbindende Element aller tätergebundener Persönlichkeiten ist das der schweren Gewalterfahrungen und der zunächst unausweichlichen **Verbindung mit dem gewaltausübenden System bzw. Menschen**, die dem Überleben diente. Was die genauen Erfahrungen in dem gewaltausübenden Umfeld waren, wurde nicht genauer beschrieben und blieb in dem Bereich der Andeutungen. Es wurde allerdings deutlich, dass es eine der früheren Aufgaben war, traumatische Situationen im Außen zu übernehmen, die für andere Persönlichkeiten nicht ertragbar gewesen wären. Die Loyalität gegenüber den gewaltausübenden Menschen und deren System war somit **überlebenssichernd:**

*„(....) (Name T4) sieht sich halt selber als Beschützerin, weil sie sagt, wenn ich nicht dafür gesorgt hätte, dass immer alle funktionieren, dann hätten die uns abgemurkst."*
*(A4, Interview vom 28.2.2012, S.I-200, Z.29-31)*

An dem Zitat, in dem A4 über T4 spricht, wird deutlich, dass zwar T4 im Sinne der TäterInnen, also in gewisser Form diesen gegenüber loyal, dafür gesorgt hat, dass das Personensystem auf die geforderte Art und Weise „funktioniert", dies allerdings vor dem Hintergrund einer lebensbedrohlichen Situation tat.

Des Weiteren erscheint die **Position** dieser Persönlichkeiten als eine sehr **isolierte**, nach Innen zu anderen Persönlichkeiten ebenso wie nach Außen. Der Grund hierfür liegt nach eigenen Angaben in dem Umstand begründet, dass sich diese Personengruppe (noch) nicht als zugehörig zu dem heutigen Alltag empfindet. Sie erleben sich in einer Außenseiterposition, in der sie ihre alte Rolle nicht mehr entsprechend ihren Bedürfnissen erfüllen können oder noch keine neuen Aufgabenbereich gefunden haben. Die diesbezüglichen Schilderungen erinnern an Berichte von traumatisierten Soldaten, die aus dem Krieg zurück kehren und sich in einem Leben, in dem keine Kriegshandlungen mehr, sondern ein ganz anderer Alltag stattfindet, nicht oder nur schwer zurecht finden (Herman, 1989). Da diese Persönlichkeiten in erster Linie ebenfalls einen gewaltvollen Alltag kennen, ist es nicht verwunderlich, dass sie ein Leben, das nun ganz andere Prinzipien und Schwerpunkte beinhaltet, nicht als das ihre bezeichnen. Diese Haltung verändert sich zwar mit dem Loslösungsprozess von dem gewaltausübenden System und wendet sich in Folge sowohl dem heutigen Leben als auch den anderen Persönlichkeiten innerhalb des Systems zu, dennoch berichten alle InterviewpartnerInnen von einer gewissen Isolation.

Bei einer bestehenden Loyalität (1.) oder der Bewegung dazwischen (2.) wird deutlich, dass eine Weitergabe **täterinduzierter Inhalte** sowohl nach Außen als auch an andere Innenpersönlichkeiten statt finden kann. Dazu zählen beispielsweise Drohungen, auch gegen den Willen der Anderen zu den TäterInnen zurück zu kehren oder beleidigende und verletzende Anmerkungen über andere Innenpersönlichkeiten. Diesbezüglich bestätigen die Daten dieser Studie die entsprechenden Ausführungen in der Fachliteratur, werden allerdings erweitert um den prozessualen Charakter des Sich-Loslösens von den gewaltvollen Strukturen. Es lässt sich hier eine Konfliktlinie zwischen den „alten" (Früher) und „neuen" (Heute) Aufgaben fest stellen. Verbunden mit einer (noch) unsicheren und suchenden Bewegung hin zu einem neuen, resp. anderen Selbstverständnisses, die noch keine genaue Aussage über die eigene Rolle in der heutigen, gewaltärmeren Zeit treffen kann. Dieser Umstand zeigt sich bei dieser Persönlichkeitengruppe in gewisser Weise identitätsstiftend und findet sich detaillierter ausgeführt in Kapitel 5.1.8.7 wieder. Zunächst beschäftigt sich allerdings das nachfolgende Kapitel mit dem Geschlecht der InterviewpartnerInnen.

### 4.4.3 Das Geschlecht der InterviewpartnerInnen

Zu dem Geschlecht der interviewten Persönlichkeiten ist zunächst zu sagen, dass sich dieses nicht zwangsläufig mit dem biologischen Geschlecht der Persönlichkeit, die den Passnamen trägt, deckt. Ob und inwieweit das je individuelle Geschlecht von den Persönlichkeiten selbst gewählt wird oder dieser Vorgang anderen Kriterien unterliegt wird an den erhobenen Daten nicht deutlich.

Nun kann jedoch die Verteilung der Geschlechter Hinweise darauf geben, dass bestimmte Verhaltensweisen „gesellschaftlichen Bedeutungszuschreibungen" (Fleßner, 2013, S.80) unterliegen, die geschlechtlich konnotiert sind. Es ist auffällig, dass gerade die tätergebundenen Persönlichkeiten, die zum Teil das ehemalige Gewaltsystem verteidigen und in diesem auch als aktiv Handelnde agierten, überwiegend männlichen Geschlechts sind. Dem gegenüber stehen beispielsweise die Innenkinder mit durchgängig weiblichem Geschlecht. Folgt man den theoretischen Ausführungen zu den einzelnen Persönlichkeitengruppen (vgl. Kapitel 2.3.5) ist davon auszugehen, dass insbesondere die Innenkinder sexualisierter Gewalt ausgesetzt waren, hingegen die Tätergebundenen vermehrt als Repräsentant einer (ehemals) gewaltausübenden Umgebung fungieren. In Hinblick auf ein Gesellschaftssystem, in dem Frauen nachweislich mehr (sexualisierte) Gewalt als Männer erfahren und damit der Status eines Opfers vermehrt mit dem Geschlecht weiblich verbunden ist (Moser, 2007), kann diese geschlechtliche Verteilung der InterviewpartnerInnen als Repräsentation existierender patriarchaler Gewaltverhältnisse gelesen werden.

Nun bestätigt die Geschlechtsverteilung des Samples allerdings zudem auf eindrückliche Weise, dass das Geschlecht und die Zugehörigkeit zu einem Geschlecht keiner unveränderlichen und naturalistischen Ordnung unterliegen. Gerade die Existenz mehrerer (sozialer) Geschlechter innerhalb einer Person offenbart, dass Geschlecht nicht untrennbar mit dem „sex", also dem körperlichen Geschlecht, verbunden ist, sondern eine derartige Zuordnung vielmehr ein gesellschaftlich hervorgebrachtes Phänomen ist. In Truman (2002) finden sich detaillierte Ausführungen dazu, wie dieser Umstand der Manifestation sozialer Macht- und Herrschaftsverhältnisse dient und dabei also nicht als ein geschichtsloser Determinismus zu begreifen sei. Wie insbesondere Menschen mit einer DIS gesellschaftliche Zuschreibungen von sex und gender subversiv unterlaufen zeigt das Geschlecht der BeschützerInnen. Fünf von sechs dieser Persönlichkeiten haben nach eigenen Angaben ein weibliches Geschlecht. Doch gerade die BeschützerInnen zeigen vornehmlich männlich konnotierte Verhaltensweisen:

Überzeugung in die eigene Handlungsmacht und aktive Handlungsfähigkeit zeichnen diese Persönlichkeitengruppe ebenso aus wie die ureigenste Aufgabe des Beschützens. Diese als klassisch männlich verstandenen Verhaltenscharakteristika finden sich in diesem Sample allesamt im Geschlecht Frau repräsentiert.

Nun bleibt es jedoch aufgrund der sehr kleinen Stichprobe eine ungeklärte Frage, inwieweit sich hier (vermeintlich) geschlechtsspezifische Merkmale im Individuum manifestieren, die signifikant häufig von Menschen mit einer DIS auf eine diesen (biologischen) Determinismus zersetzende Weise unterlaufen werden oder ob die Zuordnung einer schlichten Zufälligkeit unterliegt. Für eine Validierung der hier andiskutierten Hypothesen braucht es weitere Forschung die sich dieser Fragestellung explizit annimmt.

## 4.5 Zusammenfassung

Die Datenerhebung mit Menschen mit traumatischen Erfahrungen bedarf einer forschungsethischen Reflexion, um eine voreingenommene Zuschreibung möglicher Persönlichkeitsmerkmale zu reflektieren und um gleichermaßen die Verantwortung einer Forschung, die sich mit vulnerablen Menschen beschäftigt, zu diskutieren. Die Darstellung der forschungsindividuellen Umsetzung der Datenerhebung unter der Prämisse einer Gratwanderung zwischen ethischer Achtsamkeit und Ausschließen von Stigmatisierung stand dabei im Vordergrund der bisherigen Ausführungen. Als ein innovatives Ergebnis dieses Vorgehens wurden die Rollenbeschreibungen der einzelnen Persönlichkeiten bereits vorgestellt. Der auf die Datenerhebung nun folgende Schritt ist der einer weiteren und intensiveren analytischen Bearbeitung des Materials. Hierbei dienen methodische und methodologische Prämissen der Qualitätssicherung einer aus der Empirie abgeleiteten Theorie. Wie sich diese konkret darstellen und in welcher Weise ihnen gefolgt wurde wird im nun folgenden Kapitel eingehend betrachtet.

## 4.6 Grounded Theory – Methodologie und Methode

Für explorative Studien wie diese bietet sich eine qualitative Analysemethode zur Datenbearbeitung an. Die Grounded Theory (Glaser & Strauss, 1967) mit ihren aktuellen Weiterentwicklungen (Breuer, 2010; Charmaz, 2011; Clarke, 2012) entspricht den Bedürfnissen eines noch recht unerforschten Gebietes nach einer offenen und wenig theoriegeleiteten Herangehensweise. Somit dient sie der vorliegenden Arbeit als methodisches Instrument, das gleichermaßen auch einen methodologischen Rahmen anbietet.

Eine Methodologie dient der Begründung der gesamten Vorgehensweise von Theoriegenerierung und rahmt die Auswahl der Methode, die Art ihres Einsatzes zur Erzeugung von Daten sowie deren Analyse. Auf diese Weise bindet sie Forschungsverfahren in eine allgemeine Wissenschaftstheorie ein (Heinze, 2001, S.12). Die Grounded Theory stellt diesbezüglich sowohl eine Analyseprogrammatik zur Verfügung als auch eine Methodologie, also eine besondere Art, „über die soziale Wirklichkeit nachzudenken und sie zu erforschen" (Strauss & Corbin, 1996, S.X). Dabei ist sie handlungstheoretisch fundiert – die Verfasser vereinen hier ihre unterschiedlichen erkenntnistheoretischen Wurzeln. Die zum Einen auf den Traditionen des amerikanischen philosophischen Pragmatismus in der Linie von Mead (1968) und Dewey (1922) und zum Anderen auf dem symbolischen Interaktionismus nach Blumer (1969) und der Feldforschungspraxis von Hughes (1971) fußen. Die darauf aufbauend konstruktivistischen und pragmatischen „Social Studies of Sciences" (Strübing, 2008a, S.279) haben ihren Ausgangspunkt hinsichtlich der menschlichen Erkenntnisfähigkeit bei einer grundlegenden Kritik an einem positivistischen Realitätsanspruch der Naturwissenschaften von der Idee eines universalistischen Wahrheitsbegriffs oder der Vorstellung einer Wahrheit, die es lediglich zu erkennen gelte. Realität, ebenso wie Theorien über sie, befinden sich vielmehr in einem ständigen Herstellungsprozess. Zwar wird die Existenz einer, auch objektiv bestehenden, physisch-stofflichen Natur nicht bestritten, doch wird davon ausgegangen, dass sie nicht in ihrer Gänze wahr genommen und sich auf sie bezogen werden kann. Vielmehr entsteht eine Realität in den „tätigen Auseinandersetzungen mit Elementen der sozialen wie der stofflichen Natur, die damit zu Objekten für uns werden und Bedeutungen erlangen" (Strübing, 2008, S.38). Die AkteurInnen dieser Wirklichkeit befinden sich dabei in divergenten und individuellen Interaktionsmustern, so dass ihnen die Realität in unterschiedlichen Ausschnitten und Intensitäten entgegen tritt. Wirklichkeit ist somit als prozessual und multiperspektivisch zu verstehen, ebenso wie die Handlungen der AkteurInnen in ihr (Strübing, 2008, S.48). Somit kann auch ein theoretisches Verständnis über diese Realität nur ein prozessuales und zeitlich begrenztes sein. Theorien müssen in Folge, um wirklichkeitsangemessen zu sein, gleichsam den beständigen Wandel der Wirklichkeit nachvollziehen, über die sie Aussagen machen (S. 37-49).

Das Ziel der auf diese Epistemologie rekurrierenden Grounded Theory liegt konsequenterweise darin, die AkteurInnen und ihre Handlungsstrategien innerhalb dieser prozesshaften Wirklichkeiten durch das Formulieren theoretischer Interpretationen von Daten zu erklären. Hierbei steht die Betonung der Wandelbarkeit sozialer Phänomene ebenso im Vordergrund wie die „Akteursorientierung" (Przyborski & Wohlrab-Sahr, 2010, S.193), die die Handlungsoptionen und Entscheidungen, Bedingungen und Konsequenzen der Handelnden des Feldes in den Blick nimmt. Verstehen von Handlungen dieser sozialer AkteurInnen und Nachzeichnen, bzw. Explizieren einer dieser Handlungen inhärenten Sinnstrukutur stehen hierbei im Mittelpunkt des Interesses. Das daraus resultierende theoretische Modell ist eine „gegenstandsverankerte Theorie" (Strauss & Corbin, 1996, S.7), die induktiv aus der Untersuchung eines bestimmten Phänomens abgeleitet wird. Damit versteht sich die Grounded Theory in Abgrenzung zu einer nomologisch-deduktiven Theoriegenerierung, welche eine bereits bestehende Theorie testet und verifiziert (Przyborski & Wohlrab-Sahr, 2010, S.196). Im Sinne der Induktion ist es ein Grundanliegen der Grounded Theory, empirische Forschung und Theoriebildung eng miteinander zu verschränken, um eine Theorie zu generieren, die sich nicht deduktiv und „von oben entfaltet" (S. 184), sondern in der Empirie begründet und damit gegenstandsbezogen ist. Den Begründern kommt diesbezüglich insofern eine Pionierrolle in der qualitativen Methodenentwicklung zu, als sie sich gegenüber der „Empirie als immunisierenden soziologischen Theorie" (S. 190) und gegenüber einer an den Naturwissenschaften orientierten Methodologie als empirischinduktiv positionierten. Induktion ebenso wie Emergenz wurden dabei als Werkzeuge einer Theorieentwicklung begriffen, die sie in Form einer Analysemethode systematisierten. Diese methodologische Haltung, die eine konzeptuelle Offenheit gegenüber den Daten fordert und das Erkennen theoretischer Strukturen als einen emergenten Prozess begreift, enthält eine komplexe Auseinandersetzung auch mit der Begrenzung dieser methodischen Herangehensweise. An dem Konflikt „Emergence" vs. „Forcing" (Kelle, 2011, S.235) schieden sich die Geister von Glaser und Strauss, eine detaillierte Nachzeichnung dieses Disputes findet sich bei Strübing (2014, S.51 f) und Breuer (2010, S.85 f). Trotz dieser methodologischen Divergenz der Begründer bietet die von ihnen seinerzeit gemeinsam propagierte Grounded Theory die Grundlage für Weiterentwicklungen (Strauss & Corbin, 1990,1996; Breuer, 2010), Revisionen (Glaser, 1992 gegenüber Glaser & Strauss, 1967) und aktuellen Anpassungen an verschiedene Schulen und postmoderne Diskurse (Charmaz, 2011; Clarke, 2012). Die Analyse der vorliegenden Arbeit hat sich größtenteils an der Weiterentwicklung und methodischen Ausarbeitung der Grounded Theory durch Strauss & Corbin (1990, 1996) und Strauss (1987, 2004) orientiert. Dabei ist sie, diese erweiternd hinsichtlich der Diskussion zur ForscherInsubjektivität, den methodischen Empfehlungen der reflexiven Grounded Theory nach Breuer (1996, 2010) gefolgt (vgl. Kapitel 4.6.1.3 und 5.4). Bei Bedarf und zur Erweiterung des analytischen Blicks wurden zudem Methodentools aus der postmodernen Schule genutzt (Charmaz, 2011; Clarke, 2012.).

Analog zu der von Strübing (2008) geforderten Offenlegung des Forschungsprozesses als Basis jeder externen Güteprüfung (S. 90) werden im Folgenden alle relevanten methodischen Schritte vorgestellt. Dazu zählen zunächst die Umsetzung der Sicherung wissenschaftlicher Gütekriterien. Dem folgen eine Darstellung der methodischen Grundprinzipien sowie eine beispielhafte Nachzeichnung der schlussendlichen Umsetzung der hier durchgeführten Datenanalyse.

### 4.6.1 Sicherung der wissenschaftlichen Gütekriterien

Die Trias der wissenschaftlichen Gütekriterien Validität, Objektivität und Realibilität hat eine nomologisch-deduktive Ausgangslage, die sich in vielerlei Hinsicht von qualitativ-interpretativen Verfahren unterscheidet. Zu diesem Diskurs findet sich umfangreiche Literatur (Reichertz, 2000; Strübing, 2008, 2015; Breuer, 2010; Przyborski & Wohlrab-Sahr, 2010; Flick, 2010). Allen Diskussionen gemeinsam ist die Forderung nach der Einhaltung bestimmter Gütekriterien, die eine Überprüfung der Qualität von Forschungsergebnissen ermöglicht. Dies trifft auch auf die Grounded Theory zu, dabei redefiniert und erweitert sie die klassischen Gütekriterien nach der Methode entsprechenden Maßgaben der Forschungslogik und der Zielsetzung. Dabei werden eine Vielzahl die Qualität sichernde Strategien eingesetzt, bezüglich der klassischen Trias findet sich eine ausführliche Darstellung und Diskussion bei Strübing (2008, S.80ff) und Flick (2010, S.395ff). Die der Erkenntnis- und Forschungslogik der Grounded Theory folgenden zentralen Grundprinzipien werden in den nachfolgenden Kapiteln expliziert.

#### 4.6.1.1 Grundprinzip Validierung

Das Erarbeiten einer soliden und gegenstandsverankerten Theorie, die in der Lage ist, soziale Prozesse zu erklären, diese auch vorhersagen zu können, und zudem eine praktische Relevanz darstellt, ist ein wesentliches Gütekriterium einer gelungenen Grounded Theory: „Am wichtigsten aber ist, dass sich mit ihr [der entwickelten Theorie] arbeiten lässt, d.h. dass sie uns relevante Vorhersagen, Erklärungen, Interpretationen und Anwendungen liefert" (Glaser & Strauss, 2010, S.19). Angestrebt wird hier eine Theoriebildung nicht um ihrer selbst willen, sondern mit dem Ziel einer verbesserten Handlungsfähigkeit der AkteurInnen des sozialen Feldes auf das sich die Theorie bezieht. So betrachtet bringt also die Praxis in gewisser Weise den Beleg von der Gültigkeit der Theorie (S. 250). Um eine Sicherung dieser Praxisvalidierung schon während des Forschungsprozesses zu gewährleisten, empfehlen sich verschiedene Mittel zur Kontrolle und Absicherung einer Grounded-Theory-basierten Forschung. Dazu zählen in erster Linie kommunikative Validierungsstrategien in Form von beispielsweise Forschen in Teams und Austausch mit (thematisch) nicht involvierten KollegInnen (Strübing, 2008), Präsentationen von Interpretationen gegenüber Mitgliedern des untersuchten Feldes im Sinne des

von Flick (2010a) diskutierten „member checks" (S. 398) oder (Selbst-) Reflexivität (Breuer, S.2010). Diesen Empfehlungen folgend wurden bei dieser Studie vielfältige Validierungsstrategien während des Forschungsprozesses durchgeführt:
- Besuch diverser Methodenworkshops (Berliner Methoden Treffen 2011; Reflexive Grounded Theory bei Franz Breuer 2012 in Berlin und 2015 in Freiburg; Grounded Theory Workshop bei Jan Kruse, 2013, Oldenburg).
- Aktive Teilnahme mit eigenem Datenmaterial von über 3 Jahren (Ende 2012 – 2016) an einem 14-tägigen Zusammentreffen von ForscherInnen interdisziplinärer Fachgebiete via Skype zur Datenanalyse entlang der Methoden der Grounded Theory. Eine Darstellung der Arbeitsweise dieser Gruppe findet sich bei Albrecht-Ross, Leitner, Putz-Erath, Rego, Rohde & Weydmann (2015).
- Im Sinne der Selbstreflexivität diente eine in 2011-2013 alle 2 Monate statt findende die Forschung begleitende Supervision bei einer Supervisorin, die auch als Traumatherapeutin mit komplex traumatisierten Menschen arbeitet und somit über eine hilfreiche Feldnähe verfügte, mehreren Aspekten. Zum Einen war die Supervision hilfreich bei der Reflexion der Machtbeziehungen zwischen Forscherin und InterviewpartnerInnen, deren Notwendigkeit bereits im Kapitel zur Forschungsethik diskutiert wurde. Zum Anderen konnte an diesem Ort die eigene emotionale Betroffenheit der Forscherin, die sich aufgrund sowohl der theoretischen Auseinandersetzung als auch des späteren Kontaktes mit dem Feld ergab, reflektiert und besprochen werden. Die damit einhergehende Bewusstwerdung der eigenen emotionalen Verstrickung konnte wiederum erkenntnisgenerierend für die Analyse nutzbar gemacht werden. Dies wird im Kapitel „Reflexion des Forschungsprozesses" (5.4) vorgestellt.
- Vorstellung und Diskussion von Ergebnissen mit unterschiedlichen AkteurInnen des Feldes zu verschiedenen Zeitpunkten der Analyse (vgl. Kapitel zum theoretischen Sampling 4.6.1.4).
- Von 2015-2016 alle 14 Tage statt findender Austausch mit einer Promovendin in einem gegenüber der vorliegenden Arbeit divergenten Fachbereich (Informationswissenschaften) zu den Forschungsprozess betreffenden unterschiedlichsten Themen von der

# 4. Das Forschungsdesign

Diskussion erster Kapitelentwürfe bis hin zur Vorstellung der eigenen gegenstandsverankerten Theorie.
- Regelmäßige, sowohl passive als auch aktive, Teilnahme an den Forschungskolloquien der Fachbereiche der jeweiligen Prüferinnen in Oldenburg und München.
- Schriftliche Explikation der Präkonzepte (vgl. Kapitel 4.6.1.3) sowie der Reflexion des Forschungsprozesses (vgl. Kapitel 5.4) in dieser Arbeit.

Die Qualitätssicherung einer entlang der Grounded Theory Methodologie und Methode entsprechend entwickelten Theorie folgt weiteren Grundprinzipien, die im Folgenden sowohl theoretisch als auch exemplarisch am Forschungsprozess entlang nachgezeichnet werden.

### 4.6.1.2 Grundprinzip theoretische Sensibilität

Der Schwerpunkt der Analyse mittels der Grounded Theory liegt zwar auf einer datengeleiteten Theorieentwicklung, doch ist diese Erkenntnisgenerierung weder unabhängig von dem Vorwissen der Forscherin, noch emergiert sie ohne das Zutun dieser aus den Daten (Przyborski & Wohlrab-Sahr, 2010, S.204). Im Gegenteil verfügt jede Forscherin und jeder Forscher über ein gewisses Vorwissen in Form von Kenntnissen über – auch fachspezifischer – Literatur, von beruflichen und persönlichen Vorerfahrungen. Diese von Strauss & Corbin (1996) genannte „theoretische Sensibilität" (S. 25) wird als eine wesentliche hermeneutische Kompetenz der Forscherin verstanden, die es ermöglicht, Feinheiten und Subtilitäten der Bedeutungen, die den Daten inhärent sind, wahr zu nehmen.

Verschiedene Werkzeuge und Maßnahmen sind nützlich, diese theoretische Sensibilität zu schärfen, weiter zu entwickeln und für den Forschungsprozess nutzbar zu machen. Als für diese Arbeit genutzte Techniken zur Erhöhung der theoretischen Sensibilität, die der Annäherung an den den Daten immanenten Sinngehalt dienen, sind folgende zu nennen: das Stellen generativer Fragen an die Daten (Strauss & Corbin 1996, S.57), die Flip-Flop-Technik (S. 64) und das Schwenken der roten Fahne (S. 70). Außerdem fand sowohl die Bedingungsmatrix (S. 132) ihre Anwendung als auch die von Clarke (2012) vorgeschlagene Erweiterung in Form von Erstellung verschiedener Maps. Konkret wurde die Technik der Situationsmap (S. 124) als erkenntnisgenerierendes Werkzeug in dieser Arbeit eingesetzt. Ebenso fand die von Charmaz (2011) empfohlene Schnelligkeit und Spontanität beim „Initial Coding" (S. 48) seine Anwendung. Doch auch die Aneignung wissenschaftlicher Theorien, das Führen eines Forschungstagebuchs und die Auseinandersetzung mit Mitgliedern von Professionen, die im Untersuchungsfeld tätig sind, dienen der Erhöhung der theoretischen Sensibilität und wurden angewandt.

Gleichwohl kann sich Vorwissen, wenn es bereits sehr viel über den Gegenstandsbereich und seine Theorien beinhaltet, einer „plötzlichen Ahnung, einem Geistesblitz, einer brillanten Idee oder einer völlig anderen theoretischen Formulierung" (S. 13) gegenüber als blockierend auswirken. Dieser Aspekt der theoretischen Sensibilität wird innerhalb der "Reflexiven Grounded Theory" nach Breuer (2010) in Form von „Präkonzepten" (S. 26) aufgenommen und diskutiert. Mit diesem Begriff werden eben jene beruflichen, theoretischen und persönlichen Vorerfahrungen bezeichnet, mit denen eine Forscherin oder ein Forscher ins Feld, resp. die Untersuchung geht. Die Reflexion der eigenen Präkonzepten und die Selbstaufmerksamkeit (S. 59) ihnen gegenüber bedarf aufgrund ihrer erkenntnisgenerierenden Auswirkungen auf die Datenanalyse einer näheren Betrachtung. Breuer (2010) plädiert diesbezüglich für eine „Rehabilitation des Vorurteilsbegriffs" (S. 27) der hermeneutischen Verstehensauffassung, da Erkenntnis ohne apriorische Konzepte, resp. Präkonzepte per se nicht möglich sei. Er empfiehlt eine Sichtweise, der zufolge sowohl die alltagsweltlichen als auch die wissenschaftlich/fachlichen Vorerfahrungen im Sinne einer hermeneutischen Epistemologie positive Voraussetzungen für das Verstehen des anvisierten Gegenstandes sind (Tratter, 1993 in Breuer, 2010). Doch gilt es, Präkonzepte im Sinne einer eigenen Erkenntnisvoraussetzung zu explizieren und zu reflektieren, denn „die bewusste Explikation des eigenen Vorwissens erlaubt auch eine selbstkritische Korrektur dieser Vorannahmen" (Alheit, 1999, S.9).

Diese Überlegungen konkret auf die vorliegende Arbeit anzuwenden ist die Motivation der nachfolgenden Erläuterungen zu den theoretischen und beruflichen Präkonzepten der Forscherin, um diesen zusätzlichen erkenntnisgenerierenden Hintergrund transparent zu machen. Zur stilistischen Unterstützung der Sichtbarmachung der „Forscher/innensubjektivität" (Reichertz, 2015, Abs. 1) und der damit einhergehenden individuellen „Handschrift" (Abs. 5) der Forscherin wird der Schreibstil in Kontrast zu den bisherigen Ausführungen im folgenden Abschnitt kurz in eine biografische Erzählung zur ersten Person wechseln.

### 4.6.1.3 Präkonzepte der Forscherin

Im Folgenden werde ich diejenigen meiner biografisch-beruflichen Erfahrungen nachzeichnen, die meines Erachtens relevanten Einfluss auf meine Wahrnehmung, mein Verständnis von, sowie den Umgang mit Menschen mit psychischer Erkrankung im Allgemeinen und Menschen mit einer DIS im Besonderen hatten.

Meine Ausbildung zur Erzieherin und das Studium der Sozialpädagogik haben mich fachlich und theoretisch für die Soziale Arbeit ausgebildet. Und gleichsam meinen Blick auf die Welt bzw. das pädagogische Feld im Allgemeinen beeinflusst. Meine Schwerpunkte waren bereits zu dieser Zeit Feministische Theorie und Pädagogische Psychologie. Wenngleich mich zu diesem Zeitpunkt vielmehr die strukturelle Benachteiligung von Frauen beschäftigt hatte, setzte ich mich insbesondere in der Phase meiner Diplomarbeit mit subversiven Theorien innerhalb poststrukturalistischer Philosophie (Butler, 1998; Foucault, 1973) auseinander. Der hier auf philosophischer Ebene diskutierte Blick auf Menschen mit psychischer Erkrankung, die als „das Andere" unverzichtbar sind, um das Normative zu stützen, eröffnete mir einen gedanklichen Raum, der vermeintliche Wahrheiten über sowohl Geschlecht als auch (psychische) Erkrankungen grundlegend in Frage stellte.

Parallel zum Studium hat meine beginnende Zusammenarbeit mit einem in der Öffentlichkeit stehenden multiplen Personensystem (Nicki und die Bärenbande) zudem zu relevanten Vorerfahrungen im Feld der vorliegenden Forschungsarbeit geführt. Wir lernten uns auf einer im Rahmen meiner studentischen Tätigkeit im Oldenburger Frauenbuchladen initiierten Veranstaltungsreihe zu Multiplen Persönlichkeiten kennen. Daraus ergab sich eine Zusammenarbeit innerhalb verschiedener Zusammenhänge (s.u.).

Nach dem Studium führte mich die Erwerbsarbeit zur „Initiative zur sozialen Rehabilitation e.V." in Bremen, einem Verein, der sich im Zuge der Psychiatrie-Enquete gegründet hatte und entsprechend psychiatriekritisch verwurzelt war. Mir begegneten dort eine parteiliche Arbeitshaltung für Menschen mit psychischer Erkrankung und eine kritische Infragestellung des psychiatrischen Systems. Sowohl meine Arbeit als Projektkoordinatorin mit Menschen mit psychischer Erkrankung als auch die Zusammenarbeit mit verschiedensten Institutionen in Bremen professionalisierten meine parteiliche Haltung für die NutzerInnen dieser Hilfesysteme ebenso wie meine kritische Haltung gegenüber pathologisierenden Diskursen. Diese war zunächst in erster Linie auf einer praktischen Handlungsebene verortet und fand zu Zeiten meiner Arbeit bei der Initiative...e.V. eine lediglich lockere Verankerung innerhalb der theoretischen Gebäude des Recovery und Empowerment.

Gleichzeitig hatte sich die Zusammenarbeit mit Nicki und der Bärenbande zu einer ehrenamtlichen Vorstandsarbeit (bis 2012) des bereits gegründeten Vereins Lichtstrahlen Oldenburg e.V. ausgeweitet. Dieser hat sich als eine (Selbsthilfe)-Plattform zum Ziel gesetzt, Aufklärungsarbeit zu dem Thema DIS ebenso zu leisten wie eine Möglichkeit des Austausches für Betroffene untereinander anzubieten. Dadurch ergaben sich im Laufe der Jahre unter der Leitung von Nicki und der Bärenbande unterschiedliche Aktivitäten, die von einzelnen Filmvorführungen bis hin zu einem Kongress zum Thema DIS reichten. Der Umgang mit Viele-Menschen war mir durch den nahen Kontakt nicht unbekannt, wie beispielsweise der Personenwechsel zwischen einem Kind und einem Erwachsenen in einem Körper. Die Zusammenarbeit mit Viele-Menschen war stets begleitet von tiefem Respekt und Ehrfurcht vor der Überlebenskraft eines Personensystems.

Diese hier nachgezeichneten Vorerfahrungen hatten sowohl deutlichen Einfluss auf die Forschungsplanung und -durchführung als auch darauf, welche elaborierten Theorien mit meinen bis dahin geprägten Denkstrukturen korrespondierten. Sicherlich sind diese nicht ausschließlich auf die bereits vorgestellten Theorien der Salutogenese, positiven Psychologie und Empowerment zu reduzieren. Dennoch bedarf es zur thematischen Eingrenzung des theoretischen Rahmen dieser Arbeit einer Fokussierung auf jene wissenschaftlichen Auseinandersetzungen, die sowohl erkenntnisleitend, als auch -generierend wirkten und ebenso den Prozess der Datenerhebung beeinflussten. Diesem Vorgang wird innerhalb der Grounded Theory ebenfalls besondere Aufmerksamkeit gewidmet.

### 4.6.1.4 Grundprinzip Theoretisches Sampling

Grundsätzlich erfordert das Erarbeiten einer Grounded Theory die Methode des Theoretischen Samplings in Form eines dynamischen Vorgehens bei der Datenerhebung und -analyse. Die erste Analyse erhobener Daten steuert hierbei die Richtung weiterer Erhebungen, dabei ergeben sich thematische „Zuspitzungen" (Przyborski & Wohrab-Sahr, 2010, S.194), die weiter verfolgt werden, andere wiederum erweisen sich als irrelevant. Dieses Sampling dient der Theoriegenerierung, der Entwicklung von Konzepten und Kategorien. Praktisch stellt sich dieser Vorgang als eine Kette aufeinander aufbauender Auswahlentscheidungen (Strübing, 2014, S.30) entlang des Forschungsprozesses dar, wobei die Auswahlkriterien im Verlauf zunehmend konkreter und eindeutiger werden. Nachdem so bei der ersten Sichtung von Daten bereits erste Konzepte entstanden sind, orientiert sich der Fortgang des Samplings in Form weiterer Datenerhebungen anhand konkretisierter Fragestellung an deren Weiterentwicklung, Prüfung und ggfs. Revision.

Nun unterliegt eine Forschungsarbeit gewissen pragmatischen Bedingungen, die ein Theoretisches Sampling in geforderter Weise nicht oder nur eingeschränkt ermöglichen (Dieris, 2006, Absatz 7; Hauser, 2014, S.95; Schreiber, 2013, S.60). Strübing (2008) weist diesbezüglich darauf hin, dass insbesondere in Projektanträgen das „Ideal der Verlaufsoffenheit mit den Sachzwängen einer präzisierten Forschungsplanung" (S. 33) kollidiert. Merkens (2005) diskutiert zudem mögliche Ursachen einer das theoretische Sampling begrenzenden eingeschränkten Zugänglichkeit (S. 288) zu InterviewpartnerInnen. Auch in der vorliegenden Arbeit wurde dem Prinzip des Theoretischen Samplings im Sinne der Gegenstandsangemessenheit und unter forschungspragmatischen Umständen in modifizierter Weise gefolgt, was im Folgenden ausgeführt wird.

Das erste Interview fand in der Anfangsphase mit Exposéentwicklung für eine Stipendiumsbewerbung statt, um im Sinne des Theoretischen Samplings eine erste Datenanalyse der konkreteren Formulierung der Fragestellung voran zu stellen. In diesem Interview wurde zwar bereits das gute Leben als Leitthema genutzt und es wurde mit vier Persönlichkeiten gesprochen, doch gestaltete sich dieses Treffen in erster Linie als ein offenes Gespräch.

Ebenfalls zum Zeitpunkt der Exposéerstellung wurden zudem freie Gespräche mit Bekannten, FreundInnen ebenso wie mit Fremden (in einem Café) zu dem Thema „gutes Leben" unabhängig vom anvisierten Gegenstandsbereiches geführt. Dies sollte zum Einen die theoretische Sensibilität der Forscherin fördern, zum Anderen den Fokus auf Menschen mit einer DIS erweitern und möglicherweise umfassendere relevante Themenbereiche heraus arbeiten.

Der Feldzugang zu den InterviewpartnerInnen stellte sich aufgrund der sehr geschützten und auf Anonymisierung bedachten Räume als aufwendig dar. Auch die bereits diskutierten im Vorfeld zusammengestellten Auswahlkriterien der InterviewpartnerInnen ließen eine eingeschränkte Resonanz erwarten. Es meldeten sich dennoch recht zeitnah mehrere potentielle InterviewpartnerInnen, von denen allerdings einige in Kürze wieder absprangen. Eine Forcierung von langen Wartezeiten der weiterhin Interessierten, die das methodische Vorgehen des Theoretischen Samplings zwangsläufig zur Folge gehabt hätte, erschien in Anbetracht des diffizilen Feldzugangs, des langwierigen und zeitaufwendigen Prozesses eines angemessenen Beziehungsaufbaus (s. Kapitel 4.2.3) vor dem Interview und vor dem Hintergrund eines möglichen Rückzugs der InterviewpartnerInnen als unangemessen.

Auf eine deutliche Fallkontrastierung hinsichtlich der kontrollierten Personenwechsel wurde aus forschungsethischen Gründen verzichtet. Wie bereits in Kapitel 4.3.4 diskutiert, widerspricht das Erheben von Daten einer eindeutig kontrastierenden Personengruppe bei dieser Studie dem forschungsethischen Prinzip der Nicht-Schädigung. Eine Erhebung bei Menschen mit einer DIS, die noch nicht in der Lage sind, bewusst zwischen den einzelnen Persönlichkeiten zu wechseln unterliegt der Gefahr einer wiederholten Erfahrung von Ohnmachtsgefühlen und Verlust der Selbstbestimmung aufgrund unkontrollierter Switches. Diese Überlegungen führten dazu, dass auch bei dem Theoretischen Sampling die Bedingung der kontrollierbaren Switches beibehalten wurde und auf eine diesbezügliche Fallkontrastierung (emotionale Instabilität und nicht kontrollierbare Persönlichkeitenwechsel, bzw. diesbezügliche mangelnde innere Kommunikation) verzichtet wurde. Die daraus resultierende eingeschränkte Erkenntnisfähigkeit wurde, soweit möglich, im Zuge der Analyse mitgedacht sowie bei der Vorstellung der Ergebnisse in dieser Arbeit und an den entsprechenden, bereits erwähnten, Orten der Validierung dieser Arbeit transparent diskutiert. Zudem wurde bei informellen Gesprächen mit einigen der InterviewpartnerInnen die aus den Daten erarbeiteten Konzepte besprochen, um diese zu erweitern, zu ergänzen oder ggfs. auch zu verwerfen. Das finale Theoriemodell wurde zudem mit der Bremer Psychotherapeutin Bettina Tröger, die über jahrzehntelange Berufserfahrung mit Menschen mit einer DIS verfügt, vorgestellt und ausführlich hinsichtlich seiner Tragfähigkeit bezüglich traumatherapeutischer Praxiserfahrungen geprüft.

Entsprechend der Empfehlungen von Truschkat (2005, Abs. 47) fand zusätzlich ein verstärktes Theoretisches Sampling innerhalb bereits bestehender Daten statt. Hierzu wurden zum Einen die bereits erhobenen Interviewdaten genutzt, um sie auf neu auftauchende Fragen bzw. Konzepte hin zu untersuchen. Zum Anderen wurde bereits bestehende Literatur und/oder Internetbeiträge bei Bedarf als vergleichendes Material heran gezogen.

Neben den nun bereits dargestellten, die Entwicklung einer Grounded Theory tragenden Elemente ist das Grundprinzip des ständigen Vergleichens ein weiteres.

### 4.6.1.5 Grundprinzip des ständigen Vergleichens und Erhebungsformen

Die Grounded Theory setzt zunächst keine bestimmte Erhebungsform von Daten voraus. Vielmehr wird ausdrücklich eine Vielfalt bei der Datenerhebung, wie sie auch in der vorliegenden Arbeit statt gefunden hat (Interview, chats, Feldnotizen, Telefongespräche) empfohlen: „Aus völlig unterschiedlichen Materialien (Interviews, Transkriptionen von Gruppengesprächen, Gerichtsverhandlungen, Feldbeobachtungen, anderen Dokumenten wie Tagebüchern und Briefen, Fragebögen, Statistiken, usw.) werden in der Sozialforschung unentbehrliche Daten" (Strauss, 2004, S.429). Voraussetzung hierbei ist allerdings, dass die Daten sich auf die gleiche Sache beziehen (Glaser & Strauss, 2010,

S.34). Im Laufe der Analyse innerhalb dieser so erhobenen Daten entdeckte Konzepte bedürfen einer ständigen Überprüfung ihrer „Robustheit" (Przyborski & Wohlrab-Sahr, 2010, S.204). Das meint, dass jedes Ereignis oder Phänomen, welches sich herauskristallisiert, auf Ähnlichkeiten und Unterschiede mit Hinweisen aus anderen Daten verglichen wird. Im Mittelpunkt der Aufmerksamkeit steht damit also weniger das Erheben der Daten als vielmehr der Prozess des ständigen Vergleichs und der Theoriebildung, der parallel dazu statt findet. So wurde z.b. das Konzept „Draußen spielen", welches sich bei einem der Innenkinder als ein wichtiges Element des guten Lebens abzeichnete, darauf hin untersucht, ob es sich auch bei den Aussagen anderer Innenkinder finden, resp. bestätigen ließ. Dieser ständige Vergleich präzisiert zum Einen die gefundenen Konzepte, steckt aber gleichzeitig jenen empirischen Bereich ab, den es zur Sättigung der sich entwickelnden Theorie noch zu erheben bzw. auf divergente Weise zu analysieren gilt (Przyborski & Wohlrab-Sahr, 2010, S.195). Bezogen auf das Phänomen „Draußen spielen" meint dies zum Einen, nach gegenteiligen Aussagen in den Daten zu suchen (beispielsweise „Auf keinen Fall draußen sein", oder „Kein Bedürfnis nach Spielen"). Oder zum Anderen das Datenmaterial nach Hinweisen zu untersuchen, die das Phänomen präzisieren („Draußen mit Puppen spielen"). Des Weiteren kann aber ebenso der Umstand, dass das Phänomen „Draußen spielen" in den erhobenen Daten möglicherweise gar nicht mehr aufzufinden ist, ein Hinweis auf den inhaltlichen Schwerpunkt nachfolgender Datenerhebung im Sinne des Theoretischen Samplings sein, welches dann speziell diesen Themenbereich fokussiert. Ziel dieses zirkulären und komparativen Vorgehens ist es, eine Theorie zu entwickeln, die „theoretisch gesättigt" (Strübing, 2008, S.34) ist, weil weitere Auswertungen und Erhebungen von Daten nichts Neues mehr erwarten lassen. Zum Erreichen dieser theoretischen Sättigung bedarf es weiterer methodischer Teilschritte, die, auch in ihrer konkreten Anwendung in der Studie, im Folgenden erläutert werden.

### 4.6.2 Methodische Schritte der Datenanalyse in dieser Studie

Die vorliegende Arbeit orientiert sich, wie bereits erwähnt, vornehmlich an der von Strauss & Corbin (1996) entwickelten Forschungsprogrammatik, ergänzt durch Methoden der Datenanalyse der aktuellen Weiterentwicklungen der Grounded Theory. Die Analyse dieser Arbeit folgte somit in vielen Zügen sowohl den Vorschlägen zur reflexiven Grounded Theory nach Breuer (2010) hinsichtlich der Einbeziehung von (Selbst-)reflexivität als auch den Empfehlungen von Charmaz (2011) und Clarke (2012) zur Datenanalyse. Im Zentrum der hier genutzten Analysemethode stehen zunächst drei Formen des Kodierens von Daten: das offene, axiale und selektive Kodieren. Diese Kodierschritte dienen grundsätzlich der (Neu-)Strukturierung der semantischen Ebene des Textes. Der Prozess des Kodierens wird von einem fortwährenden Verschriftlichen erster Analyseeindrücke, Inspirationen, Gedanken und Ideen in Form von „Memos" (Strauss & Corbin, 1996, S.196) begleitet. Dieses originäre Element des Grounded-Theory-Ansatzes dient dazu, die Rekonstruktion des theoretischen Wissens, was sich im Laufe der Theoriegenerierung bildet, zu ermöglichen. Somit wird der gesamte Forschungsprozess mithilfe von Memos begleitet, reflektiert und dokumentiert. Die nachfolgenden Kapitel geben nach einer kurzen theoretischen Einführung in die einzelnen Schritte in Form von Beispielen einen Einblick in die konkret durchgeführte Analyse der erhobenen Daten dieser Studie. Wenngleich sich die Grounded Theory für jede Art von Material anbietet (Strauss, 2004, S.429), wird im Folgenden die Darstellung der Methode nur auf Textmaterial bezogen, da die erhobenen Daten dieser Studie zum größten Teil aus diesem bestehen.

#### 4.6.2.1 Das offene Kodieren, Kodes und Kategorien

Der erste Schritt einer Grounded Theory in der Bearbeitung von Daten stellt das „offene Kodieren" (Strauss & Corbin, 1996, S.43) dar, dabei „... werden die Daten in einzelne Teile aufgebrochen, gründlich untersucht, auf Ähnlichkeiten und Unterschiede hin verglichen, und es werden Fragen über die Phänomene gestellt, wie sie sich in den Daten widerspiegeln" (S. 44). Hierbei geht es darum, eine vermeintlich geschlossene Oberfläche in Form von Textmaterial aufzubrechen und das darin enthaltene Phänomen der Analyse zugänglich zu machen, um theoretische Konzepte zu generieren. Dieser Vorgang beruht auf einer extensiven und sequentiellen Analyse des Materials, die von klei-

## 4.6 Grounded Theory – Methodologie und Methode

nen Teilaspekten der Daten, wie beispielsweise einzelnen Wörtern, bis zu gröberen Textausschnitten reicht. Hierbei werden passende Oberbegriffe für den Textinhalt, resp. das darin umschriebene Phänomen gesucht, die einen höheren Allgemeinheitsgrad besitzen, um den vorliegenden Datenausschnitt konzeptuell neuen und weiter gefassten Be-Deutungen zu öffnen. Diese Oberbegriffe werden als „Kodes" (Strauss & Corbin, 1996, S.80) bezeichnet und können aufgrund der theoretischen Sensibilität der Forscherin von ihr selbst bestimmte, ausgedachte Bezeichnungen sein. Gleichwohl bieten sich aber auch sogenannte „In-Vivo-Kodes" (S. 78) an, dabei handelt es sich um Ausdrücke, Redeweisen oder Bezeichnungen der InterviewpartnerInnen, die sich in den Daten finden lassen und die das zu fassende Phänomen am treffendsten bezeichnen.

In der vorliegenden Arbeit sah eine sequentielle Analyse in Form einer Zeile-für-Zeile Kodierarbeit, beispielhaft an Ausschnitten aus dem Interview mit A1 verdeutlicht, folgendermaßen aus:

*„Ja, meine Rolle im System ist (.) also überwiegend kümmere ich mich um meine Kinder, viel im Außen." (A1, Interview vom 11.7.2011, S.I-3, Z.44-45)*
*Analyse – offenes Kodieren:*
*Überwiegend meint aber nur einen überwiegenden Teil. Das beinhaltet eine **Qualität der Zeitebene**. Sie spricht von ihren Kindern, nicht über ihren Mann oder die Anderen im Innen. Meint sie ihre Rolle als Mutter? Sie sagt aber nicht Mutter. Rolle als **Kümmerin** im **Außen**. Das Außen kommt direkt nach den **Kindern**. Sie beantwortet die Frage nach der Rolle IM System mit den Aufgaben im Außen. Sie erklärt nicht, was sie mit „viel im Außen" meint, hier bleibt eine inhaltliche Beschreibung aus, wird das Außen noch inhaltlich gefüllt?*

An diesem Beispiel zeigt sich, dass zum Einen ein Analysevorgang in Form eines (sehr kurzen) Memos verschriftlicht wurde und dabei die entdeckten Kodes, die auch aus In-Vivo-Kodes (Kümmerin) bestehen, fett geschrieben wurden. Das verdeutlicht, dass die einzelnen methodischen Schritte bereits auf dieser Analyseebene nicht getrennt voneinander, sondern parallel statt fanden. Die Kodes, die sich durch die Analyse dieser Textzeile heraus kristallisierten wurden im nächsten Schritt entsprechend dem Grundprinzip des ständigen Vergleichens zunächst an größeren Textsegmenten, im späteren Verlauf der Analyse auch an Interviews mit anderen Personen auf ihre Robustheit und

Tragfähigkeit hin überprüft. Aus dieser vergleichenden Analyse entstanden im Laufe des offenen Kodierens eine Vielzahl an Kodes, die sich um den Themenbereich Kümmern sammelten. Dabei erweiterte sich die inhaltliche Fülle einzelner Kodes, so dass sie zu „Kategorien" (Strauss & Corbin, 1996, S.49) wurden, die ein höheres Abstraktionsniveau erreichten und thematisch passende Kodes beinhalteten. Damit wird eine Klassifikation von Kodes erreicht, die eine höhere Ordnung auf abstrakterer Ebene darstellt.

Beispielhaft haben sich Kategorien in dieser Arbeit folgendermaßen entwickelt: wie bereits beschrieben war die **Kümmerin** einer der ersten Kodes beim offenen Kodieren des gezeigten Textausschnittes. Dieser Begriff umfasste nach der Analyse weiterführenden Materials bereits viele verschiedene Subkodes, die sich inhaltlich alle unter dem Begriff Kümmerin subsumieren ließen. Dazu zählten beispielsweise **innere Kommunikatorin, Zeitmanagerin, Mutter Innen wie Außen, Schlichterin und Versorgerin.** Jeder dieser Kodes war mit den entsprechenden Textstellen verbunden. Diese inhaltliche Fülle führte dazu, dass sich der Begriff **Kümmerin** zu einer Kategorie weiter entwickelte, somit die entdeckten Kodes abstrakter bezeichnete und einer theoretischen Bündelung diente. Die so heraus gearbeiteten Kodes und Kategorien wurden nun anhand ihrer Eigenschaften, Charakteristika oder spezifischen Kennzeichen dimensionalisiert (Strauss & Corbin, 1996, S.50). Dies dient einem Verständnis über die „Natur" (S. 51) der entdeckten Phänomene. Im vorliegenden Fall der Kategorie **Kümmerin** ergab sich bei dem dazugehörigen Kode **Um das Innen kümmern** die Dimension **aktiv** und **reaktiv**. Diese Dimensionalisierung kam hinzu, weil die Daten darauf hinwiesen, dass einige Alltagspersönlichkeiten sich aus eigener Motivation heraus um das Innen kümmerten, andere hingegen nur auf Zuruf anderer Innenpersönlichkeiten oder bei Krisensituationen, die einen kümmernden Eingriff seitens der Alltagspersönlichkeiten erfordern.

Als technisches Hilfsmittel wurde für den Vorgang des offenen Kodierens und der Organisation des Datenmaterials das Analyseprogramm Max-QDA (Verbi, 2012) genutzt. Alle weiteren Analyseschritte, insbesondere der nun folgende Vorgang des axialen Kodieren wurde in erster Linie auf handschriftliche Weise (Notizbuch, Flipchart, Klebezettel auf Materialausdrucken, etc.) durchgeführt.

## 4.6.2.2 Axiales Kodieren um das Phänomen – Das Paradigmatische Modell

Bei diesem Analyseschritt werden die einzelnen Kodes und Kategorien aus dem offenen Kodieren um ein Phänomen in Beziehung zueinander gesetzt. Dies ermöglicht ein systematisches Nachdenken über die Daten (Strauss & Corbin, 1996, S.76). Ein Phänomen bezeichnet „(...) die zentrale Idee, das Ereignis, Geschehnis, auf das eine Reihe von Handlungen/Interaktionen gerichtet sind, **um es zu bewältigen oder damit umzugehen oder auf das sich die Reihe bezieht**" [Hervorhebung im Original] (Strauss & Corbin, 1996, S.79). Das Phänomen stellt sich dabei als ein von der Forscherin begrifflich gefasstes Vorkommnis in den Daten dar, dessen Vorhandensein im dazu gehörigen Kontext als relevant genug erscheint, um es in diesem Analyseschritt aufzuarbeiten. Die bereits benannten Kodes und Kategorien werden also in eine neue Beziehung zueinander gesetzt und erhalten damit eine neue Strukturierung: „The purposes of axial coding are to sort, synthesize, and organize large amounts of data and reassemble them in new ways after open coding" (Charmaz, 2011, S.60).

In Abgrenzung zu den von Glaser (1978) entwickelten Kodierfamilien (S. 74), schlagen Strauss & Corbin (1996) für eine methodische Systematisierung dieses Schrittes ein sogenanntes „Paradigmatisches Modell" (S. 78) vor. Dieses soll die Zusammenhänge zwischen den Ursachen des zu untersuchenden Phänomens, dessen Kontext, den relevanten intervenierenden Bedingungen, den phänomenbezogenen Handlungen und Strategien sowie deren Konsequenzen (Strübing, 2008, S.26) erhellen. Eine detaillierte inhaltliche Darstellung dieser einzelnen Elemente des Paradigmatischen Modells findet sich u.a. bei Strauss & Corbin (1996, S.78ff). Die von Mühlmeyer-Mentzel & Schürmann (2011) entwickelte visuelle und dynamische Darstellung des von Strauss & Corbin (1996, S.75-93) lediglich textlich beschriebenen Paradigmatischen Modells diente der Orientierung bei der Analyse dieser Studie:

## 4. Das Forschungsdesign

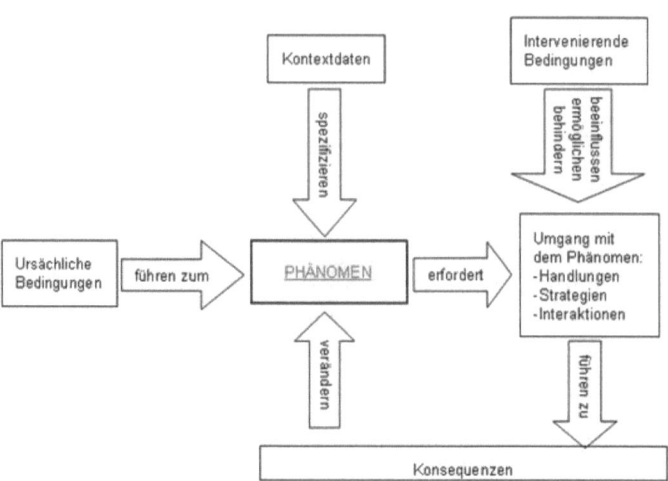

Abbildung 7: *Grafische Darstellung des Paradigmatischen Modells nach Strauss & Corbin (1996, S.96) in Mühlmeyer-Mentzel & Schürmann (2011, Absatz 103).*

Es ist anzumerken, dass die Daten und ihre Sinnstruktur hier im Mittelpunkt der Aufmerksamkeit stehen, sie nicht in erster Linie einem bestehenden Organisationsmuster anzupassen sind. Die Möglichkeit der Selbstdarstellung der ihnen inhärenten Logik muss bestehen bleiben. Dazu wurde das oben gezeigte Modell entsprechend der inhaltlichen Aussage der Daten modifiziert. Wie sich dieses konkret in der vorliegenden Arbeit darstellte wird im folgenden Kapitel (4.6.2.3) ausgeführt. Somit wurde das Paradigmatische Modell als heuristische Rahmung verwendet, die dazu dient, Fragen zu beantworten, die an das Phänomen gestellt werden, um dieses erklären zu können. Es diente zudem als effektive Sortierungshilfe und ermöglichte eine übersichtliche und kompakte Darstellung der sehr komplexen Ergebnisse. Diese, zunächst grobe schematische Sortierung der Bezüge von Kategorien um ein Phänomen gilt es nun im nächsten Schritt zu konkretisieren und um das Kernphänomen herum neu zu organisieren.

## 4.6.2.3 Selektives Kodieren – Die Kernkategorie

Im Zuge des ständigen Vergleichens, Kontrastierens und Verwerfens der bereits mithilfe des Paradigmatischen Modells in neue Zusammenhänge gebrachten Kategorien kristallisierten sich mehr und mehr die relevantesten heraus. Nun galt es, diese wiederum zu konzeptualisieren und neu miteinander in Beziehung zu setzen, um heraus zu finden, „how the substantive codes may relate to each other as hypotheses to be integrated into a theory" (Holton, 2010, S.283). Im Zentrum dieses nun finalen Paradigmatischen Modells und der daraus resultierenden gegenstandsbezogenen Theorie befindet sich auf höherer und abstrakterer Ebene als bisher das Kernphänomen, oder die „Kernkategorie" (Glaser & Strauss, 1996, S.95), die sich als theoretisch gesättigt darstellt, weil sie keiner weiteren Datenerhebung bedarf.

In Zusammenhang mit beispielsweise den Innenkindern kristallisierte sich im Zuge der Analyse mittels der hier vorgestellten methodischen Schritte das Kernphänomen „Draußen Kind sein" heraus. Die folgende Abbildung zeigt die modifizierte Anwendung des Paradigmatischen Modells nach Mühlmeyer-Mentzel & Schürmann (2011) und dient an dieser Stelle lediglich einer beispielhaften Darstellung der forschungspraktischen Anwendung. Eine ausführliche Diskussion und inhaltliche Beschreibung dieses Modells findet sich im Kapitel 5.1.8.3. Folgendermaßen findet sich die Anwendung des Paradigmatischen Modells bezogen auf die Innenkinder in der vorliegenden Arbeit wieder:

## 4. Das Forschungsdesign

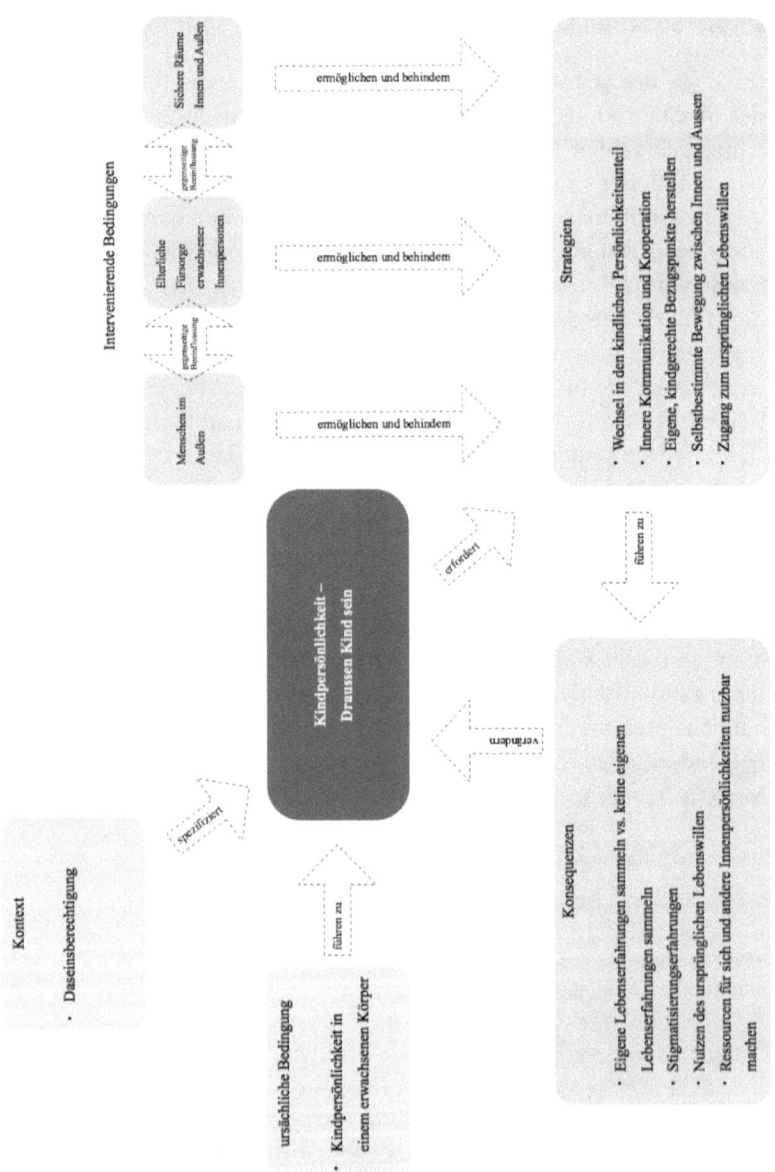

*Abbildung 8: Grafische Darstellung des Paradigmatischen Modells zum Kernphänomen der Kindpersönlichkeiten*

## 4.6 Grounded Theory – Methodologie und Methode

An dieser Grafik wird die Modifikation des vorgestellten Paradigmatischen Modells für die Persönlichkeitengruppen der Innenkinder deutlich. Es genügte nicht, das aus den Daten hervorgehende Zusammenspiel der intervenierenden Bedingungen mit Hilfe der Modellvorgabe darzustellen. Diese musste im Sinne hinreichend berücksichtigter Datenlogik um zusätzliche Pfeile von den intervenierenden Bedingungen zu den Handlungsstrategien erweitert werden.

Die hier vorgestellten methodischen Kodierschritte der Grounded Theory führen, entlang der Einhaltung qualitätssichernder Kriterien, zu einer gegenstandsverankerten Theorie, die in der Lage ist, Handlungen von AkteurInnen in dem anvisierten Forschungsfeld zu erklären und bestenfalls in Zügen voraus zu sagen. Eine so entwickelte Theorie findet ihre schlussendliche Validierung in ihrer zweckmäßigen Anwendbarkeit innerhalb des Feldes, über das sie Aussagen macht. Zu welchen Ergebnissen die beschriebene Methode zur Analyse der erhobenen Daten der vorliegenden Arbeit geführt hat wird im nachfolgenden Kapitel vorgestellt.

# 5. „Der Wille zu leben" – Darstellung der Ergebnisse

In diesem Kapitel werden die Ergebnisse der Studie zum guten Leben bei Menschen mit einer Dissoziativen Identitätsstruktur vorgestellt. Zunächst wird die Kernkategorie *Daseinsberechtigung*, die mit Hilfe der vorgestellten Analyseinstrumente der Grounded Theory Methode erarbeitet wurde, erläutert. Dabei orientiert sich die Aufteilung der Kapitel grob an den Strukturen des finalen Paradigmatischen Modells und dient zunächst einer inhaltlichen Übersicht über das Kernphänomen. Eine visuelle Darstellung findet sich auf S.184, die Kapitelüberschriften lassen sich dabei den jeweiligen Beschriftungen der einzelnen Elemente des Modells zuordnen.

Im Anschluss an die Kernkategorie findet sich eine Darstellung der Spezifikation der *Daseinsberechtigung* durch die einzelnen interviewten Persönlichkeitengruppen. Dabei werden die bis dahin erläuterten Kategorien und Begriffe mit den prägnanten Besonderheiten der jeweiligen interviewten Gruppe (Alltagspersönlichkeit, Kindpersönlichkeit, BeschützerInnen und tätergebundene Persönlichkeit) gefüllt. Auch hier lassen sich entsprechend der schriftlichen Darstellung jeweils am Ende jeden Kapitels zu den Persönlichkeiten eine Visualisierung des Paradigmatischen Modells finden (Alltagspersönlichkeiten S. 182, Kindpersönlichkeiten S. 190, BeschützerInnen S.197, tätergebundene Persönlichkeiten S.205).

Die bis dorthin relativ abstrakte Beschreibung der entwickelten Theorie wird dann anhand einer rekonstruktiven Neuerzählung des Interviews mit Sys1 mit Hilfe des zuvor entwickelten Vokabular der Grounded Theory konkretisiert. Daran anschließend findet sich eine kritische Diskussion der Ergebnisse des SOC-L9 Fragebogens, der nach jedem geführten Interview zwecks Erhebung des Kohärenzgefühls der jeweiligen Persönlichkeit ausgefüllt wurde. Eine Reflexion des Forschungsprozesses schließt dieses Kapitel inhaltlich ab.

## 5.1 Ein Recht auf (gutes) Leben – Kernkategorie Daseinsberechtigung

Um die Antwort auf die möglicherweise dringlichste Frage, die sich hinsichtlich der Ergebnisse dieser Studie aufdrängt, vorweg zu nehmen: zwar haben die direktiven Fragen nach dem guten Leben Erzählungen und entsprechende Antworten zur Folge gehabt, interessanterweise stehen aber eben diese nicht im Zentrum der Analyseergebnisse. Vielmehr lassen sich drei verschiedene Standorte bestimmen, von denen aus ein (beginnendes) Nachdenken über das gute Leben bis hin zu einer zielorientierten Handlung zu dessen Erreichung ermöglicht oder blockiert wird. Dazu zählen u.a. der Standort *Du bist nicht – Ich bin nicht*, der die implizite Botschaft beinhaltet, die durch die Missachtung sämtlicher Bedürfnisse und Grenzen seitens der gewaltausübenden Menschen gegenüber den Opfern zunächst von Außen vermittelt und in Folge dessen introjiziert wurde. Dem steht ein Wahrnehmen und Artikulieren eigener Bedürfnisse und Emotionen im Sinne einer *Daseinsberechtigung* gegenüber und diese mündet in dem Besetzen eigener Räume und dem Einfordern des Rechts auf *Da-sein*. Es bedarf eines empowernden Prozesses, um sich gegen die Anrufung der TäterInnen als Gegenstand, der zur Machtbefriedigung (in Form von sexualisierter und ritualisierter Gewalt) benutzt wurde, zu wenden und sich ein selbstbestimmtes Verständnis des eigenen Lebens und den eigenen Körper zu erstreiten. Jede dieser Positionen wird von den einzelnen Persönlichkeiten besetzt und dies hat entsprechend individuelle Konsequenzen. Eine Bewegung zwischen diesen Standorten handlungs- und selbstmächtig zu steuern zeigt sich hierbei als der zentrale Verstehens- und Handlungsprozess der AkteurInnen. Das hat wiederum Konsequenzen zur Folge, die von einem selbstbestimmten Leben als multiples Personensystem bis hin zu einer Verschmelzung der Einzelnen zu einer Persönlichkeit reichen. Verschiedene Aspekte stehen in Zusammenhang mit diesem Prozess und kommen hierbei analog zu dem analytischen Paradigmatischen Modell der Grounded Theory als ursächliche Bedingungen, intervenierende Bedingungen, Handlungsstrategien und Konsequenzen zum Tragen.

Die Darstellung der Ergebnisse folgt der von Strauss & Corbin (1996) geführten Diskussion, bei der sie das Vorstellen der „Architektur" (S. 199) der wesentlichen Punkte der Ergebnisgliederung in Form einer Visualisierung anraten. Daran angelehnt empfehlen auch Birks, Mills, Francis & Chapman (2009) in der Darstellung von Grounded Theorys das Nutzen einer „storyline" (S. 405), die als roter Faden in Form einer „storie" (S. 405) durch die Darstellung der Forschungsergebnisse führt. Diesem folgend wird eine Geschichte über eine fiktive Person erzählt, die in kontrastierender Schriftart ergebnisrelevante Kapitel einleitet. Dort werden die wichtigsten theoretischen Begriffe der Grounded Theory dieser Arbeit anhand eingängiger und plakativer Bilder eingeführt. So wird übersichtlich durch die Komplexität der erarbeiteten Theorie geführt.

Wenngleich die *Daseinsberechtigung*, deren Erläuterung im übernächsten Kapitel folgt, als Kernkategorie im Zentrum der finalen Theorie steht, bedarf es zunächst der Betrachtung des Kontextes, um dessen ständige Präsenz in den Daten nachvollziehbar zu machen.

### 5.1.1 Kontext: Du bist nicht – Ich bin nicht

> *...Eine Person befindet sich vor einer Mauer. Ob sie sitzt, steht oder liegt ist unwichtig. Sie befindet sich davor und die Mauer erscheint unüberwindbar. Die Person weiß nicht, was sich dahinter befindet. Auf der Mauer steht ein Satz: „Du bist nicht". Die Person kennt diesen Satz seit sie denken kann, sie kennt ihn so lange, hat ihn so lange gelesen und erfahren, dass er zu ihrem Satz geworden ist: „Ich bin nicht". Dieser bestimmt ihr Denken, ihre Handlungen und ihre Wahrnehmung...*

Der Ursprung der Persönlichkeitsaufspaltung sind, wie in Kapitel 2 ausgeführt, traumatische Erfahrungen, die, wenngleich sich der Schwerpunkt dieser Studie nicht explizit mit ihnen beschäftigt, dennoch die ganze Zeit inhaltlich mitgeschwungen sind. Das erlebte Ohnmachtsgefühl, welches als das wesentliche Element von traumatischen Erfahrungen bereits präzisiert wurde, impliziert die Erfahrung von Ignoranz gegenüber den Grenzen und Bedürfnissen der Opfer. Diese wurden seitens der TäterInnen nicht beachtet und zugunsten der eigenen Machtbefriedigung den ihren untergeordnet. Die damit ursprünglich von Außen real ausgesprochene oder implizit in Form von grenzüberschreitenden und gewaltvollen Handlungen formulierte Äußerung des *Du bist nicht* wird in Folge vom Opfer introjiziert und existiert als internalisierte Überzeugung *Ich bin nicht* weiter. Von dort aus nimmt sie Einfluss auf die eigenen Handlungen, Wahrnehmungen, das Denken. Das wiederum hat zur Konsequenz, dass die Frage nach dem guten Leben schlicht nicht beantwortet werden kann, weil kein oder nur ein stark eingeschränkter emotionaler und/oder kognitiver Zugriff auf die eigenen Bedürfnisse, Gedanken und Vorstellungen zu diesem Thema möglich ist. Vielmehr zeigt sich bei diesem Standort des *Du bist nicht* ein Aufgehen des eigenen Ich in dem gewaltvollen Gegenüber, auch in den Aussagen zur gegenwärtigen Situation. Die vergangenen Erfahrungen des *Du bist nicht* zeigen ihre Auswirkungen bis in das heutige Leben der InterviewpartnerInnen und existieren hier als psychische Botschaften weiter, ohne dass zwangsläufig ein realer Kontakt zu den VerursacherInnen besteht. So wird beispielsweise die Frage nach dem guten Leben von T2 mit der Erfüllung der Bedürfnisse der Mutter beantwortet:

> *„T2: Also zum Beispiel wenn meine Mutter was braucht und ich es machen kann, dann mache ich das. Dann ist alles im Gleichgewicht und ich fühl mich gut. Meinst Du sowas?...*
> *I: Und heute, was ist heute für dich ein gutes Leben?*
> *T2: Dasselbe.*
> *I: Genau dieselbe Situation?*
> *T2: Ja sowas in der Art. Was sich so anfühlt."*
> (T2, Interview via chat vom 16.12.2011, S.I-87, Z.1-30).

Das eigene Wohlbefinden von T2 speist sich aus der Erfüllung der Bedürfnisse des Anderen, in diesem Fall der Mutter. Das Eigene wird dem Gegenüber nicht nur untergeordnet, sondern verschwindet vollends hinter der Befriedigung der Anforderungen der Mutter. Diese (frühe) Erfahrung des *Du bist nicht* zeigt sich in seinen Auswirkungen bis in die Gegenwart, in der T2 die Frage nach dem eigenen guten Leben mit dem Gefühl, was aus der Erfüllung der Bedürfnisse Anderer resultiert, beantwortet. Sie agiert hier aus der *Ich bin nicht* Position insofern, als für sie auch das heutige Erleben eines guten Lebens aus der Befriedigung der Bedürfnisse Anderer als Handlungsmotivation im Vordergrund steht. Eine mögliche Erfüllung eigener Bedürfnisse wird in diesem Zusammenhang nicht genannt. Daran zeigt sich, dass es keinen äußeren Einflusses mehr bedarf, die Botschaft *Du bist nicht* wurde introjiziert und auch aktuelle Lebenserfahrungen und -situationen werden auf Grundlage dieser frühen Erfahrungen bewertet.

## 5.1.2 Kernkategorie: Daseinsberechtigung

*...im Blickfeld der Person erscheint eine Kiste, auf ihr steht Daseinsberechtigung. Das kann sie lesen, sie beginnt über diesen Begriff nach zu denken. Sie schaut sich um, ihr Blick schweift über weitere Mauern um sie herum, auch davor steht diese Kiste. Sie sieht, wie andere Personen, die auf eine unbeschreibbare Art mit ihr verbunden sind, darauf stehen, sitzen oder sich gar nicht mehr vor der Mauer befinden. Sie betrachtet, wie die Mauern der Anderen höher sind und auch niedriger, die Kiste größer und auch kleiner...sie wendet den Blick wieder ab, denkt über die Kiste nach, sie ahnt, dass diese Kiste wichtig ist. Doch noch weiß sie nicht, was sie damit machen kann...*

Der Kontext der Erfahrung *Du bist nicht – Ich bin nicht* hat in Folge eine lähmende Wirkung auf die Berechtigung des eigenen Seins. Es ist nicht selbstverständlich, dass das Leben auf Grundlage der Wahrnehmung und Achtung eigener Bedürfnisse, Grenzen und Wünsche gestaltet wird. Vielmehr führt die kontextuell grundlegende Erfahrung dazu, dass sich eine Berechtigung auf ein eigenes Leben erstritten werden muss und dass das *Da-sein* und damit einhergehend das Ausfüllen eines Beziehungs- und Lebensraumes auf Grundlage eigener Bedürfnisse und Vorstellungen erarbeitet und errungen werden muss und keiner Selbstverständlichkeit unterliegt. Dieses Ringen um *Daseinsberechtigung* findet hierbei sowohl im Innen als auch im Außen statt, wobei sich das Innen in zwei Ebenen unterteilen lässt, welche im Folgenden erläutert werden.

### 5.1.2.1 Innere und äußere Daseinsberechtigung

Zum Einen ist das Innen auf die anderen Persönlichkeiten bezogen. Die Existenz der Einzelnen zieht ein Ringen um Berechtigung nach sich, das davon geprägt ist, zunächst im Innen die Möglichkeit zu schaffen, eigene Sichtweisen, Erfahrungen und Bedürfnisse gegenüber anderen Innenpersönlichkeiten zu vertreten. Diese gilt es auszusprechen, Raum und Gehör zu bekommen und dabei eine Position unter mehreren einzunehmen, die auf demokratische Weise ebenso stimmberechtigt ist, wie die der anderen auch. Zum Anderen meint das Innen das je eigene und individuelle Innenleben der jeweiligen Persönlichkeit. Bevor gegenüber den Anderen eine *Daseinsberechtigung* eingefordert werden kann, bedarf es zunächst dem Erkennen und Wahrnehmen der ganz eigenen Bedürfnisse, Anliegen und Sicht auf die Dinge.

Die *Daseinsberechtigung* im Außen hingegen bezieht sich auf das Leben außerhalb des Personensystems. Wie bereits beschrieben, übernehmen einige der Innenpersönlichkeiten bei Bedarf den Körper und agieren im Außen. Dies nicht nur qua Überlebensmechanismus oder aufgrund entsprechender Auslöser zu tun, sondern aufgrund des individuellen Bedürfnisses, im Außen eigenen Aktivitäten nach zu gehen oder für eigene Ansichten einzustehen, steht hierbei im Fokus. Folgender Interviewausschnitt mit T1 verdeutlicht diesen Umstand:

> „(...) dass man nicht alle, dass man dann nicht so denken muss, wie die anderen es tun und nicht alles gut finden muss, wie die anderen das jetzt draußen tun, sondern (..) dass es auch so eine Daseinsberechtigung hat, wenn ich sage, ich denke darüber anders, (...)."
> (T1 Interview vom 25.7.2011, S.I-46, Z.43-48).

T1 schildert hier sein Ringen um die Berechtigung seiner individuellen Sichtweise und Wahrnehmung auf den zwei beschriebenen Ebenen Innen und Außen. Gegenüber den anderen Innenpersönlichkeiten innerhalb des Personensystems („wie die anderen es tun") und dem Außen („wie die anderen das jetzt draußen tun"), also Menschen, die sich außerhalb des Personensystems befinden. Er ist in Bezug auf spirituellen Glauben einer anderen Meinung als die Mehrheit und formuliert hier seinen Wunsch, dass sein Standpunkt eine ebensolche *Daseinsberechtigung* hat wie der der anderen.

Die *Daseinsberechtigung* erscheint somit auf der inneren und äußeren Ebene als ein Prozess, der sich jenseits von dem Standort *Du bist nicht – Ich bin nicht* zunächst seine Berechtigung am Leben teil zu haben erstritten. Hierbei werden unterschiedliche Aspekte deutlich, das Bedürfnis nach Anerkennung der einzelnen Persönlichkeiten, Wertschätzung eben dieser und Respekt gegenüber den gemachten (traumatischen) Erfahrungen bestimmen dieses Ringen um Berechtigung ebenso wie das Kennenlernen der eigenen Emotionen und Bedürfnisse sowie das Ausdrücken dieser.

Wenngleich der Kontext *Du bist nicht – Ich bin nicht* die *Daseinsberechtigung* inhaltlich als ständig mitschwingenden Ton umrahmt, lassen sich zudem ursächliche Bedingungen lokalisieren, die zu dieser Kernkategorie führen.

### 5.1.3 Ursächliche Bedingungen der Daseinsberechtigung

*...Die Person schaut weiter auf die Kiste und überlegt. Auf eine seltsame Art ist ihr diese Kiste nicht fremd. Im Gegenteil, sie scheint sogar ein Teil von ihr zu sein. Von einer der anderen Mauern winkt ein junger Mann. Er zeigt auf seine Kiste, steigt darauf und überwindet seine Mauer. Ein Kind kommt zu der Person, setzt sich zu ihr und streichelt ihre Hand. Von ganz weit weg, wie außerhalb dieser Welt mit all den anderen Personen, hört sie eine mutmachende und warmherzige Stimme, die sie ermutigt, sich auf die Kiste zu stellen. Gleichzeitig fühlt sie sich schlecht und schlechter, die Mauer wird hoch und höher, ihr Platz immer kleiner, ihre Überzeugung, nicht zu sein, immer stärker, sie ist kurz davor, aufzugeben. Da richtet sich etwas in ihr auf...das kann so nicht weiter gehen, es muss etwas anderes geben...*

Interne und externe Wirkfaktoren bedingen die *Daseinsberechtigung* ursächlich. Einer davon erscheint in der Geschichte als mutmachende und warmherzige Stimme, was für die folgende Kategorie *Menschen im Außen* eine erzählerische Umschreibung ist.

#### 5.1.3.1 Externer Wirkfaktor – Menschen im Außen als Erfahrungserweiterung

Zunächst bezeichnet der Begriff Menschen im Außen ganz allgemein das menschliche Umfeld außerhalb des Personensystems. Dazu zählen beispielsweise der Ehemann, die Partnerin, die Therapeutin, der Freund oder auch Menschen, die sich an einem bestimmten Ort, wie beispielsweise in einem Café, aufhalten. Somit befinden sich die Menschen im Außen auf einer strukturellen ebenso wie persönlichen Ebene, weil sie sich entweder in unmittelbarer Nähe aufhalten oder aber in einem direkten und persönlichen Kontakt zu dem Personensystem stehen.

In Verbindung mit der *Daseinsberechtigung* erscheinen die Menschen im Außen als ursächliche Bedingung zunächst insofern, als sie einen anderen zwischenmenschlichen Umgang pflegen als den bislang gewohnten der Gewalt und Missachtung. Im Gegenteil stehen nun in zwischenmenschlichen Interaktionen Respekt, Wertschätzung und vor allem die Wahrnehmung des Gegenübers als Person mit Bedürfnissen und Grenzen, die es zu respektieren gilt, im Vordergrund. Solche entweder bereits in Kindheitstagen der InterviewpartnerInnen statt gefundene und/oder zeitlich aktuelle Beziehungskontakte zu Menschen im Außen können zu einer Erfahrungserweiterung führen, die sich auf zwei Ebenen lokalisieren lässt. Zum Einen kann die eigene Erfahrung, dass das Personensystem selbst respektvoll und anerkennend behandelt wird als Kontrasterfahrung zu den früheren Erlebnissen fungieren. Diese führt dazu, dass die Lebenserfahrung *Du bist nicht – Ich bin nicht* um die Erfahrung der Berechtigung zum eigenen Sein erweitert wird. Zum Anderen findet sich ebenso das schlichte Beobachten eines solchen Verhaltens gegenüber Anderen als ursächliche Bedingung dafür, dass der bisherige Erfahrungshorizont *Du bist nicht – Ich bin nicht* um den Aspekt der *Daseinsberechtigung* erweitert wird. Nun differenziert sich das Beobachten ebenfalls aus. Es kann sich auf eine Szene zwischen zwei oder mehreren Menschen im Außen hierbei ebenso beziehen wie auf das Beobachten anderer Innenpersönlichkeiten.

Damit lassen sich zwei relevante Effekte auf die *Daseinsberechtigung* durch Menschen im Außen festhalten: (A) Erweiterung der *Du bist nicht – Ich bin nicht* Erfahrung durch eigene Erlebnisse und/oder (B) Erfahrungserweiterung durch Beobachten. Dies gilt sowohl bezüglich des Umganges der Innenpersönlichkeiten untereinander als auch hinsichtlich zwischenmenschlicher Interaktionen im Außen, die auf Respekt, Wertschätzung und Anerkennung des Gegenübers basieren. A2 berichtet in diesem Kontext von einer Erfahrung mit einem ehemaligen Klassenlehrer. Durch einen Telefonkontakt mit ihm, bei dem sie mit ihm Schwierigkeiten hinsichtlich ihrer beruflichen Zukunftsperspektive bespricht, löst sein respektvoller, sie wahrnehmender und anerkennender Umgang mit ihr eine Veränderung der Sicht auf sich selbst aus:

> *„Jedenfalls war der Auslöser für eine Veränderung dann als mich mein ehemaliger Klassenlehrer anrief. (...) Hab ihm so mein Leid mit diesem Beruf geklagt und so und dass ich doch lieber nen reichen Typen suchen sollte und mich als Hausfrau von der Welt verabschieden oder so, was er nicht so dolle fand...Und er berichtete, dass seine Frau gerade ihr zweites Kind bekommen hat und wie das so ist und ich fands toll, dass er mich so ernst genommen*

*hat (...) Da hab ich so im Scherz gesagt, „ach, vielleicht werd ich lieber Hebamme" und hatte das gar nicht ernst gemeint, weil ich so depri war, dass ich überzeugt war, ich bin eh nichts wert und kann gar nichts...Und da hat er gesagt: „DAS kann ich mir total gut vorstellen (....) der Lehrer war (...) wichtig. Weil er mir das Gefühl gegeben hat, dass er MICH sieht und nicht mir was aufdrücken will, was 'richtig' wäre."*
*(A2, Interview via chat vom 1.11.2011, S.I-58 f, Z.6ff).*

A2 beschreibt hier die Erfahrung mit einem Menschen im Außen, in diesem Fall dem ehemaligen Klassenlehrer als einen erfahrungserweiternden Aspekt, sich selbst ernst genug zu nehmen, um sich im Weiteren konkret mit der eigenen Berufswahl auf Grundlage ihrer Bedürfnisse und Talente zu beschäftigen. Anstatt in Form eines Hausfrauenlebens als passive Ehefrau die prägende Erfahrung *Du bist nicht – Ich bin nicht* zu reinszenieren und sich von der Welt zu verabschieden. Wenngleich diese Erfahrung nicht die einzige wichtige mit Menschen im Außen war, so benennt sie doch den relevanten Aspekt dieser Erfahrung, nämlich den Umstand, dass der Klassenlehrer ihr nicht seine Sicht auf die Dinge aufdrängen wollte und sie ernst genommen hat. Diese Kontrasterfahrung zu dem früheren Erleben eröffnete einen Raum für ihre eigene Sichtweisen, Bedürfnisse und Gedanken, trotz ihrer deutlichen Verhaftung mit der *Du bist nicht – Ich bin nicht* Botschaft in Form von depressiven Stimmungen („depri") und der Überzeugung, nichts wert zu sein und nichts zu können.

Die in der fiktiven Geschichte umschriebenen Menschen im Außen als die „warmherzige und mutmachende Stimme", die einen ursächlichen Einfluss auf das Wahrnehmen der Kiste der *Daseinsberechtigung* haben, werden nun erweitert um den jungen Mann, welcher der Person in der Geschichte zuwinkt und auf seine eigene Kiste zeigt. Er steht sinnbildlich für eine der anderen Innenpersönlichkeiten.

### 5.1.3.2 Externer Wirkfaktor – Die anderen Innenpersönlichkeiten

In Zusammenhang mit der *Daseinsberechtigung* werden die anderen Innenpersönlichkeiten ebenfalls als externe Wirkfaktoren begriffen, da sie sich außerhalb einer individuellen Persönlichkeit befinden. Grundsätzlich befinden sich hinsichtlich der *Daseinsberechtigung* alle Persönlichkeiten auf einem je individuellen Standort auf der Dimension zwischen den bis hierher dualistisch angelegten Positionen *Du bist nicht –*

*Ich bin nicht* und der *Daseinsberechtigung*. Es wird sich zeigen, dass sich dieser Dualismus um einen weiteren Standort erweitert, doch im Sinne einer nachvollziehbaren Annäherung an das Gesamtbild der Ergebnisse wird an dieser Stelle zunächst auf diese beiden bereits erläuterten Positionen rekurriert.

Die Innenpersönlichkeiten nun haben ebenfalls Einfluss auf die *Daseinsberechtigung*. Sie können die je individuelle Wahrnehmung und Nutzbarmachung der *Daseinsberechtigung* einer einzelnen Innenperson maßgeblich ursächlich bedingen. Analog zur Erfahrungserweiterung mit Menschen im Außen können auch die anderen Innenpersönlichkeiten als Türöffner zur *Daseinsberechtigung* fungieren, indem sie positive Lebenserfahrungen untereinander teilen, sich gegenseitig Mut machen und unterstützen, ähnlich einer Großfamilie. K3 beschreibt im Folgenden ihren Umgang mit Innenpersönlichkeiten, denen es nicht gut geht. Sie schaut danach, was andere gerne mögen und eröffnet damit einen erweiterten Erfahrungsraum, bei dem es nun um die eigenen Bedürfnisse und Wohlbefinden im Sinne der *Daseinsberechtigung* geht:

> *„Ja, das wir zum Beispiel auf die Kleinen aufpassen, oder die Kleinen trösten oder mit den spielen oder so oder beim kochen helfen, also so (..) oder gucken, ob der Andere irgendwas gerne mag, was man vielleicht hat und dem geben kann, so was."*
> (K3, Interview vom 28.1.2012, S.I-146, Z.24-27)

Dieser Umgang der Persönlichkeiten untereinander kann dazu führen, dass in Folge die Position *Du bist nicht–Ich bin nicht* um eine Erfahrung erweitert werden kann. Und nun die eigenen Bedürfnisse, Grenzen und Wünsche eine Rolle spielen dürfen und können. Als Strategie spielt hier die innere Kommunikation und Kooperation eine tragende Rolle, was in Kapitel 5.1.5.3 ausgeführt wird.

Doch bedarf es immer einer Korrespondenzmöglichkeit dieser externen Wirkfaktoren mit einem Empfänger, um ihre Wirkung zu entfalten, so dass die *Daseinsberechtigung* überhaupt als eine Handlungsmotivation wahr genommen und genutzt werden kann. Gerade diesbezüglich werden interne Wirkfaktoren relevant.

### 5.1.3.3 Interner Wirkfaktor und Kontext – Der ursprüngliche Lebenswille

Es bedarf eines intrapsychischen Korrespondenzpunktes, an dem die äußeren Faktoren gewissermaßen andocken können, um ihre Wirkung zu entfalten. Diese stellen sich als ein komplexes Geflecht verschiedener sich wiederum gegenseitig bedingender Elemente dar, wobei der Wille in mehrfacher Hinsicht im Zentrum steht. In den Daten erscheint er als eine grundlegende Kraft, die zum Einen als ursprünglicher Lebenswillen das (Über-)leben gewährleistet hat und zum Anderen eine Handlungsmotivation in Form von Wille zur Veränderung darstellt, worauf im nachfolgenden Kapitel eingegangen wird.

Der ursprüngliche Lebenswille wird seitens der InterviewpartnerInnen sprachlich als etwas gefasst, was einfach da ist und ohne ihr eigenes Zutun in ihnen oder um sie herum existiert. Dabei ist von einem heilen Kern, dem Glauben, dem inneren Weg oder schlicht dem Wille die Rede. Auffällig ist die passive Formulierung, er oder es ist einfach da, eine Quelle wird nicht benannt. Nur eine Interviewpartnerin leitet diesen inneren Bereich von ihrem christlichen Glauben an Gott ab. Somit ist davon auszugehen, dass sich die Quelle des ursprünglichen Lebenswillens nicht zwangsläufig im Inneren einer Person befindet, sondern sich auch von äußeren Referenzpunkten ableiten kann.

Ohne diesen inneren Bereich wäre ein (Über-)leben nicht möglich gewesen, der ursprüngliche Lebenswille stellt sich als eine Lebenskraft dar, die sich nicht zerstören ließ. Sie ist der ureigenste Teil der Persönlichkeit, der nicht angegriffen und (mithilfe der Dissoziation) geschützt wurde. Das Sys 6 hatte diesen inneren Bereich anhand einer Kerze dargestellt, auf die sie 18 Wachsstreifen in Form von Sonnenstrahlen geklebt hatten. Die Sonnenstrahlen stellten die bis zu diesem Zeitpunkt bekannten 18 Innenpersönlichkeiten dar, ein heller Punkt darauf war repräsentativ für den unverletzten inneren Kern:

*„(...) wir haben ganz am Anfang, als wir nur von 18 Anteilen wussten, ein, eine Kerze gemacht und da ist, ähm, dieser helle Punkt, dieser unverletzte Kern und die Strahlen drum herum, halt die auseinander gefallenen einzelnen Teile."*
*(K6, Interview vom 28.3.2012, S.I-278, Z.22-25)*

K6 benennt hier den ursprünglichen Lebenswillen als den unverletzten Kern, der durch die Dissoziation, dargestellt durch die Strahlen, geschützt wurde und gleichzeitig das Überleben sicherte.

Nun ist dieser ursprüngliche Lebenswille jedoch nicht grundsätzlich und zu jeder Zeit zugänglich, im Gegenteil erscheint er teilweise als verschüttet und vergessen. Seine positiven Lebenskräfte werden von der *Du bist nicht – Ich bin nicht* (internalisierten) Botschaft überschattet. Somit befinden sich diese beiden Kräfte in einem ständigen Ringen um die Vorherrschaft, da sie beide den Kontext der *Daseinsberechtigung* rahmen. Ohne den ursprünglichen Lebenswillen wäre das Überleben nicht möglich gewesen, doch kann dieser seine Kräfte hinsichtlich der *Daseinsberechtigung* und dem Recht auf ein gutes Leben nicht entfalten, weil die *Du bist nicht – Ich bin nicht* Botschaft der TäterInnen auf so grundlegende Weise internalisiert wurde.

Doch berichten die InterviewpartnerInnen davon, dass insbesondere seelische Krisen in ihrem Leben den Zugang zu diesem Teil ihrer Selbst eröffneten und sie diesen in Folge aktiv für sich (wieder) nutzbar machen konnten.

### 5.1.3.4 Interner Wirkfaktor Nullpunkterfahrung – „Ich habe sehr, sehr gelitten"

In den Erzählungen der InterviewpartnerInnen lassen sich ausgeprägte Stressfaktoren lokalisieren, die einhergehen mit Verzweiflung und Hoffnungslosigkeit in Form einer Nullpunkterfahrung (Herriger, 2010, S. 54). Diese Nullpunkterfahrung zeichnet sich aus durch tiefgreifende Lebenskrisen, in denen keine Lösung in Sicht scheint. Diese belastenden Situationen sind unterschiedliche und werden von Persönlichkeit zu Persönlichkeit anders beschrieben. Inhaltlich wird mit den Begriffen Leid, Trauer, Todesangst, Suizidalität, Selbstverletzung, Hoffnungslosigkeit und/oder Verzweiflung operiert. Allen gemein sind deutliche emotionale Belastungen, die mit den ehemaligen Empfindungen während der traumatischen Erfahrungen zu korrespondieren scheinen. Diese Lebenserfahrung eröffnet nun einen Zugang zu jenem psychischen Bereich, der die Überlebenskraft in Form des ursprünglichen Lebenswillens beinhaltet. Auch an dieser Stelle sind der Bereich des Kontextes und der Bereich der ursächlichen Bedingung eng ineinander verwoben: Anhand der Interviewdaten lässt sich heraus arbeiten, dass der ursprüngliche Lebenswille bereits kontextuell besteht, weil er das Überleben überhaupt ermöglicht hat. Doch ist ein bewusster Zugang dazu verschüttet und kann nicht ohne Weiteres nutzbar gemacht werden. Im Gegenteil wirkt sich die lähmende Kraft der *Du bist nicht – Ich bin nicht* Botschaft auf das heutige Leben aus. Erst eine Reinszenierung oder ein Wiedererleben von tiefer Hoffnungslosigkeit in dem heutigen Leben der InterviewpartnerInnen scheinen den Erfahrungsraum des ursprünglichen Lebenswillens (wieder) zugänglich zu machen und damit als ursächliche Bedingung einen erweiterten, willentlich steuerbaren Handlungsspielraum bezüglich der *Daseinsberechtigung* zu eröffnen. Damit wird unabhängig von dem jenseits der bewussten Einflussnahme existierenden ursprünglichen Lebenswillen noch ein weiterer Willensaspekt deutlich. Ist also die Lebenskraft ursprünglich als ein unbewusster Antrieb zu begreifen, tritt nun zudem eine Willenskraft, die bewusst steuerbar ist, in den Vordergrund.

### 5.1.3.5 Interner Wirkfaktor – Der Wille zur Veränderung

Wenngleich der ursprüngliche Lebenswille als etwas passiv Vorhandenes beschrieben wird, kann er (wieder) zugänglich gemacht und aktiv genutzt werden. Dies wiederum bewirkt einen Antrieb, der die eigenen Handlungen willentlich steuert, um eine belastende Situation positiv zu verändern. Wie sich das Zusammenspiel dieser internen Wirkfaktoren konkret darstellt, verdeutlich ein Interviewauszug mit A5. Sie beschreibt sich in dem Interview grundsätzlich als aktiv Handelnde mit einem starken Willen. Den ursprünglichen Lebenswillen beschreibt sie als den „heilen Kern" (A5, S.I-248, Z.28). Auf die Frage, inwiefern sie diesen heilen Kern für sich nutzbar machen kann, antwortet sie folgendermaßen:

*„(Pause 5) Ich glaube eher, dass der Zugang zu mir hat (schmunzelt), also nicht, dass ich auf den so zugreifen könnte, sondern dass das, äh (..), ja (..), dass der irgendwie ja so in mir ist und dass das an so Punkten, wo ganz viel Verzweiflung ist, vielleicht der mehr Kraft hat, noch mal zu sagen, und jetzt die andere Richtung, also so stelle ich mir das zumindest bildlich vor (...) Ja (...), ja, das ist dann mein Wille und meine Hartnäckigkeit, dass ich dann sage, nee, ich mach das dann jetzt auch so, weil ich will das anders haben."
(A5, Interview vom 22.3.2012, S.I-248, Z.32-40)*

Dieser Interviewausschnitt mit A5 verdeutlicht, dass der heile Kern im Sinne des ursprünglichen Lebenswillens zunächst „irgendwie ja so in mir ist", also ohne ihr eigenes Zutun existiert. Dieser heile Kern entfacht in einem Lebenstief, in diesem Fall bei „ganz viel Verzweiflung", eine Kraft, die A5 zum Zwecke des Überlebens bereits lenkte und die ihr nun wieder zugänglich wird. Dieser innere Antrieb wird von A5 bewusst nutzbar gemacht in Form ihres Willens und ihrer Hartnäckigkeit. Diese inneren Kräfte richtet sie nun willentlich auf ein zielgerichtetes Handeln, um die belastende Situation zu verändern („ich will das anders haben") und sich in Folge ein besseres Leben zu erstreiten.

Das selbstermächtigte Verlassen des Standortes *Du bist nicht – Ich bin nicht* aufgrund der (Wieder-)Entdeckung des kontextuell bereits vorhandenen ursprünglichen Lebenswillens vor dem Hintergrund eines Lebenstiefs dient als Korrespondenzpunkt der bereits beschriebenen externen Wirkfaktoren. Zuspruch und Aufmunterung von Menschen im Außen, aber auch seitens der anderen Innenpersönlichkeiten hinsichtlich der eigenen *Daseinsberechtigung* können unterstützend dazu führen, die eigene Stärke wahr zu nehmen, die es bedarf, um sich von der *Du bist nicht – Ich bin nicht* Position ein Recht auf (gutes) Leben zu erstreiten. Der Zugang zum ursprünglichen Lebenswillen und daraus resultierende Wille zur Veränderung der Handlungsmotivation dient außerdem dazu, belastende Situationen verbessern zu wollen und zu können. Aus diesen zielgerichteten Handlungen erwächst in der Konsequenz eine weitere Position, das *Da-Sein* verliert sein Ringen um Berechtigung und das Erkunden der eigenen Bedürfnisse, Wünsche und Vorstellungen gewinnt an Selbstverständlichkeit.

## 5.1.4 Konsequenz: Da-Sein.

> *...Die Erfahrungen mit den Anderen an diesem Ort und der Stimme im Außen haben bei der Person dieses unbestimmte Wissen, dass es noch mehr als diese Mauer geben muss, gefestigt. Sie stellt sich auf die Kiste Daseinsberechtigung. Das verändert ihren Blick auf die Mauer. Wenn sie sich auf die Zehenspitzen stellt, kann sie sogar darüber blicken. Dahinter befindet sich ein schillernder Obelisk. Er steht wundervoll und mitten in einer beeindruckenden Landschaft, nichts ist um ihn herum, was seine Präsenz stören würde. Er ist einfach da, schillert und nimmt sich den Raum, den er benötigt, um zu stehen. Auf seinen Flächen steht etwas: „Da-sein". Beeindruckt von diesem Monument erwacht der Wunsch in der Person, etwas zu tun, was ein Ausdruck ihrer Selbst ist...*

Die Position des *Da-Sein* nun beinhaltet eine Selbstverständlichkeit des Aus- und Befüllens des eigenen Seins. Der Begriff des *Da-Sein* wird hier in Abgrenzung zu dem Begriff der Existenz verstanden, welcher, rekurrierend auf die Existenzphilosophie (Rosales, 1970), das bloße Vorhandensein einer Person beschreibt. Bezogen auf den Gegenstandsbereich dieser Arbeit existieren die einzelnen Persönlichkeiten qua Überlebensmechanismus der Dissoziation (s. Kapitel 2). Der existenzphilosophische Begriff der „Essentia" (Pickert, 2012, S.124) hingegen versteht das *Da-Sein* nun allerdings vielmehr als das Ausformen und personale Befüllen dieser schlichten Existenz mit dem je eigenen Wesen und steht damit in einem inhaltlichen Gegensatz zu der Position des *Du bist nicht – Ich bin nicht*. Dieses *Da-Sein* füllt die eigenen (Lebens-)Räume, ohne um Erlaubnis zu bitten oder eine Rechtfertigung einzuholen. Vielmehr wird von dieser Position selbstverständlich davon ausgegangen, dass es ein unanfechtbares Recht auf (gutes) Leben gibt. *Da-Sein* meint in diesem Sinne beispielsweise einen eigenen Platz in Beziehungen und/oder äußeren wie inneren Räumen zu besetzen und darin als eigenständige AkteurIn wahr genommen zu werden. Ebenso spielen hier die Aspekte des Rechts auf finanzielle, psychische und physische Absicherung und Versorgung eine Rolle. Das Bedürfnis nach Ausbildung und Ausübung eines Berufes oder der Gründung einer eigenen Familie sind hierbei ebenso relevant. Hinsichtlich der einzelnen Persönlichkeiten stehen unter anderem der Wunsch danach, eigene Beziehungen einzugehen, eigenen Bedürfnissen und Vorlieben nach zu gehen, Räume mit eigenen Gegenständen zu füllen und einen eigenen Standpunkt innerhalb des Personensystems zu beziehen im Vordergrund.

Folgender Interviewausschnitt mit K1 verdeutlicht das *Da-Sein* eines Innenkindes:

> „(...) und der, der Papa von... (Name Außenkind) und... (Name Außenkind), der nimmt uns auch manchmal mit, dann gehen wir in den Wald, weil eigentlich ist der Jäger aber mit uns macht der das nicht, mit uns guckt der dann die Bäume an und dann gucken wir die Tiere, wie die, da wo die zum Beispiel, da war ein ein ganz, ganz großer Ameisenhügel (;) und so und das finde ich total schön und der macht da keine Tiere (.), der nimmt sein Schießgewehr nicht mit, weil wir gucken nur die Bäume an und was da im Wald so ist."
> (K1, Interview vom 11.7.2011, S.I-35, Z.41-46)

K1 beschreibt ihre eigene kindliche Wahrnehmung eines Waldspazierganges mit dem Ehemann und Vater der Außenkinder des Personensystems. Sie ist hier zum Einen als Kind in einem erwachsenen Körper in Beziehungskontakt zu dem Ehemann und nimmt gleichzeitig die sie umgebende Landschaft als Kind wahr, bewegt sich in ihr und reagiert entsprechend darauf. Das wird deutlich an der Erzählung, bei der das Anschauen der Bäume und Tiere im Vordergrund steht und sicher gestellt wird, dass das „Schießgewehr" nicht dabei ist, mit dem Tiere vornehmlich getötet werden und davon auszugehen ist, dass diesem Umstand Kinder im Allgemeinen mit einer gewissen Angst und Besorgnis begegnen. K1 besetzt ihren Beziehungs- und Lebensraum selbstverständlich und ohne ein Ringen um Berechtigung.

Dieses *Da-Sein* der Einzelnen sowie des gesamten Personensystems hat in seiner Folge weitere Konsequenzen, dabei steht der Aspekt der Integration in eine kohärente Persönlichkeit ebenso im Fokus wie die Selbstbemächtigung, das Nutzen und Erkennen der eigenen Handlungsmacht und schlussendlich auch das gute Leben.

### 5.1.4.1 Konsequenz: Wir sind – Ich bin. Keine Integration ohne Da-Sein

Die Position des *Da-Sein* beinhaltet nicht nur das individuelle Ausleben der einzelnen Persönlichkeiten, sondern bezieht sich auch auf das Personensystem als Gesamtheit im Sinne eines *Wir sind*. Das kann zum Einen meinen, das eigene Leben als Viele-Mensch selbstbestimmt und jenseits von Rechtfertigungsstrukturen zu gestalten. Dies kann sowohl in einer multiplen Gänze geschehen, bei der jede der Persönlichkeiten weiterhin bestehen bleibt und im Sinne des *Da-Sein* das Leben auf ihre je ganz individuelle Art und Weise füllt. Gleichwohl wird von teilweisen Integrationen berichtet, bei denen einzelne Persönlichkeiten einer Gruppe miteinander verschmelzen. Zum Anderen meint das *Wir sind* ein daraus folgendes *Ich bin*, bei dem eine Integration aller Persönlichkeiten zu einer singularen Person statt findet.

Entscheidend in diesem Zusammenhang ist, unabhängig von der je individuellen Wahl hinsichtlich der Integration, zunächst die Dissoziation. Erst die Erfahrungen der aktiven und selbstbestimmten Teilnahme der einzelnen Persönlichkeiten am Leben stärken das positive Lebensgefühl der Innenpersonen, was wiederum Bewältigungsressourcen zur Verfügung stellen kann, um weitere Ziele, wie beispielsweise die Integration einzelner oder aller Innenpersönlichkeiten, anzustreben. Auf diesen Umstand bezogen unterbricht K6 plötzlich das Interview mit dem Hinweis, dass sie älter geworden ist:

„K6: (...) ich bin nicht mehr sieben, ach so, bei uns ist das so, dass wir manchmal ganz schnell älter werden und, ähm (..), ich wusste das auch vorher schon, dass ich in dem Gespräch älter werde (...), ähm.
I: Woran liegt das?
K6: (Pause 5) Weil du dich interessierst, weil du das wissen willst und weil ich mich ernst genommen fühle (...)." (K6, Interview vom 28.3.2012, S.I-284, Z.43-48)

Älter zu sein führt, neben anderen Voraussetzungen, im Falle von Sys 6 zur Integration, was dieses Personensystem auch für sich als Ziel verfolgt. An der Aussage wird deutlich, dass erst die *Daseinsberechtigung* der dissoziierten Persönlichkeit K6 und daraus folgend ihr *Da-Sein* in Form von gesehen werden, sprechen können und dürfen zu einer Entwicklung der eigenen Persönlichkeit führt, an deren schlussendlichen Ziel die Integration in eine Persönlichkeit stehen kann.

Insbesondere hinsichtlich eines guten Lebens steht jedoch nicht die Integration in eine Gesamtpersönlichkeit im Mittelpunkt, sondern vielmehr die Ausbildung eines inneren Netzwerkes, bei dem die einzelnen Persönlichkeiten in guten Kontakt zueinander stehen, um so gemeinsam gesteckte Ziele zu erreichen. Das Leben als Viele oder das Ziel der Integration zu einer Persönlichkeit erscheint so als eine individuelle Entscheidung und nicht als Bedingung für eine gesunde Psyche. Damit führt nicht die Auflösung der vermeintlich pathologischen Dissoziation zu einer Heilung im Sinne einer psychisch stabilen und kohärenten Persönlichkeit, sondern vielmehr das Knüpfen der Verbindungen unter den einzelnen Persönlichkeiten hin zu einem stabilen Netzwerk. Dieses Phänomen erweist sich als zentral bei den Alltagspersönlichkeiten und wird in Kapitel 5.1.8.1 detailliert diskutiert.

Unabhängig von der jeweiligen individuellen Ausprägung von Integration oder Dissoziation ist allen jedoch der Umstand gemein, dass die jeweils Einzelnen zuvor ein Recht auf *Da-Sein* haben. Die selbstbestimmte Entscheidung über die eigene Identität, deren *Da-Sein* keiner Rechtfertigung mehr bedarf, sondern in selbstbemächtigter Weise entschieden wird, steht hierbei im Vordergrund.

### 5.1.4.2 Konsequenz: Da-Sein. Selbstbemächtigung

Der Begriff der Selbstbemächtigung wird in diesem Zusammenhang im Sinne von Herriger (2010) als ein Prozess der „Selbst-Aneignung von Lebenskräften" (S. 16) verstanden. Das Verlassen der fremdbestimmten *Du bist nicht – Ich bin nicht* Position und die Entwicklung hin zu einem selbstbestimmt handelnden Subjekt, das sich ein Mehr an Selbstbestimmung und ein Recht auf Leben mitsamt dem selbstverständlichen Besetzen von Lebensräumen nach eigenen Bedürfnissen erstreitet, zeigt sich als eine Konsequenz errungener *Daseinsberechtigung*.

Grundsätzlich ist dabei fest zu stellen, dass die Besetzung der beschrieben Positionen *Du bist nicht – Ich bin nicht*, *Daseinsberechtigung* und *Da-Sein* nicht als deterministisch zu begreifen ist. Ganz im Gegenteil stellt gerade die Bewegung und stetige Präsenz aller Positionen die Komplexität dieser intrapsychischen Handlungsmotivationen dar. Ausschlaggebend ist hierbei weniger das gesamte Ausfüllen, resp. Verlassen der einzelnen Positionen als vielmehr eine selbstermächtigte, weil selbst steuerbare Bewegung zwischen ihnen.

Nun könnte vermutet werden, dass das Ziel der Bemühungen hinsichtlich eines guten Lebens darin liegt, die *Du bist nicht – Ich bin nicht* Position als die lähmendste, fremdbestimmendste und die dem Leben am wenigsten zugewandte endgültig zu verlassen. Doch ist eben diese so grundlegend mit dem Verständnis der eigenen Existenz verbunden, da sie eine der frühesten (gewaltsamen) Eingriffe in die Identitätsbildung der InterviewpartnerInnen war, dass nicht das endgültige Löschen dieser Position im Vordergrund steht. Vielmehr gilt es, diese um die Position der *Daseinsberechtigung* zu erweitern und bestenfalls zu einem prozentual größeren Teil die Position des *Da-Seins* zu besetzen, um so zu einer selbstermächtigten und handlungsfähig bleibenden Bewegung zwischen den verschiedenen Seinsformen zu gelangen. Hierbei erscheint als Motor der Selbstbemächtigung das Erkennen und Nutzen der eigenen Handlungsmacht als eine weitere relevante Kategorie in den Daten.

### 5.1.4.3 Konsequenz: Da-Sein. Erkennen und Nutzen der eigenen Handlungsmacht

Um selbstmächtig zu agieren bedarf es eines intellektuellen und emotionalen Erkenntnis- und Verstehensprozesses, der sich darauf bezieht, dass die Handlungsmacht nun in den eigenen Händen liegt und nicht mehr, wie in früheren Erlebnissen, fremdbestimmt wird. Doch bevor selbstermächtigte Prozesse im Sinne des Nutzen der eigenen Handlungsmacht statt finden können, bedarf es zunächst eines Erkennens, dass das überhaupt möglich ist. Der starke Begriff der Macht in Handlungsmacht rekurriert auf die erlebte Ohnmacht, doch im Zentrum steht nun das Wiedererlangen der Handlungsmacht über den eigenen Körper, die eigene Psyche und das eigene Leben.

> *„Als ich dann angefangen habe zu suchen und zu realisieren, dass das MEIN Leben und meine Entscheidung ist und ich ALLES machen kann, da hab ich gedacht, das ist toll, denn ich kann total viel. Und ich hab Lust auf ganz viel."*
> *(A2, Interview via chat vom 1.11.2011, S.I-56, Z.18-20)*

Das Realisieren von A2, dass sie nun über ihr Leben selbst entscheiden kann entspricht dem Erkennen der eigenen Handlungsmacht. Im Folgenden beschreibt sie, dass sie sich auf Grundlage dieses Erkennens mit neuen Berufsmöglichkeiten beschäftigt hat, die ihr liegen und die ihren Bedürfnissen entsprechen und nicht mehr den fremdbestimmten Anforderungen des Elternhauses folgen (A2, Interview via chat vom 1.11.2011, S.58 f). Dieses Nutzen der eigenen Handlungsmacht führt im Weiteren dazu, dass sie sich in diesem Kontext nun selbstermächtigt für eine andere Ausbildung entscheidet, den Kontakt zum Vater abbricht und sich selbständig macht. Durch das Erkennen und Nutzen der eigenen Handlungsmacht kann sie nun ihre Handlungen auf selbstbemächtigende Prozesse ausrichten, die eine Loslösung von der *Du bist nicht – Ich bin nicht* Position hin zum *Da-Sein* verfolgen. Diese Handlungen beinhalten neben der aktiven Auseinandersetzung mit dem Innen auch das Erkennen der verfügbaren inneren und äußeren Ressourcen und deren Nutzbarmachung:

> *"Ich habe mein eigenes Zuhause, ein kleines, aber gut funktionierendes Netzwerk und kann über mein Leben selbst entscheiden."*
> *(A2, Interview via chat vom 1.11.2011, S.I-54, Z.35-36)*

Das Erkennen und Nutzen der zur Verfügung stehenden inneren wie äußeren Ressourcen unterstützt A2 in diesem Veränderungsprozess maßgeblich.

Grundsätzlich stellt sich das Erkennen und Nutzen der eigenen Handlungsmacht zirkulär dar, nicht jedes Erkennen zieht eine Handlung nach sich und nicht jedes Erkennen ist sprachlich auszudrücken. So können sich Verstehensprozesse hinsichtlich der eigenen Handlungsmacht durch fremdbestimmte Erfahrungen im Leben auch rückläufig verhalten, so dass nicht in jeder Lebensphase das Wissen um die Selbstbestimmung entweder präsent ist und/oder direkten Einfluss auf die Handlungen nimmt. Zudem kommt als wesentliche Handlungsmotivation der bereits beschrieben Wille als ein weiterer intrapsychischer Prozess hinzu. Dieser stellt die Motivation dar, das Erkennen der eigenen Handlungsmacht in eine zielorientierte Handlung zu übersetzen. Hier wird deutlich, dass die analytische Trennung der einzelnen Vorgänge zwar einer besseren Nachvollziehbarkeit dient, die komplexen Zusammenhänge der einzelnen Faktoren aber nur eingeschränkt wieder geben kann. Hier sind bestehende Modelle aus der Motivations- und Willensforschung anschlussfähig und werden in Kapitel 6.2.1 in Zusammenhang mit dem Modell der *Daseinsberechtigung* vorgestellt.

### 5.1.4.4 Konsequenz: Da-Sein. Besseres – Gutes Leben

Nun findet sich als eine weitere Konsequenz das leitende Thema der Studie in den Ergebnissen wieder. Erst die *Daseinsberechtigung*, die zu einem *Da-Sein* und selbstverständlichen Ausfüllen eines eigenen Lebensraums führt, ermöglicht das Erstreiten eines besseren und/oder guten Leben. Wenngleich die *Du bist nicht – Ich bin nicht* Botschaft und das Ringen um Berechtigung nicht vollends verschwinden, so ermöglichen doch erst das Erkennen und Wissen um das Recht auf ein eigenes und selbstbestimmtes Leben die Ausrichtung der eigenen Handlungen auf das Erreichen eines besseren und/oder guten Lebens. Diese sind allerdings wiederum sehr persönlichkeitenspezifisch, wie diese sich im Einzelnen darstellen wird in den Kapiteln 5.1.8.1, 5.1.8.3, 5.1.8.5 und 5.1.8.7 vorgestellt.

Nun lassen sich weitere intervenierende Bedingungen und Handlungsstrategien lokalisieren, die eine Bewegung zwischen dieser Dreier-Konstellation der Standorte ebenso fördern wie behindern können. Dabei steht die *Daseinsberechtigung* im Zentrum als Dreh- und Angelpunkt zwischen diesen Positionen, deren Kontext und Ursache die *Du bist nicht – Ich bin nicht* Position ist und in der Konsequenz zu einem *Da-Sein* werden kann. Somit beziehen sich die folgenden Ausführungen hinsichtlich der intervenierenden Bedingungen entsprechend auf die zentrale Kategorie der *Daseinsberechtigung*.

### 5.1.5 Bedingungsmatrix – Intervenierende Bedingungen und Handlungsstrategien

> *...Die Person blickt auf den Obelisken und die Sehsucht in ihr, ebenso selbstverständlich zu stehen und zu sein wächst und wächst. Sie spürt, dass im Obelisken ihr eigener Platz ist, der darauf wartet, ihr zu sein. Diese Sehnsucht lässt die Kiste wachsen, die Mauer senkt sich ab, sie kann darüber klettern. Langsam nähert sie sich dem Obelisken. Plötzlich spürt sie einen starken Zug nach hinten, sie blickt sich um und eine der anderen Personen ihrer Innenwelt hat ein Seil um sie geworfen und will sie hinter die Mauer zurück ziehen. Gleichzeitig wird der Platz um den Obelisken immer kleiner, sie hört, wie eine vernichtende Stimme von Außen ruft: „Dich gibt es nicht". Der Mut verlässt die Person, die Mauer wächst wieder, die Kiste der Daseinsberechtigung ist kleiner geworden. Doch nun weiß sie, was hinter der Mauer ist und dieses Wissen lässt sie nicht mehr los...*

Die *Daseinsberechtigung* zeigt sich also zusammengefasst in dem Erkunden der eigenen Bedürfnisse, deren Erfüllung und dem Erkennen des Rechts auf Leben, um dann im Sinne des *Da-Sein* aktiv an diesem teil zu nehmen. Im Zentrum der Bemühungen steht hierbei ein Ringen um die Berechtigung des eigenen Seins. Bezugnehmend auf das leitende Thema dieser Forschung wird die *Daseinsberechtigung* spezifiziert durch die Vorstellungen eines guten Lebens seitens der befragten Persönlichkeitengruppen. Auf dieses Ringen und die daraus folgenden Handlungen der AkteurInnen haben verschiedene Faktoren mittelbaren ebenso wie unmittelbaren Einfluss. Für die visuelle Darstellung und die inhaltliche Beschreibung dieses komplexen Zusammenspiels der verschiedenen Ebenen und Kriterien wird im Folgenden in Anlehnung die „Bedingungsmatrix" nach Strauss & Corbin (1996, S.136) in modifzierter Weise genutzt. Diese stellt sich als eine kreisförmige Abbildung dar, in der um einen zentralen Kreis immer weitere, größere Kreise gezogen werden. Diese Kreise stellen die verschiedenen Ebenen der sich gegenseitig beeinflussenden Bedingungen auf ein Phänomen dar:

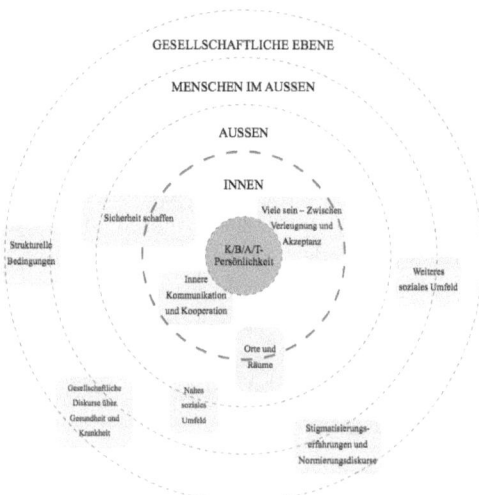

*Abbildung 9: Bedingungsmatrix Daseinsberechtigung*

Das äußerste Bedingungsmerkmal wird hier analog zur „Gemeinde" (Strauss & Corbin, 1996, S.136) als gesellschaftliche Ebene verstanden. Die nächste Ebene stellt Menschen im Außen dar, sowohl das weitere soziale Umfeld der InterviewpartnerInnen als auch diejenigen, die in einer engen Beziehung zu dem Personensystem stehen. Die dem Zentrum nächste Ebene ist das Innen, resp. die anderen Persönlichkeiten innerhalb des eigenen Personensystems. Auch hier ringen einzelne Persönlichkeiten um *Daseinsberechtigung*, sowohl gegenüber den im Außen agierenden Persönlichkeiten als auch untereinander. Im Zentrum steht als handelndes Subjekt jeweils eine Innenpersönlichkeit. Im Folgenden werden die einzelnen Ebenen vorgestellt und anhand der Daten diskutiert, wobei sich inhaltlich von den inneren Wirkfaktoren den äußeren angenähert wird.

### 5.1.5.1 Definition Ebene Innen und Außen

Zunächst bedarf es einer begrifflichen Erläuterung der Ebenen Innen und Außen, um sich ihnen inhaltlich hinsichtlich ihrer Bedeutung für die *Daseinsberechtigung* zu nähern. Spricht eine Innenpersönlichkeit vom Innen, meint sie zweierlei. Zum Einen die innere Welt, in der sich auch die anderen Innenpersonen befinden. Zum Anderen das eigene, intrapersonelle Innen mit den je eigenen inneren emotionalen und kognitiven Vorgänge der jeweiligen Innenperson. Diesbezüglich sprechen die einzelnen Persönlichkeiten in der ersten Form. Für das Innen mit den anderen Persönlichkeiten wird zumeist entweder im Plural gesprochen, so dass deutlich wird, dass es sich nicht nur um die sprechende Persönlichkeit handelt. Oder es wird der Begriff „innersystemisch" (A1, S.I-3, Z.45) genutzt, um zu verdeutlichen, dass sich das Gesprochene auf das gesamte Personensystem bezieht. Dabei wird zur weiteren Verdeutlichung eine Visualisierung verwendet, wie beispielsweise die innere Welt oder das Bild eines Hauses, in dem sich die Anderen im Innen befinden:

> *„(..) also normalerweise (.), wir haben ja innen so ein Haus wo wir wohnen, mmh, und da sind die Zimmer eigentlich alle nebeneinander aber mein Zimmer ist halt mehr so ein Dach(.)zimmer, also da wohnt halt keiner außer mir (....)."*
> *(T3, Interview vom 28.1.2012, S.I-131, Z.1-3)*

An diesem Beispiel wird deutlich, dass T3 auf zweierlei Art vom Innen berichtet. Zum Einen von der inneren Welt, in diesem Fall einem Haus, in dem die einzelnen Persönlichkeiten Zimmer bewohnen. Zum Anderen nutzt er die erste Form, um von seinem eigenen Zimmer im Innen zu erzählen, in dem er alleine lebt.

Dem gegenüber steht das Außen, auch hier sind unterschiedliche Ebenen angesprochen. Das Außen kann sich auf die Persönlichkeit beziehen, die gerade im Außen agiert, also den Körper übernommen hat und für andere Menschen im Außen sichtbar spricht und handelt. Eine Persönlichkeit im Innen kann sich so auf eine Persönlichkeit, die im Außen agiert oder agieren will, in ihren Erzählungen beziehen. Zudem versteht sich das Außen als das äußere Umfeld des Körpers. Also der Ort, an dem sich der Körper befindet, oder den Menschen, mit denen der Körper gerade in Kontakt ist. K6 berichtet diesbezüglich von Außenzeit:

> *„Außenzeit heißt, dass man im Körper sein darf und machen darf, was man möchte..." (K6, Interview vom 28.3.2012, S.I-284, Z.4-5)*

Die Zeit, die K6 hier beschreibt, bezieht sich auf das Außen und ihre Aktivitäten, denen sie nachgeht, wenn sie sich im Körper befindet und im Außen agiert. Kontrastierend dazu stehen innersystemische Aktivitäten, bei denen Innenpersönlichkeiten nicht den Körper übernehmen, um beispielsweise zu spielen, sondern sich im Innen befinden und dort spielen.

Nun lassen sich verschiedene Faktoren im Innen wie im Außen lokalisieren, die die je individuelle Daseinsberechtigung der einzelnen Persönlichkeiten fördern oder auch behindern.

#### 5.1.5.2 Innere Ebene. Viele sein – Zwischen Verleugnung und Akzeptanz

Das Erkennen und Akzeptieren der eigenen Multiplizität ist für einige Persönlichkeiten ein schmerzhafter und langwieriger Prozess. Nicht Alle wissen von Allen, oftmals wissen Persönlichkeiten einzelner Gruppen voneinander, doch insbesondere der Alltagspersönlichkeit ist die Dissoziation nicht unbedingt bewusst. Gerade sie berichtet von Zeitverlusten, unterschiedlichen Handschriften oder Verletzungen, bei denen sie nicht weiß, woher sie kommen. Das Erkennen des eigenen Viele-Seins geht diesbezüglich oftmals einher mit einem Verstehen von Vorgängen, die bis dahin unerklärlich waren (vgl. Kapitel 5.1.8.1).

Doch nun zieht das Erkennen der Multiplizität nicht zwangsläufig eine Akzeptanz der Anwesenheit der anderen Persönlichkeiten nach sich, vielmehr kann eine Bewegung auf den Dimensionen zwischen Verleugnung und Akzeptanz fest gestellt werden. Wobei es hier jeweils zwei Ebenen gibt. Das Verleugnen kann sich sowohl auf die Innenpersönlichkeiten als auch auf die erlebte traumatische Vergangenheit beziehen. Ebenso verhält es sich mit der Akzeptanz gegenüber sowohl den Anderen als auch deren traumatischen Erfahrungen. Es findet eine Verquickung der Ebenen statt, indem zwar die Existenz der einzelnen Persönlichkeiten akzeptiert wird und daraus entsprechende Handlungen resultieren wie beispielsweise die innere Kommunikation (s. Kapitel 5.1.5.3). Das zieht aber nicht zwangsläufig eine Akzeptanz dessen nach sich, was die Einzelnen aus ihrer Vergangenheit zu berichten haben. Ebenso kann sich die Akzeptanz auf einzelne Persönlichkeiten beziehen, wohingegen die Anwesenheit anderer wiederum verleugnet wird. A5 berichtet diesbezüglich von einem Erlebnis, dass ihr den Zugang zu den anderen Innenpersönlichkeiten eröffnet hat, so dass in Folge dessen bis dahin für sie unerklärliche Verhaltensweisen und Symptome erklärbar wurden:

> „Ja, ich hab also erst gedacht, hä, das ist aber jetzt irgendwie doof (schmunzelt), was soll ich denn jetzt damit anfangen und dann auf der anderen Seite, mhm, dachte ich so, naja, das wäre ja (..) oder das ist im Prinzip ja wahrscheinlich die Lösung für, für das, wo ich immer denke, irgendwie bin ich nicht normal (schmunzelt), war dann ein bisschen schwierig erst mal, das zu akzeptieren (..), glaub ich, hmh, also ganz besonders schwierig war´s, ähm, für mich so diese Kinder zu akzeptieren, die so sehr (..) in (.) Not sind, waren, (...)."
> (A5, Interview vom 22.3.2012, S.I-243, Z.14-19)

Es wird deutlich, dass A5 zu Beginn des Verstehens hinsichtlich des eigenen Viele-Seins zwischen zwei Gefühlen schwankt. Sie findet zum Einen „doof" und „schwierig zu akzeptieren", was sie in sich entdeckt hat. Zum Anderen erleichtert sie diese Erkenntnis, weil sie ihr eine Lösung von bis dahin unerklärlichen Problemen anbietet. Das Wahrnehmen der Anderen und das Annehmen der Tatsache, dass da noch andere Persönlichkeiten außer ihr in ihr sind, führen allerdings nicht zwangsläufig zur Akzeptanz aller Persönlichkeiten. A5 beschreibt diesbezüglich das Sich-Einlassen auf die Innenkinder, die in Not sind, als schwierigen Prozess.

Hinsichtlich der *Daseinsberechtigung* und der darauf bezogenen Handlungen und Bedingungen erleichtert das Akzeptieren der Einzelnen allerdings die innere Kommunikation, weil sie eine kooperative Zusammenarbeit fördert.

### 5.1.5.3 Innere Ebene. Innere Kommunikation und Kooperation – Intervenierende Bedingungen und Handlungsstrategien

*...Die Person dreht sich um und wendet sich an die Person mit dem Seil und fragt sie, warum diese sie zurück gezogen hat. Sie sprechen miteinander und die Person sieht, dass auch Andere aus dieser inneren Welt miteinander sprechen. Nach und nach gesellen sich immer mehr Personen in diesen inneren Bereich hinter den Mauern. Sie beraten sich, trösten sich gegenseitig, lachen und streiten...*

Die innere Kommunikation und Kooperation zeigt sich in zweierlei Hinsicht als relevant für das Phänomen der *Daseinsberechtigung*: als Handlungsstrategien ebenso wie als intervenierende Bedingunge. Bevor auf diese Aspekte eingegangen wird, bedarf es zunächst einer genaueren Definition dieses für Menschen mit einer DIS sehr spezifischen Phänomens.

Die innere Kommunikation bezeichnet das Miteinander-in-Kontakt-Treten in Form von Sprechen und Zuhören der einzelnen Persönlichkeiten untereinander. Sie dient einer verbalen ebenso wie nonverbalen Verständigung innerhalb des Personensystems. Dabei ist nicht davon auszugehen, dass sich alle untereinander kennen oder unterhalten können oder wollen. Wer sich wann mit wem unterhält bzw. in kommunikativem Austausch steht ist sehr individuell bei den Personensystemen, die interviewt wurden, ausgeprägt. Auch unterliegt die innere Kommunikation einem Prozess, der sich entwickelt, verändert und ausweitet. Dabei sind folgende Dimensionen zu unterscheiden: (A) Es bestand schon zu jeder Zeit eine Kommunikation unter den einzelnen Persönlichkeiten. (B) Es standen einzelne Persönlichkeiten schon immer in Kontakt, dieser wurde im Laufe der Zeit auf die Anderen ausgeweitet. (C) Es bestand keinerlei Kommunikation untereinander, diese hat sich im Laufe der Zeit, zumeist mit Hilfe therapeutischer Begleitung, entwickelt. A3 beschreibt hier, dass der Aufbau einer inneren Kommunikation ein langwieriger Prozess war, der intensiver therapeutischer Begleitung bedurfte:

*„(....) und dazu brauchts natürlich schon viel Therapie, ähm, ja, Therapiesetting, um dahin zu kommen, also auch um diesen Punkt überhaupt erst mal zu haben dass alle miteinander reden können, also so."*
*(A3, Interview vom 28.1.2012, S.I-107, Z.18-20)*

Die Kommunikation untereinander findet, wenngleich in erster Linie, so doch nicht ausschließlich in verbaler Weise statt. Persönlichkeiten, die nicht sprechen können oder wollen, kommunizieren beispielsweise über Schreiben oder Malen. Dies findet im Falle von Sys 1 über ein gemeinsames Buch statt, welches an einem zugänglichen Ort liegt und bei Bedarf zur Kommunikation der Persönlichkeiten untereinander genutzt wird:

> *„(...) wir haben immer noch ein Buch(`) für diejenigen, die noch nicht so sich trauen klar zu sagen, was sie eigentlich wollen oder wo sie ein Problem haben, (...)."*
> *(A1, Interview vom 11.7.2011, S.I-4, Z.8-9)*

Auf diesem Wege erhält A1 im Sinne einer inneren Kommunikation, die mithilfe einer äußeren Kommunikationshilfe statt findet, relevante Informationen über die anderen Innenpersönlichkeiten.

Damit verdeutlicht sich die Strategie der Informationsweitergabe, womit das Austauschen von Informationen im Innen ebenso gemeint ist wie die Weitergabe dieser an Menschen im Außen. Die innere Kommunikation ermöglicht somit den Austausch über wichtige Informationen unter den Persönlichkeiten. Doch auch Menschen im Außen können aufgrund der inneren Kommunikation über innere Vorgänge informiert werden. Des Weiteren sind gemeinsame Handlungen, die das Sprechen implizieren, wie beispielsweise miteinander Spielen, Vorlesen, Geschichten Erzählen oder Erlebnisse Teilen zu nennen. Auch von den nonverbalen Aspekten des gegenseitigen Zuhörens und Raum-zum-Sprechen-Gebens ist die Rede. Dies bezieht sich insbesondere auf jene Persönlichkeiten, die sich entweder noch nicht trauen zu sprechen oder aber Standpunkte vertreten, die für andere Persönlichkeiten beängstigend oder nicht nachvollziehbar sind.

An dieser Stelle offenbart sich das zweite Element dieser Kategorie, die innere Kooperation der Persönlichkeiten untereinander, die durchaus nicht in erster Linie als gelingend beschrieben wird. Wenngleich die innere Kooperation gemeinsame Absprachen, Verhandlungen, Umeinander-Kümmern und kooperatives Aufeinander zu gehen beinhaltet, so finden sich ebenso Berichte über Streitereien und Auseinandersetzungen der Persönlichkeiten untereinander. Hierbei stehen das Aushandeln von Kompromissen, das Achten von persönlichen Grenzen, das Wahrnehmen der Einzelnen und die Mediation, die zumeist von einer erwachsenen Persönlichkeit ausgeht, im Vordergrund. Zwischen erwachsenen und kindlichen Persönlichkeiten findet sich hinsichtlich der Kooperation auch der Aspekt der Erlaubnisse, die sich vornehmlich auf kindgerechte Tätigkeiten wie beispielsweise Eisessen oder Spielen beziehen.

Die innere Kommunikation und Kooperation unter den einzelnen Persönlichkeiten ist in zweierlei Hinsicht relevant für die *Daseinsberechtigung*. Zum Einen stellt sie eine wichtige Handlungsstrategie dar, die sich in den beschriebenen Aspekten darstellt. Zum Anderen kann sich eine nicht vorhandene oder gestörte Kommunikation und Kooperation hinderlich auswirken, ebenso wie eine funktionierende und demokratische Kooperation hilfreiche und unterstützende Auswirkungen haben kann. Eine gelingende innere Kommunikation und Kooperation kann zu einem Netzwerk unter den einzelnen Persönlichkeiten führen. Eine nicht vorhandene oder gestörte Kommunikation hingegen kann zu Instabilität und unkontrollierter Dissoziation führen, wie die Ausführungen von B3 deutlich machen:

*„Gutes Leben wäre wirklich, wenn wir alle zusammen leben, also wenn wir schön zusammen leben im Sinne von, dass wir miteinander reden, dass wir nicht mehr dissoziieren, also dass die Einzelnen wirklich, ähm, die Anderen auch jeweils wahr nehmen können, also dass man nicht so allein steht, wie´s ja häufig ist, wenn wir dissoziieren und einer ist halt draußen wie die (Name Innenperson), dass sie dann auf einmal kein Kontakt mehr zu irgendwem anders hat, ähm, also das möchten wir, oder würde ich gern irgendwann dann vermieden wissen oder dass wir nicht mehr dekompensieren ist ein schönes Leben, ja, also dass diese janzen, dass wir wirklich so stabil sind, dass es zwar immer, also ich glaube man wird nie so stabil, dass man nicht erschüttert wird, also das wird man sicher immer mal, aber dass es uns nicht jedes Mal umhaut, also so." (B3, Interview vom 28.1.2012, S.I-118, Z.24-33)*

An diesem Beispiel wird deutlich, wie die innere Kommunikation und Kooperation in Form von miteinander Reden und einem gegenseitigen aufmerksamen Wahrnehmen der Einzelnen eine innere psychische Stabilität zur Folge hat. Die innere Kommunikation und Kooperation schafft einen stabilen und haltenden Rahmen in Form eines Netzwerkes der Gespräche und der gegenseitigen Unterstützung unter den einzelnen Innenpersönlichkeiten. Kontrastierend beschreibt B3, dass eine nicht vorhandene Kommunikation und Kooperation zu Dekompensation und unkontrollierten Wechseln der einzelnen Persönlichkeiten, bei der kein Kontakt mehr untereinander besteht, führt. Der Wunsch von B3 nach Wahrnehmen der Einzelnen untereinander korrespondiert mit dem Phänomen der *Daseinsberechtigung*. Das hier formulierte Ziel „schön zusammen leben" ist analog zum *Da-Sein* als ein *Wir sind* zu verstehen. Das miteinander Reden wird hier deutlich als Handlungsstrategie, um dieses individuell formulierte Ziel zu erreichen.

Die kommunikative Verbundenheit untereinander führt im Folgenden zu einer weiteren Handlungsstrategien hinsichtlich der *Daseinsberechtigung*: dem Besetzen von Räumen und Orten mit der je eigenen Persönlichkeit, womit ein weiterer Aspekt der Bedingungsmatrix, der die Ebene Innen ebenso wie Außen betrifft, angesprochen ist.

### 5.1.5.4 Innere und äußere Ebene. Orte und Räume der Daseinsberechtigung

Die *Daseinsberechtigung* beinhaltet, wie bereits vorgestellt, u.a. das Nachgehen eigener Interessen und Bedürfnisse der jeweiligen Persönlichkeit: hierfür bedarf es eigener Räume und Orte. Eigene Räume definieren sich durch Örtlichkeiten im Innen wie Außen gleichermaßen, die gefüllt oder bestückt sind mit Utensilien, um eigenen, persönlichkeitsspezifischen Bedürfnissen nach zu gehen. Dies kann ein Raum sein, in dem sich eigenes Spielzeug und Kuscheltiere befinden. Oder ein Platz für die eigene Staffelei. Auch das Aufhängen eines selbst gemalten Bildes definiert einen solchen Raum. Diese Räume können sich im Innen des Personensystems in Form eines eigenen Zimmers im inneren Haus befinden ebenso wie im Außen, wo dann ein Zimmer mit Gegenständen bestückt ist, die einzelnen Persönlichkeiten gehören. Allen gemeinsam ist die Tatsache, dass diese Räume erkennbar mit dem Wesen der einzelnen Innenpersonen gefüllt werden (können):

> „Ja, es gibt mein Zimmer, das ist mein Zimmer, kannst ja gleich mal gucken, ist auch so ein bisschen bunter vielleicht als normale Zimmer und da gibt´s auch ein paar Kuscheltiere und hier, ähm (zeigt hinter sich), das machen die Kinder, das ist Malen nach Zahlen."
> (A5, Interview vom 22.3.2012, S.I-257, Z.33-36)

Das Interview mit A5 hat bei ihr zu Hause statt gefunden. Zu Beginn erzählte sie, wie die einzelnen Persönlichkeiten ihre je eigenen Räume besetzen, was sich in der farblichen Gestaltung ihres Raumes ebenso zeigt wie an Bildern, die nach Vorlagen („Malen nach Zahlen") von den Innenkindern hergestellt wurden.

Die Orte der *Daseinsberechtigung* hingegen definieren sich durch (selbst gewählte) Aufenthaltsorte im Außen, die es ermöglichen eigenen Interessen nach zu gehen. Das Bewegen in der freien Natur findet hierbei ebenso Erwähnung wie das Besuchen einer politischen Demonstration. Auch der gemeinsame Urlaub mit einer Freundin, die von dem Viele-Sein weiß, kann einen Ort der *Daseinsberechtigung* darstellen. Das aktive Nutznießen der Urlaubsstimmung, der Sonne und des Meeres durch einzelne Innenpersonen wird gefördert durch den Ort der Entspannung und die Begleitung durch eine wissende Freundin, die es erleichtert, dass auch andere Innenpersonen als die Alltagsperson diesen Ort besetzen können.

Der Bereich der inneren Kommunikation und Kooperation ist eng mit dem Besetzen eigener Räume und Orte verwoben. Sie erscheint als Bedingung insofern, als innere organisatorische Absprachen hinsichtlich der Ressourcen Zeit, räumliche Passung und ggfs. vertraute Menschen im Umfeld notwendig sind, um einen Raum oder Ort zu besetzen und eigenen Tätigkeiten nach zu gehen. Gleichwohl können Räume und Orte ebenso ohne vorherige kommunikative Absprachen von einzelnen Persönlichkeiten besetzt werden. B2 berichtet im Folgenden von ihrem Vorhaben, auf eine politische Demonstration gehen zu wollen:

> „Also ich hab mich gut gefühlt. ich wollte das gerne machen, hab im kalender gesehen wir haben da noch nix vor und yeah ich kann mal machen was ich will, wie geil. so war das." (B2, Interview via chat vom 29.11.2011, S.I-79, Z.16-18)

Wenngleich das Nachschauen im Kalender nach etwaigen Terminen für eine innere Kooperation spricht, die sie mit den anderen Persönlichkeiten verbindet, so hat dennoch offensichtlich keine weitere Kommunikation über das Vorhaben von B2 zwischen den Einzelnen statt gefunden. Daran wird deutlich, dass es B2 auch ohne innere Kommunikation durchaus möglich ist, im Sinne der *Daseinsberechtigung* eigene Orte wie in dem Fall einer politischen Demonstration, auf Grundlage eigener Interessen zu besetzen. Dieser unverbundene, weil nicht kommunizierte, Vorgang ist insofern nicht verwunderlich, stellt doch ein solcher Persönlichkeitenwechsel, zumeist verbunden mit einer

Amnesie für diesen Switch seitens einer anderen, häufig der Alltagspersönlichkeit, ein Diagnosekriterium der DIS dar.

Doch bleibt fest zu stellen, dass die innere Kommunikation und Kooperation als ein wesentliches Kriterium für das Schaffen eines inneren und stabilisierenden Netzwerkes zu lokalisieren ist. Wenngleich die Räume und Orte der *Daseinsberechtigung* auch ohne vorherige Absprachen von Einzelnen besetzt werden können, forciert dieser Vorgang den chaotisierenden Aspekt der Persönlichkeitenwechsel. Die Besetzung eigener Räume und Orte mittels systeminterner Absprache reduziert dagegen eine unkontrollierte Dissoziation und lässt in Folge dessen das Gefühl der Selbstbestimmung steigen.

Allen Orten und Räumen der *Daseinsberechtigung* ist unabhängig von der inhaltlichen Setzung ein gemeinsames Charakteristikum inhärent; das der Sicherheit. Sie sind diesbezüglich nicht als beliebig zu begreifen, denn der Grad der Sicherheit, der von ihnen ausgeht ist entscheidend.

### 5.1.5.5. Innere und äußere Ebene. Sicherheit schaffen

In Anbetracht der Gewalterfahrungen, die ein Personensystem überlebt hat, ist es nicht verwunderlich, dass Sicherheit ein entscheidender Faktor bei der Wahl der Orte und Räume der *Daseinsberechtigung* ist. Sie definiert sich durch verschiedene Elemente, die zunächst wieder in innere und äußere Sicherheit zu unterscheiden sind.

Innere Sicherheit wird in erster Linie durch innere Kommunikation und Kooperation hergestellt, wobei gegenseitige Zuverlässigkeit und Ehrlichkeit wichtige Aspekte sind. Hierzu zählt beispielsweise die Zusicherung der Innenpersönlichkeiten untereinander, auf Innenkinder aufzupassen, während eine Beschützerpersönlichkeit im Außen eigenen Bedürfnissen nachgeht. Oder auch, dass eine Persönlichkeit für eine andere die Sicherheit einer emotionalen Beziehung, beispielsweise einer therapeutischen, testet, um zu gewährleisten, dass sich diese als sicher genug auch für andere Persönlichkeiten erweist.

Äußere Sicherheit hingegen wird durch jene Attribute charakterisiert, die einen unkontrollierbaren Zugriff auf das Personensystem verhindern. Zum Einen kann das die Möglichkeit sein, einen Raum abzuschließen oder die Zusicherung, dass niemand anderer unangemeldet diesen Raum betritt. Zum Anderen vermittelt das Vorhandensein eigener, persönlichkeitenspezifischer Bezugspunkte Sicherheit. Die Innenkinder legen diesbezüglich großen Wert auf das Vorhandensein kindgerechter Objekte wie eigene Kuscheltiere, Bücher oder Spiele.

Ein weiterer relevanter Aspekt der äußeren Sicherheit ist der Umstand, dass ehemalige Täter und Täterinnen keinen Zugriff mehr auf das Personensystem haben. Wenngleich dies nicht impliziert, dass kein Kontakt zu dem ehemals gewaltausübenden Umfeld, wie beispielsweise den Eltern, besteht. Vielmehr beinhaltet dieser Aspekt das Ende der Ausübung von psychischer und physischer Gewalt. Oftmals geht das Gefühl der Sicherheit allerdings einher mit dem Abbruch des Kontaktes zu jenen Menschen, die die Gewalt ausgeübt haben. Auf die Bitte, den Begriff Sicherheit genauer zu definieren folgt diese Beschreibung von B5:

*"Im Außen, also, dass es keine Täterkontakte mehr gibt, das weiß ich hundertprozentig, hmh, dass auch keine Kontakte mehr gibt, die irgendwie, ähm (...) schwierig sind so für alle hier, also so destruktive Beziehungen und so, dass die alle abgebrochen wurden und, ähm, dass ich von daher denke, dass, oder oft das Gefühl hab´, es wird so insgesamt ruhiger (..).“*
*(B5, Interview vom 22.3.2012, S.I-262, Z.36-40)*

B5 definiert hier Sicherheit im Außen auf zweierlei Arten. Zum Ersten durch die Gewissheit, dass kein Täterkontakt mehr besteht. Zum Zweiten durch Menschen im Außen, genauer durch mittlerweile nicht mehr bestehende Beziehungen, denen destruktive Verhaltensmuster zugrunde lagen. Diese Herstellung von Sicherheit führt in Folge zu einem Gefühl der Beruhigung insgesamt. Somit definieren Beziehungen zu Menschen im Außen den Sicherheitsgrad des Ortes oder Raumes der Daseinsberechtigung in fördernder oder behindernder Ausprägung gleichermaßen.

Zudem haben Menschen im Außen direkten Einfluss auf die *Daseinsberechtigung* im Allgemeinen. Sie erscheinen hier als intervenierende Bedingungen, die den Prozess der Loslösung vom *Du bist nicht – Ich bin nicht* hin zu einem *Da-Sein* sowohl unterstützen als auch behindern können. Hierauf wird in dem nachfolgenden Kapitelabschnitt eingegangen, womit gleichzeitig auf die nächste Ebene der Bedingungsmatrix rekurriert wird.

## 5.1.5.6 Äußere Ebene. Menschen im Außen – Nahes und weites soziales Umfeld

*...Die Person schafft es tatsächlich ein weiteres Mal, die Mauer zu überwinden. Gleichzeitig schaut sie sich nach der Person mit dem Seil um, wird sie sie wieder zurück ziehen? Sie spitzt ängstlich die Ohren, ist da wieder diese vernichtende Stimme zu hören? Doch nein, sie nähert sich ihrem Obelisken. Doch bemerkt sie, dass sie nicht alleine ihren Weg beschreitet. Die anderen Personen um sie beeinflussen sie dabei ebenso wie die Stimmen, die sich da im Außen befinden. Sie möchte sie kennen lernen, ihnen begegnen. Werden sie sie willkommen heißen?...*

Ein weiteres Element der *Daseinsberechtigung* stellen die Menschen im Außen dar. Darunter fallen sämtliche soziale Kontakte und Beziehungen, mit denen das Personensystem in Verbindung steht. Unterschiedliche emotionale Distanzgrade dieser sozialen Beziehungen finden hierbei Erwähnung, sie unterteilen sich in nahe und ferne Beziehungsgeflechte. Es finden zwar die vertrauten Beziehungen eine ausgeprägtere Erwähnung. Das bedeutet allerdings nicht, dass die weiter entfernten Beziehungen nicht ebenso Einfluss auf die *Daseinsberechtigung* haben.

Menschen im Außen, die sich im nahen sozialen Umfeld befinden, lassen sich, bezugnehmend auf die vorliegenden Daten, den Gruppen Freundschaften, Liebesbeziehungen und therapeutische Beziehungsbündnisse zuordnen. Allen gleich ist das Ringen um *Daseinsberechtigung* einzelner Persönlichkeiten in diesen Beziehungen. Das setzt allerdings voraus, dass bereits kommuniziert wurde, dass eine Besonderheit des Gegenübers darin besteht, mehr als eine Person zu sein. Grundsätzlich ist davon auszugehen, dass das „Outing" bereits einen Vertrauensvorschuss seitens der Menschen mit DIS darstellt, denn sie offenbaren einen äußerst intimen Bereich ihrer selbst bevor sie als Einzelne in Kontakt treten können oder wollen. Ist dieser Umstand offenkundig, werden in Folge insbesondere therapeutische Beziehungen als ein Ort begriffen, der einen Raum zum *Da-Sein* derjenigen Persönlichkeiten, die da sein wollen, zur Verfügung stellen sollte. Doch berichten die InterviewpartnerInnen diesbezüglich von blockierenden und abwehrenden Haltungen gegenüber den einzelnen Persönlichkeiten:

> „(...) habe ich das versucht mit den Ärzten zu besprechen und der Oberarzt da hat völlig abgeblockt, also wenn ich von der kleinen... (Name K6) erzählen wollte, hat der sofort immer, sofort immer ins Wort gefallen, ich konnte keine zwei Sätze über die kleine... (Name K6) sprechen, die wollten dann mit Medikamenten weiter rein und mich noch mehr begrenzen (...)." (A6, Interview vom 28.3.2012, S.I-306, Z.1-5)

A6 berichtet hier von ihren Erfahrungen, in denen sie gegenüber Ärzten in einer psychiatrischen Klinik stellvertretend im Sinne der inneren Kooperation um die *Daseinsberechtigung* eines Innenkindes (K6) ringt. Diese wird seitens eines Menschen im Außen, in diesem Fall des Arztes verwehrt und es wird innerhalb eines psychopathologischen Diskurses mit Medikation zur Beruhigung der Krankheitssymptome reagiert, was wiederum zu einer Begrenzung und Einschränkung der Einzelnen geführt hat.

Dieser Erfahrung kontrastierend gegenüber steht im Sinne der *Daseinsberechtigung* der Wunsch einzelner Persönlichkeiten nach einem Gegenüber, das Beziehungsräume, in denen die Einzelnen wahr genommen werden und sichtbar sein können, schafft. Eine offene, einladende und akzeptierende Haltung eines Menschen im Außen kann im besten Fall zu der ersten Erfahrung eines guten Lebens beitragen:

> „I: Wenn du dich zurück erinnerst, wann war das Leben für dich das erste Mal gut?
> K2: Als ich zum ersten mal mit der Therapeutin geredet hab. das war am Telefon und sie hat sich gefreut das ich was gesagt hab." (K2, Interview via chat 16.11.2011, S.I-71, Z.34-36)

Die Eröffnung eines einladenden Beziehungsraumes der *Daseinsberechtigung* seitens der Therapeutin, in dem K2 als Kind agierte und als solches wahr genommen wurde, führte in der Folge zu einer stärkenden, weil positiven Lebenserfahrung. Der Zusammenhang von *Daseinsberechtigung*, resp. *Da-Sein* und gutem Leben wird hier besonders deutlich. K2 wird durch die einladende Reaktion der Therapeutin das eigene *Da-Sein* ermöglicht, ihr wird ein Raum zur Verfügung gestellt, in dem sie sprechen kann und gehört wird. Das wiederum führt dazu, dass sich das Leben für K2 hier als eine der ersten Male gut anfühlte. Doch nicht nur in therapeutischen Beziehungen stellt sich die *Daseinsberechtigung* als ein wichtiger Faktor dar, sondern ebenso in Freundschaften und Liebesbeziehungen findet sich diese Dynamik wieder mit ähnlichen Wirkfaktoren.

Ein weiterer intervenierender Aspekt der Menschen im Außen ist der Grad der Opferdiskurse, derer sie sich entweder selbst bedienen oder die an die Menschen mit einer DIS heran getragen werden. Insbesondere in den emotional nahen Beziehungen haben diese eine deutliche Auswirkung auf die *Daseinsberechtigung*. Es finden sich diesbezüglich zwei divergente Verhaltensstrategien gegenüber den Innenpersönlichkeiten, resp. dem gesamten Personensystem: die des Zutrauens und Vertrauens in die Stärke der Einzelnen sowie die des Infragestellens und Bezweifelns eben dieser aufgrund der erlittenen Gewalterfahrungen. Die zweite ist begleitet von einer ständigen Sorge um das Personensystem hinsichtlich seiner Sicherheit, seiner Fähigkeiten zum Selbstschutz, dem Überwinden innerer Schwierigkeiten und/oder dem Bewältigen seelischer Krisen. Menschen im Außen, die sich dieses Opferdiskurses bedienen, schränken die Möglichkeit selbstermächtiger Erfahrungen deutlich ein. B1 beschreibt diesbezüglich die Wichtigkeit von Zutrauen und Vertrauen in die eigenen Fähigkeiten, damit sie selbst gesteckte Ziele, in diesem Fall selbständiges Einkaufen im Außen, was sonst die Alltagspersönlichkeit erledigte, erreichen konnte:

> *„Und das meine ich mit Zutrauen, dass man, dass die Begleiter im Außen einfach (..) einem auch Dinge zutrauen und nicht hingehen und sagen, hmm, mit dem was du so auf deinen Schultern trägst, nee, das lass mal lieber, (....).“*
> (B1, Interview vom 25.7.2011, S.I-26, Z.32-34)

B1 weist darauf hin, dass sich eine Haltung des Menschen im Außen, die sie aufgrund ihrer traumatischen Erfahrungen und „dem, was sie auf den Schultern trägt", zu einem handlungsunfähigen Opfer stilisiert sich blockierend auf die eigene Handlungsmacht ausgewirkt hätte. Gleichwohl ignoriert das ausschließliche Vertrauen in die Stärken des Personensystems die durchaus benötigte Unterstützung von Außen. Ein der Situation angemessenes Verhalten, das in erster Linie die *Daseinsberechtigung* einzelner Innenpersönlichkeiten und die damit einhergehenden individuellen Ausprägungen von Schutz- und Unterstützungsbedarf beachtet, zeigt sich als eine unterstützende und stärkende intervenierende Bedingung der *Daseinsberechtigung*.

Nun haben jedoch nicht nur nahe soziale Kontakte Einfluss auf die Daseinsberechtigung, sondern auch das weitere soziale Umfeld ist relevant. In diesem Umfeld von beispielsweise ArbeitskollegInnen, Bekannten oder lockeren Freundschaften zeigt sich die *Daseinsberechtigung* weniger in der Forderung nach Gesehenwerden und dem Besetzen eigener Beziehungsräume als vielmehr in dem Wunsch danach, selbstbestimmt entscheiden zu können, ob sich die einzelnen Persönlichkeiten zu erkennen geben oder nicht. Dieser Aspekt findet sich zwar auch in emotional nahen Beziehungen, doch geht es in diesem Zusammenhang vielmehr darum, sich zu zeigen, <u>um</u> einen (Beziehungs-) Raum zu besetzen. Während in Beziehungen im weiteren sozialen Umfeld die selbstbestimmte Entscheidung, es <u>nicht</u> zu tun, im Vordergrund steht.

Diesbezüglich lassen sich fremdbestimmte und selbstbestimmte Gründe für diese Entscheidung lokalisieren. So wird beispielsweise von der Notwendigkeit berichtet, die eigene Multiplizität zu verbergen, um möglichen Stigmatisierungen und damit einhergehend beruflichen oder persönlichen Nachteilen zu entgehen. Die pathologisierende Macht gesellschaftlicher Diskurse wird hier deutlich und führt, um diesen zu entgehen, in Folge zu einer fremdbestimmten Entscheidung, relevante Identitätsmerkmale wie das Viele-Sein bewusst zu verbergen. Der Einfluss gesellschaftlicher Diskurse auf die *Daseinsberechtigung* innerhalb der Beziehung zu Menschen im Außen zeichnet sich hier bereits ab und wird im nachfolgenden Kapitelabschnitt weiter ausgeführt.

Dem gegenüber stehen selbstbestimmte Entscheidungen, die das Verbergen der verschiedenen Persönlichkeiten initiieren. Beispielsweise orientieren sich diese an der Angemessenheit der (Beziehungs-) Situation:

„(...) oder so, also, da würde ich nicht sagen, ich habe jetzt die und die Probleme, aber, also, genau (..), ja, insofern würde ich es dann auch nicht öffentlich machen (lacht) also, dann würde ich es halt nur dem sagen, wo es angebracht ist und der es wissen muss und alle anderen müssen es einfach nicht wissen." *(A3, Interview vom 28.1.2012, S.I-96, Z.40-43)*

A3 beschreibt hier ihre Entscheidung, ihr Viele-Sein gegenüber dem Vorgesetzten und KollegInnen zu verbergen. Diese Entscheidung begründet sie mit der jeweiligen persönlichen Ebene der Beziehung, die sie in diesem Fall als unangemessen für das Mitteilen solch intimer Informationen bewertet.

Somit wird ein weiterer Faktor der *Daseinsberechtigung* auf der äußeren Bedingungsebene deutlich: die selbstbestimmte Entscheidung, diese Räume bewusst nicht besetzen zu wollen. Die Gründe hierfür sind unterschiedliche, entscheidend für diesen Aspekt ist der Grad der Selbstbestimmung und inwieweit eben dieser durch normative Setzungen eingeschränkt oder gefördert wird. Denn jenseits der selbstbestimmten Entscheidung, sich als Viele-Mensch zu zeigen und dem Wunsch Einzelner nach zu kommen, ihre eigenen Räume und Orte der *Daseinsberechtigung* zu besetzen oder auch genau das nicht zu tun, finden sich deutliche Konflikte in den Daten hinsichtlich des Verbergenmüssens der eigenen Multiplizität. Zum Einen besteht die Befürchtung vor Pathologisierung, zum Anderen vor Normierungszwängen. Diese Konfliktlinie der *Daseinsberechtigung* auf gesellschaftlicher Ebene wird im Folgenden dargestellt.

### 5.1.5.7 Äußere Ebene. Gesellschaftliche Ebene – Strukturelle Bedingungen

Die gesellschaftliche Ebene hat einen direkten Einfluss auf die *Daseinsberechtigung* der je einzelnen Persönlichkeiten ebenso wie auf das gesamte Personensystem. Der konfliktreiche Widerspruch zwischen der *Daseinsberechtigung*, um sich ein gutes, resp. besseres Leben zu erstreiten, und der gleichzeitigen Einschränkung dieser aufgrund gesellschaftlicher Normierungen hinsichtlich der (erwarteten und geforderten) Kohärenz einer Person findet sich bei allen InterviewpartnerInnen. Hinzu kommen strukturelle Bedingungen in Form eines ungenügenden (psychotherapeutischen) Versorgungssystems und unzulänglicher finanzieller Absicherung komplex traumatisierter Menschen.

Die inhaltliche Besetzung der Orte und Räume der *Daseinsberechtigung* definiert sich nicht nur über das Ausleben der jeweils individuellen Bedürfnisse und Wünsche der einzelnen Persönlichkeiten. Insbesondere bei psychischen Krisen wird der Bedarf nach professioneller Begleitung und Stärkung in entsprechend sicheren Räumen und Orten wie beispielsweise einer Psychotherapie oder dem Aufenthalt in einer psychiatrischen Klinik deutlich. Doch bezieht sich der Wunsch nach Nutzung solcher Angebote nicht zwangsläufig auf das gesamte Personensystem: es ist durchaus der Fall, dass bestimmte Themen von bestimmten Innenpersönlichkeiten in entsprechenden Kontexten be-

oder aufgearbeitet werden wollen. Das setzt zweierlei voraus: zum Einen das Wissen seitens der MitarbeiterInnen des psychiatrischen und psychotherapeutischen Versorgungssystems um traumabedingte Dissoziation in Form von verschiedenen Persönlichkeiten. Zum Anderen bedarf es der professionellen und persönlichen Offenheit von BegleiterInnen sich auf die divergenten Wünsche einzelner Persönlichkeiten innerhalb eines Körpers einzulassen.

Eine weitere intervenierende Bedingung auf der äußeren Ebene der *Daseinsberechtigung* ist das begrenzte Angebot von Psychotherapien, die durch die Krankenkassen finanziert werden. Die bürokratische Einschränkung der Krankenkassenzulassung auf vorgeschriebene Richtlinienverfahren führt zu einem reduzierten Angebot trotz unterschiedlichster bewährter Therapieangebote auf derzeit Verhaltenstherapie, tiefenpsychologisch fundierte und analytische Psychotherapie (Auckenthaler, 2012, S.151). Das wiederum schränkt die Wahl der Hilfesuchenden, die hinsichtlich der Finanzierung einer Therapie auf ihre Krankenkassen angewiesen sind, wesentlich ein. Dies kann in Folge zu einem Verbleib bei einer/m Therapeut/in führen, der oder die nicht unter dem Aspekt von Wirksamkeit sondern aufgrund entsprechender bürokratischer Vorgaben gewählt wird. A4 begründet diesbezüglich im Folgenden ihr Verbleiben bei einer Psychotherapeutin, bei der sie sich von Beginn an nicht gut aufgehoben gefühlt hat, unter anderem mit diesen strukturellen Begrenzungen durch die Krankenkasse:

> „(...) *also gut aufgehoben fühlen ist was anderes (..) und das war aber von Anfang an so, aber ich brauchte lebensnotwendig eine Therapie, ich konnte da nicht einfach sagen, nee, dann geh ich da jetzt nicht mehr hin und ich war durch meine Krankenkasse gezwungen, ne Psychoanalytikerin zu nehmen, also von daher hatte ich eigentlich nicht wirklich die Möglichkeit zu sagen, ich such mir jetzt Eine, die besser zu mir passt (...)."*
> (A4, Interview vom 28.2.2012, S.I-169, Z.33-37)

Durch den von A4 genutzten Begriff „gezwungen" wird die Macht der Krankenkassen hinsichtlich des eingeschränkten Therapieangebotes deutlich. Die Psychoanalytikerin musste hier gewählt werden, wenngleich A4 den Bedarf gehabt hätte, eine Therapeutin zu suchen, die besser zu ihr gepasst hätte. Das begrenzte Angebot der krankenkassenzugelassenen Therapieformen zeigt sich an dieser Stelle, und es steht zu vermuten, dass aufgrund des beschriebenen Unwohlseins diese

Therapeutin keinen sicheren Ort darstellt, sich also somit strukturelle Bedingungen in diesem Fall hinderlich auf die *Daseinsberechtigung* auswirken können.

Des Weiteren kommt eine nicht ausreichende ambulante und klinische psychotherapeutische Versorgung, deren AkteurInnen sich mit dem Bereich der Dissoziation und Traumaerfahrung hinreichend auskennen, erschwerend hinzu. Die Wartezeiten auf einen Psychotherapieplatz bei einer/m Psychotraumatolog/in insbesondere bei jenen, die über das Krankenkassensystem finanziert werden, werden als unangemessen lang beschrieben. Das führt in der Folge dazu, dass bei hoher emotionaler Belastung auch therapeutische Angebote genutzt werden, die sich nicht oder nur unzureichend mit Traumata und den Folgen auskennen. Das Bundesnetzwerk für angemessene Psychotherapie e.V. (2015, www.Initiative-Phoenix.de) diskutiert diese Umstände öffentlich und setzt sich zudem für eine versierte psychotraumatologische Ausbildung von PsychotherapeutInnen ein.

Hinzu kommt ein weiterer struktureller Aspekt, der im weitesten Sinne Einfluss auf die *Daseinsberechtigung* nimmt. Oftmals führen Zuwendung zu und Auseinandersetzung mit den Innenpersönlichkeiten und den Symptomen der Dissoziation zu einer Einschränkung der beruflichen Funktionalität. So dass einer Erwerbsarbeit nicht in dem Ausmaße nachgegangen werden kann, wie sie gewünscht wird, um sich finanziell abzusichern. Das wiederum hat finanzielle Abhängigkeiten entweder von einer/m verdienenden Partner/in, den Eltern und/oder staatlicher Hilfe zur Folge. A3 berichtet diesbezüglich davon, dass sie derzeit von den Eltern, die auch TäterInnen waren, finanziell unterstützt wird. Darunter leidet sie sehr, so dass sie einer Nebentätigkeit nachgeht, um sich von dieser Abhängigkeit zu lösen. Das wiederum spannt ihre psychischen und zeitlichen Ressourcen derart ein, dass die benötigte Zuwendung gegenüber den anderen Persönlichkeiten darunter leidet:

> *„(...) im Moment tun wir Vieles, um aus dieser Abhängigkeit von den Eltern raus zu kommen, obwohl wir gleichzeitig wissen, dass es uns nicht gut tut, also, gerade was jetzt so Nebenjobs oder so angeht, hmm, ist das so, die ich mache, damit ich halt, damit wir aus dieser Abhängigkeit raus kommen, auf der anderen Seite tut's aber dem System nicht gut."* (A3, Interview vom 28.1.2012, S.I-111, Z.7-11)

Ziel von A3 ist es, das finanzielle Abhängigkeitsverhältnis zu den Eltern zu lösen, dafür bemüht sie sich um Nebenjobs. Dieser Umstand allerdings führt dazu, dass sie weniger Zeit für die anderen Persönlichkeiten hat, was wiederum dem gesamten Personensystem nicht gut tut. Bezugnehmend auf die *Daseinsberechtigung* zeigt sich hier die einschränkende Wirkung der strukturellen Bedingungen mangelnder finanzieller Hilfen für schwer traumatisierte Menschen. Wie bereits heraus gearbeitet wurde, bedarf es angemessener Räume und Orte der *Daseinsberechtigung*, die wiederum zu einer inneren Kommunikation und Kooperation führen, was in Form eines inneren Netzwerkes eine psychische Stabilität zur Folge hat. Eine ungenügende finanzielle Absicherung und eine unzureichende psychotherapeutische Versorgung hingegen schränken die Möglichkeiten der *Daseinsberechtigung* deutlich ein und können Abhängigkeitsverhältnisse und psychische Destabilität zur Konsequenz haben. Erste Veränderungen hinsichtlich unbürokratischer finanzieller Hilfen bietet die Bundesregierung durch die Eröffnung eines 60-Millionen-Euro-Fonds für Menschen, die Opfer sexualisierter Gewalt in familiären, institutionellen und/oder ritualisierten Kontexten waren. Auf recht unkomplizierte Weise können hier Gelder für Psychotherapie und andere hilfreiche Unterstützungen angefordert werden (Bundesministerium, 2016).

Doch haben nicht nur die hier beschriebenen strukturellen Bedingungen Auswirkungen auf die *Daseinsberechtigung*. Auch die gesellschaftlichen Diskurse über Gesundheit und Krankheit nehmen einen deutlichen Einfluss.

### 5.1.5.8 Äußere Ebene – Gesellschaftliche Diskurse über Gesundheit und Krankheit

Die DIS wird als eine der schwerwiegendsten psychischen Erkrankungen innerhalb des dissoziativen Spektrums beschrieben. Nun ist es hingegen so, dass keine der InterviewpartnerInnen sich als psychisch krank aufgrund der Aufspaltung in verschiedene Persönlichkeiten eingestuft hat. Vielmehr werden die daraus resultierenden Konsequenzen wie beispielsweise Zeitverlust, Selbstverletzung oder Dekompensation als belastend und die Lebensqualität einschränkend beschrieben. Auf die Frage hin, warum A3 hinsichtlich ihrer DIS nicht von einer Störung, sondern von einem Überlebensmechanismus spricht, rekurriert sie im Folgenden auf das Diagnosemanual ICD 10:

> „(...) dass sie [die DIS] halt aufgeführt ist auch im ICD 10 ist sie ja auch aufgeführt, ähm, ich denke einfach, dass sie dann eine Krankheitscharakteristik bekommt aufgrund der, ähm, Symptome die sie zeigt, also aufgrund der Depression, aufgrund der Schlafstörungen, aufgrund des selbstverletzenden Verhaltens, also, das sind halt alles Sachen, die für sich ja schon krankhaft sind, also schon eine Störung dann bedeuten, aber die eigentliche DIS, also die eigentliche Spaltung ist es eigentlich nicht, also insofern, ja, sind es für uns irgendwie so zwei Paar (..) Schuhe." (A3, Interview vom 28.1.2012, S.I-97, Z.26-32)

An diesem Zitat wird, neben den versierten Fachkenntnissen von A3, die ihrem beruflichen Hintergrund entspringen, zweierlei deutlich. Zum Einen setzt sie sich intensiv mit der entsprechenden Literatur auseinander, was ihr dazu verhilft, sich innerhalb der herrschenden wissenschaftlichen und fachlichen Diskurse zu positionieren. Das wiederum macht sie nicht alleine, sondern mit den anderen Innenpersönlichkeiten zusammen, was an der pluralen Sprechweise zum Ende des Zitates deutlich wird. Zum Anderen verdeutlich sie hier auf abstrakte Art und Weise ihre Sichtweise auf die DIS, deren Symptomatik zwar als eine Störung von ihr verstanden wird, die Abspaltung in verschiedene Persönlichkeiten hingegen nicht.

Wenn nun aber der Fokus von Hilfsangeboten auf eine Reduzierung der Dissoziation als dem entscheidenden Merkmal von Krankheit liegt, werden der Leidensdruck und ein möglicher Hilfebedarf einzelner Innenpersönlichkeit ignoriert. Dergestalte Angebote erscheinen somit als obsolet hinsichtlich einer Verbesserung der belastenden Symptomatik. Zugespitzt deutlich ist dieser Umstand insbesondere dann, wenn das Integrieren der verschiedenen Persönlichkeiten einer NutzerIn eines solchen Hilfeangebotes in eine kohärente Persönlichkeit als das einzig zu erreichende Ziel im Sinne einer psychischen Gesundheit postuliert wird. Auf die Frage hin, was für A4 psychische Gesundheit bedeutet, stellt sie das Erreichen einer psychischen Stabilität und nicht das Integrieren der einzelnen Persönlichkeiten in den Fokus ihrer Erzählung:

> „(...) ne möglichst gute Stabilität zu erreichen, was durchaus auch als multipel sein, also ich bin, ich bin da jetzt nicht so drauf fixiert, dass es unbedingt

*nur eine Person sein muss (...) (...)."* (A4, Interview vom 28.2.2012, S.I-157, Z.17-19)

Das vorrangige Ziel der therapeutischen Arbeit ist für A4 demnach das Herstellen einer psychischen Stabilität, die ihr das Arbeitengehen (wieder) ermöglicht, was dem Anliegen der Therapeutin, die die Kohärenz der Persönlichkeit in den Fokus der psychischen Gesundheit stellt, zuwider läuft:

> *„(...) Also es war, es war zwar auch auch vorher schon so, dass (..), so mein Hauptziel, mit dem ich eigentlich gekommen war, äh, dass ich wieder gerne, gerne wieder arbeiten gegangen wäre, dass das in der Therapie immer mehr an Bedeutung verloren hat und dass das Hauptziel der Therapeutin von Anfang an gewesen ist Integration der Innenpersonen, was aber mir eigentlich schnurz gewesen ist (...)."*
> *(A4, Interview vom 28.2.2012, S.I-170, Z.44-48)*

Kontrastierend zu den Vorstellungen ihrer Therapeutin, welche die personale Integration ihrer Patientin anstrebt, umschreibt A4 den Bereich von Gesundheit vielmehr als eine innere Stabilität, die ihr das Arbeitengehen ermöglicht und nicht vornehmlich das Integrieren in eine Persönlichkeit. Treffend drückt sie diesen Zusammenhang in einem persönlichen Telefonat nach dem Interview aus, in dem sie sagt, dass das Eine-Sein nicht der Schlüssel ist, der alles in einem positiven Sinne umdreht.

Somit ist die alleinige Kenntnis über traumabedingte Dissoziation seitens einer/s MitarbeiterIn des psychosozialen Hilfesystems noch kein Garant für eine hilfreiche Behandlung derjenigen Persönlichkeiten, die in einen therapeutischen Beziehungskontakt treten wollen. Im Gegenteil wird von Erfahrungen berichtet, in denen professionelle HelferInnen eine Auseinandersetzung mit einer anderen als der Alltagspersönlichkeit ablehnen. Dies tun sie mit der Begründung, die krankhafte Dissoziation nicht weiter fördern zu wollen. Dabei stehen jene wissenschaftlichen und fachlichen Diskurse im Vordergrund der Begründung, die die Dissoziation als pathologisch begreifen und demzufolge das Ziel einer Heilung durch eine gesundbringende Integration verfolgen. Hier werden gesellschaftliche Normierungsdiskurse deutlich, die den Bereich von Gesundheit und Normalität vorgeben. Diesen aufgrund des Strebens nach *Daseinsberechtigung* Einzelner nicht in geforderter Weise genügen zu können hat mögliche Stigmatisierungserfahrungen zur Folge.

### 5.1.5.9 Äußere Ebene – Stigmatisierungserfahrungen und Normierungsdiskurse

Es lassen sich weitere gesellschaftliche Diskurse lokalisieren, die unmittelbaren Einfluss auf die *Daseinsberechtigung* der Einzelnen nehmen. Dazu zählen Normierungsdiskurse, die vorgeben oder beinhalten, was Normalität, insbesondere psychische Normalität, ausmacht. Nun führt aber gerade die *Daseinsberechtigung* der Einzelnen verstärkt zu einer Nicht-Passung an normative Vorgaben. Mehr noch, wirken sich diese Diskurse als identitätsstiftend insofern aus, als sie als Dreh- und Angelpunkt dienen, von dem aus das eigene Sein und Handeln bewertet wird.

Das Ringen um Berechtigung der Einzelnen hat, wie bereits gezeigt, auch zur Folge, dass sich Persönlichkeiten, wie beispielsweise die Innenkinder, im Außen bewegen wollen. Das hat zur Konsequenz, dass ein Kind in einem erwachsenen Körper in einem gesellschaftlichen Kontext, der eine kohärente Identität postuliert, als nicht normal und dementsprechend als auffällig bis hin zu krank wahr genommen wird. Daraus folgen verschiedene Konsequenzen, die sich als intervenierende Bedingungen auf die *Daseinsberechtigung* nieder schlagen.

Eine dieser Konsequenzen ist die der möglichen Stigmatisierungserfahrungen. Diese finden auf unterschiedlichen Ebenen statt, auf einer persönlichen ebenso wie auf einer strukturellen. Die persönlichen Stigmatisierungserfahrungen beziehen sich unmittelbar auf die Reaktionen der Menschen auf die jeweilige Persönlichkeit, die sich gerade im Außen befindet. So kann das Spielen eines Innenkindes auf einem Spielplatz dazu führen, dass Menschen, die diese Situation mitbekommen, sich abfällig darüber äußern oder den Vorgang auf eine behelligende Art und Weise beobachten.

> *"Ich (.), bei dem Spielplatz war ich ganz traurig, weil das nicht mehr (.), ich wollte auch noch auf die Stange, aber das passt nicht so (..) und dann haben die (.), wenn die Menschen oder wenn die Leute draußen und gucken die immer so doof (..) und das fanden die Grossen total blöd."* (K1, Interview vom 11.7.2011, S.I-36, Z.31-33)

An diesem Beispiel von K1 wird deutlich, dass die Reaktion der Menschen im Außen zum Einen dazu führt, dass sie selbst traurig wird. Sie hätte gerne an der Stange auf dem Spielplatz gespielt, ist aber verschreckt durch die Blicke der Menschen. Zum Anderen hat diese von Außen initiierte innere emotionale Bewegung wiederum direkten Einfluss auf die Handlungen der erwachsenen Persönlichkeiten des Personensystems. Auch die fühlen sich in der Situation unwohl und schränken das Spiel des Innenkindes im Außen im Folgenden insofern ein, als sie darauf achten, dass es nicht beobachtet wird. Daran wird deutlich, dass die Ebenen der Bedingungsmatrix sowohl mittelbaren als auch unmittelbaren Einfluss auf die *Daseinsberechtigung* einzelner Persönlichkeiten ebenso wie auf das gesamte Personensystem nehmen.

Die strukturelle Ebene der Diskriminierung aufgrund der DIS findet sich auch in Zusammenhang mit offiziellen Stellen wie beispielsweise Ämtern, ArbeitgeberInnen oder Behörden wieder. Hier wird beispielhaft von dem bewussten Verbergen der bestehenden Multiplizität berichtet, um den normativen Vorgaben innerhalb eines Sorgerechtsverfahren zu genügen. Dabei stand die Befürchtung vor einer Pathologisierung im Vordergrund, die möglicherweise zu stigmatisierenden Entscheidungen seitens der Behörde hätte führen können. A6 berichtet von einem Sorgerechtsstreit um ihren Sohn, bei dem sie die *Daseinsberechtigung* der Innenkinder, die drei Jahre alt sind, deutlich eingeschränkt hatte, um gegenüber den behördlichen VertreterInnen als glaubwürdig zu erscheinen:

> *„Aber schon auch unter dem Aspekt, dass ich ja unter anderem auch als Mutter glaubwürdig sein muss, ich kann ja nicht als Mutter glaubwürdig sein und das geht eben nicht, wenn da jemand merkt, äh, die ist grad mal drei oder so."*
> (A5, Interview vom 22.3.2012, S.I-259, Z.16-18)

Interessant an diesem Zitat ist der Umstand, dass A5 das Verbergen der Innenkinder, resp. der DIS mit ihrer Glaubwürdigkeit als Mutter in Verbindung bringt. Hier zeigt sich die Macht gesellschaftlicher Diskurse auf subjektive Verhaltensstrategien, die eine psychische Erkrankung gleichsetzen mit einer möglichen Einschränkung elterlicher Fähigkeiten, ohne jeweils individuelle Ausprägungen zu berücksichtigen. Denn wenngleich sich A5 selbst an anderer Stelle nicht als psychisch krank sondern ganz im Gegenteil als dankbar für die anderen Innenpersönlichkeiten äußerte, weil diese ihr Überleben gesichert haben, wird deutlich, dass sie sich der diskriminierenden Diskurse in diesem Zusammenhang durchaus bewusst ist. Zwar trifft sie auf Grundlage dieses intellektuellen Verständnisses eine bewusste Entscheidung zum Selbstschutz, diese schränkt jedoch gleichermaßen die *Daseinsberechtigung* der Innenpersönlichkeiten ein. An dieser Stelle soll keinesfalls die Legitimität solcher Entscheidungen in Frage gestellt werden. Vielmehr wird deutlich, dass der durchaus angemessene Selbstschutz in Form des Verbergens der DIS und der damit einhergehenden Einschränkung der *Daseinsberechtigung* keiner selbstbestimmten Entscheidung entspringt, sondern der Abwendung potentieller struktureller Benachteiligungserfahrungen dient.

Der Umstand, dass die InterviewpartnerInnen also auf verschiedenen Ebenen aus normativen Vorgaben fallen, führt in Folge zu einem ständigen Abgleich des Eigenen mit dem Normalen. Normierungsdiskurse fungieren hier als Orientierungspunkte, an denen die eigene Nicht-Passung in das „normale" Verständnis über eine kohärente Identität ständig fest gestellt wird. Es fallen immer wieder die Begriffe Normalität und normal, als deren Kontrastierung die eigene Lebensweise verstanden wird. Unabhängig von dem jeweils individuellen Ausschlag in Richtung (An-)Passung oder Abgrenzung dient die Vorstellung über eine Norm als immer wieder kehrender Referenzpunkt in den Erzählungen der InterviewpartnerInnen. Damit wird eine vermeintliche Normalität zu einem Gradmesser. An ihr wird die eigene, multiple Identität gemessen und verglichen. Dies geschieht auf zweierlei Arten. Zum Einen dient die Norm als genau das, was nicht erfüllt werden will, also einer (selbst-)bewussten Abgrenzung, indem das eigene Viele- sein als eine Lebensform unter mannigfaltigen anderen verstanden wird, für die es keiner Rechtfertigung bedarf:

> *„Was ist die Norm denn? Nein, die Norm ist voller Varianten. Und so wie es kein "Vielesein" an sich gibt, also mit einer klaren Definition wie das dann aussieht, so gibt es auch keine Norm, von der das Vielesein eine Abweichung sein kann."*
> *(A2, Interview via chat vom 1.11.2011, S.I-67, Z.20-22)*

Wenngleich A2 die Norm hier geradezu egalisiert, dient sie dennoch als Referenz, von der aus sie sich selbst als Variante definiert. Dieser sehr selbstbewusste und reflektierte Standpunkt lässt eine intensive

Auseinandersetzung mit herrschenden Diskursen um Normalität und Norm vermuten, der dazu führt, sich von diesen nicht nur zu lösen, sondern sie grundsätzlich zu unterwandern.

Zum Anderen zeigt sich der herrschende Normalisierungsdiskurs in Form einer diffusen, nicht genauer beschriebenen Vorstellung von Normalität, die das persönlich zu erreichende Ziel darstellt. In dem Gespräch mit S4 geht es um ihren Wunsch nach Sexualität und ihrer Anpassung an die Norm, in der körperliche Liebe auch mit psychischer einhergehen muss. Auf die Frage, woher sie das weiß, bezieht sie sich auf die Normalen:

*„I: Woher weißt du das*
*S4: Von den Normalen, die sagen das." (S4, Interview vom 28.2.2012,*
*S.I-215, Z.1-3)*

Damit verortet S4 sich selbst als die nicht Normale, also als diejenige, die sich außerhalb der Norm befindet. Ihr Wunsch nach Sexualität mit Liebe ist somit nicht in ihr selbst begründet, sondern folgt einer Normierung und erscheint als fremdbestimmt. Deutlich wird hier, dass Normalität als Gradmesser der eigenen Bedürfnisse und Wünsche fungiert. Im Sinne der *Daseinsberechtigung* können Normierungsdiskurse demzufolge zum Einen dazu führen, dass eigene Wünsche und Bedürfnisse der Norm angepasst werden. Zum Anderen können diese aber ebenso als Orientierung in einer Gesellschaft dienen, die für einige Persönlichkeiten bis dato unbekannt war.

### 5.1.6 Zusammenfassung Daseinsberechtigung

Die *Daseinsberechtigung* steht wie gezeigt als Dreh- und Angelpunkt im Zentrum der Analyseergebnisse. Die Handlungen der AkteurInnen lassen sich als ausgerichtet auf dieses Phänomen nachzeichnen. Hierbei werden verschiedene Handlungsstrategien sowie sich gegenseitig beeinflussende Ebenen von fördernder ebenso wie behindernder Bedingungen deutlich, die mitunter nicht trennscharf voneinander zu unterscheiden sind. Diese ziehen sich in kreisförmigen Abständen von den am weitesten entfernten Punkten bis hin zu einer direkten Verbindung um die agierende Person. Die Handlungen haben wiederum Konsequenzen zur Folge, die von der selbstermächtigten Entscheidung von der Integration in eine Persönlichkeit bis hin zu einem Leben als

Viele reichen. Das Herstellen eines inneren Netzwerkes mit Hilfe der inneren Kommunikation und Kooperation, welches mit einer psychischen Stabilität und in Folge einem besseren Leben einhergeht, steht hierbei im Vordergrund. Das Erkennen und Nutzen der eigenen Handlungsmacht dient zudem einer selbstbestimmten Veränderung der kontextuellen und internalisierten Botschaft *Du bist nicht – Ich bin nicht*. Wobei die ursprüngliche Lebenskraft mit weiteren internen wie externen Wirkfaktoren als ursächliche Bedingung für die Daseinsberechtigung in Erscheinung tritt.

Anhand der folgenden Zitatstellen von B6 lässt sich das komplexe Zusammenspiel einiger Elemente des theoretischen Modells der *Daseinsberechtigung* nachzeichnen:

> *„Ich habe das so oft ermöglicht, also dass, der erste Schritt war halt jetzt zu sagen, ok, ich schaffe sichere Räume, wo Kinder erst mal alleine sein können, wo Kinder alleine in der Badewanne spielen können, wo Kinder im Garten sein können, wo Kinder malen können, und jetzt der nächste Schritt ist aber, dass Kinder da sein dürfen und in der Aktion sein können und bei der Therapeutin war es bisher gut, da durften Kinder sein (...) (...)."*
> (B6, Interview vom 28.3.2012, S.I-299, Z.32-36)

Im Zentrum der Bemühungen von B6 steht die *Daseinsberechtigung* der Innenkinder. Hierfür werden von B6 im Sinne der *inneren Kommunikation und Kooperation* zunächst Rahmenbedingungen geschaffen, die den Innenkindern ermöglichen, sich dort aufzuhalten und eigenen Bedürfnissen nach zu gehen. Dabei stehen *sichere Räume und Orte* wie die Badewanne und der Garten im Vordergrund. Die auf *struktureller Ebene* diskutierte Versorgung mit einer psychotherapeutischen Begleiterin, die offensichtlich versiert ist im Umgang mit traumabedingter Dissoziation, ist gegeben. Die Therapeutin eröffnet einen *Raum der Daseinsberechtigung*, indem sie den Innenkindern ermöglicht, aktiv an der Therapie teil zu nehmen. Ziel der Bemühungen von B6 ist das *Da-Sein* der Innenkinder, dabei ist sie sich ihrer *Handlungsmacht* bewusst und nutzt diese aktiv, indem sie ihre Handlungen bewusst auf die Ermöglichung der *Daseinsberechtigung* der Innenkinder ausrichtet. Damit kann B6 als ein *externer Wirkfaktor* auf die *Daseinsberechtigung* der Innenkinder durch *Erfahrungserweiterung durch andere Innenpersönlichkeiten* verstanden werden. Das Schaffen von *sicheren Räumen* als intervenierende Bedingung für die *Daseinsberechti-*

*gung* der Innenkinder mit dem Ziel des *Da-Seins* eben dieser wird an den Erzählungen von B6 deutlich.

Im Falle des Sys 6 wachsen die Kinder in Folge ihres *Da-Seins*, was wiederum zu dem für dieses Personensystem spezifische Ziel der *Integration* in eine Persönlichkeit führt. Deutlich wird dies auch an einer weiteren Erfahrung der *Daseinsberechtigung*, die im Fall von zwei Alltagspersönlichkeiten des Sys 6 ebenfalls zur Integration führte:

> *„(...) aber wir haben gespürt, dass wir bei ihr sein dürfen und.... dieses Gespräch mit der Frau Doktor ... (Name der behandelnden Ärztin) hat dazu geführt, dass die ... (Name Alltagsperson Sys 6) mit mir integriert ist, das war die allererste, so bewusste Integration."*
> (A6, Interview vom 28.3.2012, S.I-306, Z.9-33)

Die Ärztin als Beispiel für *Menschen im Außen* eröffnet einen *Raum der Daseinsberechtigung*, was in Folge zu einer *Integration* führt, welche wiederum bei Sys 6 ein entscheidender Faktor für ein *gutes Leben* ist. Der Zusammenhang des Schaffens von *sicheren Räumen* mit dem Ausfüllen der Existenz mit dem je eigenen Wesen im Sinne des *Da-Seins* wird hier deutlich. Erst dieser *Raum der Daseinsberechtigung* im *Innen wie Außen* ermöglicht das Erreichen des spezifischen Ziel der *Integration* im Sinne des *Wir sind – Ich bin* als ein Aspekt eines *guten Lebens*.

Dass die einzelnen Persönlichkeiten die *Daseinsberechtigung* individuell ausfüllen, wird hier bereits deutlich. Das Spielen und Malen beispielsweise steht hier bei den Kindpersönlichkeiten von Sys 6 im Vordergrund. Die *Daseinsberechtigung* wird, wie an der nachstehenden Grafik anhand der Kreissymbole deutlich wird, auch von den anderen Persönlichkeitengruppen inhaltlich gefüllt. Wie sich diese inhaltlichen Setzungen bei den Alltagspersönlichkeiten (A), BeschützerInnen (B), tätergebundene Persönlichkeiten (T) und Kindpersönlichkeiten (K) konkretisieren wird nach einer visuellen Darstellung des Paradigmatischen Modells *Daseinsberechtigung* vorgestellt.

### 5.1.7 Paradigmatisches Modell „Daseinsberechtigung"

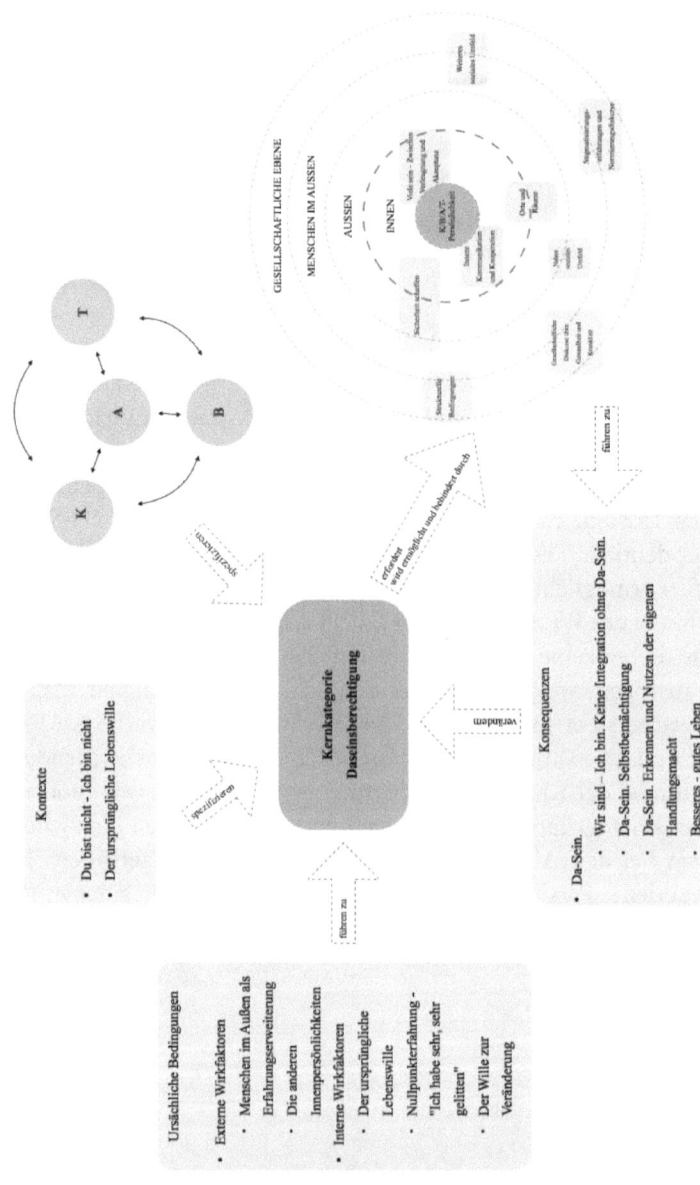

Abbildung 10: Paradigmatisches Modell „Daseinsberechtigung"

## 5.1.8 Die Daseinsberechtigung der einzelnen Persönlichkeiten

Erst eine Wahnehmung der Berechtigung auf ein eigenes Sein ermöglicht den Ergebnissen dieser Studie zufolge das Nachdenken über das gute Leben und mündet ggfs. in entsprechenden zielorientierten Handlungen der einzelnen Persönlichkeiten. Dieser Prozess der Einzelnen wird im Folgenden nachgezeichnet. Auch hier werden diese Vorgänge von der *Du bist nicht - Ich bin nicht* Botschaft blockiert, von inneren und äußeren Orten und Räumen, Menschen im Außen, der inneren Kommunikation und Kooperation, dem Willen und den weiteren bereits diskutierten Faktoren maßgeblich beeinflusst.

Aufzuzeigen, wie sich diese unterschiedlichen Bedingungen auf die einzelnen Innenpersönlichkeiten auswirken ist das Anliegen dieses Kapitels, dafür werden die zentralen Kategorien der *Daseinsberechtigung* nun auf die jeweils interviewten Persönlichkeiten bezogen. Dabei werden die bereits erläuterten Kategorien und die entsprechenden Begriffe mit den spezifischen Besonderheiten der jeweiligen Persönlichkeitengruppe gefüllt. Sowohl die inhaltliche Besetzung der verschiedenen Standorte als auch die jeweilige individuelle Ausprägung der vorgestellten Kategorien unterscheiden sich deutlich voneinander. So erscheint beispielsweise das Erkennen und Nutzen der eigenen Handlungsmacht als ein den BeschützerInnen inhärentes Persönlichkeitsmerkmal. Hingegen sind die tätergebundenen Persönlichkeiten deutlich mit der *Du bist nicht - Ich bin nicht* Botschaft verbunden, die ein selbstbestimmtes Nachdenken über ein gutes Leben zum Teil vollständig blockiert. Den Körper zu übernehmen, um im Außen kindgerechten Tätigkeiten nach zu gehen, ist das zentrale Phänomen bei den Kindpersönlichkeiten, bei den Alltagspersönlichkeiten erscheint *Das innere Netz knüpfen* im Fokus. Auch hierbei sind unterschiedliche Bedingungen zu benennen, die die jeweiligen Handlungsstrategien der Einzelnen beeinflussen. Dabei werden keine neuen Kategorien relevant, vielmehr erscheinen die bisher vorgestellten nun konkreter und persönlichkeitenspezifischer ausgefüllt.

Auch hier findet sich jeweils anschließend an jedes Kapitel das Paradigmatische Modell in visueller Form (vgl. S.194, S.202, S.210 & S.219). Für eine bessere Nachvollziehbarkeit erscheinen die sich in dem Modell wieder findenden Begriffe nun in gefetteter Schrift.

### 5.1.8.1 Alltagspersönlichkeiten – Das Netz knüpfen

*„(...) und dann kann ich irgendwie alle so ein bisschen näher zusammen bringen." (A5, Interview vom 22.3.2012, S.I-244, Z.3)*

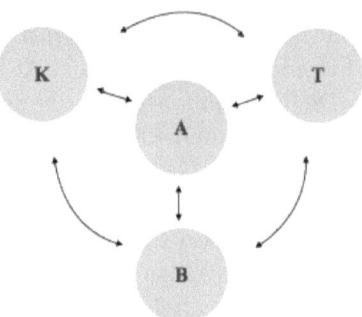

*Abbildung 11: Alltagspers.– Das verbindende Elemente*

Die Alltagspersönlichkeiten zeigen sich als ein bedeutsamer Dreh- und Angelpunkt sowohl hinsichtlich der *Daseinsberechtigung* als auch innerhalb des Personensystems indem sie das verbindende Element zwischen den einzelnen Persönlichkeiten darstellen. Ein inneres wie äußeres **Netz** von Verbindungen zu **knüpfen** erscheint hier als zentrales Bild. Eine innere Struktur und damit einhergehend eine psychische Stabilität herbei zu führen um zum Einen die (eigene) Funktionalität im Alltag aufrecht zu erhalten und zum Anderen ein kooperatives und über Kommunikation in Kontakt stehendes inneres Personensystem zu organisieren steht hierbei im Mittelpunkt der Handlungen. Dies wird anhand der zentralen Position der Alltagspersönlichkeit innerhalb der kreisförmigen Abbildung in der visuellen Darstellung des Paradigmatischen Modells der *Daseinsberechtigung* (Kapitel 5.1.7) deutlich. Wobei die verbindenden Pfeile zwischen den einzelnen Persönlichkeiten die innere Kommunikation und Kooperation darstellen. Grundsätzlich ringen Alltagspersönlichkeiten dabei weniger für sich als Einzelperson um *Daseinsberechtigung* als vielmehr für die Einzelnen des Personensystems, bzw. für das eigene Viele-Sein im Sinne ihrer Aufgabe als Spagat-Organisatorinnen. Verschiedene sich gegenseitig bedingende Einflussfaktoren sind relevant und werden im Folgenden dargestellt.

Als eine ursächliche Bedingung, die zu dem Knüpfen des **inneren Netzes** führt, sind die Gewalterfahrungen, die zu einer **Zersplitterung der Persönlichkeit** geführt haben, zu nennen. Es gibt viele einzelne Persönlichkeiten, die zunächst mehr oder weniger unverbunden nebeneinander existieren. Nicht nur die ursprünglich ursächliche Gewalterfahrung führt zu einem **Ohnmachtsgefühl**, auch das unverbundene und dadurch unkontrollierbare Agieren der einzelnen Innenpersonen hat solche Auswirkungen. Zeit zu verlieren und nicht zu wissen, was gestern auf der Arbeit passiert ist, worauf sich der Vorgesetzte aber bezieht, Verletzungen am Körper fest zu stellen und nicht zu wissen, wie sie zustande kamen, unterschiedliche Schriften im eigenen Tagebuch zu finden, Stimmen im Innen zu hören, die sich unterhalten und andere Symptome der Dissoziation können aufgrund ihrer Unkontrollierbarkeit und Unerklärlichkeit Gefühle des Ausgeliefertseins hervorrufen. Da die Alltagspersönlichkeiten in ihrer Funktion als **Spagat-Organisatorinnen** (s. Kapitel 4.4.2.1) für einen unauffälligen und reibungslosen Ablauf des Alltages zuständig sind, erscheinen die Auswirkungen der Dissoziation hier am belastendsten, weil sie eben dieses Ansinnen störend unterwandern. Es wird von unkontrollierten Wechseln zwischen den einzelnen Persönlichkeiten, selbstverletzendem Verhalten und „Erinnerungsbildern" (A3, Interview vom 28.1.2012, S.I-112, Z.23) berichtet. A3 fasst diese Symptome als Dekompensation weiterhin folgendermaßen zusammen:

*„(...) [Dekompensation] Bedeutet einfach, dass unser System, dass es ihm schlecht geht, also, dass wir dann wirklich unkontrolliert wechseln, dass wir untereinander uns nicht mehr wahr nehmen können, dass wir uns selbst verletzen, dass wir Suizidgedanken haben, das ist Dekompensation einfach." (A3, Interview vom 28.1.2012, S.I-112, Z.12-15)*

Die hier beschriebene Unkontrollierbarkeit der Dissoziation mit den damit einhergehenden belastenden Symptomen führt als ausschlaggebender Stressfaktor ursächlich zu dem Phänomen des Netzknüpfens seitens der Alltagspersönlichkeiten. Das Zerfallene und Dissoziierte zusammen zu fügen bzw. miteinander zu verbinden und in Folge **selbstbemächtigter** zu werden ist hierbei das zentrale Anliegen. Ein Mehr an Selbstbestimmung stellt sich ein bei einem zunehmend kooperativen und kommunizierten Wechsel zwischen den Persönlichkeiten, die Unkontrollierbarkeit und das damit verbundene Ohnmachtsgefühl über die eigenen Handlungen nimmt ab. Innere Prozesse werden erklär- und dadurch handhabbarer, Zeitverluste reduzieren sich und das Leben kann auf zusammenhängendere und verbundenere Art und Weise gestaltet werden. Die einzelnen Persönlichkeiten können einen (kontrollierten) Raum bekommen, um im Sinne der *Daseinsberechtigung* im Außen zu agieren. Das Herstellen einer Verbindung zwischen den Einzelnen führt zu einer **psychischen Stabilität,** die es ermöglicht, dass Situationen, die bis dato unkontrollierbar waren, nun gemeinsam bewältigt werden können.

A6 berichtet dazu von einem Klinikaufenthalt, bei dem eine ihrer Innenpersönlichkeiten, von ihr als „der Autist" bezeichnet, unkontrolliert den Körper übernommen hat und in schaukelnden Bewegungen auf dem Bett saß und nicht ansprechbar war. Darauf hin haben sich mehrere Innenpersonen des Sys 6 zusammen getan und beraten, wie sie diese Situation gemeinsam bewältigen können. A6 war dann diejenige, die diese Informationen zusammen getragen hatte, in Folge und mit Unterstützung der Anderen den Körper wieder übernahm, so dass „der Autist" zwar wieder im Innen, aber dennoch noch nicht beruhigter war. Sie ging zur Krankenschwester und bat um Hilfe, organisierte einen Computer, um im Internet nach Informationen zu suchen, achtete auf den Hinweis einer Innenpersönlichkeit, dass „der Autist" mit Hilfe eines Memory-Spiels sich entspannen könnte, besorgte ein solches Kartenspiel, ging die einzelnen Karten durch, und mit Hilfe eines bestimmten Bildes konnte „der Autist" tatsächlich beruhigt werden. Der Erfolg dieser Selbsthilfeintervention ist einer inneren Kommunikation zu verdanken, die mit Hilfe des geknüpften Netzes für die Stabilisierung einer psychisch belasteten Innenpersönlichkeit genutzt werden konnte:

> *„Und dass dann alle gemerkt haben, wenn wir zusammen arbeiten, wenn also die, wenn also ich die, ähm, die Alltagsperson zu den Schwestern gehe und frage und den Computer organisiere und die, dann können wir gemeinsam dafür sorgen, dass der Autist ruhig ist, dass führt dazu, dass wir im Außen nicht mehr schaukeln (....)."*
> *(A6, Interview vom 28.3.2012, S.I-311, Z.36-40)*

Zentral ist hierbei auch der Umstand, dass auf selbstbestimmte Weise Unterstützung durch einen Menschen im Außen, in diesem Fall die Krankenschwester, angefragt werden konnte, die Handlungsmacht aber aufgrund der inneren Kommunikation und Kooperation die gesamte Zeit auf Seiten des Personensystems lag, was zu einer gemeinsamen Bewältigung einer zunächst psychisch instabilen und unkontrollierten Situation führte.

Nun setzt eine innere Kommunikation voraus, dass ein Zugang zu den anderen Innenpersönlichkeiten möglich ist. Dafür bedarf es in vielerlei Hinsicht eines **Aufweichens der dissoziativen Barrieren** zwischen den Einzelnen um dann im nächsten Schritt eine Verbindung zwischen ihnen herstellen zu können. Dabei ist die **innere Kommunikation** eine wesentliche Handlungsstrategie. Die Alltagspersönlichkeiten stehen hierbei als Vermittlerinnen und Mediatorinnen als zentraler Dreh- und Angelpunkt zwischen den anderen Innenpersönlichkeiten und stellen benötigte Hilfsmittel wie beispielsweise das bereits diskutierte Buch zur Verfügung. Bezogen auf das o.g. Zitat hat A6 zwar die Kommunikation koordiniert und gemeinsam besprochene Handlungen im Außen umgesetzt, doch ist sie dabei nicht die Entscheidungsträgerin gewesen. Ihre Position ist keine machtvollere im Gegensatz zu den Anderen, auch sie kann nur das Netz aus den Fäden bzw. Persönlichkeiten knüpfen, die ihr von Innen zur Verfügung gestellt werden.

Dabei beeinflusst die **Akzeptanz**, bzw. **Verleugnung** der Anwesenheit der anderen Innenpersönlichkeiten die innere Kommunikation wie bereits diskutiert, maßgeblich. K6 berichtet diesbezüglich von einem für das gesamte Personensystem rasanten, aber gelungenen Erkenntnisprozess über das eigene Viele-Sein seitens der Alltagspersönlichkeit:

> *„Man muss sich das mal vorstellen, die wusste nicht, dass es noch mehr gibt und dann (..) sagen wir ihr von heute auf morgen, dass da noch andere sind und dann wusste sie am ersten Tag schon, dass da mindestens acht andere sind (...) und dann sagt sie, super, jetzt weiß ich endlich, was los ist (lacht), statt zu sagen, Hilfe, da sind noch andere (schmunzelt), ah, ok, jetzt weiß ich, wo ich nachlesen kann, jetzt weiß ich, womit ich mich beschäftigen kann, jetzt weiß ich, warum das früher so komisch war (Pause 6), ja (..).“*
> *(K6, Interview vom 28.3.2012, S.I-284, Z.28-33)*

An diesem Zitat wird vielerlei deutlich. K6 beschreibt hier, dass „wir", also mehrere Innenpersönlichkeiten, „ihr", der Alltagspersönlichkeit, von der Anwesenheit „der anderen" berichteten. Demnach ist davon auszugehen, dass K6 sich der Anderen bereits bewusst war und dass nicht zwangsläufig keine innere Kommunikation bestand, nur weil die Alltagspersönlichkeit diese nicht wahr genommen hat, doch fehlte das organisierende und verbindende Element zwischen ihnen. Des Weiteren wird hier deutlich, dass das Akzeptieren der Existenz der Anderen seitens der Alltagspersönlichkeit zu einer Handlungsmächtigkeit führte, sie wusste nun endlich, was los war und konnte sich damit beschäftigen, in diesem Fall mit fachspezifischer Literatur.

Damit wird bereits eine der weiteren Handlungsstrategien zum Aufweichen der inneren Barrieren deutlich: die der aktiven **Auseinandersetzung mit dem Innen**. Neben der inneren Kommunikation und der Auseinandersetzung mit themenbezogener Literatur sind weitere **Selbsthilfe**strategien relevant. Diesbezüglich werden unter anderem als hilfreicher Ort im Außen peer groups in Form von Selbsthilfegruppen und anderen Aktivitäten mit anderen Menschen mit einer DIS genannt. Des Weiteren dienen **Selbsterfahrungen** einer Annäherung an das Innen. Dabei sind das Verstehen und Handhabbarwerden-Wollen der belastenden Symptome der Dissoziation handlungsleitend. A5 berichtet diesbezüglich im Vorfeld des folgenden Zitates von einer Zeit in ihrem Leben, in der sie nicht mehr aus dem Haus gehen konnte aufgrund schwerer Angstzustände. Dieses Lebenstief („ich kann nicht mehr") motivierte sie, sich auf Spurensuche der Gründe dafür zu machen:

„(...) hmm, 2004 war glaub´ich die Zeit, wo das so gewesen ist, dass ich dachte, ich kann nicht mehr, irgendwas stimmt mit mir nicht (..), und ähm, da hab´ ich mich dann so auf die Spurensuche gemacht, wat ist denn eigentlich mit mir los und da kam dann der Feuerlauf." (A5, Interview vom 22.3.2012, S.I-241, Z.24-27)

Die Selbsterfahrung des Feuerlaufs hatte bei ihr ein Aufweichen der dissoziativen Barrieren zu den anderen Persönlichkeiten zur Folge:

„Aber dann hab ich, ähm, wirklich auch Switche gemerkt und, ähm, gemerkt, ich fühl mich ganz anders an, ich bin auch irgendwie ganz anders, das hab ich so vorher nicht, überhaupt nicht realisiert, so, also es scheint, als wenn so diese Barriere dazwischen sich so ein bisschen aufgelöst hatte nach dem Feuerlauf." (A5, Interview vom 22.3.2012, S.I-242f, Z.46f)

Mit dem Auflösen der Barriere konnte A5 die Wechsel der Persönlichkeiten bewusst wahr nehmen und in der nachfolgenden Erzählung berichtete sie, dass bis dahin unerklärliche Symptome für sie in Folge verständlich wurden (A5, Interview vom 22.3.2012, S.I-243, Z.16ff).

Neben solchen Selbsterfahrungsprozessen berichten die Alltagspersönlichkeiten außerdem von **Psychotherapie**, mittels derer sie sich dem Innen annähern und praktikable Umgangsweisen mit dem eigene Viele-Sein erlernen. Dazu zählen beispielsweise einen Tagesplan erstellen, Zeiten und Ressourcen für die anderen Persönlichkeiten zur Verfügung stellen, regelmäßige innere Zusammentreffen oder eine „innere Landkarte" (A4, Interview vom 28.2.2012, S.I-152, Z.6) der Innenwelt mit allen Persönlichkeiten erarbeiten. Dabei werden die bereits diskutierten **strukturellen Bedingungen im Außen** relevant, hinsichtlich der psychotherapeutischen Versorgung und deren Finanzierungsmöglichkeiten, die eine solche Auseinandersetzung mit dem Innen aufgrund der Gegebenheiten ebenso fördern wie auch behindern können. Weitere strukturelle Bedingungen sind neben einer finanziellen Absicherung zum Leben auch ein zuverlässiges Zuhause wie Wohnung oder Haus. Zudem ist das Vorhandensein eines helfenden Netzwerkes von FreundInnen, PartnerInnen, TherapeutInnen und/oder Peergroups relevant.

Bei entsprechender psychotherapeutischer Versorgung im Sinne eines sicheren äußeren Ortes der *Daseinsberechtigung* dient das Aufarbeiten traumatischer Erfahrungen dem inneren Kennenlernen und Verstehen der anderen Innenpersönlichkeiten. Das Netz knüpft die Alltagspersönlichkeit hierbei insofern, als sie als diejenige in Erscheinung tritt, die die Möglichkeit zur Therapie organisiert, hinfährt, erste Beziehungen aufbaut und zumeist auch diejenige ist, die den Ort der Therapie wieder verlässt. Dabei wird sie entweder von dem/der TherapeutIn oder anderen Persönlichkeiten über die Vorkommnisse der Therapiestunde informiert.

Nun hat dieses Aufweichen der Barrieren nicht nur hilfreiche Konsequenzen, das Netzwerken und Verbinden erscheint hier durchaus als zweischneidiges Schwert. Zum Einen verhilft es dazu, sich dem Innenleben zu ermächtigen und diesem nicht mehr unkontrolliert ausgeliefert zu sein. Die amnestischen Phasen nehmen ab, die Dekompensation wird weniger, eine Grundlage zur gemeinsamen Kommunikation und Kooperation wird geschaffen. Doch hat diese Auseinandersetzung mit dem Innen einen weiteren Nebeneffekt, der sich gegenüber dem langfristigen Effekt der Stabilität divergent verhält. Das Aufweichen der dissoziativen Barrieren kann dazu führen, dass die ganze Wucht der erlittenen Traumata zum Vorschein und die Erinnerungen an die gewaltvollen Erfahrungen an die Oberfläche des Bewusstseins der Alltagspersönlichkeit kommen. Das kann wiederum eine psychische Belastung darstellen, die zunächst zu einer **Einschränkung** der seitens der Alltagspersönlichkeiten angestrebten **Funktionalität** in Beruf, Beziehung, Familie und/oder Lebensalltag führen kann. Doch stellt sich auch hier die zentrale Handlung des Netzknüpfens als Strategie heraus, mit dieser Belastung umzugehen. A5 berichtet im Folgenden hinsichtlich der Konsequenzen des Aufweichens der dissoziativen Barrieren aufgrund des Feuerlaufs davon, dass sie der so geschaffene Zugang zu den anderen Innenpersönlichkeiten und die Eröffnung der eigenen inneren Welt zunächst zum Erliegen gebracht hat:

> *„Ja, das ist, äh, ja, das hat mich irgendwie ziemlich ausgehebelt, so, also mit dieser Energie, was dann da so auf mich zukam (schmunzelt), das hat mich schon zum Erliegen gebracht sozusagen, dann hab ich halt versucht, das so Schritt für Schritt für mich so zu sortieren, wat ist dat denn jetzt hier, also, gerate ich jetzt hier in irgendwie so ne Psychose oder werde ich jetzt wahnsinnig, oder ist das eigentlich das, was mein ganzes Leben lang schon ist und ich hab´s nur nicht mitgekriegt, oder konnte nicht, wollte nicht, ging nicht, so (holt Luft), ja, dann hab ich halt Schritt für Schritt versucht, da irgendwie n Weg zu finden, damit umzugehen, also (..)."* (A5, Interview vom 22.3.2012, S.I-243, Z.33-40)

Die Aufgabe der Spagat-Organisatorin zwischen dem Innen und dem Außen wird an dem Umgang von A5 mit dem inneren Chaos deutlich. Sie sortiert zunächst, grenzt ihr Erleben von anderen psychischen Erkrankungen ab, strebt einen Verstehensprozess an, der ihr erklärt, was ihr Leben lang bereits ist und findet Schritt für Schritt einen Weg, mit dem eigenen Viele-Sein umzugehen. In Folge dessen berichtet A5 davon, dass sie einen Kontakt zu den anderen Innenpersönlichkeiten im Sinne der inneren Kommunikation aufbaut. Hierbei ist das Herstellen eines äußeren Netzes ebenso relevant, es umrahmt und stützt gewissermaßen das eigene, innere Netz.

Das **äußere Netz knüpfen** bezieht sich auf das Herstellen **tragfähiger Beziehungen** mit Menschen im Außen, das Entwickeln eines **hel-**

fenden Netzwerkes, das **Herstellen von sicheren Orten und Räumen** im Außen und das Organisieren einer **Tagesstruktur.** Eine Verbindung zu Menschen ebenso wie zu Orten und Räumen der *Daseinsberechtigung* zu schaffen steht als Handlungsmotivation der Alltagspersönlichkeiten im Vordergrund. Dabei entscheidet die Möglichkeit zur *Daseinsberechtigung* über die Qualität des Netzwerkes. Eine Beziehung zu einem Menschen im Außen definiert A6 entsprechend dann als eine gute, wenn sie dort sein kann und Raum bekommt, um gehört zu werden:

> „(...) *Ja, das ist Netzwerken, aber halt mehr so im Zweierkontakt, ja, so, dass ich merke, da ist ein Kontakt, der wirklich an mir interessiert ist, es geht nicht um ausnutzen, es geht nicht um unterdrücken oder zu etwas zwingen, so wie das früher war, sondern es geht wirklich dadrum, ähm (...), ja, meine Meinung hören zu wollen.*"
> (A6, Interview vom 28.3.2012, S.I-315, Z.12-16)

Deutlich wird hier, dass das In-Kontakt-Sein mit einem anderem Menschen derjenige Aspekt ist, der ein Netzwerk als solches auszeichnet. Dabei weisen echtes Interesse am Gegenüber und die Möglichkeit, die eigene Meinung sagen zu können und insbesondere Gehör zu bekommen als bereits besprochene Erfahrungserweiterungen durch Menschen im Außen die Qualität dieser Verbindung aus.

Das Knüpfen eines Netzes, das zum Einen der inneren Kommunikation und Kooperation der einzelnen Persönlichkeiten dient und in Folge dessen zu einer psychischen Stabilität führt erscheint als wesentliche Handlung hinsichtlich der *Daseinsberechtigung* bei den Alltagspersönlichkeiten. Wie sich diese innerhalb des Rahmens des Paradigmatischen Modells darstellen zeigt der folgende Abschnitt. Daran anschließend finden sich die individuell ausgeprägten Setzungen der *Daseinsberechtigung* seitens der Kindpersönlichkeiten, der BeschützerInnen und schlussendlich der tätergebundenen Persönlichkeiten.

### 5.1.8.2 Visuelle Darstellung Paradigmatisches Modell „Das Netz knüpfen"

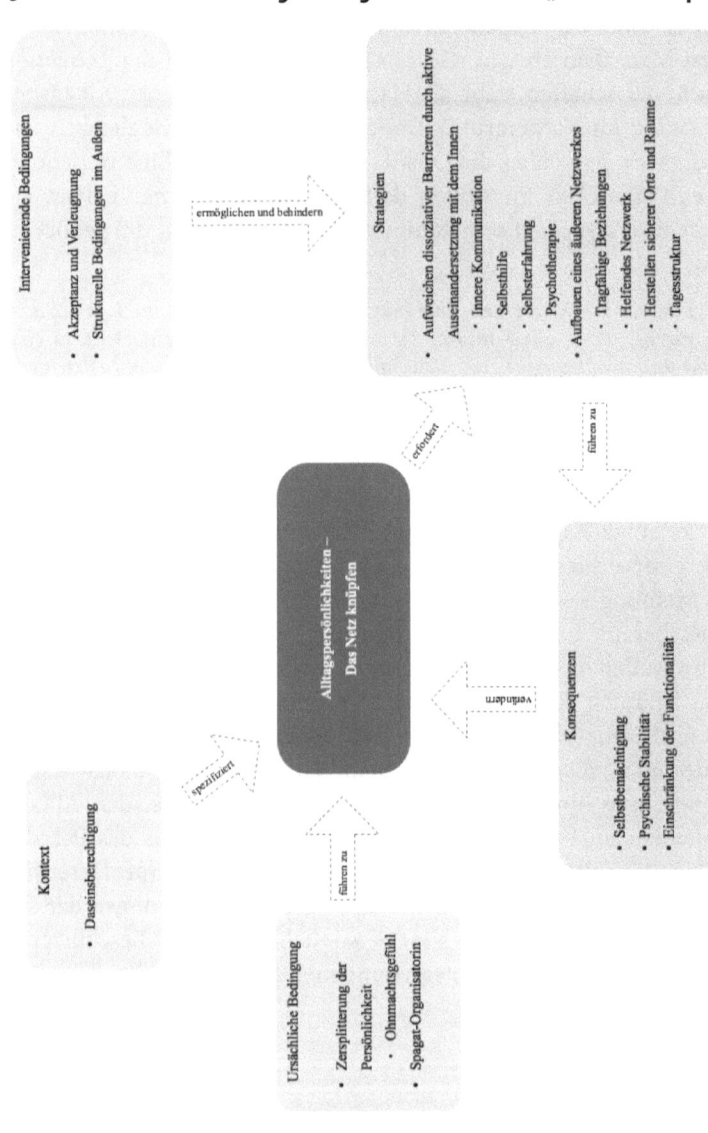

Abbildung 12: *Paradigmatisches Modell „Das Netz knüpfen"*

### 5.1.8.3 Innenkinder – Draußen Kind sein

> *„(...) dass, dass man einfach, dass ich einfach Dinge, die ich gerne mag, machen kann und angucken kann und Zeit dafür hab´." (K6, Interview vom 28.3.2012, S.I-287, Z.19-20)*

Als zentrale Kategorie der *Daseinsberechtigung* zeigt sich bei den Innenkindern das **Draußen Kind sein**, indem der Körper mit Hilfe eines Persönlichkeitenwechsels übernommen wird. Als ursächliche Bedingung ist der Umstand der Existenz einer **Kindpersönlichkeit in einem erwachsenen Körper** zu nennen. Der dissoziierte Teil der Persönlichkeit, der in einem kindlichen Alter geblieben ist und eigene, altersgerechte Bedürfnisse und Vorlieben hat, führt zu dem Phänomen, als solcher draußen sein zu wollen. Handlungsleitend ist dabei das Bedürfnis, im Sinne der *Daseinsberechtigung* aktiv am Leben teil zu nehmen und altersentsprechenden Tätigkeiten nachzugehen. Dabei wird beispielsweise von Besuchen eines Spielplatzes, Malen, Kneten, Basteln, Geschichten Hören und Lesen und draußen in der Natur Sein berichtet. Allen gemeinsam ist die Tatsache, dass sie **Orte und Räume im Außen** nutzen wollen, um diesen Aktivitäten nach zu gehen. K1 berichtet diesbezüglich davon, dass das Leben für sie dann ein gutes ist, wenn sie nach draußen kann. Auf die Frage hin, was sie mit draußen meint, beschreibt sie zum Einen, sich außerhalb eines Gebäudes zu befinden, um zu spielen. Zum Anderen umschreibt sie ihr Spielen in den Zimmern der erwachsenen Alltagspersönlichkeiten und bezieht das Draußensein auf den Wechsel von einer erwachsenen Persönlichkeit zu einer Kindpersönlichkeit:

> *„K1: (..) Wenn das gut ist, dann, dann (...), wenn das gut ist, dann darf ich nach draußen, dass man nicht immer (atmet aus), (Pause 9), dann kann ich ganz viel spielen wenn das gut ist.*
> *I: Was meinst du mit draußen (?)*
> *K1: (..) ja, wenn ich nicht nur bei den anderen, da bei... (Name Außenkind) und so, und wo... (Name Außenkind) ist, dann, dann, dann kann ich bei uns zu Hause nach draußen gehen, da wo das Häuschen steht und die Schaukel und so und dann spiele ich in den Zimmer von den Großen, von... (Name A1) und... (Name A1.1)."*
> *(K1, Interview vom 11.7.2011, S.I-32, Z.24-31)*

Deutlich an diesem Interviewausschnitt wird das Bedürfnis von K1 nach Spielen und Schaukeln. Dies geschieht an entsprechenden Orten und Räumen, hier entweder draußen bei einem Häuschen, wo eine Schaukel steht, oder in dem Zimmer der erwachsenen Persönlichkeiten A1 und A1.1. Deutlich wird das Bedürfnis, als Kind draußen zu sein und als solches selbst zu agieren.

Die bereits diskutierten Kategorien der Bedingungsmatrix zeigen sich nun in spezifischer Ausformung hinsichtlich der Innenkinder in Teilen wieder und werden um eine weitere spezielle erweitert. Menschen im Außen sind hier neben elterlicher Fürsorge der erwachsenen Innenpersönlichkeiten und sicheren Räumen innen und außen als intervenierende Bedingungen zu verstehen und werden im Folgenden dargestellt. Dabei sind mit **Menschen im Außen** jene Menschen gemeint, die speziell mit den Kindpersönlichkeiten in einer direkten Beziehung stehen. Die Art der Beziehung kann sich je nach Ausprägung sowohl hinderlich als auch förderlich auf das Phänomen *Draußen Kind sein* auswirken. Entscheidend für einen gelingenden und positiven Kontakt mit Menschen im Außen ist das Gefühl, willkommen zu sein und als Kind wahrgenommen zu werden. Die Konsequenzen solcher Beziehungserlebnisse sind das Sammeln **eigener**, positiver **Lebenserfahrungen** und ihrer Beschreibung als heilsam.

> *„K6: Ja (...), und es ist zum Beispiel, es ist schon heilsam, Außenzeit zu haben, aber am heilsamsten ist es, Außenzeit zu haben und in der Außenzeit nicht alleine zu sein*
> *I: Ok, sondern mit Außenmenschen zusammen zu sein*
> *K6: Ja, mit Außenmenschen zusammen zu sein, die dann auch merken, dass ich das bin und nicht die Große... (Name A6)*
> *I: Und warum ist das besonders heilsam*
> *K6: Na, weil ich dann erkannt werde."*
> *(K6, Interview vom 28.3.2012, S.I-288, Z.7-13)*

K6 bezeichnet hier das Draußensein als Außenzeit. Das Besetzen eigener Räume und in diesen als eigene Persönlichkeit erkannt zu werden im Sinne der *Daseinsberechtigung*, resp. des *Da-Seins* hat bei ihr **eigene** und in diesem Fall heilsame **Lebenserfahrungen** zur Folge. Diese Erfahrungen werden durch das Draußensein ermöglicht und unterstützt von sicheren Beziehungsräumen, in denen das Innenkind entsprechend seiner Bedürfnisse agieren kann und da sein darf.

Entsprechend konträr verhält es sich mit ablehnenden und die *Daseinsberechtigung* verweigernden Reaktionen der Menschen im Außen. Nicht als Kindpersönlichkeit wahr genommen zu werden und keine

Möglichkeit zur Verfügung gestellt zu bekommen, um einen Raum im Außen als Kind zu nutzen führt zu einer Blockierung der Handlungsstrategie, **in eine der Kindpersönlichkeiten zu wechseln**, was wiederum zur Konsequenz hat, dass diese **keine eigenen Lebenserfahrungen** sammeln können.

Auch die bereits diskutierten **Stigmatisierungserfahrungen** und -diskurse finden sich auf der individuellen Ebene der Kindpersönlichkeiten wieder, hier in Verbindung mit der zentralen Kategorie *Draußen Kind sein*. Es wird von verletzenden und diskriminierenden Erlebnissen berichtet, die die Innenkinder als Konsequenz ihrer Bewegung im Außen erfahren haben. K2 verdeutlicht diesen Umstand anhand ihres Strebens nach möglichst unauffälligen Wechseln zwischen den Persönlichkeiten, bzw. dem Versuch, so zu tun, als wäre das gesamte Personensystem eine kohärente Persönlichkeit. Wenn sie darauf nicht achtet, sind ihr diskriminierende und abwertende Reaktionen der Menschen im Außen nicht unbekannt:

> *„Wenn man das nicht macht [so zu tun als wäre man Eine] dann tun die anderen Leute so als wär man bescheuert und gehen weg oder hören nicht zu oder gucken so doof."*
> *(K2, Interview via chat vom 16.11.2011, S.I-73, Z.3-4)*

Diese Erfahrungen haben zur Folge, dass die Kindpersönlichkeiten sich hinsichtlich ihres Bedürfnisses nach *Daseinsberechtigung* und *Da-Sein* einschränken. Die Möglichkeiten für eigene und ggfs. heilsame Lebenserfahrungen werden in Folge begrenzt, ebenso wie die Gefahr negativer Erfahrungen verringert wird.

Eine weitere intervenierende Bedingung ist die Verbindung von Menschen im Außen mit **sicheren Räumen und Orten**. Das Wahrnehmen von und das aktive Umgehen mit Innenkindern in altersgerechter Art führt zu einer vertrauensvollen Atmosphäre, in der Ängste angesprochen werden und **sichere Räume im Außen** als Schutz hergestellt werden können. K1 berichtet diesbezüglich davon, dass sie in Therapiesitzungen aufgrund traumatischer Erfahrungen ständig Befürchtungen hatte, dass jemand ungefragt zur Tür herein käme. An dieser Stelle hatte die Therapeutin kindgerechte Umgangsweisen angewandt und mehrfach einen roten Smiley, der ein Eintrittsverbot für Außenstehende symbolisiert, an der Tür gezeigt und von K1 selbst anbringen lassen:

> „(....) die [Therapeutin] hatte ein Smiley in der Tür und einmal ist da ein, dann ist der grün mit einem lachenden Gesicht und einmal ist der rot und dann, wenn der auf rot ist, dann haben wir den immer extra umgedreht, dass das der rote Smiley ist, das durften wir immer selber machen." (K1, Interview vom 11.7.2011, S.I-34, Z.19-22)

Dieser kindgerechte Umgang mit K1 hatte zur Folge, dass dieses sich im Laufe der Zeit sicherer gefühlt hat und diesen therapeutischen Raum für sich nutzbar machen konnte.

Ein weiterer Aspekt der sicheren Räume im Außen bezieht sich, wie bereits diskutiert, auf den Schutz vor TäterInnen und der Sicherheit vor weiteren Übergriffen. Sind diese Voraussetzungen gegeben, können stärkende und gute Lebenserfahrungen gesammelt werden, die wiederum den eigenen Bewegungsraum im Außen erweitern können.

Doch stellen nicht nur äußere sichere Räume als eine intervenierende Bedingung des Phänomens *Draußen Kind sein* dar. **Sichere Räume im Innen** sind hierbei ebenso entscheidend. Damit ist die Möglichkeit der Innenkinder gemeint, sich in die „Innenwelt" (K6, Interview vom 28.3.2012, S.I-293, Z.29) bei Bedarf zurück ziehen zu können. Hierbei wird von inneren Räumlichkeiten oder unspezifisch von der Innenwelt gesprochen. Allen Innenkindern gemeinsam ist der Umstand, dass dieser Ort ihnen ein Gefühl der Sicherheit vermittelt:

> „(Pause 5) Weiß ich gar nicht, vielleicht hab ich vor Sachen Angst, aber das, dann gehe ich einfach nicht raus und dann passiert mir ja nix."
> (K4, Interview vom 28.2.2012, S.I-194, Z.40-41)

K4 macht hier deutlich, dass ihr die Möglichkeit eines selbstbestimmten Verbleibs in der Innenwelt bei unangenehmen Gefühlen, die das Außen bei ihr verursacht, Sicherheit vermittelt. Diese innere Welt wird als sicher empfunden, weil die Innenkinder dort ungestört sein können, ohne durch äußere Einflüsse gestört zu werden, die möglicherweise als unangenehm oder triggernd empfunden werden. Zudem können Schutzsymbole oder -tiere zur inneren Sicherheit beitragen. Eine selbstbestimmte Nutzung dieser sicheren inneren Räume steht dabei im Vordergrund. Die Kindpersönlichkeiten möchten sich dahin zurück ziehen können, wenn sie es benötigen. Das Vorhandensein solcher Räume im Innen unterstützt die Handlungsstrategie der **selbstbestimmten Bewegung zwischen Innen und Außen**. Nicht die äußere Situation erfordert die Präsenz des Innenkindes, sondern ein sicherer

Raum im Innen unterstützt eine selbst gewählte Entscheidung in Bezug auf den Ort der eigenen Anwesenheit. Um sichere Räume im Innen wie im Außen herzustellen, bedarf es der inneren **Kommunikation und Kooperation**, die sich bezüglich der Kindpersönlichkeiten in Form **elterlicher Fürsorge seitens der erwachsenen Innenpersonen** spezifiziert. Wann und wo ein Raum beispielsweise im Außen als sicher definiert wird, obliegt nicht der ausschließlichen Definitionsmacht der Innenkinder oder der Menschen im Außen, die in Kontakt mit den Innenkindern stehen, sondern wird maßgeblich von den erwachsenen Innenpersonen bestimmt. So kommt es zu Situationen, in denen die Innenkinder zwar den Wunsch äußern, sich im Außen bewegen zu wollen, doch gibt es außerhalb geschützter Räume durchaus Situationen, in denen es unangemessen ist, als Kind in einem erwachsenen Körper zu agieren. Hier bezieht sich die Herstellung eines Schutzraums auf die elterliche und fürsorgliche Beziehung zwischen erwachsenen Persönlichkeiten und Kindpersönlichkeiten. Nicht jedes Bedürfnis kann erfüllt werden oder erscheint angemessen. Ebenso gibt es Situationen, in denen es unverantwortlich wäre, dem Innenkind in seinem Wunsch, am Außenleben teil zu nehmen, nach zu geben. K1 beschreibt diesbezüglich eine Situation, in der sie gerne an einer Kindergeburtstagsfeier eines der Außenkinder von A1 teil genommen hätte. Doch die erwachsenen Innenpersonen haben dem Bedürfnis nicht nach gegeben:

*„(...) Bei uns zu Hause (') (..), manchmal ist es noch blöd, aber, ja, weil, weil da kann man nicht so raus gehen wie man das gerne will so manchmal, weil dann (...), wenn die anderen zum Beispiel von den Großen, der... (Name Außenkind) und... (Name Außenkind), wenn die (.), die hatten letztens haben die Geburtstag gefeiert, das fand ich total blöd (;), weil, ich wollte auch Geburtstag feiern, (...)." (K1, Interview vom 11.7.2011, S.I-35, Z.36-40)*

An diesem Zitat wird deutlich, dass die erwachsenen Innenpersonen die Verantwortung für das gesamte Personensystem übernehmen, die sich mit einer elterlichen Beziehung zwischen Eltern und einem Kind vergleichen lassen. Auch diese begrenzen das Kind bei unangemessenen Wünschen. Wenngleich also K1 aufgrund des Kindergeburtstages der Außenkinder von A1 ebenfalls gerne an der Feier teilnehmen möchte, so ist den erwachsenen Innenpersonen doch durchaus bewusst, dass das Agieren von K1 im Außen unangemessen wäre. Die Wichtigkeit der Kommunikation und Kooperation wird im weiteren Erzählverlauf von K1 immer deutlicher. Zwar gab es in der oben beschriebenen Situation eine Einschränkung seitens der erwachsenen Innenpersonen, dafür wurden an anderen Stellen Möglichkeiten geschaffen, damit K1 auch im Außen spielen konnte, in diesem Fall mit dem Spielzeug der Außenkinder:

> *„Nein, wir haben in unserem Zimmer haben wir (.), da sind unsere Sachen in einer Kiste, das ist dann unsere Kiste, aber wenn die Großen von den (.), na, die Kinder, die draußen leben, da, weißt du, die, wenn die in der Schule sind, dann darf ich auch manchmal in den Zimmern spielen." (K1, Interview vom 11.7.2011, S.I-32, Z.33-36)*

Wenngleich A1 nun K1 also in einer unangebrachten Situation in seinem Wunsch des Draußenseins um kindgerechten Tätigkeiten nach zu gehen begrenzt hat, so ermöglicht sie diesen Wunsch in einer anderen und deutlich sichereren Konstellation durchaus. Deutlich wird hier die Gleichzeitigkeit von Begrenzung und Ermöglichung der Kindpersönlichkeiten seitens der erwachsenen Innennpersonen im Sinne einer elterlichen Fürsorge mit Hilfe der inneren Kommunikation und Kooperation. So betrachtet erscheint die elterliche Fürsorge als intervenierende Bedingung, die sich bei einer gelingenden Kooperation und Kommunikation wie soeben beschrieben förderlich auf weitere Handlungsstrategien, wie beispielsweise kindgerechten Tätigkeiten nach zu gehen, auswirken kann und gleichzeitig zur Herstellung von sicheren Räumen entscheidend beiträgt. Das Zusammenspiel und die gegenseitige Beeinflussung der intervenierenden Bedingungen werden deutlich. Sichere Orte und Räume im Außen werden maßgeblich von der elterlichen Fürsorge der erwachsenen Innenpersonen und den Menschen im Außen gesteuert. Zwar hat jede Bedingung eine Auswirkung auf die Handlungsstrategien, was an den einzelnen Pfeilen deutlich wird. Sichere Orte und Räume fördern beispielsweise den Wechsel in eine Kindpersönlichkeit. Doch haben unsichere Orte einen direkten Einfluss auf die elterliche Fürsorge, die in Folge deutlich ausgeprägter zu Tage tritt.

Sowohl das **Nutzen sicherer Räume im Außen** als auch die innere Kommunikation und Kooperation sind hinsichtlich des hier diskutierten Phänomens der *Daseinsberechtigung* der Innenkinder als Handlungsstrategien zu verstehen. Zu ergänzen sind sie durch das **Herstellen eigener, kindgerechter Bezugspunkte**. Damit sind persönlichkeitenspezifische Beziehungen, Tätigkeiten oder Räume gemeint, die dazu dienen, sich dort als Kindpersönlichkeit bewegen zu können und als solche wahr genommen zu werden. Im Innen stellen das die bereits beschriebenen Orte der Innenwelt dar. Im Außen sind beispielsweise die eigenen Spielsachen oder Kuscheltiere gemeint. Auch die individuell präferierten Tätigkeiten stellen spezifische Punkte dar, die einen direkten Bezug zu dem Innenkind herstellen und damit Bewegungsräume im Sinne der *Daseinsberechtigung* eröffnen.

Es lassen sich insbesondere bei den Interviews mit den Innenkindern ausgesprochen viele Hinweise auf jene Themen, die den ursprünglichen Lebenswillen charakterisieren, finden. Dabei wird der heile oder innere Kern vielfach angesprochen, und ein intuitives Wissen um hilfreiche und lebensbejahende Quellen im Innen wie Außen wird deutlich. **Der Zugang zum ursprünglichen Lebenswillen** erscheint bei dieser Persönlichkeitengruppe als ein sehr offener ebenso wie die Möglichkeit zu dessen Nutzbarmachung. Sowohl das Wissen um Ressourcen als auch der Zugang zu einer Lebensfreude und -zugewandtheit, sowie ein grundlegendes Vertrauen ins Leben finden sich in den Aussagen der interviewten Innenkinder wieder. Hinsichtlich der **Ressourcen** berichten die Innenkinder beispielsweise von Schutzwesen und -symbolen, die sie **für sich und andere Innenpersönlichkeiten nutzbar machen** können (vgl. Kapitel 4.4.2.3). Dies zeigt sich beispielhaft bei K2, die ein intuitives Gespür für Menschen, die dem Personensystem im Gesamten gut tun, besitzt:

„*K2: ich glaub ich kann gut aussuchen wer uns gut tut.*"
(*K2, Interview via chat vom, 16.11.2011, S.I-70, Z.4*)

K2 scheint hier über eine hilfreiche Ressource zu verfügen, die es ihr ermöglicht, instinktiv zu fühlen, welche Menschen für das gesamte Personensystem hilfreich sind und allen gut tun.

*Draußen Kind zu sein* und als solches in den nahen Beziehungen wahr genommen zu werden, an sicheren Orten Räumen und Orten selbstbestimmt zu agieren und dabei altersgerechten Tätigkeiten nach zu gehen steht im Mittelpunkt der *Daseinsberechtigung* der Kindpersönlichkeiten. Nach einer visuellen Darstellung dieser Ergebnisse findet sich im folgenden Kapitel der Schwerpunkt der *Daseinsberechtigung* der BeschützerInnen.

### 5.8.1.4 Visuelle Darstellung Paradigmatisches Modell „Draußen Kind sein"

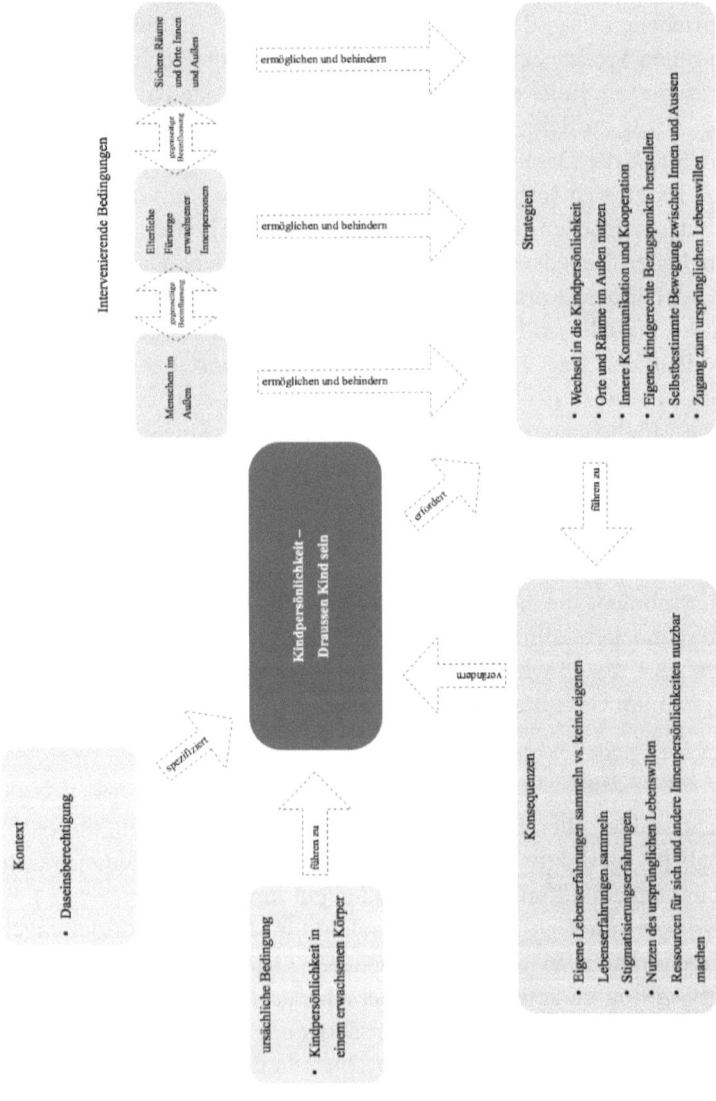

Abbildung 13: *Paradigmatisches Modell „Draußen Kind sein"*

### 5.1.8.5 BeschützerInnen – Mehr als BeschützerIn sein. Selbstbestimmt eigenen Interessen und Bedürfnissen nachgehen.

> *„(....) ein Beschützer, der beschützt immer nur die Anderen und was ist mit ihm selber, der muss ja auch irgendwie selber was Gutes haben." (T4/B4, Interview vom 28.2.2012,S.I-206, Z.11-13)*

Die *Daseinsberechtigung* wird durch den Wunsch dieser Persönlichkeiten, **mehr als BeschützerIn** sein zu wollen spezifiziert. Das impliziert die Möglichkeit, auf **selbstbestimmt**e Weise **eigenen Interessen und Bedürfnissen nach zu gehen**, die sich außerhalb der Aufgabe des Beschützens befinden. Die Verbindung von Selbstbestimmung mit dem Erweitern der bekannten Rolle werden hier als die entscheidenden Elemente eines guten Lebens beschrieben. Nicht mehr die äußeren (früher gewaltvollen) Geschehnisse diktieren den Ort der äußeren Präsenz, sondern die eigenen, inneren Bedürfnisse stellen nun die Entscheidungsgrundlage im Sinne der *Daseinsberechtigung* und des *Da-Seins* dar. Die Selbstbestimmung findet zum Einen Ausdruck darin, die Dinge zu tun, die getan werden wollen, weil sie einem inneren Bedürfnis und nicht der (erzwungenen) Rolle entsprechen. Dabei gilt es nicht, diese identitätsstiftende Funktion vollends in Frage zu stellen oder zu verändern, im Gegenteil speisen diese Persönlichkeiten ihren Sinn und Selbstwert aus dem gelungenen Schutz für das Personensystem. Vielmehr geht es darum, diese Rolle selbstbestimmt um die eigenen Interessen zu erweitern. B5 berichtet diesbezüglich von einer Lebensphase, in der sie sich als überflüssig empfand, weil sie ausschließlich ihrer Rolle des Beschützens nach ging und nichts anderes tun konnte:

> *„(..) Hmh, das hatt' ich ja gerade schon mal gesagt, dass ich nicht mehr das Gefühl habe, dass ich irgendwie überflüssig bin, ähm, dass ich nicht mehr das Gefühl hab', ähm, ich muss nur noch beschützen, also nur noch beschützen und beschützen und beschützen und ich darf eigentlich im Prinzip nichts anderen tun, sondern dass es für mich angenehmer geworden ist zu leben, weil ein bisschen, bisschen Raum lässt auch für anderes, hmh." (B5, Interview vom 22.3.2012, S.I-264, Z.5-8)*

Das Erweitern der alten Rolle des Beschützens beinhaltet die Möglichkeit zur freien Entscheidung, sich bei Bedarf mit anderen Dingen zu beschäftigen. B5 beschreibt diesen Umstand als ein angenehmeres Leben, in dem sie eigenen Interessen nachgehen kann und nicht mehr nur auf Schutzhandlungen reduziert wird oder ist.

Unterschiedliche ursächliche Bedingungen werden deutlich, die dieses Phänomen herbei führen. Diese sind in erster Linie den Persönlichkeiten inhärent und beziehen sich mehr auf intrapersonale Prozesse und Gegebenheiten denn auf äußere Einflussfaktoren.

Der Aspekt **Nutzen und Erkennen der eigenen Handlungsmacht** ist bei den BeschützerInnen sehr ausgeprägt. Das impliziert sowohl den intellektuellen Prozess der Erkenntnis eigener Handlungsmacht als auch das Nutzen eben dieser, alle BeschützerInnenpersönlichkeiten erscheinen diesbezüglich als **handlungsorientierte MacherInnen**. Jede/r von ihnen geht vornehmlich in aktive Handlungen und verharrt nicht unnötig lang in gedanklichen Prozessen. Das führt in Folge dazu, dass der Antrieb, mehr als BeschützerIn sein zu wollen, auch in dementsprechend zielgerichteten Handlungen mündet. In Anbetracht der ursprünglichen Aufgabe dieser Persönlichkeiten erscheint es nachvollziehbar, dass die Handlungsfähigkeit sehr ausgeprägt ist, nicht umsonst übernehmen sie den Körper in traumatischen, bzw. bedrohlichen Situationen und beschützen das Personensystem. Innerhalb des Personensystems dafür zuständig zu sein, in solchen Situationen handlungsmächtig zu bleiben, lässt eine gewisse Grundüberzeugung von der **Wirkung der eigenen Handlungen** vermuten. Hinzu kommt die jahrelange Erfahrung, dass die gewählten Interventionen auch tatsächlich hilfreich zum Schutze des gesamten Personensystems waren und sind. So kann davon ausgegangen werden, dass das Vertrauen in die eigenen Handlungen von Erfahrungen, in denen das gelungen ist, gespeist wird. B1 berichtet diesbezüglich davon, dass ihre Handlungen hilfreich für das gesamte Personensystem waren und sie sich mit dieser Tatsache gut fühlt:

> *„Damit fühle ich mich gut, wenn ich (..) gemerkt habe, so, ah, da konntest du jetzt eingreifen und helfen oder da konntest du eine Situation so meistern, dass es allen gut damit geht, (...)." (B1, Interview vom 25.7.2011, S.I-21, Z.14-16)*

Deutlich wird hier zum Einen die Handlungsfähigkeit von B1, sie greift ein, hilft und meistert eine bestimmte Situation. Zum Anderen wird ihre Handlungsmacht durch die immer wieder kehrende Erfahrung gestärkt, dass ihre Handlungen den gewünschten Effekt zeigen.

Nun lässt sich eine weitere intrapersonelle ursächliche Bedingung bei den BeschützerInnen lokalisieren, die der Handlungsmotivation dient: die der **Sinn (-suche)**. Dabei lassen sich unterschiedliche Dimensionen heraus arbeiten, die die BeschützerInnen unterschiedlich ausgeprägt besetzen. Die des erfüllten Sinn des eigenen *Da-Seins*, über die Sinnsuche nach neuen Aufgaben und Zielen im Leben außerhalb des Beschützens bis hin zur Verzweiflung und grundlegenden Infragestellung der eigenen sinnhaften Existenz. Grundsätzlich erscheint die Rolle des ausschließlichen Beschützens als wankend, eine Sinnsuche in Form neuer Aufgaben, die es zu erfüllen gilt, erscheint bei allen BeschützerInnen. Die gewohnte Aufgabe des Beschützens bedarf aufgrund veränderter Lebensbedingungen nicht mehr aller Aufmerksamkeit dieser Persönlichkeiten, doch ist eine neue Definition der eigenen Rolle (noch) nicht gefunden. Das Erkunden eigener Interessen und Bedürfnisse steht nun im Vordergrund, mit der Konsequenz, die **fremdbestimmte und überlebenssichernde Rolle** des Beschützens zwar nicht vollends zu verlassen, aber doch selbstbestimmt zu **erweitern.**

Hinsichtlich der intervenierenden Bedingungen werden auch bei den BeschützerInnen die bereits diskutierten Kategorien Sicherheit, Menschen im Außen und Kooperation mit den anderen Innenpersönlichkeiten relevant, allerdings mit spezifischen inhaltlichen Setzungen. Diese drei Bereiche stellen sich bei den BeschützerInnen als eine sich gegenseitig bedingende Triade dar (vgl. Kapitel 5.1.8.4), auf deren Spitze sich die Kategorie **Sicherheit** befindet. Erst wenn Sicherheit für die anderen Innenpersönlichkeiten gegeben ist, erscheint es möglich, sich der Erweiterung eigener Grenzen zu widmen. Wenngleich das Beschützen nicht mehr in der früheren Intensität nötig ist, da mittlerweile andere Rahmenbedingungen herrschen, steht das Bedürfnis nach psychischer und physischer Sicherheit im Vordergrund der Handlungen dieser Persönlichkeiten. Das Schaffen sicherer Räume und Orte sowie der Versicherung, dass kein gewaltvoller Zugriff mehr auf das Personensystem statt findet, sind hierbei von entscheidender Wichtigkeit, das **Sorgen für Sicherheit** steht nach wie vor im Zentrum der Handlungsmotivation. Aus der Perspektive der BeschützerInnen fühlen sich diese verantwortlich für diesen Bereich und richten ihre Handlungen dementsprechend aus. Je nach dem, wie stark die benötigte Sicherheit erreicht wird, ermöglicht bzw. verhindert dieser Punkt der Triade den Wunsch nach selbstbestimmten Entscheidungen, um eigenen Interessen nach zu gehen um in Folge mehr als BeschützerIn zu sein.

Auch **Menschen im Außen** treten als eine relevante Kategorie in den Fokus. Entscheidend hierbei ist ebenfalls der die *Daseinsberechtigung* akzeptierende und ermöglichende Umgang mit diesen Persönlichkeiten. Allerdings mit einer spezifischen Konnotation, bei der ein respektvolles Anerkennen und Nutzen der Expertise der BeschützerInnen für das gesamte Personensystem im Vordergrund steht. B5 beschreibt hier seine Erfahrung in einem therapeutischen Setting, bei dem er als Persönlichkeit nicht wahr genommen und entsprechend auch nicht angesprochen wurde. Dieser Umstand verstärkte sein ohnehin bereits als überflüssig empfundenes Dasein. Sein Wunsch wird deutlich, dass seine Fähigkeiten möglicherweise als zur Verfügung stehende Ressource hätten nutzbar gemacht werden können:

> „(...) Ja, das war so ein bisschen wieder so, ich bin halt überflüssig, mich braucht man jetzt ja nicht, also ich hätte mir schon von Manchen so gewünscht (..), dass die mal, da auch zuhören, so, dass es so jemanden hier gibt und, dass man den ja auch mit ins Boot holen kann sozusagen (...) (...)." (B5, Interview vom 22.3.2012, S.I-266, Z.28-30)

An diesem Zitat wird die Veränderung der äußeren Bedingungen deutlich („mich braucht man jetzt ja nicht"), die damit verbundene Sinnsuche („ich bin halt überflüssig") bei einen gleichzeitigen Wissen um die eigene Handlungsmacht, die als hilfreiche Komponente „mit ins Boot" geholt werden könnte. In diesem therapeutischen Kontext bedarf es nach Ansicht von B5 dazu allerdings eines Gegenüber, das zuhört und sich der Existenz dieser Innenpersönlichkeit bewusst ist. Womit die Relevanz der Komponente Menschen im Außen und ihr Umgang mit den Innenpersönlichkeiten in ihrer Relevanz auch bezogen auf die BeschützerInnen deutlich wird.

Das dritte Element der Triade ist die **Kooperation mit anderen Innenpersonen**, was **innere Kommunikation** und Organisation als Handlungsstrategie impliziert. Allseitige Kompromissbereitschaft, die es den BeschützerInnen ermöglicht, eigenen Bedürfnissen innerhalb eines Personensystems nach zu gehen, steht hierbei im Fokus. Gemeinsames Aushandeln von Raum, Ort und Zeit und gegenseitige Zuverlässigkeit sind notwendig, da durch das Verfolgen eigener Interessen seitens der BeschützerInnen keine bedrohliche Unruhe in das Personensystem gebracht werden soll. B1 beschreibt ihre Erfahrungen mit den Anderen des Personensystems diesbezüglich folgendermaßen:

> „(...) oder denen man so ein Stück weit seine Aufgabe überträgt, sozusagen, hmm, ich bin jetzt gerade mal draußen(´), weil mir danach ist, ein Bild zu malen (´), ich vertraue <u>dir</u> jetzt, dass <u>du</u> mir sagst, wenn irgendwas nicht ok ist. (..) (...)."
> (B1, Interview vom 25.7.2011, S.I-26, Z.10-13)

Den anderen Persönlichkeiten („denen") überträgt B1 ihre Aufgabe des Beschützens für die Zeit, in der sie draußen ist, um ein Bild zu malen. Dabei ist das Vertrauen in die Zuverlässigkeit der Anderen, mit der diese sich zu ihr in Kontakt setzen, sobald ihre Anwesenheit im Inneren des Personensystems von Nöten ist, am wichtigsten. Erst dieses Vertrauen festigt ihren Eindruck von Sicherheit der anderen Persönlichkeiten, so dass sie im Zuge dessen ihre gewohnte Rolle um ihre eigenen Interessen erweitern kann.

Die einzelnen Punkte der Triade bedingen sich nun insofern gegenseitig, als die Stärkung eines Elementes zur Stärkung eines anderen führen kann, ebenso wie zur Schwächung. So ist beispielsweise die Kooperation unter den einzelnen Innenpersonen bei der Aushandlung eines Kompromisses förderlich, um in Beziehung zu einem Menschen im Außen zu treten, was wiederum zu positiven Begegnungen führen kann. Das kann wiederum das Sicherheitsgefühl stärken und sich damit unterstützend auf die Erweiterung der Rolle des Beschützens auswirken. Ebenso kann das Fehlen einzelner Elemente oder eine negative Ausprägung ebendieser sich hinderlich auf jene Handlungsstrategien auswirken, derer sich die BeschützerInnen bedienen, um selbstbestimmt eigenen Interessen nach zu gehen.

Dafür bedarf es einer **Erkundung der eigenen Bedürfnisse,** was in unterschiedlichen Kontexten statt findet. Diesbezüglich ist Psychotherapie auf der Ebene intellektueller Selbsterkenntnisprozesse zu nennen. Die hier erarbeiteten Erkenntnisse werden in Folge in Form von selbstbestimmten Tätigkeiten umgesetzt, die sich außerhalb der bis dahin bekannten Aufgabenerfüllung des Beschützens befinden. Das Entwickeln eines eigenen Geschmacks, das Wahrnehmen eigener Vorlieben oder der Wunsch nach familiärem Beisammensein mit den anderen Innenpersonen finden sich in den Aussagen der BeschützerInnen auf dem Weg ihrer Entdeckung eigener Bedürfnisse wieder. Es werden verschiedene Aktivitäten vornehmlich im Außen ausprobiert, um heraus zu finden, ob sie den eigenen Interessen entsprechen. Dazu zählt beispielsweise die von den anderen Innenpersonen gewählte Kleidung, die einer kritischen Reflexion unterzogen und hinsichtlich des eigenen Geschmacks überprüft wird:

> „(...) ja, finde ich auch immer mehr, habe ich immer mehr Spaß daran auch selber zu gucken, nö, ich möchte so nicht mit meiner Freundin durch die Stadt bummeln, ich möchte jetzt gerne keine blaue Jacke anhaben, sondern eine rote, oder so. Also so den eigenen Stil zu entwickeln, das ist was ganz Neues und was richtig, richtig gut ist. So, ja (..) ja (...)." (B1, Interview vom 25.7.2011, S.I-28, Z.5-9)

B1 stellt hier fest, dass die Kleidung, die die Anderen angezogen haben, nicht ihrem Geschmack entspricht und sie lieber eine rote anstelle einer blauen Jacke tragen möchte, um mit ihrer Freundin durch die Stadt zu gehen. Auf diesem Wege erkundet sie nicht nur ihre eigenen Bedürfnisse, sondern nähert sich einer Umsetzung dieser schrittweise an.

Um sich den eigenen Bedürfnissen zu widmen ist eine der Bedingungen die bereits erwähnte **Sicherheit**. Das aktive **Herstellen sicherer Räume** für sich und die anderen Innenpersönlichkeiten ist diesbezüglich als Handlungsstrategie zu verstehen auf dem Weg zur Erweiterung der eigenen Rolle. Wie bereits erwähnt, führt eine gelungene innere Kommunikation und Kooperation zur einer psychischen **Stabilität**, die wiederum mehr Raum und mehr Möglichkeiten schafft, damit die BeschützerInnen sich mehr ihren eigenen Interessen als ihrer ursprünglich fremdbestimmten Aufgabe des Beschützens widmen können.

Dieser Umstand führt zu einem **Ausweiten der eigenen Grenzen** im Sinne des *Da-Seins*. Hierzu finden sich verschiedene inhaltliche Setzungen. B4 befindet sich beispielsweise auf der Suche nach einer neuen Aufgabe in einem regen Austausch mit den anderen Innenpersonen, was die innere Kommunikation als Handlungsstrategie verdeutlicht. B2 wiederum entdeckt ihr großes Interesse an politischen Aktivitäten und erweitert ihren Blick um eine „größere Sache" (B2, Interview via chat vom 29.11.2011, S.I-79, Z.20), indem sie an Demonstrationen teil nimmt. B6 hingegen möchte ihre Grenzen ausdehnen, um los zu lassen und eine die nicht mehr notwendige Anwesenheit ihrer Persönlichkeit mit dem Ziel der Integration erreichen. So beschreibt jede BeschützerInpersönlichkeit ihre ganz individuelle Ausdehnung eigener Grenzen als Folge des nun selbstbestimmten Nachgehens eigener Interessen. Nach einer visuellen Darstellung des komplexen Zusammenspiels der hier beschriebenen Aspekte wird die spezifische Ausformung der *Daseinsberechtigung* durch die tätergebundenen Persönlichkeiten vorgestellt.

## 5.1.8.6 Visuelle Darstellung Paradigmatisches Modell „Mehr als BeschützerIn sein. Selbstbestimmt eigenen Interessen und Bedürfnissen nachgehen"

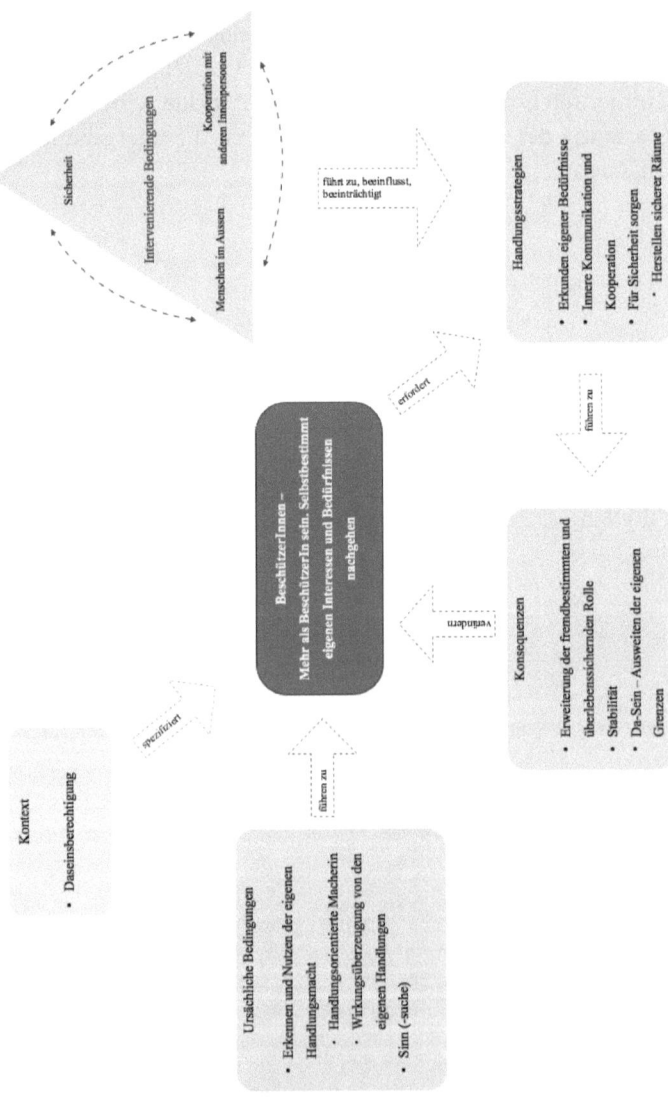

Abbildung 14: *Paradigmatisches Modell „Mehr als BeschützerIn sein. Selbstbestimmt eigenen Interessen und Bedürfnissen nachgehen"*

### 5.1.8.7 Tätergebundene Persönlichkeiten – Vom TäterIn-Du zum Ich

*„Früher dachte ich alles ist gut und cool und irgendwie war ich zufrieden und jetzt weiß ich noch nicht ob ich das leben gut finde was jetzt so gelebt wird ich suche noch für mich."*
*(T5, Interview via chat, 8.11.2012, S.I-274, Z.10-12)*

Bei dieser Persönlichkeitengruppe steht mehr als bei allen Anderen ein Prozess im Mittelpunkt, der die Entwicklung von der Abhängigkeit vom gewaltvollen Du hin zu einem eigenen Ich abbildet. Dabei ist die *Du bist nicht – Ich bin nicht* Botschaft am ausgeprägtesten in den Aussagen der tätergebundenen Persönlichkeiten zu finden. Wie bereits in den Kapiteln 2.3.5.4 und 4.4.2.4 beschrieben, zeichnen sich die tätergebundenen Persönlichkeiten dadurch aus, dass sie als innere Repräsentationen der TäterInnen fungieren und Grundzüge ihrer Identität Introjektionen des gewaltvollen Gegenübers, resp. dem *TäterIn-Du*, sind. Dieses In-sich-Aufnehmen des Verhaltens und Denkens der TäterInnen war notwendig, um das Überleben des gesamten Personensystems zu ermöglichen. Auf die Frage, was ein gutes Leben ausmacht, wird der Prozess vom Erfüllen der gewohnten Aufgaben des alten Lebens, also dem Ausagieren des induzierten *TäterIn-Du*, hin zum Entwickeln von Vorstellungen dessen, was jenseits dieser Introjektion ein *Ich* sein kann, deutlich. Damit kristallisiert sich das Kernphänomen dieser Personengruppe heraus, es stellt sich als ein Prozess vom **TäterIn-Du zum Ich** dar. Vor einer Beschreibung dieses Prozesses bedarf es einer Erläuterung der Bedingungen, die diesen ursächlich initiieren.

Die Tatsache, dass das **Leben sich verändert** hat, führt dazu, dass sich die tätergebundenen Persönlichkeiten auf die eine oder andere Art neu positionieren müssen. Das veränderte Leben zeigt sich zunächst in einer zeitlichen Trennung von **Früher und Heute**. Diese Unterscheidung findet sich durchgängig bei allen tätergebundenen Persönlichkeiten, ohne dass genauer benannt würde, wann das Früher aufhörte und das Heute begann. Sie dient allerdings als Unterscheidung der Lebenszeit, in der TäterInnenkontakt und gewaltvolle Übergriffe statt fanden von der heutigen Zeit, in der sich die Lebensbedingungen verändert haben. Diese Veränderung zeigt sich anhand unterschiedlicher Aspekte im **Außen** ebenso wie im **Innen**. Das äußere Umfeld entspricht nicht mehr dem gewaltausübenden des Früher, es wurden mittlerweile PartnerInnenschaften eingegangen, Außenkinder geboren und/oder es wird einem Beruf nachgegangen. Das Innen hat sich ebenfalls deutlich verändert, der Umgang untereinander innerhalb des Personensystems ist ein anderer geworden. Zum Einen haben sich einzelne Persönlichkeiten entwickelt und verändert aufgrund ihrer Lebenserfahrung. Zum Anderen zeigen therapeutische Prozesse Auswirkungen im Umgang mit und dem Verständnis von den tätergebundenen Persönlichkeiten, denen bis dahin entweder gar nicht oder mit innerer Ablehnung und Abwertung begegnet wurde. Es wird beispielsweise davon berichtet, dass den tätergebundenen Persönlichkeiten nun im Sinne der inneren Kommunikation und Kooperation Aufmerksamkeit zuteil wird, indem sie bewusst angesprochen, bzw. zu einer Zusammenarbeit aufgefordert werden. B3 berichtet davon, dass sie sich T3 aktiv zuwendet und sie anspricht:

> *"Ja, wir versuchen sie [T3] halt einfach zu uns mit zu nehmen, also immer wieder anzusprechen, ähm, einzuladen, dass sie mit uns isst, dass sie mit uns Zeit verbringt, dass sie zu uns kommt, wenn wir abends zusammen sitzen, ähm, aber mehr kann man nicht machen, also wir gehen, oder ich geh schon hin und versuch auch mit ihr zu reden (...)."*
> (B3, Interview vom 28.1.2012, S.I-120, Z.15-18)

Gleichzeitig schwingt hier eine Schwierigkeit, mit T3 in Kontakt zu treten, mit. Dass B3 nicht mehr machen kann und dennoch versucht, mit T3 zu sprechen, lässt einen Rückschluss auf einen schwierigen und anstrengenden kommunikativen Prozess zu. Diese innere Kommunikation und der Versuch von Kooperation wie im Fall von Sys3 führen zu einer Neupositionierung der tätergebundenen Persönlichkeiten. Entweder lehnen sie eine Zusammenarbeit ab und bleiben ihren alten Aufgaben und Glaubenssystemen, wie beispielsweise satanistisch geprägten Grundüberzeugungen, verhaftet, oder sie fangen an, das Erlebte neu zu bewerten. Die verschiedenen Standorte auf dem Kontinuum bilden einen Entwicklungsprozess ab, an dessen einem Ende die unreflektierte Verhaftung der tätergebundenen Persönlichkeiten mit dem gewaltvollen Du steht. Hingegen zeigt sich auf dem anderen Ende dieses Prozesses bereits eine Bezugnahme zu den eigenen Bedürfnissen und Emotionen im Sinne der *Daseinsberechtigung* jenseits der Indoktrination. Dieser Entwicklungsprozess vom **Du zum Ich** zeigt sich als zentrale Kategorie und wird im Folgenden erläutert.

Es zeigt sich zunächst **das stabile Du** in der unerschütterlichen und ausschließlichen Bezugnahme auf die gewohnten Aufgaben und Lebensbedingungen des gewaltvollen Früher. Bei dieser Ausprägung erscheinen die tätergebundenen Persönlichkeiten als ausgesprochen standhaft, stabil und entschlossen, weil sie sich ausschließlich ihren gewohnten Anforderungen widmen und diese ausführen möchten. Diese haben ihre Quelle in der Vergangenheit, bzw. in Beziehungskonstellationen, die in der Gegenwart nicht mehr gelebt werden. Doch die identitätsstiftende Verhaftung mit den Aufgaben und Beziehungen der Vergangenheit lässt auch im Heute keine Alternative zu. Bei dieser Ausprägung des Prozesses steht eine ausschließliche Bezugnahme auf das Du im Vordergrund. Die interviewten Persönlichkeiten bleiben diesem verhaftet und ignorieren dabei gleichzeitig die veränderten Lebensbedingungen. Doch kann als intervenierende Bedingung das Bereitstellen eines **wertfreien (Sprech-)Raums**, in dem das Unsagbare gesagt werden darf, zu einer Positionsveränderung führen. **Menschen im Außen** fungieren auch hier als **Erfahrungserweiterung**. So hat sich beispielsweise in den die Interviews nachbereitenden Gesprächen mit den Alltagspersönlichkeiten gezeigt, dass die interessierte und offene Gesprächshaltung der Forscherin gegenüber den tätergebundenen Innenpersonen zu einer positiven Veränderung innerhalb des Personensystems geführt hat. Das Interview eröffnete einen Raum, in dem sich diese Persönlichkeiten ohne Angst vor Repressalien mitteilen konnten. Das lässt den Schluss zu, dass sowohl die Haltung als auch die gesprochenen Worte dieser Personengruppe einer ständigen kritischen Bewertung unterliegen. Der Grund ihrer Existenz und ihre zum Teil unerbittliche Loyalität gegenüber einem gewaltausübenden System lassen sie zu einem (vermeintlichen) Risikofaktor werden. Doch zeigt sich auch bei diesen Persönlichkeiten der Wunsch nach *Daseinsberechtigung* in der Form von Gehör und die Möglichkeit zu bekommen, eigene Ansichten und Werte vertreten zu dürfen. Und das auch dann, wenn diese der ZuhörerInnenschaft möglicherweise fremd oder unangenehm sind. Doch sind diese Inhalte als Repräsentanz der (gewaltvollen) Welt zu verstehen, die einst den Alltag dieser Personengruppe ausgemacht hat. Das Ringen um einen wertfreien Raum, um akzeptiert und gehört zu werden, steht hier im Mittelpunkt der *Daseinsberechtigung* der tätergebundenen Persönlichkeiten.

Am folgenden Zitat wird dieses Ringen von T1 um einen wertfreien Raum deutlich, der es ihm ermöglicht, seine Ansichten und Erfahrungen in einem satanischen Glaubenssystem und der entsprechend gewaltvollen Erfahrungswelt schildern zu können:

> „Ja, wenn ich (..), ich hätte mich gefreut darüber, wenn jetzt zum Beispiel die Thera war das so am Anfang, die so gesagt hat, ja, nee, das passt jetzt irgendwie nicht mehr oder (..), dass sie einem die Chance, oder dass sie mir, wenn ich jetzt nur von mir rede, dass sie mir die Chance gegeben hätte erst mal zu sagen, zeig mir ein Stück von deiner Welt, dass ich verstehe, dass ich verstehen kann, was ist eigentlich deine Welt, so, sag mir, wie du denkst (...)." (T1, Interview vom 25.7.2011, S.I-49 f, Z.48ff)

Wenngleich die Haltungen und Denkstrukturen von T1 im Heute nicht mehr passend erscheinen und dieser Umstand für T1 auch nachvollziehbar ist („das passt jetzt irgendwie nicht mehr"), wird der Wunsch nach einer akzeptierenden und möglichst **wertfrei**en Haltung der Therapeutin („Thera") und einem **Sprechraum** deutlich, der es ihm erlaubt hätte, seinen gewaltvollen Erfahrungen einer Welt, die nicht die der Therapeutin ist, Ausdruck zu verleihen.

Eine solche Veränderung der eigenen Haltung gegenüber dem ehemaligen Gewaltsystem zeigt sich in der Position des **wankenden Du**. An dieser Stelle des Prozesses werden tätergebundene Überzeugungen zunächst vorsichtig in Frage gestellt. Dies geht einher mit einer abwartenden Haltung, die durchaus auch Hoffnungslosigkeit beinhaltet. Gewohnte Ideale finden keine Bestätigung mehr, neue sind (noch) nicht oder lediglich sehr vage in Sicht. Die alten und gewohnten Lebensinhalte sind aufgrund veränderter Lebensbedingungen obsolet geworden. Es zeigt sich eine hadernde Position hinsichtlich der eigenen *Daseinsberechtigung*, die noch nicht weiß, wie es weiter gehen kann, in welche Richtung der Weg führt und ob es überhaupt lohnenswert erscheint, diesen zu beschreiten. T5 beispielsweise äußert zunächst vage Zweifel an den Taten der gewaltausübenden Gruppe.

> „Ich fühle mich zu der gruppe hingezogen und finde das gut was die gemacht haben meist aber manchmal eben nicht mehr und dieses normale leben ist mir zu langweilig."
> (T5, Interview via chat, 8.11.2012, S.I-273, Z.32-34)

Die einschränkenden und uneindeutigen Formulierungen („meist, aber manchmal eben nicht") verdeutlichen das Hadern, hier findet die

Zerrissenheit zwischen den Welten seinen sprachlichen Ausdruck. T5 offenbart eine Bewegung in Richtung Loslösung von der gewohnten Denkstruktur, die allerdings eine suchende und noch ziellose Ausprägung hat. Das heutige, veränderte und normale Leben erscheint ihm langweilig und kann von T5 (noch) nicht mit eigenen Interessen und Bedürfnissen gefüllt werden.

Eine vorsichtige Auseinandersetzung mit diesem jetzigen Leben zeigt sich im Laufe des hier fokussierten Prozesses in Form eines (**instabilen**) **Ich,** das sich in einer Neuverhandlung in der Bezugnahme zum ehemals gewaltausübenden Du zeigt. Die Beziehung zum alten Gegenüber wird neu ausgehandelt und ein Bezug zum eigenen Ich wird hergestellt. Dies geschieht im Erkunden und Ausdrücken eigener Bedürfnisse, die sich dem Du gegenüber neu positionieren, dabei stehen **Therapie** und die **innere Kommunikation und Kooperation** als Handlungsstrategien im Vordergrund. Es werden nicht mehr ungefragt bzw. unreflektiert Aufgaben erfüllt und ausgeführt, sondern es findet eine Hinwendung zu einem eigenen Ich statt, zu den eigenen Gedanken und Emotionen, die sich zunächst allerdings noch deutlich am Du orientieren. Die alten Taten werden in Frage gestellt oder mit dem alten Glaubenssystem wird in Teilen gebrochen, doch nach wie vor dient der alte und gewohnte Kern der verinnerlichten TäterInnenaussagen und Taten als innere Orientierungsmarke. Diese fungiert als eine Art Verhaltensschablone, die das Bekannte und Gewohnte repräsentiert. Von dort aus werden neue Verhaltensweisen erprobt, verworfen oder neu entwickelt, das Alte wird losgelassen und Neuem wird sich zugewandt.

Die hier beschriebenen Haltungen gegenüber einem guten Leben sind als Prozesse zu begreifen, wenngleich das stabile Du zunächst als sehr starr und unbeweglich erscheint. Ein zur Verfügung gestellter wertfreier Gesprächsraum, in dem die eigene Position vertreten werden darf, stellt als intervenierende Bedingung bereits einen Indikator zu einer möglichen Veränderung dar. Dieser Raum bezieht sich nicht ausschließlich auf Menschen im Außen. Auch das **Innen** in Form der anderen Persönlichkeiten kann einen **wertfreien Sprechraum** darstellen. Nicht der Aufenthaltsort des/der ZuhörerIn ist relevant, sondern ihre oder seine interessierte und möglichst wertfreie Haltung, bei der nicht im Vordergrund steht, dass diese Personengruppe ihren alten

Werten abschwört, sondern die Konzentration auf dem Verstehen und Nachvollziehen der Gedankenstrukturen dieser Persönlichkeiten liegt. Diese Interventionen können eine Erfahrungserweiterung bedingen, die einen intellektuellen und emotionalen **Erkenntnisprozess** darüber anstößt, dass das Leben sich heute verändert hat, was wiederum einhergeht mit einem so ermöglichten Verständnis dafür, dass die **tätergebundene Rolle** in gewohnter Form im Heute **nicht mehr notwendig** ist.

Das Zusammenspiel von Menschen im Außen als Erkenntnis initiierend und der Veränderung der eigenen Position beschreibt T/B4 im Folgenden. Bereits die selbst gewählte Doppelbezeichnung ihrer Person (T für tätergebunden und B für Beschützerin) verdeutlicht einen Loslösungsprozess vom Du hin zu einem **Stabilen Ich:**

> *„I: Können Sie mir sagen, was für Sie ein gutes Leben bedeutet.*
> *T/B4: (Pause 20) Ja, also, wenn alles gut läuft, wenn alles funktioniert, gut läuft reibungslos (Pause 10), aber das hat sich jetzt eben auch verändert, also (..), inzwischen denke ich, ist ja auch ganz nett, wenn man mal ne Pause hat (..)*
> *I: Wie ist das passiert, diese Veränderung*
> *T/B4: (Pause 14) Hmm (Pause 10), dieses konkrete ist dadurch passiert (Pause 4), dass sich auch Leute, Außenleute beschwert haben, dass ich sie immer antreiben würde (...) und (..) da habe ich dann drüber nachgedacht und gedacht, naja, hmm, (lacht) (Pause 10), also ich habe eigentlich festgestellt, dass es heute eben anders ist als früher (...), ähm, vorher hätten wir nicht überlebt, wenn das mit dem Funktionieren nicht geklappt hätte und jetzt ist das nicht mehr so, ist halt anders, also (...), heute kann man sich echt was erlauben (lacht)."*
> *(T/B4, Interview vom 28.2.2012, S.I-224, Z.31-41)*

Das Antreiben im Innen wie im Außen führte in der Vergangenheit zwar zu einer gewissen Stabilität, in der sich für T/B4 das Leben als ein Gutes angefühlt hat, weil „alles gut läuft" und „alles funktioniert". Doch in Auseinandersetzung mit Menschen im Außen, die sich über dieses Verhalten beschwert haben, wurde bei ihr ein Erkenntnisprozess angeregt, an dessen Ende die Einsicht in den Umstand, dass das **Leben** sich **verändert** hat und andere Verhaltensweisen als das Früher erfordert, steht. Dies hat zur Konsequenz, dass sich das gewohnte und **gute alte Leben** zu einem **guten neuen Leben** entwickeln kann, bei dem als eine Folge des **stabilen Ichs** auch Pausen als „ganz nett" empfunden werden können.

Die Auseinandersetzung mit dem **eigenen Opfer- und TäterInnenstatus** kommt als ein weiterer Erkenntnisprozess hinzu. Die selbst ausgeführten Gewalttaten, die in den Interviews zwar nicht namentlich genannt wurden, jedoch implizit mitschwangen (z.b. T/B4, S.I-236, Z.37-39; T1, S.I-50, Z.43-45) wurden bisher innerhalb der Prämissen des gewohnten und bekannten TäterInnensystems als richtig und wichtig erachtet. Eine über die Erkenntnis initiierte beginnende Distanzierung gegenüber diesen Überzeugungen beinhaltet eine Neubewertung der eigenen Erlebnisse und Handlungen. Damit einher geht ein Erkennen darüber, dass den Persönlichkeiten selbst Gewalt zugefügt wurde und sie ebenfalls zugefügt haben. Dieser Bereich erscheint als besonders belastend. Die Suche nach einem Ort, an dem ein Aufarbeiten dieser traumatisierenden Erfahrungen möglich ist, erweist sich als schwierig und ist, auf die interviewten Persönlichkeiten bezogen, eine unabgeschlossene. T/B4 berichtet diesbezüglich von ihrer früheren Aufgabe und dass sie sich in diesem Zusammenhang als Täterin begreift. Im Sinne der Anonymisierung bleibt die Beschreibung der damaligen Handlungen von T/B4 ungenau, entscheidend für die Analyse sind in diesem Zusammenhang ihre veränderte Sichtweise auf eigene Taten und ihr Wunsch nach psychischer Aufarbeitung:

*„Und auch (..) (schmunzelt), ja, irgendwie so nach dem Motto, ein Beruf wie jeder andere und, ähm, deswegen hatte ich auch keine Schuldgefühle oder so, aber inzwischen finde ich es doch etwas eigenartig (..) und (Pause 12), ja, wir haben auch, wir haben auch im System schon Traumata ganz alleine bearbeitet, aber an das Thema trauen sich die Meisten dann nicht ran, also das ist (schmunzelt) \*da hätten wir schon gerne noch jemanden dabei\*, ja".*
*(T/B4, Interview vom 28.2.2012, S.I-236, Z.37-42)*

Deutlich wird hier der Erkenntnisprozess als intervenierende Bedingung für die Veränderung der eigenen Position. Im *Stabilen Du* erlebt T/B4 die eigenen Taten als einen Beruf wie jeden anderen auch und erlebte deswegen keine Schuldgefühle. Der Prozess des Verstehens und Begreifen dessen, was ihr und den Anderen angetan wurde führt dazu, dass sie die eigenen Handlungen mittlerweile als eigenartig empfindet, das *Stabile Du* gerät ins Wanken. Der Verweis auf die Schwierigkeit, eine therapeutische Begleitung zu finden, die T/B4 dabei unterstützt, diese eigenen Handlungen aufzuarbeiten, verdeutlicht gleichsam den blockierenden Einfluss von begrenzten Therapieangeboten auf den Prozess vom *TäterIn-Du* hin *zum* stabilen *Ich*.

Eine visuelle Darstellung der hier beschriebenen sich gegenseitig beeinflussenden Wirkfaktoren auf die Kategorie *Vom TäterIn-Du zum Ich* der *Daseinsberechtigung* findet sich im nun folgenden Abschnitt. Daran anschließend findet sich eine Zusammenfassung der vorgestellten Ergebnisse, um dann die praktische Anwendbarkeit der entwickelten theoretischen Bezüge anhand einer rekonstruktiven Neuerzählung des Interviews mit Sys1 nachzuzeichnen.

## 5.1.8.8 Visuelle Darstellung Paradigmatisches Modell „TäterIn-Du zum Ich"

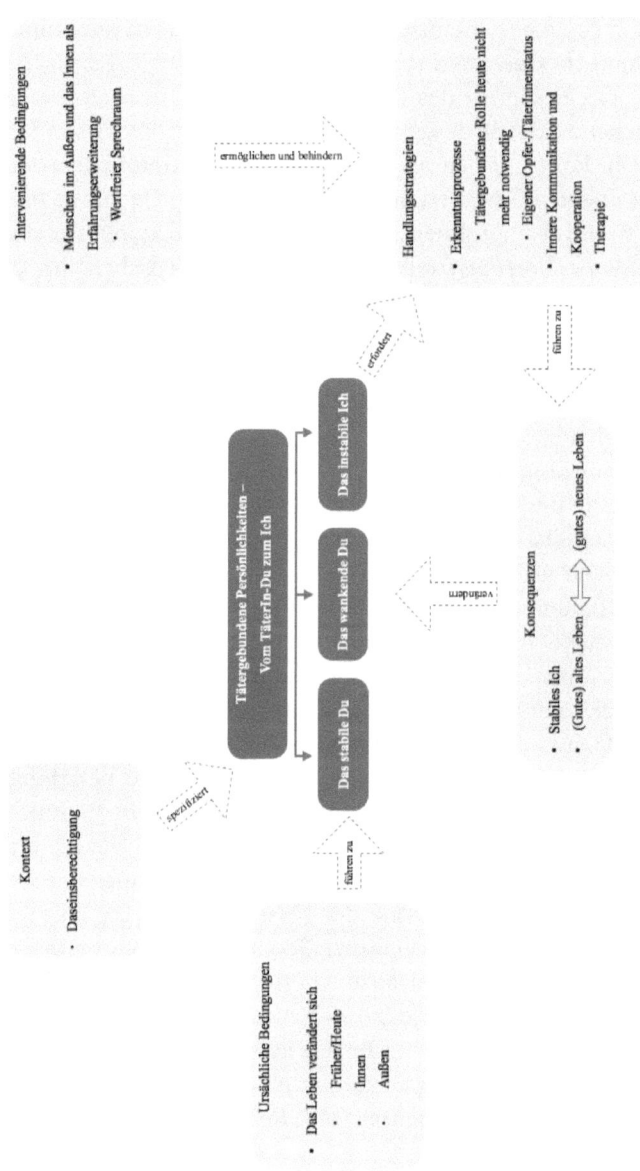

Abbildung 15: Paradigmatisches Modell „Vom TäterIn-Du zum Ich"

## 5.1.8.9 Zusammenfassung Daseinsberechtigung der einzelnen Persönlichkeiten

Die *Daseinsberechtigung* der einzelnen Persönlichkeiten wie auch eines Personensystems im Gesamten zeigt sich als das zentrale Ergebnis der Analyse. Erst das Erkennen des Rechts auf ein (gutes) Leben ermöglicht entsprechend darauf ausgerichtete Handlungen. Diese werden von der sowohl kontextuellen als auch ursächlichen (internalisierten) Botschaft der erlebten Gewalterfahrungen in Form von *Du bist nicht – Ich bin nicht* beeinträchtigt. Interne und externe Wirkfaktoren wie der Wille, die anderen Innenpersönlichkeiten und die Menschen im Außen sind dabei Einflüsse, die den Prozess von einem Ringen um Berechtigung hin zu einem selbstbemächtigten Leben begleiten. Dieser Vorgang zeigt sich zugespitzt bei den tätergebundenen Persönlichkeiten als eine Suchbewegung des eigenen Seins von der reinen Introjektion des TäterIn-Du hin zu einem Ich. Ein inneres Netz zu knüpfen mit Hilfe der inneren Kommunikation und Kooperation erscheint als die wesentliche Handlungsstrategie der Alltagspersönlichkeiten. Dieses trägt zu einer Stabilität bei, die nicht zwangsläufig das Integrieren in eine Persönlichkeit als psychische Gesundheit definiert, sondern das eigene Wohlbefinden aufgrund reduzierter unkontrollierbarer dissoziativer Phänomene in den Vordergrund stellt. Hierbei stellen u.a. Menschen im Außen, Sicherheit und strukturelle Bedingungen relevante Einflussfaktoren dar. Diese haben ebenso Bedeutsamkeit für die Kindpersönlichkeiten und deren spezifische Ausfüllung der *Daseinsberechtigung*. Sichere Orte und Räume zu schaffen und eine Beziehung der elterlichen Fürsorge anderer Innenpersönlichkeiten für die Innenkinder anzubieten, sind hier neben Menschen im Außen die relevanten Faktoren. Das Schaffen von Sicherheit obliegt qua Aufgabe auch den BeschützerInnen, die im Sinne der *Daseinsberechtigung* ihre gewohnte Rolle um das Nachgehen eigener Bedürfnisse erweitern möchten, um sich einem guten Leben anzunähern. Eine innere Kommunikation und Kooperation, die die je individuellen Bedarfe und Wünsche im Sinne eines inneren Netzes koordiniert, kann in Folge zu einem Erkennen und Nutzen der eigenen Handlungsmacht führen, die das eigene *Da-Sein* selbstbestimmt und jenseits von Rechtfertigungsstrukturen ermöglicht.

Für eine anschauliche Darstellung dieser komplexen Theorie wird im Folgenden anhand einer rekonstruktiven Neuerzählung des Interviews mit Sys 1 die bislang theoretische Diskussion um die *Daseinsberechtigung* an einem konkreten Fall nachgezeichnet, wobei die inhaltlich vorgestellten Kategorien nun in kursiver Schrift erscheinen.

## 5.2 Exemplarische Anwendung der Theorie Daseinsberechtigung

Nun stellt sich die Frage, wie die abstrakte Darstellung des entwickelten Modells sich in der konkreten Anwendung zeigt und ob sich die vorgestellte Grounded Theory als anwendbar auf AkteurInnen des Feldes zeigt. Rekurrierend auf die Empfehlungen von Franz Breuer (summer school Tübingen, 03. & 4.8.2015) auf einem Schreibworkshop in Tübingen wird hierfür im Folgenden mit Hilfe des kategorialen Vokabulars des vorgestellten Modells eine rekonstruktive Neuerzählung des Interviews mit Sys 1 statt finden. Die bisher sehr abstrakt genutzten Bezeichnungen der einzelnen Persönlichkeiten (B, K, T und A) werden für eine bessere Nachvollziehbarkeit beibehalten. Auch in diesem Kapitel wechselt die Schreibweise in die erste Form, da der unmittelbare und persönliche Kontakt zwischen der Forscherin und dem Sys1 nachgezeichnet wird.

Ich traf das Sys1 auf einer Veranstaltung zu ritueller Gewalt und wir unterhielten uns in den Pausen über meine Forschungsarbeit. Ich berichtete über meine Fragestellung und darüber, dass ich gerne mit vier verschiedenen Persönlichkeiten eines Systems sprechen möchte. A1 signalisierte reges Interesse an einer Teilnahme, wir tauschten daraufhin unsere Kontaktdaten aus und ich sendete ihnen per Email den Informationsbogen zu. Nach einem Telefonat und weiteren E-Mails wurde als erster Treffpunkt ein Zimmer einer selbstverwalteten Selbsthilfegruppe, zu der A1 Zugang hatte, gewählt. An diesem Tag führte ich das Interview mit A1 und K1. Zwei Wochen später trafen wir uns am selben Ort wieder und ich sprach mit T1 und B1. Der hauptsächliche Kontakt und die jeweilige Zeit vor, zwischen und nach den Interviews hatte A1 den Körper und die innere wie äußere Organisation übernommen. Sie war zu dem Zeitpunkt des Interviews 33, mit einem Mann verheiratet, hatte mehrere Außenkinder und war als Medizinische Fachangestellte in einer Notaufnahme halbtags berufstätig. Sie lebte als Viele-Frau und strebte keine Integration in eine Persönlichkeit an, vielmehr standen für sie eine funktionierende *innere Kommunikation* und ein *kooperatives* Miteinander der einzelnen Persönlichkeiten im Vordergrund. Sie berichtete davon, dass dies das erste Interview wäre, bei dem einzelne Persönlichkeiten explizit angesprochen werden würden. Das empfand sie als aufregend und passend gleichermaßen. Das erste Interview führte ich auch mit ihr, es diente dem Bekanntwerden mit der Interviewsituation, so dass die Anderen von Sys1 erfahren konnten, was gesprochen wurde und wie ich mich als Interviewerin verhielt. Nach einer Mittagspause sprach ich mit K1, die 8 Jahre alt war. Der Persönlichkeitenwechsel war offensichtlich, K1 hatte eine weniger aufrechte Körperhaltung als A1 eingenommen, mit kleinen Kuscheltieren am Rucksack gespielt, und ihre Stimme war wesentlich höher. Der sprachliche Ausdruck wechselte in einen kindlichen, der Augenkontakt zu mir nahm ab. Die Sprechabschnitte von K1 waren deutlich kürzer, mein Fokus lag in diesem Interview vermehrt auf dem Herstellen einer ruhigen und entspannten Gesprächsatmosphäre, immer wieder sprachen wir auch über Kuscheltiere und Kinderbücher. Der SOC-Fragebogen sorgte für eine kurze Irritation, A1 übernahm plötzlich die Gesprächssituation mit dem Hinweis, dass eine solche Form der Befragung für K1 schwierig sei und sie bei der Interviewvorbereitung nicht mehr daran gedacht hatte. Diese Art der Befragung erinnerte K1 an eine Situation, in der der Krankheitsstatus von Sys1 bei einer Einweisung in eine psychiatrische Klinik fest gestellt wurde. Sie befürchtete nun, dass auch ich eine Angestellte einer psychiatrischen Klinik sei und sie am Ende der Befragung irgendwo landen würde, wo sie nicht hin wollte, ich also über Einweisungsmacht verfügen würde (K1, Interview vom 11.7.2011, S.39-41). An dieser Stelle werden bereits die Einflussfaktoren der gesellschaftlichen Ebene der Bedingungsmatrix, genauer der *gesellschaftlichen Diskurse über Gesundheit und Krankheit* deutlich, die die *Daseinsberechtigung* von K1 beeinträchtigen. Ihre Angst vor Pathologisierung aufgrund entsprechender vorangegangener Erfahrungen führte dazu, dass sie sich zurück zog aus einer Situation, in der es um sie und ihre Sicht auf ein gutes Leben ging. Nachdem ich nochmals erklärte, wozu dieser Fragebogen diente und was ich damit bezweckte, war das Misstrauen von K1 beruhigt und wir konnten gemeinsam die Fragen durchgehen. Nach dem Interview mit K1 übernahm wieder A1, wir verabschiedeten uns und waren für die nächsten zwei Wochen wiederholt per E-Mail in Kontakt. In einer berichtete A1 davon, dass K1 aus dieser Situation, in der ich sie als Kind ernst nahm und sie ihre Befürchtungen überwand, gestärkt heraus ging. K1 erzählte demnach direkt am Abend nach dem Interview dem Ehepartner von A1 aufgeregt und stolz von dem Interview.

Nach 14 Tagen trafen wir uns am selben Ort wieder, das Zusammensein war gelöster und entspannter als beim ersten Treffen, da wir uns mittlerweile kannten. Vor dem ersten Interview sprachen wir über das vorangegangene Treffen und darüber, ob noch relevante Themen offen geblieben waren, was nicht der Fall war. A1 empfand das Interview als inspirierend, um sich in anderen Kontexten mit dem Thema gutes Leben auseinander zu setzen. Bezüglich K1 gab es keine weiteren als die bereits besprochenen Anmerkungen. Daran anschließend übernahm B1, 22, weiblich. Sie hatte eine sehr gerade Sitzhaltung und nahm viel Blickkontakt zu mir auf. Ihre Antworten kamen zu Beginn etwas vorsichtig, mit der Zeit berichtete sie ausführlicher, ihr Sprachstil war weniger von Denkpausen unterbrochen als bei A1. Im Anschluss an das Interview übernahm A1 wieder den Körper und wir aßen gemeinsam zu Mittag. T1, männlich und ohne Angabe von Alter, übernahm im Anschluss daran. Er saß sehr ruhig auf einer Sesselkante, atmete deutlicher und schwerer als die Anderen, nahm keinen Blickkontakt zu mir auf und sprach mit tiefer, ruhiger und bedachter Stimme. Die Antworten waren kürzer und direkt auf die Fragen abgestimmt, T1 gab keine ausschweifenden Antworten. Auch nach diesem Interview übernahm A1 wieder und ich fragte nach dem Befinden des gesamten Personensystems und insbesondere der Persönlichkeiten, mit denen ich gesprochen hatte. A1 berichtete, dass T1 bezüglich des Interviews ins Nachdenken kam, und es gab noch eine kurze Kommunikation mit T1 über A1, doch ging es nach Auskunft von A1 Allen gut (Sys1 hatte zudem jeweils zeitnah nach den Interviews Sitzungen mit ihrer Therapeutin vereinbart). Auch nach diesem Treffen hatten wir noch einige Male via E-Mail und Telefon persönlichen Kontakt.

Insgesamt wurde über das gesamte Interview wie auch in den nachfolgenden Kontakten die ausgesprochen gute *innere Kommunikation und Kooperation* des Sys1 deutlich. Bei unklaren Situationen wie beispielsweise bei der Situation mit K1 und dem SOC-Fragebogen übernahm sofort eine erwachsene Persönlichkeit, um zum Einen mit mir zu sprechen und zum Anderen K1 einen sicheren Rückzug in das Innere zu gewährleisten. Wenn es Unklarheiten im System gab wurde miteinander gesprochen, was deutlich daran wurde, dass A1 mir sagte, dass es etwas zu klären gab, und sie daraufhin schwieg. Doch ihr konzentrierter Blick und ein leichtes Nicken oder andere nonverbale Gesten ließen den Rückschluss auf eine innere Kommunikation zu. Auch die Persönlichkeitenwechsel für die entsprechenden Interviews waren vorher sowohl systemintern als auch mit der Therapeutin abgesprochen worden.

Im Folgenden werden mit Hilfe des bereits eingeführten Vokabulars der *Daseinsberechtigung* aussagekräftige Teile des Interviews mit den jeweiligen Persönlichkeiten nachgezeichnet. Die Reihenfolge orientiert sich hierbei an der Abfolge der geführten Interviews.

### 5.2.1 Das Netz knüpfen – A1: „Ein gutes Leben leben"

*Das Netz* zu *knüpfen* erscheint bei A1 eher als Selbstverständlichkeit, die sie sich mit den anderen Persönlichkeiten mittlerweile erarbeitet hat. So berichtete sie von einer gelingenden inneren *Kommunikation und Kooperation*, in der sie als Mediatorin fungierte und sich um die anderen Persönlichkeiten ebenso wie um das Familienleben im Außen kümmerte, die *Barrieren zu den anderen Persönlichkeiten* bedürfen keines *Aufweichens* mehr, das gesamte Personensystem steht mittlerweile in guten Kontakt untereinander. Dies ist einer langjährigen *Psychotherapie* ebenso wie dem *Aufbau eines äußeren Netzwerks* geschuldet. A1 stellt *Räume und Orte der Daseinsberechtigung* für die Innenpersönlichkeiten zur Verfügung und setzt sich *aktiv mit dem Innen* mithilfe Therapie auseinander. Auf die Frage hin, was für sie ein gutes Leben ausmache, erwähnte sie neben Selbstbestimmung und einer finanziellen Absicherung auch das Bedürfnis danach, vertraute *Menschen im Außen* um sich zu haben sowie ein Zuhause:

> „(....) dass man einen Standpunkt hat, dass man weiß, wo man hingehört und nicht in der Luft hängt (..) (....), wenn man zur Arbeit geht und wieder kommt, dass man dann wirklich weiß, da gehöre ich hin, da ist mein Zuhause, da sind Menschen, denen ich vertraue und umgekehrt, die mir vertrauen, ja." (A1, Interview vom 11.7.2011, S.I-5, Z.37-43)

A1 hat alle für sich definierten Attribute eines guten Lebens erreicht, sie ist berufstätig, finanziell und emotional abgesichert, lebt in einer Ehe, hat enge Freundschaften und mehrere Außenkinder, verfügt über eine hilfreiche therapeutische Unterstützung und bezeichnet ihr Leben, das sie lebt, als ein gutes:

*„Ein gutes Leben, wie ist ein gutes Leben für mich, eigentlich soooo, eigentlich schon fast so wie ich lebe (Lachen)." (A1, Interview vom 11.7.2011, S.I-5, Z.17-18)*

Auf meine Frage hin, was ihr dabei geholfen hat, dieses gute Leben zu erreichen stellt e sie das *Erkennen und Nutzen der eigenen Handlungsmacht* in den Mittelpunkt ihrer Erzählung. Dabei rekurrierte sie zunächst auf belastende Zeiten, in denen sie am liebsten aufgegeben hätte, doch stellte sie rückblickend fest, dass sie selbst dazu beigetragen hatte, ihre Ziele zu erreichen und nun da zu sein, wo sie auch sein wollte:

*„(....) für den Weg, den man gegangen ist, zu sagen, das war total schlimm, das war richtig schwer, es ist hat viele Zeiten gegeben, da hätte ich am liebsten alles hingeschmissen, aber jetzt stehe ich da, wo ich hinwollte und wenn man dann zurück guckt, wirklich zurück guckt, dann denkt man so, wow, nee, das, was du jetzt hast, das ist wie eine Belohnung für das, dass man wirklich sich da durch gekämpft hat, so empfinde ich das, aus einem Selbst raus, verrückt (schmunzeln), also, vorher habe ich das auch nicht so gesehen, wenn mich jemand danach gefragt hätte, hätte ich nie gesagt (.), was hat mir dabei geholfen, eigentlich, ja, man muss da selber (Lachen), ja." (A1, Interview vom 11.7.2011, S.I-11, Z.36-43)*

Auf die Frage, wie sie diese innere Kraft des „aus einem Selbst raus" für sich aktiv nutzbar machen konnte, um ihre Ziele zu erreichen berichtete sie von einer *Nullpunkterfahrung* und der daraus resultierenden Erkenntnis, dass sie selbst die *Handlungsmacht* über ihr Leben besitzt:

*„(....) es war eine Phase, wo es mir sehr schlecht ging (....),wo ich nicht mehr daran geglaubt habe, dass ich das erreichen kann, weil es mir einfach viel zu schlecht ging und (..), an irgendeinem Tag, ich glaube, voran gegangen war vormittags meine Therapiestunde und da habe ich nachmittags, nachmittags kam das plötzlich, dass ich so gedacht habe, das wirst du nie schaffen, den Weg dahin, was du erreichen willst, den wirst du nicht schaffen, (....) da kam so eine Phase an dem Tag, wo ich für mich gedacht habe, man, irgendwas in diesem, in meinem Körper muss da sein, dass ich überhaupt da stehe, wo ich jetzt stehe, ansonsten (..), das ja verrückt, es klingt so verrückt, aber so war das, dass ich gedacht habe, wenn es da nichts gegeben hätte, dann*

> *wäre ich jetzt tot, dann hätte ich das wahrscheinlich gar nicht, ich hätte das wahrscheinlich gar nicht überlebt, da muss ja irgendwas gewesen sein, (..), was dazu geführt hat, dass ich nicht gestorben bin, (...) und da war für mich so der Wendepunkt, dass ich gedacht habe, man, wenn du das geschafft hast, dann wirst du auch das erreichen, was du erreichen willst, das (.), ich finde, das hat was mit Wille zu tun. (...) da war für mich wirklich der Knackpunkt, dass ich gesagt habe, so, und ich will jetzt, dass das anders ist, das soll nicht so bleiben." (A1, Interview vom 11.7.2011, S.I-12, Z.1-41)*

Dieser Interviewausschnitt zeigt auf deutliche Weise die *Nullpunkterfahrung* von A1, in der sie nicht mehr wusste, wie es weiter gehen sollte. Die *Menschen im Außen*, in diesem Fall die Therapeutin und die vorangegangene Therapiestunde, sind als *externe Wirkfaktoren* zu begreifen. Die Erkenntnis des *ursprünglichen Lebenswillens* und der Kontakt mit ihm „da muss ja irgendwas gewesen sein", der ihr das Überleben ermöglichte, führte zur Nutzbarmachung des *Willens zur Veränderung*. In A1 erwachte als Folge des erkenntnisreichen „Wendepunktes" die Motivation, etwas verändern zu wollen, damit „das anders ist". Dieser Erkenntnisprozess führte dazu, dass sich A1 für sich und das gesamte Personensystem eine *Daseinsberechtigung* erstritt, indem sie ein helfendes *Netzwerk* aufbaute, sich mit der Vergangenheit und den anderen Persönlichkeiten auseinander setzte, um so ihr Ziel eines guten Lebens weiterhin zu verfolgen und schlussendlich zu erreichen. Dabei spielten *Menschen im Außen* eine entscheidende Rolle, die ihren Fokus auf die Förderung der Selbstbestimmung von A1 legten und damit hilfreich auf diesem Weg waren:

> *„(....) ich bin mir sehr sicher, dass ich alleine nicht da hin gekommen wäre, sondern dass es wirklich, das war (.), der wesentliche Punkt ist wirklich für mich, für mich ganz persönlich, dass ich sagen muss, und wenn ich es am Anfang noch so gehasst habe, das war wirklich Menschen, die gesagt haben, ich gehe ein Stück des Weges mit dir, aber Entscheidungen triffst du (...)."*
> *(A1, Interview vom 11.7.2011, S.I-14, Z.28-31)*

Die Relevanz der *Menschen im Außen* in dem Prozess der *Selbstbemächtigung* von A1 wird hier deutlich. Auch wenn sie es zu Beginn hasste, dass – in ihrem Fall insbesondere – die Therapeutin ihre Konzentration auf die Entscheidungsfreiheit von A1 legte und ihr diesbezüglich nichts abnahm, so war es doch genau diese Haltung, die sie in der Reflexion als das wesentliche Element von Unterstützung empfand. Als *Konsequenz* dieses Prozesses beschreibt A1 ein *selbstbemächtigtes*

*Leben*, das auch davon geprägt ist, den traumatischen Erfahrungen der Vergangenheit die Macht über ihr jetziges Leben zu nehmen:

„(....) *dass man das Vergangenheit sein lassen kann, ich glaube, es gibt immer noch Teile, wo man es noch nicht kann, aber die wesentlichen Dinge, die einen nicht daran hindern, sein Leben aufzubauen (...) wenn ich nicht gelernt hätte, bestimmte Dinge Vergangenheit sein lassen, hätte ich meinen Beruf nicht erlernen können. (...)."*
(A1, Interview vom 11.7.2011, S.I-10, Z.4-10)

Es gelingt A1, mit Hilfe des eigenen *Willens* und einem hilfreichen äußeren Netzwerk die traumatischen Erfahrungen in Teilen in der Vergangenheit zu lassen, so dass diese nicht mehr den entscheidenden Einfluss auf das jetzige Leben von A1 nehmen. Wenngleich ihr das noch nicht in allen Bereichen gelingt, so doch zumindest so weit, dass sie in der Lage ist, ihr eigenes, gutes Leben unabhängig von der Indoktrination *Du bist nicht – Ich bin nicht* der Vergangenheit zu gestalten. Nicht mehr das Ringen um Berechtigung, sondern das *Da-Sein* steht somit im Vordergrund des Interviews mit A1. Das zeigt sich auch in ihrem Bemühen um das Schaffen von *sicheren Orten und Räumen* für die *Daseinsberechtigung* der Anderen sowie in der *elterlichen Fürsorge*, um K1 das Spielen im Draußen zu ermöglichen.

### 5.2.2 Draußen Kind sein – K1: „Spielen, auch wenn der Körper groß ist"

In den Erzählungen von K1 wurde ihre Zerrissenheit zwischen ihrem Wunsch, draußen zu spielen, und der Tatsache, dass sie sich in einem erwachsenen Körper befindet, deutlich. Sie berichtete mehrfach von *Stigmatisierungserfahrungen* und ihrer Furcht davor, als krank oder behindert wahr genommen zu werden. K1 erzählte diesbezüglich von einem Spielplatzbesuch mit einer Freundin, die selbst nicht Viele ist. Sie wippten miteinander, andere Besucher beobachteten dieses Spiel und kommentierten das kindliche Verhalten von K1 in einem großen Körper auf für sie verletzende Art und Weise:

„(....) *die große Freundin von uns, die hat da mit uns gewippt und die hat gar nicht ganz viele, da wohnt nicht eine (nennt verschiedene Namen von Innenpersonen) oder so und die hat dann mit uns gewippt und dann haben die auch zu ihr gesagt, dass die behindert ist und das finde ich blöd und das*

> *wäre viel schöner, wenn man ganz viel spielen kann und keiner sagt, dass man krank ist im Kopf oder dass man behindert ist oder so."*
> *(K1, Interview vom 11.7.2011, S.I-38, Z.2-27)*

Trotz dieser Erfahrungen blieb der Wunsch als Kind draußen zu agieren zentral im Gespräch mit K1. Und gerade jene Situationen, in denen ihr das *als Kind draußen sein* nicht ermöglicht wurde, blieben als unangenehme in ihrer Erinnerung:

> *„(...) manchmal ist es noch blöd, aber, ja, weil, weil da kann man nicht so raus gehen wie man das gerne will so manchmal, (...)." (K1, Interview vom 11.7.2011, S.I-35, Z.6-37)*

Erlebnisse hingegen, in denen das *Draußen Kind sein* möglich war und entsprechend *sichere Räume und Orte* zur Verfügung gestellt wurden, wurden als die eines guten Lebens beschrieben. Beispielhaft erzählte sie von den Therapiesitzungen, die in einem großen Spielzimmer der Therapeutin, die auch mit Kindern und Jugendlichen arbeitete, statt fanden. Dass K1 dort sein konnte, die Therapeutin ihr kindgerecht begegnete und einen *sicheren Ort der Daseinsberechtigung* zur Verfügung stellte, führte zu *positiven Lebenserfahrungen*:

> *„Ich finde das einfach toll, weil (...), da kann man richtig rumtoben, da war das in dem Spielzimmer, da war (.), da hatten die ganz viele Matratzen und ganz, ganz, <u>ganz</u> viele Kuscheltiere (..), und da (.), ich fand das total cool, weil die... (Name Therapeutin) hat dann mit mir zusammen gespielt und dann darf man, weißt du, dann kann man auch mit den Spielsachen spielen, dann kann man die nicht nur angucken, weil wenn man von drinnen von uns nach draußen guckt, dann kann man die ja nur sehen und man kann die gar nicht anfassen." (K1, Interview vom 11.7.2011, S.I-33, Z.42-47)*

Deutlich wird hier der Unterschied für sie zwischen dem Anschauen von Spielsachen aus dem Innen und dem tatsächlichen Anfassen im Außen. Erst durch den *Wechsel in die Kindpersönlichkeit* und damit einhergehend das eigene Berühren und Nutzen von Spielzeug erlebte sie die Situation als eine schöne. Kontrastierend zu dieser Erfahrung erzählte K1 von einer belastenden Erfahrung mit einem Therapeuten, der auf fremdbestimmende Weise entschied, wann er mit welcher Persönlichkeit von Sys1 in Kontakt treten wollte:

> *„Wir waren mal bei jemand anders und der fand das immer doof, dann hat der gesagt, er spricht <u>nur</u> mit dem, den er auch gefragt hat. (...) Weil manchmal war ich traurig zum Beispiel und dann wollte ich das erzählen und dass*

*der vielleicht mal ein Spiel spielt und dann hat der geschimpft und ich musste warten, bis er danach fragt (....)."*
*(K1, Interview vom 11.7.2011, S.I-38, Z.37-42)*

Die Selbstbestimmung von K1 wurde hier deutlich durch den Therapeuten eingeschränkt, indem er die Verfügungsmacht über die Persönlichkeitenwechsel des Sys1 für sich beanspruchte. Abgesehen von dieser restriktiven Gesprächsführung wird deutlich, dass K1 bei Bedarf keine Hilfe erfuhr, die *Daseinsberechtigung* wurde ihr verweigert, bzw. der Zeitpunkt ihrer Anwesenheit von Außen und ihre Bedürfnisse ignorierend bestimmt. Der *Persönlichkeitenwechsel* wurde *blockiert*, das Draußen-Sein von K1 und in Folge auch das *Sammeln eigener Lebenserfahrung* wurden verhindert.

Auch die *elterliche Fürsorge der erwachsenen Persönlichkeiten* kann zu ähnlichen Konsequenzen führen, jedoch steht hier der Schutz des Personensystems auf Grundlage einer gemeinsamen Kooperation im Vordergrund. K1 erzählte in verschiedenen Zusammenhängen von ihrem Bedürfnis, auf einem Spielplatz zu spielen. Doch nicht immer ist das möglich, die erwachsenen Persönlichkeiten erlauben den Aufenthalt im Außen nicht zwangsläufig und halten die Kindpersönlichkeit zurück:

*„(...) und so waren die auf einem ganz, auf einem ganz großen Spielplatz und dann hat... (Name A1) gesagt, keiner darf da raus, weil da noch ganz, ganz viele andere Menschen sind." (K1, Interview vom 11.7.2011, S.I-36, Z.19-21)*

Wenngleich der Wunsch von K1 und anderen Innenkindern formuliert wurde, dass sie auf dem Spielplatz *draußen sein* wollten, hielt A1 sie zurück und sagte, dass niemand den Körper übernehmen durfte, weil zu viele andere Menschen dort waren. Dies geschah zum Einen aus Sorge um die Innenkinder, so dass sich diese keinen unnötigen *diskriminierenden Erfahrungen* in einem unsicheren Raum aussetzten.

Eine andere Konnotation bekommt die *elterliche Fürsorge der erwachsenen Persönlichkeiten* beim Einkaufen, wenn es um eine Begrenzung von kindlichen Gelüsten geht:

*„Hmh, und manchmal darf ich auch, wenn die Großen einkaufen sind, wenn ich dann (.), dann darf ich manchmal raus und dann gucke ich, dann darf ich mir was aussuchen, aber nur dann, wenn das die Großen erlauben*

(`), und immer müssen wir uns abwechseln, weil können ja nicht alle immer was aussuchen." (K1, Interview vom 11.7.2011, S.I-32 f, Z.47ff)*

Dass K1 in diesem Zusammenhang von einer Erlaubnis sprach verdeutlicht den elterlichen Aspekt, dem gemäß die erwachsenen Persönlichkeiten eine autoritäre Rolle gegenüber den Kindern innehaben. Zudem wird hier neben der *inneren Kommunikation und Kooperation*, die es K1 erlaubte, beim Einkaufen auch mal draußen zu sein, um sich etwas auszusuchen, auch die Verbundenheit der Innenkinder untereinander deutlich. Die Kooperation steht hier im Vordergrund, bei der sich die Kindpersönlichkeiten untereinander abwechseln müssen, wobei dieser Vorgang von den erwachsenen Persönlichkeiten koordiniert wurde.

Wie deutlich wurde, steht das *Draußen Kind sein* im Zentrum der Handlungen von K1. Dabei sind Menschen im Außen ebenso beeinflussend wie die *elterliche Fürsorge anderer Persönlichkeiten*, die die Bewegungen von K1 koordinieren und schützend begleiten. Die *Akzeptanz* des Viele Seins seitens der erwachsenen Persönlichkeiten erscheint als relevante Bedingung mit der Konsequenz eines die *Daseinsberechtigung* einfordernden Innenkindes. Doch eine *innere Kommunikation und Kooperation* ermöglicht gemeinsame Absprachen, die das Draußen Sein von K1 im Sinne des gesamten Personensystems gestaltet, denn auch das Bedürfnis von B1, eigenen Bedürfnissen im Außen nach zu gehen bedarf einer inneren Koordination.

### 5.2.3 Mehr als BeschützerIn sein. Selbstbestimmt eigenen Interessen und Bedürfnissen nachgehen – B1: „Eigene Ziele verfolgen"

Die Ausprägung der *Daseinsberechtigung* bei den BeschützerInnen „Mehr als BeschützerIn sein – Selbstbestimmt eigenen Interessen und Bedürfnissen nachgehen" zeigte sich bei B1 in ihrem stetigen Bestreben, eigene Ziele, vornehmlich im Außen, zu entwickeln und zu verfolgen:

*„Ja, dass ich (.) ich habe mir so Pläne gemacht und dass man, dass ich die Pläne auch er-reichen kann oder so. Dass ich, dass man in die Zukunft gucken kann und sich ein Ziel setzt und dass so nach und nach auch erreichen kann und wenn man das dann geschafft hat, dass man dann auch wieder ein neues Ziel hat." (B1, Interview vom 25.7.2011, S.I-21, Z.17-21)*

B1 schmiedete Pläne, die sie schrittweise umsetzte, und sich darüber ihr *Da-Sein*, das sie mit eigenen Vorlieben und Bedürfnissen füllte, erstritt. Ihr Handeln war dabei zukunftsorientiert, sie hatte nicht ein spezifisches Ziel, das es zu erreichen galt, sondern dachte darüber hinaus. Der Aspekt der *handlungsorientierten Macherin* wird hier deutlich, der Fokus ihrer Überlegungen lag auf dem Stecken und Erreichen von Zielen, sie verharrte nicht in Überlegungen, sondern übersetzte diese in *aktive Handlungen* (vgl. folgende Abschnitte). Dabei war es B1 wichtig, ihre Aufgabe des Beschützens weiterhin zu behalten:

> *„Ich fühle mich mit meiner Aufgabe gut (') und wenn ich die nicht hätte, weiß ich nicht, dann wäre das glaube ich für mich (..) nicht unbedingt mehr ein gutes Leben. Die würde ich schon gerne behalten." (B1, Interview vom 25.7.2011, S.I-21, Z.11-14)*

Das Beschützen ist bei B1 sinnhaft gefüllt, es macht für sie ein gutes Leben aus, diese Aufgabe zu behalten. Es geht ihr nicht um das Ablegen dieser Rolle, doch sie möchte *mehr als Beschützerin sein*, denn die Ausschließlichkeit des Beschützens führte in der Vergangenheit zu einem Gefühl der Enge:

> *„(...) ich habe ganz, ganz lange nur im System (') ähm, ich sag mal, gearbeitet, ich war so gut (..) wie selten, also sehr, sehr selten auch im Außen. Und habe mich damit eigentlich so ein bisschen eingesperrt gefühlt (...)." (B1, Interview vom 25.7.2011, S.I-21, Z.29-31)*

Diese belastende Situation ging einher mit einer *(Sinn-)Suche* von B1 nach anderen Aktivitäten, die ihr ebenfalls entsprachen, doch war ihr nicht sofort klar, welche das sein könnten und wie diese im Außen umzusetzen wären (S. I-21, Z.33-35). Dieses *Erkunden der eigenen Bedürfnisse* und deren praktische Umsetzung fanden mit Hilfe der Therapeutin statt:

> *„(...) und dann habe ich mir irgendwie mit Hilfe, natürlich mit Hilfe der Therapeutin am Anfang, hatte ich das Ziel, irgendwann möchtest du dich auch draußen bewegen und einfach für dich gucken, was kann es draußen für Ziele geben und nicht nur im System."*
> *(B1, Interview vom 25.7.2011, S.I-21, Z.35-37)*

Auf diese Weise und durch Unterstützung durch *Menschen im Außen*, die durch den ständigen Zuspruch (S.I-24, Z.46) und das *Vertrauen in die Fähigkeiten* von B1 geprägt waren, richtete sie ihre Handlungen zunächst auf recht basale Ziele wie das selbständige Einkaufen (S.I-21,

Z.43). Nach und nach erweiterte sie diese Bewegungen im Außen um jene Aktivitäten, die ihr schon lange im Kopf waren, in diesem Fall das Malen:

> *„Zum Beispiel Pinsel und Farbe in die Hand zu nehmen und die Bilder, die man schon mal im Kopf hatte, die dann tatsächlich mit Farbe auf das Papier zu bringen. Die eigenen Interessen mal umzusetzen im Außen, (...)."* (B1, Interview vom 25.7.2011, S.I-22, Z.39-41)

Entscheidend für B1 ist hierbei eine ausgewogene Bewegung zwischen der Erfüllung ihrer Aufgabe und dem Entdecken und Nachgehen eigener Ziele und Wünsche. Die Frage nach ihrer ersten Erinnerung an ein gutes Leben beantwortete B1 mit dem Erleben einer gelungenen Balance zwischen diesen Ansprüchen:

> *„(...) also als ich gemerkt habe, ich kann meinem eigenen Anspruch gerecht werden und kann trotzdem hinbekommen, dass ich meinen Zielen oder meinen, meine, mein (klopft auf den Tisch) (h) jetzt komme ich nicht auf das Wort (.) meinen <u>Bedürfnissen</u> draußen, also meine eigenen Bedürfnisse, auch sich im <u>Außen</u> zu bewegen ('') und dass es mir mit beiden Dingen gut geht.(....) So, und als ich das hingekriegt habe, da fing es [das Leben] an richtig gut zu werden, so."* (B1, Interview vom 25.7.2011, S.I-23, Z.6-36).

Diese Balance gelingt ihr mit Hilfe der *inneren Kommunikation und Kooperation*. Wenngleich sie zunächst unsicher ist, ihre Rolle als Beschützerin zugunsten ihrer eigenen Bedürfnisse für eine begrenzte Zeit zu erweitern, wächst durch Verhandlungen mit anderen Innenpersönlichkeiten das Vertrauen, dass diese sich bei inneren Schwierigkeiten bei ihr melden werden:

> *„Und darauf zu vertrauen, selbst wenn das so ist, das habe ich noch gar nicht gesagt, dass selbst, wenn man sich draußen bewegt und es ist irgendwas, was man aus irgendwelchen Gründen nicht mitbekommen hat, darauf zu <u>vertrauen</u>, dass andere einem das schon mitteilen."* (B1, Interview vom 25.7.2011, S.I-24, Z.40-43)

Durch dieses Abkommen mit den anderen Persönlichkeiten wächst das Vertrauen von B1 in das Bestehen der *inneren Stabilität*, auch wenn sie selbst nicht in gewohnter Weise präsent ist. Deutlich wird hier, dass durch eine *innere Kommunikation und Kooperation* ein Vertrauensverhältnis zwischen den einzelnen Persönlichkeiten her-gestellt werden kann. Dieses ermöglichte B1, sich im Außen den eigenen Bedürfnissen zuzuwenden und dennoch davon auszugehen, dass die inneren Persönlichkeiten für diese Zeit *sicher* waren, bzw. dann B1 informiert wurde, wenn dem nicht mehr so war.

Das triadische Zusammenspiel von *Menschen im Außen*, die B1 in ihrem *Da-Sein* wertschätzend und gleichermaßen ihre *Selbstbestimmung* achtend mit der *inneren Kooperation mit den anderen Persönlichkeiten* für das Herstellen von *Sicherheit* zeigt sich bei B1 in gelungener Weise. Dabei war im Fokus ihrer Handlungen das Erweitern ihrer Beschützerinrolle um das Nachgehen eigener Bedürfnisse, wobei die *Sinnsuche* das *Erkunden eigener Bedürfnisse* anregte. Dies fand mittels therapeutischer Begleitung statt, um die beengende Rolle des ausschließlichen Beschützen zu erweitern. Die schrittweise Umsetzung des Malens und andere planvolle Aktivitäten erweisen dabei die *Handlungsmacht* von B1, die sie zum Erreichen selbst gesteckter Ziele nutzte. Im Gegensatz zu B1, die sich ihrer eigenen Bedürfnisse mittlerweile bewusst geworden ist, rang T1 zum Zeitpunkt des Interviews noch um eine Loslösung von den Indoktrinationen des TäterIn-Du.

### 5.2.4 Vom TäterIn Du zum Ich – T1: „Daseinsberechtigung und Akzeptanz"

Das Ringen um Berechtigung der eigenen Person einhergehend mit der Loslösung von der früheren und bekannten Welt wurde bei T1 besonders deutlich. Wenngleich T1, wie im Laufe dieser Nachzeichnung des Interviews gezeigt werden wird, das *Stabile Du* des ehemals gewaltausübenden Gegenübers bereits reflektierte und in Frage stellte, war das heutige Leben für ihn dennoch kein gutes:

> *„I: Kannst du mit dem Begriff ein gutes Leben, kannst du das für dich füllen, was heißt das für dich ein gutes Leben (?)*
> *T1: (...) Das habe ich schon gehört, als du das zu den anderen gefragt hast, aber ich finde (...), ich weiß das gar nicht, weil (...), ich finde das noch nicht so gut irgendwie, so (..).... Ich weiß nicht, was ich jetzt dir da jetzt drauf sagen könnte, weil (Pause 12), weil das Leben hier jetzt so draußen ja ganz anders ist, jetzt, ich meine im Gegensatz zu da, wo wir noch viel mehr draußen waren (..).*" *(T1, Interview vom 25.7.2011, S.I-46, Z.20-28)*

Bei der Frage nach dem guten Leben steht bei T1 zunächst die Unterscheidung zwi-schen *Früher und Heute* im Vordergrund und damit einhergehend ein irritiertes Wanken zwischen diesen Welten. Die alte Welt, in der er und andere tätergebundene Persönlichkeiten des Sys1 „noch viel mehr draußen waren", stand als Referenzpunkt im Zentrum seiner Antwort. Von da aus betrachtet erscheint das jetzige Leben noch nicht als ein gutes. Dennoch weist das „noch nicht so gut" auf eine zukunftsöffnende Möglichkeit hin, an der deutlich wird, dass T1 nicht mehr ausschließlich dem *Stabilen Du* verhaftet ist. Das war durchaus nicht immer so. T1 berichtete von einer Zeit, in der die Handlungen und Erfahrungen in der früheren und der einzig ihm bekannten Welt für ihn richtig waren. Eine Neubewertung dieser Haltung, angeregt durch einen *Erkenntnisprozess* mit Hilfe einer Therapeutin, führte zu der Einsicht, dass das damalige Handeln in der heutigen Zeit nicht mehr angemessen ist:

> „(...) aber das hat sich eigentlich erst entwickelt so mit der Zeit, so in der Therapie und so weil (..), zuerst war das alles (.), für mich war das alles richtig weil ich wußte nicht, was überhaupt falsch sein soll, weil für mich war diese Welt irgendwie völlig fremd, aber auf (.), und dann kam die Therapie und da wird dann plötzlich einem gesagt, das, was du tust, ist nicht richtig oder das, was du tust war wichtig und hat das (.), alle anderen von euch (..) überleben lassen, aber das passt nicht mehr in die heutige Zeit, so da wird plötzlich alles in Frage gestellt (..),...., und da, eigentlich hat das da erst angefangen, dass man über sich selbst nachdenkt und plötzlich sogar man sogar Angst hat vor dem, was man da tut, weil man da auf einmal überlegen muss, ist das wohl noch richtig oder passt das in die heutige Zeit (`), (....)." (T1, Interview vom 25.7.2011, S.I-49, Z.24-40)

Anhand weiterer Erläuterungen von T1 ist von einem Gewalthintergrund auszugehen, der aufgrund seiner gewaltsamen Manipulationen zugunsten satanischer Glaubens-überzeugungen äußerst identitätsbildend war (T1, Interview vom 25.7.2011, S.I-36, Z.46ff & S.I-47, Z.6-15). Dieser Umstand erklärt seine Aussage, dass ihm die heutige Welt „völlig fremd" war und ihm seine damalige, weil sie die einzige bekannte war, nicht als falsch vorkam. Doch veranlasste die Therapie im Sinne einer *Erfahrungserweiterung durch Menschen im Außen* eine Veränderung der Bewertung dieses bekann-ten Systems, indem T1 dort die Anerkennung seiner überlebenswichtigen Leistung für das gesamte Personensystem zuteil wurde. Auch wurden ihm die Unterschiede hinsichtlich angemessenen Handelns im heutigen im Gegensatz zu seinem früheren Leben aufgezeigt. Diese Erkenntnis führt zu dem *wankenden Du*, bei dem die alten Erfahrungen unter den aktuellen Lebensbedingungen neu bewertet werden können. Doch wünscht sich T1 innerhalb dieses therapeutischen *Erkenntnis- und Veränderungspro-*

*zesses* einen *wertfreien Sprechraum*, in dem er zunächst ohne voreingenommene Bewertung von Außen seine Erfahrungen hätte mitteilen können:

> „ich hätte mir gewünscht, dass sie vielleicht sich erst mal anguckt, ja, wie ist der eigentlich drauf so, weil man hat ja nicht (..), also ich zum Beispiel finde auch nicht alle Sachen gut (..) von den Sachen, wo ich gelebt habe, aber es gibt auch so Sachen, die ich gut finde, die (h), die hierhin passen und das meinte ich halt, dass man da (..) sich die Person vielleicht erst mal anguckt so (Pause 8)." (T1, Interview vom 25.7.2011, S.I-50, Z.27-31)

Hier zeigt sich die *Daseinsberechtigung* in ihrer substantiellsten Weise, in der T1 um einen Raum ringt, in dem er zeigen darf wer er ist, und berichten darf, was er erlebt hat, wenngleich diese Erfahrungen sich vermutlich grundlegend divergent zu der Erfahrungswelt der Therapeutin verhalten. Dabei steht für T1 nicht die Verteidigung seines Glaubens oder eine unabänderliche Verhaftung im *Stabilen Du* im Vordergrund sondern vielmehr die Möglichkeit, sich auszutauschen ohne dafür verurteilt zu werden:

> „(..) Es ist so, wie ich eben schon gesagt habe, wenn ich das jetzt mal so ausdrücke wie (..), ja, der ist täterloyal also hat der die und die Merkmale, das und das Aufgabenfeld gehörte da hin und ich glaube, man wird da so über einen, also die werden alle gleich gesetzt, so habe ich das Gefühl manchmal, wenn die Fachmenschen sich darüber unterhalten, äh, ich arbeite jetzt mit einem Täterloyalen, dann haben die schon so ein vorgefertigtes Bild wie der ist und wie der vielleicht, an was der denkt und glaubt und so (...)." (T1, Interview vom 25.7.2011, S.I-50, Z.34-40)

T1 spricht hier fachspezifische Diskurse an, die seines Erachtens einen voreingenommen Blick auf Persönlichkeiten, die als täterloyal gelten, haben. Seine Kritik wendet sich gegen eine Normierung aufgrund bestimmter Merkmale und fordert einen möglichst *wertfreien* Ort der *Daseinsberechtigung* auch auf struktureller Ebene. Aus seinen Worten wird deutlich, dass er die Erfahrung gemacht hat, dass seine Person einer Bewertung durch das Außen unterliegt und auf die Frage hin, was für T1 ein gutes Leben ausmachen würde, steht das Ringen um Akzeptanz im Zentrum seiner Antwort:

> „Also ich würde, also, ein gutes Leben gehört dann für mich so, dass man keinen weh tut, aber trotzdem, dass man, dass die anderen das anerkennen würden, dass man vielleicht anders denkt und anders, an andere Sachen

*glaubt oder so, aber ohne, dass man irgendjemanden weh tut, so."* (T1, Interview vom 25.7.2011, S.I-46, Z.39-41)

In Anbetracht des Umstandes, dass die Verursachung von Schmerz insbesondere auch in satanisch geprägten gewaltausübenden Gruppierungen als probates Mittel zum Zweck einer systematischen Abrichtung von Opfern dient (Schramm, 2010, S.141-153), erscheint diese Aussage von T1 in mehrfacher Hinsicht als aussagekräftig. Wenngleich unklar bleibt, ob T1 selbst jemandem wehtut, bzw. wehgetan hat oder ob ihm wehgetan wurde grenzte er seine Handlungen von solchen ab, die Schmerz beinhalten. Das zeigt sowohl seine *Erkenntnis über die eigene Täter-/Opferrolle* als auch eine Loslösung von dem *Stabilen Du*, das in Folge dessen seine Wirkung als Repräsentant der ehemals gewaltverherrlichenden Welt anfängt zu verlieren. Des Weiteren verdeutlicht der Interviewausschnitt den Wunsch nach Akzeptanz seiner Denk- und Glaubensstrukturen. Denn in vielerlei Hinsicht begegnet T1 einer Nicht-Passung an normative Vorgaben: er ist ein Mann in einem weiblichen Körper, bezeichnet sich selbst als „anders gestrickt", glaubt nicht an Gott (T1, Interview vom 25.7.2011, S.I-47, Z.7-8) und war jahrelang andauernder Gewalt ausgesetzt. Zusammenfassend stellte er fest, dass ein gutes Leben für ihn in erster Linie die Akzeptanz seiner Existenz und seines Charakters ausmacht:

*„(....) die Akzeptanz von den Menschen draußen, dass es einfach Menschen gibt, die anders gestrickt sind, dass es (..) eine Akzeptanz würde da echt eine ganze Menge bringen, glaube ich, einfach zu akzeptieren, dass es so ist und dass man deswegen nicht gleich abgestempelt wird (....) und ich finde, so lange das nicht so ist oder sehr schwierig ist, wird das mit einem guten Leben für uns, für mich echt schwierig finde ich."*
(T1, Interview vom 25.7.2011, S.I-47, Z.14-20)

Anders als bei den anderen Persönlichkeiten des Sys1 steht bei T1 das Ringen um *Daseinsberechtigung* sowie der Prozess vom *Stabilen Du zum Ich* im Vordergrund seiner Erzählungen. Die *Du bist nicht – Ich bin nicht* Botschaft erscheint bei ihm am stärksten ausgeprägt, was in Anbetracht seiner komplexen Gewalterfahrungen nicht verwundert. Dennoch zeigt T1 ein hohes Maß an Selbstreflexion und Auseinandersetzung mit der *eigenen Opfer-/Täterrolle* bei einem gleichzeitigen Wunsch nach einem *wertfreien Sprechraum*, ohne Bewertung von Außen seine Erfahrungen mit zu teilen.

## 5.2.5 Zusammenfassung der exemplarischen Darstellung

Es zeigt sich, dass die *Daseinsberechtigung* innerhalb eines Personensystems von den einzelnen Persönlichkeiten unterschiedlich stark besetzt wird. Wenngleich A1 von sich sagt, ein gutes Leben zu leben mit all den für sie dazu gehörigen Elementen, K1 Räume und Orte zur Verfügung hat, in denen sie spielen kann und B1 die Aufgabe des Beschützens um das Ausagieren eigener Bedürfnisse im Außen erweitert, so ringt T1 hingegen noch grundlegend um die eigene *Daseinsberechtigung* und Akzeptanz seiner Person. Diese Divergenz innerhalb eines Systems veranschaulicht auf prägnante Weise die Notwendigkeit der Befragung einzelner Persönlichkeiten. Denn wenngleich sich zwar die *Daseinsberechtigung* als zentrale Kategorie für alle Befragten der Personensysteme heraus kristallisiert hat, konnten erst die individuellen Interviews die je spezifischen inhaltlichen Setzungen erfassen.

Als Abschluss eines jeden Interviews wurde die bereits erwähnte Kurzfassung des SOC -Fragebogens von den InterviewpartnerInnen ausgefüllt. Dies sollte der Erhebung des Kohärenzgefühls der einzelnen Persönlichkeiten dienen, doch stieß das Vorhaben an seine Grenzen. Wie diese sich zeigen und welche Konsequenzen daraus für die vorliegenden Ergebnisse entstanden, wird im folgenden Kapitel diskutiert.

## 5.3 Der SOC-Fragebogen

Wie bereits in Kapitel 3.2.2 und 4.3.2 vorgestellt, wurde am Ende jedes Interviews mittels einer Kurzfassung des 1987 von Antonovsky vorgelegten Fragebogens versucht, das Kohärenzgefühl der interviewten Persönlichkeiten abzufragen. Nach einem kurzen Umreißen der Theorie zum Kohärenzgefühl, der Darstellung der Hypothesen bezogen auf den Gegenstandsbereich dieser Arbeit und einer Vorstellung des SOC-L9-Fragebogens werden die Ergebnisse dieser Befragung kritisch diskutiert.

Die Entwicklung des Konzeptes Kohärenzgefühl basiert auf tiefenpsychologischen Interviews, die Antonovsky in den 1970ern mit Schoah-Überlebenden und entsprechend schwer traumatisierten Menschen geführt hat (Singer & Brähler, 2007, S.19). Die meisten der Interviewten kamen trotz der erlebten Traumatisierungen erstaunlich gut zurecht und verfügten über eine „recht gute emotionale Gesundheit" (Antonovsky, 1997, S.15). Lediglich der kleinere Teil hatte deutliche Probleme bei der Bewältigung des Lebens. Antonovsky stellte diesbezüglich jedoch fest, dass nicht das erlebte Trauma den Ausschlag für mögliche Schwierigkeiten gab, sondern die je individuelle Möglichkeit der Menschen, mit Stressoren umgehen zu können (S. 16). Demnach führen nicht zwangsläufig die erlebten traumatischen Belastungen zu einer pathogenen Spannung, sondern vielmehr entscheidet die Spannungshandhabe, die durch die „generelle Lebensorientierung" (Singer & Brähler, 2007, S.10), über die ein Mensch verfügt, beeinflusst wird. Diese Lebensorientierung wird von Antonovsky als Kohärenzgefühl beschrieben, das sich als

> „globale Orientierung definiert, die das Maß ausdrückt, in dem man ein durchdringendes, andauerndes aber dynamisches Gefühl des Vertrauen hat, daß [sic] die eigene interne und externe Umwelt vorhersagbar ist und daß [sic] es eine hohe Wahrscheinlichkeit gibt, daß [sic] sich die Dinge so entwickeln werden, wie vernünftigerweise erwartet werden kann." (Antonovsky, 1997, S.16)

Ein auf Grundlage dieser Theorie entwickelter Fragebogen zur Messung des Kohärenzgefühls (sense of coherence – SOC) mit seinen zentralen Komponenten Handhabbarkeit, Verstehbarkeit und Sinnhaftigkeit (vgl. Kapitel 3.2.2) wurde erstmals 1987 von Aaron Antonovsky vorgelegt. Dieser mit zunächst 29 Items sehr lange Fragebogen (Singer & Brähler, 2007, S.51) sollte der Erhebung von Ressourcen innerhalb einer Psychodiagnostik dienen. Die Defizitorientierung von diagnostischen Testverfahren wurde so um die salutogenetische Sichtweise, die die Stärken, Fähigkeiten und Möglichkeiten eines Menschen erfasst, erweitert.

Wie beschrieben, führte die theoretische Auseinandersetzung mit der Salutogenese im Vorfeld der Studie zu verschiedenen Hypothesen. Es wurde davon ausgegangen, dass bereits die Spaltung in verschiedene Persönlichkeiten aufgrund der traumatischen Erfahrungen in der Vergangenheit eine sinnvolle Überlebensstrategie im Sinne einer Spannungshandhabe darstellte. Und dass sich aufgrund der benötigten Widerstandsfähigkeit, um solch traumatische Situationen, die zu einer solch massiven Dissoziation führen, überhaupt zu überleben im Weiteren mindestens eine Persönlichkeit innerhalb eines Personensystems finden lässt, die über einen stark ausgeprägten SOC verfügt. Zudem stellte sich die Frage, ob sich Zusammenhänge zwischen dem guten Leben und der Ausprägung der jeweiligen salutogenen Faktoren feststellen lassen.

Aufgrund der zeitlichen Ökonomie und der Tatsache, dass die Erhebung des SOC nicht im Vordergrund der Studie stand, wurde lediglich eine Kurzform des Fragebogens im Anschluss an jedes Interview an die jeweilige Persönlichkeit mit der Bitte um Beantwortung gegeben. Eine hinreichend validierte Variante (Singer & Brähler, 2007) des ursprünglich von Antonovsky entwickelten Fragebogens wurde in Leipzig von Schumacher & Brähler (2004) ausgearbeitet und enthält lediglich neun statt der ursprünglich 29 Items. Dieser SOC-L9 (L steht für Leipzig und 9 für die Anzahl der Fragen) erfragt die wesentlichen salutogenen Faktoren, wobei sich zwei Fragen auf die Verstehbarkeit, drei auf die Handhabbarkeit und vier auf die Sinnhaftigkeit beziehen. Dabei werden die Fragen zur Selbsteinschätzung mithilfe einer numerischen Skala, die von eins bis sieben reicht, beantwortet. So lautet beispielsweise eine Frage, wie oft die Gefühle und Gedanken der Befragten ganz durcheinander seien. Die Skala zur Selbsteinschätzung reicht dabei von 1 (sehr oft) bis zu 7 (sehr selten oder nie).

Der Hintergrund dieser Fragebogenerhebung und das Konzept Salutogenese wurden vor jedem Interview mit der jeweiligen Persönlichkeit erläutert. Ein Hinweis auf die Fragebogenerhebung fand sich zudem auf dem Informationszettel, der zur Kontaktaufnahme an interessierte InterviewpartnerInnen verschickt wurde. Nun zeigte sich sowohl bei der unmittelbaren Nutzung des Fragebogens ebenso wie bei dessen Auswertung, dass eine Anwendung des SOC-L9 für die Erhebung des Kohärenzgefühls bei Menschen mit einer DIS gewissen Schwierigkeiten unterliegt.

### 5.3.1 Der SOC-L9 – Ergebnisse und Diskussion

Die Anwendung des SOC-L9-Fragebogens zeigte sich aus verschiedenen Gründen als nur eingeschränkt praktikabel für die Erhebung des Kohärenzgefühls bei Menschen mit einer DIS. Die Gründe dafür werden in Folge detailliert vorgestellt und diskutiert.

## 5. „Der Wille zu leben" – Darstellung der Ergebnisse

Zunächst gab es gravierende inhaltliche Verständnisschwierigkeiten, insbesondere seitens der Kindpersönlichkeiten. Das machte K3 deutlich, als sie versuchte, die Fragen zu beantworten:

*„K3: (Füllt Fragebogen aus) (Pause 30), hmm, die sind schon kompliziert*
*I: Die sind schon schwierig, nee, hmh*
*K3: (blättert um), hmm, das sind aber keine Kinderfragen (Pause 32), hmh (drückt auf den Kuli)." (K3, Interview vom 28.1.2012, S.I-150, Z.18-21)*

Zwar füllte K3 den Fragebogen aus, doch wurde an den häufigen Rückfragen deutlich, dass ihr das inhaltliche Anliegen der Fragen nicht klar wurde. Auch die anderen Kindpersönlichkeiten hatten ähnliche Verständnisschwierigkeiten, es zeigte sich, dass die Fragen des SOC-L9 nicht kindgerecht formuliert sind. Diese Erfahrung deckt sich mit den Ausführungen bei Singer & Brähler (2007). Die Anwendungspraxis habe gezeigt, dass der Fragebogen bei Schulkindern ab 12 Jahren einsetzbar ist und eine spezielle Kinder-SOC-Skala zwar in Arbeit, aber bisher nicht erschienen ist (Singer & Brähler, 2007, S.27).

Die in Folge dieser Verständnisschwierigkeiten intensive Erläuterung der Fragen seitens der Forscherin oder einer erwachsenen Persönlichkeit des Personensystems stellte eine deutliche Einflussnahme auf die Antworten der Innenkinder dar. A3 beschreibt im Folgenden, dass selbst ihre Erläuterungen einer Frage nicht erfolgreich waren:

*„Ja aber selbst dann ist es schwierig, weil das Kind nicht ganz versteht, mit diesem auch, mit diesem sinnerfüllten Leben, das ist schwer zu erklären, was jetzt da, was es da ankreuzen soll, weil so weit denkt unser, also denken unsere Kinder einfach gar nicht."*
*(A3, Interview vom 28.1.2012, S.I-115, Z.8-19)*

Die Fragestellung des SOC-L9 entsprach hier gar nicht dem kindlichen Denkmuster von K3 und führte in Folge höchstwahrscheinlich zu einer ungenauen Beantwortung der Frage. Dabei ist zudem davon auszugehen, dass die Erklärungen von A3 einen gravierenden Einfluss auf die Antworten von K3 nahmen.

Auch bezüglich der tätergebundenen Persönlichkeiten wurde der Unterschied zwischen der Lebenswelt, auf die sich die Fragen bezogen, und der Lebenswelt der Persönlichkeiten deutlich. Die dritte Frage des Bogens beispielsweise erfordert eine Einschätzung hinsichtlich der Dinge, die täglich getan werden. Die Antwort war von 1 als Quelle tiefer Freude und Befriedigung bis hin zu 7 als Quelle von Schmerz und

Langweile einzuordnen. Wie sich in den Interviews mit tätergebundenen Persönlichkeiten bereits zeigte, können bei einem gewaltverherrlichenden Hintergrund in der Vergangenheit insbesondere tiefe Freude und Befriedigung als unangenehm empfunden werden, wohingegen das Erleben von Schmerz möglicherweise als etwas Positives wahr genommen wird. Der an dieser Stelle vornehmlich hypothetische Zusammenhang kann allerdings aufgrund der begrenzten Antwortmöglichkeiten des Fragebogens weder bestätigt noch widerlegt werden und bleibt uneindeutig. An dieser Stelle bedürfte es für eine genauere Klärung eines eigens auf diese Frage bezogenes Interview.

Eine weitere Schwierigkeit dieser Frage war für verschiedene Persönlichkeiten die nach dem täglichen Tun. In nachbereitenden Gesprächen mit mehreren Persönlichkeiten gab es vielfach den Hinweis, dass die Frage nach den Dingen, die täglich getan werden, verwirrend war, da nicht alle Persönlichkeiten, mit denen gesprochen wurde, täglich im Außen agieren. In der Konsequenz wurde diese Frage entweder nicht oder negativ beantwortet, wenngleich die Inhalte der eigenen Handlungen durchaus als befriedigend empfunden wurden.

Auch die erste Frage danach, ob das Gefühl in einer ungewohnten Situation zu sein und nicht zu wissen, was zu tun ist, sehr oft oder sehr selten bzw. nie auftritt zeigte sich als zu uneindeutig für die InterviewpartnerInnen. Ein Persönlichkeitenwechsel, der dazu führt, dass eine Persönlichkeit amnestische Phasen hinsichtlich der statt gefundenen Handlungen hat, stellt ein Diagnosekriterium der DIS dar. In diesem Zusammenhang kann das Gefühl, sich in einer ungewohnten Situation zu befinden und zunächst nicht zu wissen, was zu tun ist, in erster Linie als ein Symptom der Dissoziation zeigen und weniger Aussagekraft hinsichtlich eines starken oder schwachen SOC besitzen.

Eine weitere relevante Missverständlichkeit einzelner Fragen zeigte sich bei der Auswertung in Verbindung mit den Analyseergebnissen der Interviewdaten. So weisen beispielsweise T2 und T3 einen guten mittleren SOC-Wert innerhalb aller tätergebundenen Persönlichkeiten auf. Die Auswertung liegt für T3 bei 40 Punkten und für T2 bei 42 von insgesamt 63 Punkten. Damit liegen zwar beide unter dem für den SOC-L9 geltenden Mittelwert von 48 Punkten (Singer & Brähler, 2007, S.65), im Vergleich mit den anderen interviewten tätergebundenen Persönlichkeiten allerdings im sehr guten Mittelfeld (T1=35 Punkte,

T4=49 Punkte, T5=40 Punkte, T6=55 Punkte). Nun zeigte sich im Zuge der Analyse der Interviews allerdings, dass insbesondere T2 und T3 dem *Stabilen Du* innerhalb der Kategorie *Vom TäterIn-Du zum Ich* noch deutlich verhaftet sind und für das gesamte Personensystem bedrohliche täterinduzierte Inhalte reproduzieren. Sie verfügen über einen schlechten Kontakt zu den Anderen des Personensystems, die innere Kommunikation erscheint als schwierig oder sie wollen mit den weiteren Persönlichkeiten ebenso wie mit Menschen im Außen schlicht nichts zu tun haben. Beide fühlen sich in dem heutigen Leben nicht wohl, sehen keinen Sinn darin oder priorisieren ihre früheren Aufgabe und wollen diese auch weiterhin erfüllen. Bei T2 zeigt sich dieser Umstand in der Überzeugung, dass sie zurück zur Ursprungsfamilie gehen wird, aus der das gesamte Personensystem aufgrund der bestehenden Gewalt geflüchtet ist:

> *"Ich gehe zurück. Wir gehen zurück. Das IST sicher. Man kann ja nicht immer weglaufen :) Entweder werden sie uns finden und dann wird alles gut oder wir nehmen Kontakt auf und dann wird alles gut."* (T2, Interview via chat vom 16.12.2011, S.I-87, Z.37-39)

Die Verhaftung von T2 im *Stabilen Du* wird an dieser Aussage deutlich. Sie fühlt sich verbunden mit den ehemaligen TäterInnen und ist davon überzeugt, dass sie dorthin zurück kehren wird oder gefunden wird. Diese Vorstellung löst offensichtlich keine Angst oder Befürchtung aus sondern wird von T2 ersehnt. Diese bestehende Verbundenheit zum *TäterIn-Du* sowohl von T2 als auch T3 verleiht diesen Persönlichkeiten offenbar eine innere Klarheit und Konsistenz, die an einen starken SOC erinnert. Doch erscheint an dieser Stelle als Stärke eine Abhängigkeit von einem gewaltvollen Gegenüber, welches als Introjektion weiterhin in den Persönlichkeiten wirkt. Das wiederum führt zwar zu einer Art des dynamischen Grundvertrauens, da auch so im Sinne von Antonovskys Definition von Kohärenzgefühl die interne und externe Umwelt vorläufig als vorhersagbar und beherrschbar erscheint. Dies findet jedoch vor einem selbstzerstörerischen und gewaltverherrlichenden Hintergrund statt und kann somit nicht in einen Zusammenhang mit einem guten Leben gebracht werden, sondern muss vielmehr als überaus starke und bis heute wirksame Indoktrination verstanden werden.

Es lassen sich diesbezüglich weitere Komponenten über einen irritierend hohen SOC bei ausgerechnet den Persönlichkeiten, die zur Zeit des Interviews dem *Stabilen Du* verhaftet waren, fest stellen. So beantworten T2 und T3 die Frage nach dem Gefühl, ob sie sich in einer ungewohnten Situation befinden und nicht wissen, was sie tun sollen mit der höchsten Punktzahl (sehr selten oder nie). Ebenso verhält es sich mit der Frage danach, ob die Gefühle oft ganz durcheinander sind, beide beantworteten diese Frage ebenfalls mit sehr selten oder nie. Beide Fragen dienen der Erhebung der Komponente Verstehbarkeit, die, sofern lediglich die Beantwortung dieser Fragen betrachtet wird, bei T2 und T3 überdurchschnittlich gut ausgeprägt ist. Die tätergebundenen Persönlichkeiten hingegen, die sich bereits kritisch mit der eigenen Vergangenheit auseinandersetzten, beantworteten diese Fragen mit einer geringeren Punktzahl, was in Folge bei der Auswertung zu einer insgesamt niedrigeren Punktzahl und damit zu einem schlechteren SOC-Wert führte. Es scheint, als gäbe die noch nicht reflektierte Verhaftung mit dem *Stabilen Du* eine innere Sicherheit hinsichtlich der Verstehbarkeit. Wohingegen die anfängliche oder auch weiter fortgeschrittene kritische Auseinandersetzung mit der eigenen Vergangenheit zunächst zu einer gewissen Instabilität führt. Dies wird auch am Vokabular der entwickelten Theorie deutlich, welches die Bewegung der tätergebundenen Persönlichkeiten zwischen den Positionen des *Stabilen Du*, dem *Wankenden Du* und des *Instabilen Ich* nachzeichnet (vgl. Kapitel 5.1.8.7). Die Wahl dieser theoretischen Begriffe legt bereits die Konsequenz der Instabilität bei der Loslösung vom *Stabilen Du* nahe. Was logisch erscheint, da alte Wahrheiten und Gegebenheiten radikal in Frage gestellt werden, was zu einer Verunsicherung hinsichtlich der eigenen bis dato geltenden Überzeugungen und Werte führen kann. Doch gerade dieser Verstehensprozess, der zunächst zu einem Ausschlag in Richtung eines schwachen SOC führen kann, hat zur Folge, dass das Personensystem im Ganzen weniger innerer und ggfs. auch äußerer Bedrohung ausgesetzt ist.

Es wird damit deutlich, dass es einer differenzierten Betrachtungsweise der qualitativen Ausprägung des SOC einer Persönlichkeitengruppe innerhalb des Gesamtzusammenhangs eines Personensystems bedarf, denn grundsätzlich sind die hier diskutierten Zusammenhänge als hypothetische zu begreifen und bedürfen einer intensiven Überprüfung und weiterer Forschung. Es kann auf Grundlage dieser kleinen Stichprobe nicht überzeugend davon ausgegangen werden, dass beispielsweise die Verhaftung im *Stabilen Du* der tätergebundenen Persönlichkeiten einhergeht mit einer hohen Punktzahl bei der Komponente Verstehbarkeit. Doch zeigt sich, dass ein starker SOC möglicherweise auch mit einer stabilen Verhaftung mit und Reproduktion von einem gewaltausübenden System in Verbindung stehen kann. Dies hat zur Folge, dass die Anwendung des SOC-L9 für einzelne Persönlichkeiten eines Menschen mit einer DIS nur eingeschränkt möglich ist. In jedem Fall ist ein intensives Interview zur genauen Einschätzung der Antworten erforderlich.

### 5.3.2 Zusammenfassung SOC-Fragebogen

Im Ergebnis kann fest gehalten werden, dass die zu Beginn der Forschung aufgestellten Hypothesen hinsichtlich des ausgeprägten Kohärenzgefühls einzelner Persönlichkeiten weder bestätigt noch revidiert werden können. Es wurde insgesamt deutlich, dass sich der SOC-L9-Fragebogen als alleiniges Erhebungsinstrument für die Messung des Kohärenzgefühls bei Menschen mit einer DIS nicht anbietet. Hier erscheint der Hinweis von Antonovsky bestätigt, dass ein Fragebogen kein intensives Interview ersetzt und als ebenso probates Mittel zur Messung des SOC „strukturierte Interviews" (Antonovsky, 1997, S.71) denkbar und wünschenswert seien. Er empfiehlt diesbezüglich insbesondere die Anwendung der Perspektiven und Techniken der Grounded Theory für die Analyse von Daten (S. 71), was hinsichtlich der vorliegenden Studie bestätigt werden kann.

Doch wenngleich sich die Anwendung des Fragebogens als teilweise unpassend erwiesen hat, so erscheinen doch in den Ergebnissen der Analyse die Komponenten des Kohärenzgefühls inhaltlich durchaus wieder. Die Verstehbarkeit ebenso wie die Handhabbarkeit und Sinnhaftigkeit weisen eine deutliche inhaltliche Nähe zu einzelnen Kategorien der *Daseinsberechtigung* auf. An dieser Stelle kann die eingangs gestellte Frage, inwieweit salutogene Faktoren mit dem guten Leben in Zusammenhang stehen insofern beantwortet werden, als sich einzelne Komponenten des Kohärenzgefühls in den Daten nachweisen lassen. Wie diese sich darstellen wird nach einer Reflexion des Forschungsprozesses in den nachfolgenden Kapiteln zur Einbettung der hier entwickelten Grounded Theory in bereits bestehende Theorien diskutiert (vgl. Kapitel 6.2.2). Doch zunächst beschäftigt sich der nächste Abschnitt, dieses Kapitel der Darstellung der Ergebnisse abschließend, mit einer Reflexion des Forschungsprozesses.

## 5.4 Reflexion des Forschungsprozesses

Eine Forschungsarbeit zeichnet sich durch einen individuellen Arbeitsstil sowie der Vorgehensschritte- und varianten im Umgang mit dem Untersuchungsverlauf und der Fragestellung aus (Breuer, 1996, S.79). Das hat, folgt man den aktuellen epistemologi schen Ausführungen zur Grounded Theory bei Breuer (2010), Charmaz (2011), Clarke (2012), Mruck & Mey (2010) und Strübing (2014), zur Folge, dass die Forscherin selbst als Subjekt und Person im Kontext der Erkenntnisarbeit vorkommt. Das Ergebnis einer Forschungsarbeit ist demzufolge ein subjektiv geprägtes Produkt, das den persönlichen Arbeitsstil, die individuellen Entscheidungen für den Erkenntnisprozess und die Einflüsse der Präkonzepte wieder spiegelt (Breuer, 2010, S.116). Auch Charmaz (2011) verweist diesbezüglich auf die Notwendigkeit einer Reflexivitätshaltung der Forscherin, um das Forschungsverhalten und die damit einhergehenden Erkenntnisprozesse transparent und nachvollziehbar zu gestalten:

> „Reflexivity is the researcher's scrutiny of his or her research experience, decisions, and interpretations in ways that brings the researcher into the process and allow the reader to assess how and what extent the researcher 's interests, positions, and assumptions influenced inquiry." (Charmaz, 2011, S.188)

Diese Subjektivitätsannahme ernst zu nehmen, methodisch zu berücksichtigen und somit eine Transparenz des Entwicklungsprozesses der vorgestellten Ergebnisse herzustellen ist Anliegen dieses Kapitels. Zur Verdeutlichung dieser selbstreflexiven Darstellung wird analog zu der schriftlichen Darstellung der Präkonzepte auch hier kurz ins Personalpronomen zur ersten Person gewechselt.

### 5.4.1 Handwerkszeug zur (Selbst-)Reflexion

Sowohl zur Entwicklung der eigenen Sensibilität für den Forschungsprozess als auch zur internen Validität habe ich von Beginn an ein Forschungstagebuch, entsprechend den Empfehlungen bei Breuer (2010), angelegt. Für eine bessere Nachvollziehbarkeit der eigenen Denkprozesse diente dieses Buch dem Festhalten von (emotionalen) Eindrücken bezüglich der Interviews, von Ideen zu ersten analytischen Zusammenhängen bei der Transkription, von Mind-Maps zu Kategorien, von Notizen zu Besonderheiten bei der Vor- und Nachbereitung der Interviews sowie der groben Entwicklung von grafischen Modellen, die bereits Bezüge zwischen einzelnen Kategorien herstellten. Auch wurden Gedanken zu möglichen relevanten Theoriebereichen, feldnotizartige Memos aus Gesprächen sowie selbstreflexive Notizen hinsichtlich meiner Emotionen, aktivierten Denk- und Handlungsmuster oder auch körperlichen Befindlichkeiten festgehalten. Ein weiteres genutztes Medium stellte ein Diktiergerät dar, das ich insbesondere zum Besprechen meiner Prä- und Postskripts nutzte, zum größten Teil habe ich diese Aufnahmen transkribiert. So gingen keine für mich relevanten Gedanken verloren und die Entwicklung von Kategorien blieb für mich weitestgehend nachvollziehbar. Durchaus, wenn auch rudimentär, nutzte ich die Memofunktion bei MAX-QDA, einem Softwareprogramm für die analytische Arbeit mit Daten. Das Nutzen und Anwenden dieser reflexiven Handwerkszeuge diente mir dazu, Entscheidungen und Gedankenprozesse hinsichtlich der Theorieentwicklung nachverfolgen zu können. Insbesondere bei der Konkretisierung, Wiederverwerfung und immer genaueren Differenzierung der Kernkategorie waren die vorliegenden Notizen hilfreich. So konnte ich beispielsweise nachvollziehen, in welchem Zusammenhang die *Daseinsberechtigung* das erste Mal aufgetaucht war, unter welchen Einflüssen das geschah, wie mein analytischer Blick für die Daten blockiert, geöffnet oder verändert wurde und welche Validierungsstrategien ich verfolgt hatte. So trat die endgültige Kernkategorie im Laufe der Analyse immer deutlicher hervor und ich habe im Zuge der Konkretisierung weitere Orte der Validierung und der eigenen Reflexion genutzt (vgl. Kapitel 4.6.1.1). Dazu zählten eine regelmäßig stattfindende interdisziplinäre Analysegruppe, die sich online traf und eigene Daten nach der GT analysierte. Hier wurde die *Daseinsberechtigung* hinsichtlich ihrer Standfestigkeit ebenso diskutiert wie die Entwicklung des Paradigmatischen Modells einer kritischen Prüfung unterzogen.

Ganz entscheidend bei der Ausdifferenzierung des finalen Paradigmatischen Modells und dem Lösen eines gedanklich-analytischen Knotens war das Besprechen der Theorie *Daseinsberechtigung* mit einer Psychotherapeutin, die über jahrzehntelange Erfahrung in der Arbeit mit Menschen mit einer DIS verfügte. Sie öffnete mir den Blick auf den entscheidenden Kontrast zur *Daseinsberechtigung*. Sie berichtete von Erlebnissen, in denen sie mit den KlientInnen darum rang, damit diese für sich selbst in Anspruch zu nehmen begannen, ein Recht auf ein unversehrtes Leben zu haben. Die lebensbedrohlichen Erfahrungen zeigten daran ihren Einfluss bis in das heutige Leben. Diese grundlegende Kontexterfahrung auch aller InterviewpartnerInnen setzte eine entscheidende Erweiterung meines Blicks auf die Daten in Gang und machte viele bis dahin nicht genau zu definierende Hinweise plötzlich erklärbar. Dies führte zu einer Ausdifferenzierung der Kategorie *Du bist nicht – Ich bin nicht*. Dieser Prozess unterstreicht die Dringlichkeit eines Austausches im Laufe einer GT-Analyse sowohl innerhalb einer Peergroup als auch mit AkteurInnen des Feldes im Sinne des theoretischen Samplings.

Ein weiterer ausgesprochen wichtiger Ort der eigenen Reflexion und gleichzeitigen „Dezentrierung" (Breuer, 2010, S.131) stellte die von 2011-2013 zweiwöchentlich statt findende Supervision bei einer Bremer Supervisorin dar. Diese Treffen dienten zwar weniger der konkreten Theorieentwicklung, aber umso mehr der Innenschau eigener emotionaler Verwicklungen in Anbetracht der schweren Gewalterfahrungen der InterviewpartnerInnen. Diese selbstreflexive Auseinandersetzung war mir aufgrund meiner jahrelangen Berufserfahrung und der damit verbundenen Supervisionsarbeit nicht unbekannt.

Wie deutlich die Forscherinsubjektivität jenseits solcher Reflexionen bereits während der Datenerhebung zu Tage tritt und diese beeinflusst, zeigt die nachfolgende Darstellung meines Interviewverhaltens mit den tätergebundenen Persönlichkeiten.

## 5.4.2 Die eigenen Grenzen spüren – Interviews mit tätergebundenen Persönlichkeiten

Rekurrierend auf ein methodisches Verständnis der Grounded Theory, die auch die eigenen emotionalen Bewegungen seitens der Forscherin als erkenntnisgenerierendes Moment reflektiert (Breuer, 2010), erachte ich es als entscheidend für die Nachvollziehbarkeit meiner Datenanalyse, mein Interviewverhalten mit den tätergebundenen Persönlichkeiten detaillierter zu explizieren. In Anlehnung an Devereux' (1984) psychoanalytisch basierte Methodologie-Analyse stellt Breuer fest, dass „Störungen am Körper des Forschungssubjekts (z.B. Begeisterung, Verunsicherung, Peinlichkeit, Ängste) [Devereux'] Ansicht nach eine wichtige Quelle der Informationen über das Forschungsobjekt wie auch über die Forscherperson selbst darstellen" (Breuer, 2010, S.19). Diese „Störungen" sind bei den Interviews mit den tätergebunden Persönlichkeiten offensichtlich geworden, so dass sie aufgrund ihrer Auffälligkeit einer besonderen analytischen Behandlung bedurften und sich zudem als erkenntnisgenerierend heraus stellten. Vor dem Hintergrund einer reflexiv verstandenen Grounded Theory werde ich im Folgenden diese Auffälligkeiten als erkenntnisleitende Einflüsse diskutieren.

Die Interviews mit den tätergebundenen Persönlichkeiten waren für mich verhältnismäßig anstrengend und begleitet von einer deutlichen inneren Anspannung und Nervosität meinerseits. In der reflexiven Auseinandersetzung bei der Supervision und auf der Grundlage meines Forschungstagebuchs wurde deutlich, dass bereits die Zuordnung der InterviewpartnerInnen zu der hier genannten Persönlichkeitengruppe bei mir zu einer Vorstellung davon führte, was sie überlebt haben und wie sie möglicherweise sind. Diese Präkonzepte bezog ich aus der Literatur und aus meiner Feldkenntnis. Mich verunsicherte die Tatsache, dass diese Persönlichkeiten einer Welt voller Gewalt und Hass ausgeliefert waren. Auch war mir die Stärke, Klarheit und Direktheit dieser Persönlichkeiten nicht unbekannt. Sie vertreten keinen hilflosen Opferstatus, mit dem ich innerhalb meines durch diverse soziale Ausbildungen konstituierten Sozialarbeiterinnensubjekts viel besser hätte umgehen können, sondern vielmehr (auch) die Überzeugung, dass sie das, was sie überlebt und getan haben gut und richtig fanden.

## 5.4 Reflexion des Forschungsprozesses

Diese Verunsicherung kompensierte ich, indem ich nicht wahr haben wollte, dass insbesondere bei den Persönlichkeiten, die sich dem alten Gewaltsystem gegenüber loyal empfanden, eben genau das die vorherrschende Meinung war und sich in dieser in Kapitel 5.1.8.7 diskutierten unerbittlichen Ausprägung des *Stabilen Du* zeigte. Ich hatte das Bedürfnis nach Demaskierung und (selbst-)reflektieren Aussagen, um das damalige Gewaltsystem und die eigene Rolle darin in Frage zu stellen. Das führte zu einer Beeinflussung der Interviewsituation insofern, als meine Fragehaltung eine weniger entspannte als bei den anderen Persönlichkeiten war. Beispielsweise stellte ich bei der Transkription fest, dass ich vermehrt Fragen gestellt hatte, die eine Bewertung der früheren Erfahrungen anregen sollten. Meine eigenen Bedenken und Beweggründe führten somit dazu, dass mir diese Samplegruppe ferner und in gewissen Maße weniger zugänglich war als die Anderen. Zudem war ich beeinflusst von meinen feministischen Denkstrukturen, innerhalb derer ich nicht anerkennen wollte, dass es Persönlichkeiten gibt, die ein solch perfides und durch und durch patriarchales Gewaltsystem verteidigen. Die im Gegenteil in Zügen auftauchende totalitäre Verbundenheit war für mich stellenweise emotional schlecht auszuhalten. Auch war mein Mitgefühl mit den anderen Innenpersonen groß, ich hatte sowohl durch die bereits geführten Interviews als auch aufgrund meiner Felderfahrung eine Ahnung davon, wie viele Ängste und Befürchtungen die Haltungen der tätergebundenen Persönlichkeiten auslösen können. Doch konnte ich diese gedanklichen und emotionalen Prozesse, Blockaden und Übertragungen in Folge erkenntnisgenerierend nutzbar machen, indem ich sie als Analyseinstrument eingesetzt habe. Dies tat ich, indem ich die Daten auf Hinweise hin untersuchte, die meine Eindrücke stärkten oder widerlegten. Zudem habe ich, um möglichen Verzerrungen bei der Analyse Vorschub zu leisten, in der Supervision und in der Analysegruppe diese Persönlichkeitengruppe vermehrt diskutiert und präsentiert, um andere Impulse als meine eigenen zu generieren und meine wiederum zu verifizieren. Abschließend lässt sich nach Analyse der Daten fest stellen, dass meine eigenen, inneren Bewegungen hinsichtlich der Tätergebundenen nahezu repräsentativen Charakter haben. Die durchgängige Forderung dieser Persönlichkeiten nach *Daseinsberechtigung* und Akzeptanz ihres Seins verdeutlich ihr ständiges Ringen darum, insbesondere im Kontakt mit Menschen im Außen. Und ich haben in diesem Sinne als eine Repräsentantin agiert, die in erster Linie eigene Befürchtungen und Vornahmen auf diese Persönlichkeitengruppe übertragen und damit den von ihnen so dringend geforderten wertfreien Raum gewissermaßen verstellt hat. Damit spiegeln meine hier diskutierten Präkonzepte ein realitätsnahes Erfahrungsspektrum ab, das aufgrund der Reflexion des Einflusses meiner Forscherinsubjektivität begreifbar und analysierbar wurde.

Diese beispielhaften Einblicke in einen jahrelang andauernden und komplexen Forschungsprozess erheben keinesfalls den Anspruch auf Vollständigkeit. Die subjektive Auslegung und Anwendung der Analysemethode, die der Entwicklung einer Theorie zugrunde liegenden Inspirationen, die sich schwer methodisch fassen lassen oder auch die Entscheidung für ein Sample stellen komplexe (Entscheidungs-)-Prozesse dar, die sich nicht auf ein paar Seiten abhandeln lassen. Doch wurden die nicht von der Hand zu weisenden Einflüsse des Forscherinsubjekts deutlich und beispielhaft anhand von mir genutzter Strategien nachgezeichnet, die einer, zumindest teilweisen, Bewusstwerdung dieser Einflüsse dienten, um sie in Folge erkenntnisgenerierend nutzbar und transparent zu machen. Es finden sich hinsichtlich einer derart exemplarischen selbstreflexiven Darstellung seitens der Forscherin kritische Diskussionen, insbesondere in Verbindung mit einer deduktiv-quantifizierenden Forschungslogik. Wie die Chancen und Grenzen einer wie hier vorgestellten methodisch-erkenntnistheoretischen Reflexion aktuell diskutiert werden, findet sich u.a. bei Breuer, 2010; Kelle, 2011; Mey & Mruck, 2010, 2011; Strübing, 2013, 2014; Strübing & Schnettler, 2004; von Unger, Narimani, & M'Bayo, 2014.

### 5.4.3 Und die Frage nach dem guten Leben?

Vor dem Hintergrund der bereits geführten Diskussion zur potentiellen Diskriminierung und einer auf einen Opferstatus reduzierenden Subjektzuschreibung traumatisierter Menschen lässt sich die Forschungsfrage dieser Arbeit ebenfalls kritisch diskutieren. Unabhängig von ihrer Legitimität und Verortung in entsprechenden theoretischen Gebäuden brachte sie mich immer wieder auch zum kritischen Nachdenken. Impliziert die Frage nach den Möglichkeiten eines guten Lebens nicht die Annahme, dass es Menschen, die so massive Gewalt erlitten haben, nicht möglich ist, ein solches zu leben? Oder dass es ihnen ohne Hilfe, welcher Art auch immer, nicht möglich ist? Reproduziert diese Frage nicht das Bild einer hilflosen und nicht selbstmächtigen Identität, die erst durch professionelle Unterstützung einen Weg in ein normativ gesetztes „normales", „geheiltes" und „gutes" Leben finden kann? Oder dass es eines Begutachtens von Außen, wie dieser Forschung, bedarf, um Ressourcen analysier-, begreif- und in Folge nutzbar zu machen?

Diesem Konflikt konnte ich bei der Erstellung dieser Arbeit nicht entweichen, im Gegenteil, durch die Bewusstmachung meiner Vorerfahrungen, die Reflexion meines Blickes auf den Gegenstandsbereich, die Forschungsfrage und die Art und Weise, wie die Daten erhoben wurden, wurden jene Identitäten im Forschungsprozess reproduziert, die mit dieser Arbeit in Frage gestellt werden sollen. Denn diese Arbeit konstituiert die Diskurse, die sie kritisch in Frage stellt, mit, indem sie sie verwendet und sich auf sie bezieht. Dieser Widersprüchlichkeit zu entfliehen bleibt ein theoretischer Versuch, den postmoderne PhilosophInnen wie Butler (2001) und Foucault (1978) intensiv diskutiert haben. Mir bleibt zum Einen das Erwähnen dieser Umstände, zu umgehen sind sie sicherlich nicht. Als eine weitere Strategie meines Umgangs mit diesen Verwicklungen ist zu nennen, dass ich die Ergebnisse als vorläufige betrachte. Zwar benötigen diese aus vielerlei Gründen einer schriftlichen Fixierung, dabei verstehe ich sie aber nicht als deterministische Wahrheiten, sondern vielmehr als den unabgeschlossenen Versuch, einen Teil einer heterogenen Realität abzubilden. Auch diente im Sinne der Grounded Theory ein ständiges vergleichendes Rückführen der (Teil-)Ergebnisse an die Daten einer Absicherung, sodass, soweit möglich, die jeweiligen Konstruktionen der InterviewpartnerInnen im Vordergrund bleiben, die immer auch zum Teil die Konstruktionen der Gesellschaft in der sie leben, sind.

Nach diesem selbstreflexiven Abschluss der Ergebnisdarstellung widmet sich das nun folgende Kapitel der Einbettung der Ergebnisse in aktuelle Fachdiskurse.

## 6. Die Daseinsberechtigung im aktuellen Fachdiskurs – Diskussion und Ausblick

Grundsätzlich besteht bei Theoriemodellen wie dem der *Daseinsberechtigung* die Gefahr der Simplifizierung komplexer psychischer Vorgänge. Kriz (2015) weist diesbezüglich in seinem Artikel zur aktuellen Psychotherapieforschung darauf hin, dass es ein schwieriges, wenn nicht gar unmögliches Unterfangen darstellt, innerhalb komplexer psychischer Prozesse nach isolierbaren Wirkfaktoren zu suchen (S. 101). Der Versuch, differenzierte intrapsychische Vorgänge auf ein vereinfachtes Ursache-Wirkung-Modell zu reduzieren kann somit lediglich den Versuch darstellen, vielschichtige Realitäten abzubilden. In diesem Sinn ist die Prüfung der Anschlussfähigkeit solcher Theorien wie der *Daseinsberechtigung* an bestehende Theorien ebenso relevant wie weitergehende Forschung, die der Validierung und Kritik dieses Modells dient. Somit wird in dem vorliegenden Kapitel die auf Grundlage der Daten entwickelte Theorie in den aktuellen Fachdiskurs eingebettet und gleichermaßen Leerstellen heraus gearbeitet, die einer weiteren wissenschaftlichen Betrachtung bedürfen.

Die *Daseinsberechtigung* steht als das zentrale Phänomen im Fokus der Ergebnisse. Wie sich gezeigt hat, beschreibt sie den Standort, von dem aus erst über ein gutes, bzw. besseres Leben nachgedacht werden kann und beinhaltet das Loslösen von der *Du bist nicht – Ich bin nicht* Indoktrination ebenso wie das Ringen um das *Da-sein* der je einzelnen interviewten Persönlichkeiten. Den eigenen Lebens- und Beziehungsraum auszufüllen und zu besetzen mit den je individuellen Bedürfnissen, Wünschen und Lebenserfahrungen erscheint als Grundlage eines guten Lebens. Dabei zeigen sich innere und äußere Konfliktlinien ebenso wie Bedingungen und Handlungsstrategien rund um die *Daseinsberechtigung*. Die Aspekte Räume und Orte, Menschen im Außen, innere Kommunikation und Kooperation sowie intrapersoneller (Überlebens-)Wille sind hier relevant. Zudem sind als Themen der inneren Kommunikation und Kooperation, Akzeptanz vs. Verleugnung und Krisenerfahrungen wichtig. Gleichzeitig zeigt sich eine der *Daseinsberechtigung* immanenten Widersprüchlichkeit, denn die Tatsache der Existenz mehrerer Persönlichkeiten in einem Körper, die jede/r für sich den Anspruch eines (mehr oder weniger) individuell gestalteten Lebens hat, stößt an die Grenzen sozialer, psychologischer und gesellschaftlicher Anerkennung und kann zu Stigmatisierungserfahrungen führen.

Darzustellen, wie sich dieses komplexe Zusammenspiel in bereits bestehende Theorien einbetten lässt, wo Aspekte davon anschlussfähig sind und Widerstände in aktuellen Fachdiskursen berühren, ist Anliegen dieses Kapitels. Grundsätzlich findet sich keine äquivalente Theorie, die die Komplexität der hier vorgestellten *Daseinsberechtigung* abbildet. Doch lassen sich verschiedene Teilaspekte in bestehende theoretische Konstrukte einsortieren. Dabei sind in erster Linie psychotherapeutische Konzepte zu nennen, deren Vorgehen der Forderung nach *Daseinsberechtigung* entspricht. Diese finden sich jedoch immer wieder mit Rechtfertigungsdiskursen rund um die DIS konfrontiert, die inklusive der Ursachen dafür in diesem Kapitel nachgezeichnet werden. Daran anschließend wird die Anschlussfähigkeit der Ergebnisse dieser Studie an die Motivations- und Volitionsforschung sowie an das Empowerment-Konzept dargestellt, dabei sind Viktimisierungsdiskurse ebenso von Belang wie philosophische Überlegungen zum menschlichen Willen. Daran anschließend werden einzelne Kategorien der *Daseinsberechtigung* aufgrund ihrer inhaltlichen Nähe zur Salutogenese übersichtlich aufgearbeitet und offene Fragen werden vorgestellt. Abschließend finden sich eine Zusammenfassung aller in diesem Kapitel aufgeworfenen offenen Fragen und ein Ausblick. In der thematischen Darstellung wird analog zu den Ergebnissen zwischen der äußeren und inneren *Daseinsberechtigung* unterschieden. Diese sind grundsätzlich nicht trennscharf voneinander abzugrenzen, da sich die jeweiligen Faktoren gegenseitig beeinflussen, hemmen und unterstützen können. Auch Martha Nussbaum weist (positivistisch im Sinne von Möglichkeiten) auf diesen Umstand in der Ausformulierung des Capability Approach als einer Theorie der Gerechtigkeit verbunden mit dem Versuch einer Operationalisierung des guten Lebens folgendermaßen hin: "In other words, they are not just abilities residing inside a person but also the freedoms or opportunities created by a combination of personal abilities and the political, social and economic environment" (Nussbaum, 2011, S.20). Doch zugunsten einer systematischen und nachvollziehbaren Aufarbeitung der vielfältigen Diskussions- und Themenstränge, die die *Daseinsberechtigung* berühren, bietet sich eine analytisch-theoretische Trennung der Ebenen Innen und Außen an, wenngleich die gegenseitige Beeinflussung dieser Ebenen als ein beständig mitschwingender Hintergrunddiskurs in den folgenden Ausführungen deutlich werden wird.

## 6.1 Die Daseinsberechtigung im Außen

Im Folgenden steht die Einbettung der *Daseinsberechtigung* in entsprechende Fachdiskurse im Fokus. Hierbei stehen zunächst nicht die intrapersonellen Prozesse eines Personensystems im Zentrum, sondern die mit Hilfe der Bedingungsmatrix (s. S. 148) dargestellten Bezüge zum Außen. Dabei werden zunächst jene Fachdiskurse vorgestellt, die die *Daseinsberechtigung* der einzelnen Persönlichkeiten in therapeutischen Kontexten in den Fokus nehmen. Wie bereits heraus gearbeitet, sollte insbesondere der psychotherapeutische Kontext einen wertfreien Schutzraum darstellen, in dem die Einzelnen gehört werden und die Möglichkeit bekommen sollten, ihre je eigenen Anliegen zu besprechen. Doch zeigt sich diesbezüglich ein widersprüchliches Bild. Trotz differenziert ausgearbeiteter therapeutischer Konzepte, insbesondere der Ego-State-Therapie, und darauf aufbauender Konzepte der Teile-Arbeit, sowie der validen Diagnose DIS werden Diskurse deutlich, die weitere notwendige (wissenschaftliche) Auseinandersetzungen mit dem Themenfeld komplex traumatisierter Menschen behindern. Wie nun diskutiert die Fachliteratur die Forderungen nach Anerkennung von und der aktive Umgang mit den einzelnen Persönlichkeiten im Sinne der *Daseinsberechtigung*? Gibts es diesbezüglich (Be-)Handlungsempfehlungen und theoretische Wissensbestände? Wie stellen sich Widerstände und Divergenzen dar und was sind die Ursachen dafür? Neben einer Zusammenfassung der möglichen Gründe findet eine Auseinandersetzung zu den tätergebundenen Persönlichkeiten sowie zu ihrer vermeintlich brisanten Forderung nach *Daseinsberechtigung* innerhalb dieses Kapitels statt. Diesbezügliche Diskussionen lassen sich zunächst vornehmlich in therapeutischen Bezügen finden. Die Ergebnisse der Studie legen allerdings die Relevanz der *Daseinsberechtigung* der einzelnen Persönlichkeiten im nahen sozialen Umfeld ebenso nahe: diese bisher lediglich am Rande und vornehmlich innerhalb von Selbsthilfekontexten geführte Diskussion wird ebenfalls nachgezeichnet. Im Anschluss daran findet sich eine Auseinandersetzung hinsichtlich einer potentiellen „Viktimisierung" (Barry, 1993) komplex traumatisierter Menschen und zeigt darauf aufbauend die Anschlussfähigkeit an Empowerment-Diskurse sowie die diesbezüglichen Grenzen auf.

### 6.1.1 Das multidimensionale Selbst: Ego-State-Therapie und Teile-Arbeit

*„The ways of thinking evolved by psychiatrists in order to understanding the family as a system will come to be applied in understanding the individual as a system. This will be a fundamental change within the home territory of psychology."*
*(Bateson, 1970, S.243)*

Im Diskurs der postmodernen Subjekttheorien und der aktuellen Selbstkonzeptforschung wird die Annahme einer kohärenten Persönlichkeitsstruktur zunehmend grundlegend in Frage gestellt. Mittlerweile stehen differenzierte Ansätze einer „Multidimensionalitätsannahme" (Moschner & Dickhäuser, 2010, S. 760) im Vordergrund, wobei davon ausgegangen wird, dass das Selbst vielmehr „netzwerkartig strukturiert ist und je nach Situation verschiedene Aspekte des Selbst in den Vordergrund rücken" (S. 760). Auch in der Psychotherapieforschung ist die Personalisierung intrapsychischer Dynamiken nicht neu, die therapeutische Arbeit mit einzelnen Persönlichkeitsanteilen ist weder fremd noch ungewöhnlich. Der Grundgedanke eines Selbst, das aus verschiedenen Teilen besteht, wurde im Laufe der Zeit „in verschiedenen Kontexten zu komplexen und differenzierten Systemen der menschlichen Psyche ausgearbeitet" (Kumbier, 2013, S.103). Dazu zählen u.a. die Transaktionsanalyse (Berne, 1970, 2006) und die Gestalttherapie (Perls, 1976). Auch Richard Schwartz übertrug das Wissen der Systemischen Therapie (Palazzoli, 1996) über familiäre Dynamiken auf die „Innere Familie" (Schwartz, 1997). Diese Konzepte, die von Hesse (2003) zusammenfassend als „Teilearbeit" (S. 9) bezeichnet werden, implizieren die Annahme, dass die Persönlichkeit eines Menschen grundsätzlich aus mehreren Anteilen zusammengesetzt ist (Fritzsche & Hartman, 2010, S.9). Bei traumatischen Erfahrungen nun verstärkt sich die Spaltung zwischen den verschiedenen Anteilen, wie schon Pierre Janet (1889) fest stellte, als er diesbezüglich den Begriff der Dissoziation einführte (vgl. Kapitel 2.1.1).

Sich diesen Erkenntnissen annehmend und zudem rekurrierend auf die psychoanalytisch konnotierte Theorie von Selbstkonzepten nach Paul Federn (1956) erarbeitete John Watkins (1978) eine Theorie von unterschiedlichen Ich-Zuständen innerhalb einer Person. In Zusammenarbeit mit seiner Ehefrau Helen Watkins entwickelte er darauf aufbauend einen therapeutischen Ansatz und nannte ihn Ego-State-Therapie (Watkins & Watkins, 1997, 2003). Der Begriff Ego-State wird dabei synonym zu den Begriffen „Persönlichkeitsanteil", „Selbstanteil" oder „Ich-Zustand" verstanden (Fritzsche & Hartman, 2010, S.9). Dabei machten Watkins & Watkins keine Unterschiede in der qualitativen Ausprägung dieser Persönlichkeitsabspaltungen und gingen vielmehr davon aus, dass dissoziative Vorgänge stark verbreitet sind und sich auf einem Spektrum von normalen Persönlichkeitsstrukturen bis hin zu Menschen mit einer DIS als Fähigkeit zur Stressverarbeitung wieder finden lassen. Und dass sie zwar in erster Linie zum Schutz der Psyche da sind, aber auch zu intrapersonellen Konflikten führen können, die es zu verstehen und ggfs. zu behandeln gilt. Im Zentrum der therapeutischen Bemühungen der Ego-State-Therapie steht somit zum Einen das Verstehen der einzelnen Persönlichkeitsanteile und zum Anderen das Fördern ihrer Zusammenarbeit. Um mit Hilfe einer gelingenden Kommunikation dieser Anteile innere Konflikte kooperativ und erfolgreich zu lösen (Watkins & Watkins, 1997, S.201).Wesentlich bei dieser Therapieform sind ein aktiver Umgang und die Kontaktaufnahme mit den dissoziierten Anteilen einer Persönlichkeit, sowie diese „ernst zu nehmen, sie zu respektieren, von ihnen zu lernen und sie zu unterstützen" (Fritzsche & Hartman, 2010, S.36). Das, was die PatientInnen mitbringen wird nicht mehr „bekämpft, analysierend und womöglich besserwisserisch in Frage gestellt, sondern sorgsam genutzt" (Reddemann, Vorwort in Watkins & Watkins 2012, S.9). Nicht die psychopathologische Sicht auf Dissoziation steht im Vordergrund, vielmehr wird diese in der psychotherapeutischen Arbeit als kreatives Potential und Fähigkeit verstanden. Dabei geht es darum, diese Ego-States wirkungsvoll und unterstützend mit in die Behandlung einzubeziehen sowie eine Integration zu erzielen, deren Schwerpunkt auf einer funktionierenden Kommunikation liegt:

> „Das Ziel der Ego-State-Therapie ist die Integration. Ego-State-Therapie definiert die Integration als Zustand, in dem die einzelnen Ego-States in vollständiger Kommunikation miteinander stehen, mentale Inhalte teilen und in harmonischen und kooperativen Beziehungen miteinander existieren." (Trenkle in Peichl, 2010, 48 f)

Kern der Bemühungen ist hierbei, die divergenten Bedürfnisse und sich widerstreitenden Emotionen den einzelnen Persönlichkeitsanteilen zuordnen zu können und diese „in einen harmonischen Fluss" (Hesse, 2003, S.17) zu bringen.

In Anbetracht des Zusammenhangs von traumatischen Erfahrungen und in Folge dessen psychischen Abspaltungen hat die Anwendung der Ego-State-Therapie, die die so entstandenen Dissoziationen sinnhaft in therapeutische Prozesse mit einbezieht, insbesondere innerhalb der Psychotherapie von traumatisierten Menschen stark an Bedeutung zugenommen. Reddemann (2011) entwickelte diese weiter zu einer psychodynamisch imaginativen Traumatherapie (PITT) für Menschen mit komplexen Traumatisierungen. Hierbei geht sie analog zu Watkins & Watkins davon aus, dass „das Aufspüren von ressourcenvollen States wie die Zuordnung von Belastenden und Unerwünschten zu verschiedenen States" (S. 111) zu einer deutlichen Entlastung der PatientInnen führen kann. Auch Peichl (2010, 2012, 2013) rekurriert auf die Ego-State-Therapie und baut diese zu einer hypnoanalytischen Teilearbeit weiter aus. Dabei überträgt er seine therapeutischen Erkenntnisse auch auf die Arbeit mit Menschen mit einer DIS (Peichl, 2013, S.113).

Es liegt auf der Hand, dass die der Teilearbeit zugrundeliegenden Konzepte der Annahme eines multidimensionalen Selbst insbesondere in der therapeutischen Arbeit mit Menschen mit einer DIS erfolgsversprechend nutzbar zu machen sind. Hinsichtlich der Ausprägung der Dissoziation wird zudem keine wesentlich veränderte Herangehensweise postuliert. Ein Blick auf die aktuelle Fachliteratur zeigt vielmehr, dass das wertschätzende Ansprechen und Auffordern zu einer aktiven

Mitarbeit der Persönlichkeiten bei Menschen mit einer DIS dem state of the art psychotherapeutischer Behandlung entspricht. Sowohl detaillierte Beschreibungen entsprechender thera peutischer Vorgehen als auch weiterführende theoretische Auseinandersetzungen finden sich u.a. bei Deistler & Vogler, 2002; Howell, 2011; Huber, 2010, 2011, 2013; Kluft, 2006, 2009; Peichl, 2010, 2012, 2013; Reddemann, 2011; Reddemann & Gast, 2011.

Unabhängig von methodisch variierenden Herangehensweisen sind sich die AutorInnen der aktuellen Fachliteratur zudem in einem einig: Der erste Schritt in der Auseinandersetzung mit den vielen Persönlichkeiten eines Menschen mit DIS ist der Aufbau einer inneren Kommunikation. Nach dem Aufbau einer tragfähigen und vertrauensvollen Beziehung (Gast, 2011, S.31) strebt auch die therapeutische Arbeit das in der *Daseinsberechtigung* enthaltene Netzwerken sowie eine gelingende innere Kommunikation und Kooperation als Ziel an. Hierzu wird zunächst beispielsweise ein „mapping" (Putnam 1986, 2003) durchgeführt, bei dem die KlientInnen zeichnerisch darstellen, welche Persönlichkeiten bekannt und vorhanden sind und welche Funktionen diese im System erfüllen. Um im nächsten Schritt eine Kommunikation zu und zwischen den Persönlichkeiten herstellen zu können. Die Ziele dabei sind, die „unterschiedlichen Bedürfnisse optimal zu regulieren, Zeitpläne zu erstellen, Alternativprogramme zu entwerfen, Beschwichtigungs- und Schiedsverfahren einzuleiten und Time-Out-Regeln auszuhandeln, und zwar so intelligent und kommunikativ, dass sie dann auch im Alltag greifen" (Hantke, 2011, S.454). Dabei gilt es, eine bessere Wahrnehmung und Kommunikation unter den Persönlichkeiten untereinander anzustreben. Dieses aktive und bewusste Kennenlernen der Einzelnen führt zu dem Ausbau einer stabilen und nach innen kommunizierenden Außenrepräsentanz (S. 453) und vermindert damit Symptome der Dekompensation. An welchen Punkten die *Daseinsberechtigung* an diese Konzepte der Teile-Arbeit anschlussfähig ist und bestehende Wissensbestände erweitert, wird im Folgenden diskutiert.

#### 6.1.1.1 Die Daseinsberechtigung in der Tradition der Teile-Arbeit. Anschlussfähigkeit und Erweiterungen

Als erstes Resümee der Übersicht über die bis hierher vorgestellten Diskurse wird die inhaltliche Nähe der *Daseinsberechtigung* zu den Konzepten der Teile-Arbeit und der Denktradition der Ego-State-Therapie bereits deutlich. Die dezidierte Auseinandersetzung mit den Einzelnen eines Personensystems erweist sich auch in den Ergebnissen dieser Studie als gesundheitsfördernd und den Heilungsprozess stärkend. Dabei werden die Persönlichkeiten als Ressourcen und sinnhafte Bewältigungsstrategien verstanden, die es einzubinden und zu respektieren gilt. Die *Daseinsberechtigung* und darauf aufbauend das *Da-Sein* in Form eines wertschätzenden Umgangs sowie der Bereitstellung eines wertfreien und respektvollen Beziehungsraumes steht persönlichkeitenübergreifend im Zentrum der Analyseergebnisse. Sichere Räume und Orte zu schaffen, in denen die Einzelnen ihren Bedürfnissen nach gehen, sich mitteilen können und als Individuen wahr genommen werden ist dabei entscheidend für einen Heilungsprozess. Ergänzend dazu konkretisieren die Ergebnisse dieser Studie das *Da-Sein* der Einzelnen um die jeweilige spezifische Ausprägung der *Daseinsberechtigung*. Draußen Kind sein bedeutete dies bei den Innenkindern, ein zentrales Ergebnis. Das Bedürfnis der BeschützerInnen mehr als das zu sein wurde ebenso deutlich wie der Fokus der Alltagspersönlichkeiten darauf, das Netz zu knüpfen. Die Bewegung vom TäterIn-Du zum Ich kristallisierte sich bei den tätergebundenen Persönlichkeiten als die spezifische Ausprägung der *Daseinsberechtigung* heraus. Die in dieser Studie analytisch aufgearbeiteten Einsichten in die jeweils individuellen Sinnstrukturen stellen ein Novum in der wissenschaftlichen Auseinandersetzung mit Menschen mit einer DIS dar. Es ist davon auszugehen, dass diese Ergebnisse in Folge zu einem detaillierteren und besseren Verständnis und einer den einzelnen Persönlichkeiten gerechter werdenden Annäherung in psychotherapeutischen und anderen psychosozialen Behandlungskontexten beitragen.

In der Konsequenz des *Da-Seins* der Einzelnen steht nun grundsätzlich weniger das Verschmelzen der Einzelnen zu einer Gesamtpersönlichkeit im Vordergrund, vielmehr sind das *Da-Sein* der Einzelnen und der Aufbau einer gelingenden inneren Kommunikation und Kooperation als Voraussetzungen für eine integrative Zusammenarbeit der einzelnen Persönlichkeiten relevant. An dieser Stelle kann der Definition von Integration im Sinne der Ego-State-Therapie zugestimmt werden (vgl. S.239). Auch diese Studie kommt zu dem Schluss, dass eine auf diese Weise verstandene Zusammenarbeit zum Einen eine konfliktfreiere *Daseinsberechtigung* der Persönlichkeiten fördert und in Folge einen wesentlichen Beitrag zum guten Leben jedes/r Einzelnen sowie des gesamten Personensystems leisten kann.

Zudem weisen die Ergebnisse dieser Studie auf einen entscheidenden intrapsychischen Bereich schwer traumatisierter Menschen hin, der sich elementar auf die Nutzbarmachung von äußeren (ebenso wie inneren) Ressourcen auswirken kann. Bei Seidler (2004) findet sich ebenfalls der Hinweis, dass traumatisierende Gewalteinwirkungen ihre „Spuren in der Physiologie des beschädigten Individuums" hinterlassen (S. 322). Diese „mental imprints" (S. 322) als Folge traumatischer Erfahrungen werden in dieser Studie als die vom Subjekt introjizierte Erfahrung des *Du bist nicht – Ich bin nicht* sprachlich gefasst. Die Intensität der intrapsychischen Verhaftung mit dieser Position kann sich lähmend auf die Handlungsmotivation auswirken, denn das Nutzen einer *Daseinsberechtigung* setzt zunächst das Bewusstsein davon voraus, dass es dieses Recht gibt. Selbst die fundierteste traumatherapeutische Vorgehensweise einhergehend mit der Einbindung der einzelnen Persönlichkeiten muss sich daher nicht zwangsläufig als hilfreich heraus stellen. Es gilt, das Anerkennen der *Du bist nicht – Ich bin nicht* Erfahrungen sowohl in psychotherapeutischen Prozessen als entscheidende Einflussfaktoren mit einzubeziehen sowie diese Einflussnahme in die Psychotherapieforschung und der Frage nach ihrer Wirksamkeit entsprechend mit einzubinden.

Nun stellt insbesondere die Gruppe der tätergebundenen Persönlichkeiten eine besondere Herausforderung dar. Die vorliegende Studie kommt auch hier zu dem Schluss, dass die *Daseinsberechtigung* sowie ein wertschätzender und respektvoller Umgang hier ebenso gilt wie das bei allen anderen InterviewpartnerInnen der Fall ist. Der Grad der Verbundenheit mit den realen TäterInnen spielt hierbei keine Rolle, da diesen Persönlichkeiten vielmehr die Möglichkeit einer Entwicklung vom TäterIn-Du zum Ich inhärent ist. Wie dieses Ergebnis sich in aktuelle Fachdiskurse einbetten lässt und welche Divergenzen sich daraus ergeben diskutiert das nachfolgende Kapitel.

### 6.1.2 Daseinsberechtigung und tätergebundene Persönlichkeiten – Eine brisante Allianz?

Täterintrojektionen, die sich bei Menschen mit einer DIS bis hin zu tätergebundenen Persönlichkeiten ausformen, standen lange unter dem Generalverdacht der Schädigung für das gesamte Personensystem (Deistler & Vogler, 2002; Huber, 2011 a, 2013; Peichl, 2013; Putnam, 2003; Ross, 2011, 2012; Watkins & Watkins, 1997, 2012). Bei einem Auftreten dieser Persönlichkeiten in psychotherapeutischen Kontexten wurden sie durchaus als „schreckliche und widerliche dämonenartige Wesen" (Putnam, 2003, S.245) wahr genommen, deren selbstzerstörerisches Handeln, sowie sie selbst in erster Linie verschwinden sollten. Sie wurden innerhalb therapeutischer Prozesse weg gesperrt, isoliert oder schlicht ignoriert: „Such alters have been locked in internal boxes, exorcised, feared, accused of ongoing participation in satanic human sacrifices..., defined as ′programmed by the cult′, and otherwise hated" (Ross, 2013). Angesichts der Reproduktionen täterinduzierter Inhalte und der damit einhergehenden schädigenden Verhaltensweisen wie beispielsweise Selbstverletzung, Wiedergabe rechtsextremer Parolen oder positiv konnotierter Aussagen über das (sexualisierte) Benutzen von Kindern erscheint ein solches Vorgehen nachvollziehbar.

Selbst bei Watkins & Watkins (2012) findet sich die Empfehlung für eine "bösartige" (S. 93) Persönlichkeit bei PatientInnen mit einer DIS, diese entweder zu „eliminieren, seinen Einfluss zu reduzieren" (ebd.) oder aber die Ziele, die sie verfolgt, zugunsten der Gesamtpersönlichkeit zu modifizieren. Was in diesem Zusammenhang eine bösartige Persönlichkeit genau ausmacht bleibt unausgesprochen, doch kann davon ausgegangen werden, dass aufgrund der zunächst zerstörerisch wirkenden Reproduktion täterinduzierter Inhalte tätergebundene Persönlichkeiten diesem Personenkreis hier zuzuordnen sind. Wenngleich Watkins & Watkins (2012) zu jeder Zeit die Erleichterung quälender Symptome ihrer PatientInnen im Blick hatten, war von einem partnerschaftlichen Prozess, der diese Persönlichkeiten demokratisch in den gesamten Entwicklungsprozess des Systems eingebunden hätte, nicht die Rede. Im Gegenteil findet sich eine Fallbeschreibung der „Beseitigung von nicht angepassten, bösartigen oder anachronistischen Ich-Zuständen" (S. 94). Diesbezüglich weisen die Ergebnisse der vorliegenden Studie hinsichtlich der *Daseinsberechtigung* auf einen anderen Umgang mit diesen Persönlichkeiten hin. Hier stehen Wertschätzung der überlebenssichernden Leistung dieser Persönlichkeiten und ein aktives, einladendes Zugehen auf sie und ihre Sinnstrukturen im Vordergrund.

Ein ähnlicher Ansatz findet sich bei Ross (2013), der in einem Essay über tätergebundene Persönlichkeiten (persecutory alters) eine freundschaftliche Allianz mit ihnen empfiehlt und Abstand nimmt von der Haltung, diese Persönlichkeiten als diejenigen zu sehen, die das Problem in einem Personensystem darstellen:

> „One of the key interventions is making friends with persecutory alters. Too often these alters have been rejected, devalued, and hurt by the host personality and the referring therapist..... They have been defined as the problem, and usually the host [engl. für Alltags-persönlichkeit] personality regards the alters as the cause of her problems." (Ross, 2013)

Ross entwickelt in Folge eine Sichtweise, die das Verhalten dieser Persönlichkeiten nicht problematisiert, sondern vielmehr als lösungsorientiert versteht: Aufgabe der TherapeutInnen ist es seines Erachtens, heraus zu finden, welches Problem diese Persönlichkeiten zu lösen versuchen. Um sie in ihrer inneren Logik zu begreifen und ihre Handlungen zu verstehen. Denn, und das bezieht das überlebenswichtige Entstehen der Tätergebundenen ein, „the alters were created, originally, to solve a problem, which was the overwhelming impact of the trauma on the organism's defenses, so they are the solution and not the problem" (Ross, 2013).

Dieser Diskussion folgend schlägt auch Peichl in seinem Praxishandbuch „Innere Kritiker, Verfolger und Zerstörer" (2013) einen erweiterten Blick auf diese Persönlichkeiten vor und betont den Umstand, dass sie da sind, um „seelisch und körperlich zu überleben" (S. 77). Weder ihre Eliminierung noch ihre Vernichtung ist von psychotherapeutischer Relevanz. Vielmehr empfiehlt Peichl, die Handlungen dieser Persönlichkeiten als positive Absichten umzudeuten, um in Folge dessen das gesamte Personensystem „von einem Funktionszustand des Bürgerkrieges auf ein Niveau der Verhandlungsstrategien zu bringen" (Peichl, 2013, S.120). Hierfür schlägt er verschiedene Therapiestrategien vor (S. 118ff), dabei folgt er dem Paradigma der Verwandlung eines „Verfolger-Introjekt" (S. 122) in einen „Helfer-Part" (S. 122)[14].

Doch gibt Peichl auch die Grenzen dieser Strategie für traumatische Introjektionen zu bedenken. Er diskutiert dafür zunächst die Ausprägung des dissoziativen Grades aufgrund gewaltvoller „Täter-Implantation" (Peichl, 2013, S.80). Hierzu sind vertiefend die differenzierten Ausführungen des Ehepaares Vogt (2007, 2012) zu empfehlen, die eine sehr komplexe Theorie über die Regulationszustände der Seele nach wiederholten massiven Traumaeinwirkungen entwickelt haben und u.a. zwischen Introjektions-, Implantat-, Programm- und Dual-States (Vogt, 2012, S.47) unterscheiden. Wobei der Grad der dissoziativen Ausprägung „kategorial in Abhängigkeit vom Traumatisierungsgrad" (S. 47) ist. Nicht jede dieser auf diese gewaltsame Weise entstandenen Persönlichkeiten ist nach Peichl zugänglich für die Versuche der Verwandlung in einen Verbündeten. Ein Umstand, der seines Erachtens in einem unmittelbaren Zusammenhang mit der von Vogt diskutierten Ausprägung an Gewalterfahrungen steht. So haben manch „perfide Konditionierungen, Dressurakte mit Reiz-Reaktions-Kopplungen" (Peichl, 2013, S.122) und anderweitige Gewalttaten psychopathisch krimineller Täter Persönlichkeitsabspaltungen zur Folge, deren gute Absichten nicht mehr erkennbar sind. Doch selbst in diesen Fällen weist Peichl darauf hin, dass die Entstehungsgeschichte dieser einzelnen Teile eine Überlebenssicherung darstellt. Er empfiehlt diesbezüglich eine Herangehensweise, bei der die Botschaft an Persönlichkeiten mit derartigen Erfahrungen und Ansichten keine „geheime Anleitung zur Veränderung" (S. 123), sondern eine wertschätzende Einladung zum Dialog bei gleichzeitiger Vermeidung von Kampf beinhalten sollte.

Es zeigt sich hier die Anschlussfähigkeit der *Daseinsberechtigung* an Peichls Vorgehen. Unabhängig von ihrem Standort auf dem Kontinuum zwischen *TäterIn-Du* und *Ich* stellt eine Bereitstellung eines

---

14 Ob diese mehr oder weniger verdeckten Behandlungszielen das Ergebnis einer partnerschaftlichen und empowernden Beschäftigung auf Augenhöhe sind oder hier vielmehr ein von außen diktiertes Normalisierungsprinzip für tätergebundene Persönlichkeiten verfolgt wird, wird an Peichls Ausführungen nicht deutlich.

wertfreien Raums und eine partnerschaftliche Begegnung auf Augenhöhe eine hilfreiche Grundhaltung von Menschen im Außen in der Kontaktaufnahme mit tätergebundenen Persönlichkeiten dar. Die Ergebnisse dieser Studie weisen zudem darauf hin, dass die *Daseinsberechtigung* einen Veränderungsprozess der Selbst- und Außenwahrnehmung dieser Persönlichkeiten zur Folge haben kann. Offen bleibt allerdings die Frage nach der Entwicklungsfähigkeit in Verbindung mit dem Grad der Abhängigkeit von den TäterInnen, wie sie Peichl anspricht. Auch in dieser Studie zeigte sich das *Stabile Du* als eine unerschütterliche Verhaftung mit den alten Denk- und Handlungsstrukturen. Dennoch ringen auch diese Persönlichkeiten um einen Raum der *Daseinsberechtigung*, in dem ihnen Gehör geschenkt wird (vgl. Kapitel 5.1.8.7). Inwieweit das Veränderungspotential, das bei den interviewten tätergebundenen Persönlichkeiten deutlich wurde, auf das begrenzte Sample zurück zu führen ist, kann an dieser Stelle nicht mit Gewissheit fest gestellt werden. Deutlich wird allerdings der Bedarf an weiterer Forschung zu diesen Persönlichkeiten, um die Ergebnisse dieser Studie weiter auszudifferenzieren. Zumal Menschen im Außen diesbezüglich lediglich einen Faktor in einem komplexen Zusammenspiel vieler verschiedener Faktoren darstellen.

Auch Huber (2013) folgt in ihrem aktuellen Handbuch zur Psychotherapie mit Täterintrojekten einer Diskussionslinie, die Akzeptanz und Wertschätzung dieser Persönlichkeiten in den Vordergrund stellt und von gewaltvollen Metaphern, die der Vernichtung dienen, abrät (S. 143). Sie schlägt eine Verhandlung vermittelnde und respektvolle Grundhaltung vor, bei der „Wandel durch Annäherung" (S. 143) das Ziel der psychotherapeutischen Bemühungen darstellt. In einem Interview mit Huber stellt auch Van der Hart (2013) die Relevanz einer wertschätzenden Zusammenarbeit mit den tätergebundenen Persönlichkeiten, von ihm täterimitierende Anteile genannt, für das Gelingen einer Therapie und in Folge dessen eines besseren Lebens heraus:

„Es ist unerlässlich, dass die TherapeutIn den täterimitierenden Anteilen hilft, Verbündete des therapeutischen Prozesses zu werden. Gelingt dies, so können sie wesentliche Beiträge zum Gelingen der Therapie leisten; misslingt es, dann können diese Anteile weiterhin die Therapie sabotieren und das Leben der KlientIn sehr unglücklich machen."
(Van der Hart im Interview mit Huber, 2013, S. 208)

Sowohl Huber als auch Van der Hart bestätigen damit die Ergebnisse dieser Studie, dass die tätergebundenen ebenso wie alle anderen Persönlichkeiten zu einem guten Leben entscheidend beitragen. Dafür bedarf es einer *Daseinsberechtigung*, die es ihnen ermöglicht zu sprechen und sich ohne Befürchtung vor möglichen Repressalien zu zeigen.

Es wird deutlich, dass, wenngleich lediglich am Rande, so dennoch ein detailliert geführter psychotherapeutischer Fachdiskurs um diese Persönlichkeitengruppe besteht. Um so erstaunlicher ist es, dass eine wissenschaftliche Auseinandersetzung rudimentär und wenn, dann vornehmlich in klinisch-quantifizierenden Studien statt findet (Nijenhuis, 2006; Kluft, 2006). Dies hat zur Folge, dass, wenngleich sich insbesondere im psychotherapeutischen Kontext eine Beschäftigung mit Täterintrojekten im Allgemeinen sowie tätergebundenen Persönlichkeiten bei Menschen mit einer DIS im Speziellen finden lässt, der wissenschaftliche Diskurs diesbezüglich eine Leerstelle aufweist. Vogt (2012) weist hier für den therapeutischen Behandlungskontext darauf hin, dass „wir es im hochdissoziativen Komplextraumabereich mit gewaltigen persönlichkeits-psychologischen Zerstörungszuständen zu tun haben, für welche wir dringend geeignete Theorie-, Diagnostik-, und Behandlungsmodelle brauchen" (Vogt, 2012, S.30). Dieser Forderung folgend gewährt die vorliegende, explorative Studie den so dringend benötigten wissenschaftlich aufgearbeiteten Einblick in die intrapersonellen Sinnstrukturen tätergebundener Persönlichkeiten. Um diese ersten Ansätze für die Entwicklung der psychotherapeutischen Theoriebildung und entsprechender Behandlungskonzepte nutzbar zu machen bedarf es weiterer wissenschaftlicher Auseinandersetzung speziell mit diesem Persönlichkeitenkreis. In Anbetracht der Erfahrungen mit der lediglich eingeschränkten Brauchbarkeit des SOC-L9 Fragebogens bieten sich dafür in erster Linie qualitative Interviews an. Dabei sind forschungsethische Überlegungen von großer Relevanz sowie eine sensible Vorgehensweise, auch bei der Auswahl des Interviewsettings, um einen Zugang zu diesen Persönlichkeiten zu bekommen. Hier ist eine Zusammenarbeit von universitären und expert by experiences ForscherInnen sicherlich erfolgsversprechend, da so verschiedene Wissensbestände für diesen diffizilen Gegenstandsbereich zusammen getragen und für weitere Forschung nutzbar gemacht werden können.

Nun gibt es unabhängig von derlei noch zu füllenden Leerstellen grundsätzlich für die psychotherapeutische Arbeit mit Menschen mit einer DIS durchaus differenziert ausgearbeitete und erfolgreich angewandte Konzepte (Deistler & Vogler, 2002; Fliß & Igney, 2008; Howell, 2011; Kluft, 2004, 2006, 2009; Putnam, 1986, 2003; Sachsse, 2004). Umso irritierender wirkt die Tatsache, dass sich das Ringen um *Daseinsberechtigung* auch auf struktureller Ebene als ein Ergebnis der Analyse zeigt. Es finden sich sowohl in den erhobenen Daten, in inoffiziellen Feldgesprächen, als auch in (auto-)biografischer- und Selbsthilfeliteratur zahlreiche Hinweise auf einen Umgang mit einzelnen Persönlichkeiten, der von Ablehnung, Unglauben, Ignoranz bis hin zu Maßnahmen zur Vernichtung Einzelner reicht. Das Ringen um *Daseinsberechtigung* in psychotherapeutischen Kontexten, sowie innerhalb des psychosozialen Hilfesystems (Betreutes Wohnen, SozialarbeiterInnen, etc.) machen hier einen nicht zu unterschätzenden Anteil dieser Berichte aus und lässt auf einen im Hintergrund divergent geführten Fachdiskurs schließen. Es ist diesbezüglich fest zu stellen, dass sich selbst die Diagnose DIS immer wieder in eine Rechtfertigungsposition hinsichtlich Ihrer Existenz gezwungen sieht und sich auch führende SpezialistInnen dieses Faches mit der Frage nach der Wahrhaftigkeit der DIS und damit einhergehend ihrer täglichen Arbeit auseinander setzen müssen.

### 6.1.3 Viele Persönlichkeiten und deren Daseinsberechtigung – Die DIS im Rechtfertigungsdiskurs

Obwohl die vorliegenden Daten, die theoretischen Abhandlungen über Trauma und Dissoziation und die daraus resultierenden entsprechenden psychotherapeutischen Empfehlungen ein aktives Zugehen auf die Einzelnen eines Personensystems und ihre Einbeziehung postulieren, unterliegt dieses Vorgehen ganz offensichtlich keiner Selbstverständlichkeit. Dabei steht weniger die Kritik an der Sinnhaftigkeit der Konzepte, die ein multidimensionales Selbst zu Grunde legen, im Vordergrund, vielmehr entzünden sich fachliche Dispute an der Frage nach der Wahrhaftigkeit und tatsächlichen Existenz der einzelnen Persönlichkeiten (Gast, 2003 a). Die DIS befindet sich immer wieder in einem Rechtfertigungsdiskurs, in dem die Existenz dieser validen Diagnose sowohl gesellschaftlich als auch fachlich in Frage gestellt wird. Ironischerweise findet sich somit auf struktureller Ebene das selbe Phänomen wieder, wie auf der individuellen Ebene der einzelnen Persönlichkeiten. Das Ringen um die *Daseinsberechtigung* der Diagnose an sich steht hier im Mittelpunkt. Beispielhaft werden im Folgenden anhand der Argumentationen dreier prominenter VertreterInnen des Fachs (Sachsse, Kluft und Howell) des Faches diese Konfliktlinien nachgezeichnet.

Sachsse (2003) wurde in einem Interview mit der Zeitschrift Gehirn&Geist mit der Frage konfrontiert, ob die Diagnose DIS seines Erachtens eine Notlösung darstelle und ob er an die Existenz einer derartigen Störung glaube (S. 38). Hierzu stellte Sachsse fest, dass eine Richtigkeit von Diagnosen im naturwissenschaftlichen Sinne grundsätzlich nur vermeintlich ist und Wandlungen unterliegt. Sie können sich den vielfältigen Realitäten von Menschen in erster Linie lediglich annähern und heute bestehende Diagnosen werden in einigen Jahren womöglich nicht mehr existieren. Sehr viel wesentlicher erschien ihm der Umstand, ob „ein Konzept therapeutisch hilfreich ist" (S. 38), was seines Erachtens bei der Diagnose DIS der Fall ist. Auf ihrer Grundlage sind Menschen mit entsprechenden dissoziativen Zuständen nicht nur am besten zu verstehen, sondern auch therapeutisch besser zu behandeln als mit anderen Konzepten (S. 39). Damit nahm Sachsse den Rechtfertigungsdiskurs hinsichtlich der Wahrhaftigkeit der DIS nicht in den Fokus, sondern legte das Gewicht seiner Aussagen auf die Forderung nach bestmöglichen Hilfe- und Unterstützungsangebote für schwer traumatisierte Menschen.

Kluft (2006) nimmt sich, wenngleich mit anderer Konnotation, des Rechtfertigungsdiskurses rund um die DIS ebenfalls an und stellt zunächst plakativ fest, dass Menschen, die Viele sind, sich eben dadurch auszeichnen, dass sie mehrere Persönlichkeiten sind: „[...] the personality of a patient with DIS is to have multiple personalities" (Kluft, 2006, S.282). Damit nimmt er deutlicher als Sachsse Stellung und lässt kein Infragestellen hinsichtlich der Wahrhaftigkeit der DIS zu. Doch auch er bemerkt, dass MitarbeiterInnen des psychosozialen Hilfesystems oftmals diese Tatsache ignorieren oder eine direkte Zusammenarbeit mit den einzelnen Persönlichkeiten verweigern (Kluft, 2006, S.281). Er beobachtet, dass diese Umgangsweise zum Teil so weit geht, dass die einzelnen Persönlichkeiten als Hindernis verstanden und möglichst umgangen oder aber lediglich indirekt angesprochen werden:

> „Such colleagues prefer to understand the alters as obstacles, distractions, or artifacts to be bypassed or surpressed; they may endeavor to address the isues rised by the alters and their activities obliquely, employing allusive circumlocutions but without dealing directly with the alters." (Kluft, 2006, S.281)

Der Grund für eine solche den fachlichen Empfehlungen zuwider laufende Praxis liegt nach Kluft zum Einen darin begründet, dass diesem Verhalten die Überlegung zugrunde liegt, dass die DIS durch unangemessene therapeutische Beeinflussungen entsteht und das Ignorieren dieser Zustände für ihr Verschwinden sorgt: „[...] it is reasonable to propose that alters have (usually) emerged in response to inappropriate therapeutic pressures, subtle or overt, and if their manifestations do not receive attention, then they will cease to exist" (S. 281). Ein weiterer Grund liegt seines Erachtens in der Befürchtung der TherapeutInnen vor der Förderung einer insgesamt psychischen Instabilität, wenn sie ihre Konzentration auf einzelne Persönlichkeiten legen. Den Fokus auf die Dissoziation zu legen würde dieser Logik zufolge zu einer Verstärkung eines klinischen Problems führen (S. 281). Dass allerdings das Gegenteil der Fall ist hebt Kluft hervor, indem er ausführt, dass es nicht nur therapeutisch nutzlos ist, sondern sich zudem schädigend auf die KlientenInnen auswirken kann, die einzelnen Persönlichkeiten zu ignorieren:

> „Therefore, despite the support voiced for treatments that avoid working with the alters in DID, those who follow such plans of action are implicitly following an experimental path that is likely to prove therapeutically futile and may expose the patient to danger and excess morbidity... These approaches deny, dismiss, and disavow the nature of DID phenomenology and the subjective world of the DID patient." (Kluft, 2006, S.281)

Dieses Vorgehen übergehe nicht nur die Phänomenologie der DIS, so Kluft, zudem kann das Ignorieren der einzelnen Persönlichkeiten retraumatisierende Folgen haben. Er geht davon aus, dass insbesondere Vernachlässigung und Zurückweisung traumatische Erfahrungen sind, die viele DIS PatientInnen gemacht haben (Kluft, 2006, S.295). Nun kann in einem vermeintlich geschützten therapeutischen Rahmen das

Umgehen der einzelnen Persönlichkeiten zu einer Reinszenierung des traumatischen Erlebens der Zurückweisung und damit zu einer psychischen Instabilität führen (ebd.).

Ein problematischer Theorie-Praxis-Transfer wird hier überdeutlich, denn „no substantial scientific literature or major series of successfully treated cases has been published, that describes the definitve psychologic treatment of DID [...] without adressing the alters" (Kluft, 2006, S. 281). Ganz im Gegenteil gelten gerade die Therapien, die die einzelnen Persönlichkeiten ansprechen und adressieren, als die erfolgreichen. Dies belegt Kluft mit den Ergebnissen einer Längsschnittstudie (Kluft, 1985, 2006), die zu dem Schluss kommt, dass 97% der PatientInnen mit DIS-Diagnose, die in einer klinischen oder therapeutischen Behandlung waren, die nicht direkt mit den Persönlichkeiten gearbeitet hat, nach dieser Behandlung weiterhin den diagnostischen Kriterien einer DIS entsprachen. Im Gegensatz dazu sind erfolgreiche Behandlungen vielmehr jene, die mit den einzelnen Persönlichkeiten direkt arbeiten: „In contrast, available reports of successful treatments have involves therapies in which the alters are adressed" (Kluft, 2006, S.281 f).

Auch Howell (2011) bestätigt Kluft in ihrer aktuellen Veröffentlichung zur Behandlung von Menschen mit einer DIS. Ihr zufolge gehört es zu den üblichen Erfahrungen von Menschen mit einer DIS, dass die einzelnen Persönlichkeiten ignoriert werden oder den PatientInnen schlicht nicht geglaubt wird. Daraus resultiert, dass eine therapeutische Arbeit mit den einzelnen Persönlichkeiten zu den entscheidenden Erfahrungen im Leben von Menschen mit einer DIS führen kann:

> „In my experience as a DID therapist and a frequent consulting to therapists with dissociative patients, it makes all the difference in the life of a person with DID to have a therapist who can recognize their dissociated parts and work with them." (Howell, 2011, S. 16)

Erst diese Zusammenarbeit mit den Einzelnen führt zu einer erfolgreichen inneren Kommunikation und Kooperation und damit zu einer Entlastung der KlientInnen, bestätigt Howell.

Anhand der nachgezeichneten fachlichen Diskussionen lassen sich zwei Rechtfertigungsdiskurse in Verbindung mit der DIS lokalisieren. Zum Einen wird die Diagnose DIS, resp. das Vorhandensein verschiedener Persönlichkeiten innerhalb eines Körpers in gesellschaftlichen, fachspezifischen ebenso wie wissenschaftlichen Auseinandersetzungen grundsätzlich in Frage gestellt (ein historisch aufbereiteter und interdisziplinärer Überblick dieser Diskurse findet sich bei Hacking, 2001). Zum Anderen wird die therapeutische Vorgehensweise, sich mit den Einzelnen dezidiert zu beschäftigen und diese in die Behandlung mit einzubeziehen kritisch diskutiert bzw. den entsprechenden Empfehlungen innerhalb des psychosozialen Versorgungssystems wird schlicht nicht gefolgt. Wie kommt es dazu, obwohl die Fachdiskurse entsprechend differenziert und ganz im Sinne der *Daseinsberechtigung* geführt werden, die Diagnose ausreichend validiert ist und die Prävalenz insbesondere im klinischen Bereich nicht unerheblich ist? Welche Gründe lassen sich feststellen, die dieses Phänomen erklären?

### 6.1.4 Das Vergessen der Gesellschaft und das falsche Erinnern der Opfer

Igney (2010) zufolge ist ein Problem die „Dialektik des Traumas" (S. 25), ein strukturelles Phänomen: wertvolle Erkenntnisse über Trauma und Traumaforschung können in Vergessenheit geraten und müssen dann mühsam wieder gefunden werden. Demnach kann nicht zu jeder Zeit auf einen bestehenden Wissensstand zum Themenbereich Trauma und Dissoziation rekurriert werden. Im Gegenteil unterliegen diese Erkenntnisse einem Prozess des Verschüttens, Ausgrabens und wiederholten Verstehens. Igney versteht diese Widersprüchlichkeit als einen Ausdruck gesellschaftlichen Wankens zwischen Verleugnung und Anerkennung einer gewaltausübenden Realität und ihrer Folgen von Traumatisierungen (Igney, 2010, S.25ff). Mit den Gründen für dieses Wanken und dem in Folge dessen immer wieder kehrenden backlash der (Nicht-)Anerkennung massiver Gewalt an Kindern (und Frauen) hat sich vornehmlich die feministische Theorie und Wissenschaft beschäftigt. Eine ausführliche Diskussion und Analyse patriarchaler Machtverhältnisse, die ein solche Dialektik begünstigen findet sich bei u.a. bei Dackweiler, 2002; Deistler & Vogler, 2002; Herman, 1989, 2015; Huber, 2010; Moser, 2007; Rode, 2009; Vielfalt, 2009. Dieser dort einer Analyse unterzogene uneinige und von Konflikten durchzogene gesellschaftliche Prozess hat zur Folge, dass die vielfältigen Gewalterfahrungen von Menschen mit einer DIS zum Teil eine gesellschaftliche Nicht-Anerkennung erfahren. Diesbezüglich prägte Keilson in Zusammenarbeit mit Sarphatie (1979) den Begriff der sequentiellen Traumatisierung. Rekurrierend auf Untersuchungen kindlicher Traumatisierungen bei jüdischen Kriegswaisen wirken demzufolge nicht nur die ursprünglichen Gewalterfahrungen an sich, sondern auch die „Umstände der gesellschaftlichen (Nicht-)Anerkennung des Unrechts" (Hensel, 2014, S.29) traumatisierend. Diese Nicht-Anerkennung des Leids und komplexen Traumatisierungen auch bei Menschen mit einer DIS hat zur Folge, dass nicht nur die Ursachen der Diagnose immer wieder gerechtfertigt und validiert werden müssen. Sondern ebenso entsprechende Behandlungskonzepte unter erschwerten Bedingungen Einzug in eine alltägliche Praxis halten.

Unterstützt werden diese strukturellen Widerstände von konkret und medial präsenten Vereinigungen wie der False-Memory-Foundation (FMSF). AnhängerInnen dieser Foundation (www.fmsfonline.org) vertreten die Annahme, dass Erinnerungen an sexualisierte Gewalt sowie die daraus resultierende Dissoziative Identitätsstruktur (sowie andere dissoziative Strukturen) durch Suggestion induziert werden und in Folge dessen zu einem False-Memory-Syndrom führen (www.fmsfonline.org/about.html). Hierbei wird davon ausgegangen, dass Erinnerungen an solch gravierende Erfahrungen wie sexualisierter Gewalt in der Kindheit nicht vergessen werden und somit auch nicht wieder erinnert werden können. Und wenn dies dennoch geschieht, dann aufgrund therapeutischer Einflussnahme. Auch die Annahme, dass es organisierte TäterInnenstrukturen gibt, die ihre Opfer bedrohen und aus entsprechenden (religiösen) Kulten, Zuhälter- oder Porno-Ringen ihren (finanziellen) Profit ziehen, wird von der FMSF als „übertrieben und paranoid" (Eckhardt-Henn & Hoffmann, 2004, S.454) abgetan.

Bei den Anhängern der FMSF handelt es sich um zumeist von ihren erwachsenen Kindern des Missbrauchs angeklagte Familien. Diese werden von einer sie unterstützenden Gruppe von WissenschaftlerInnen und JuristInnen begleitet. Die Ziele der FMSF sind die Suche nach den Ursachen für die Verbreitung des False-Memory-Syndroms, hierzu werden insbesondere die Ergebnisse der Gedächtnisforscherin Elisabeth Loftus (1994) genutzt und medial breit gestreut (Eckhardt-Henn & Hoffmann, 2004, S.453). Des Weiteren steht die FMSF dafür ein, das False-Memory-Syndrom zu verhindern und bieten diesbezüglich Hilfen für Betroffene an, um sich mit ihren Familien auszusöhnen (ebenfalls unter www.fmsfonline.org). Erstaunlicherweise erscheint das von der Vereinigung postulierte Syndrom in keinem der eingangs genannten relevanten Diagnosemanualen. Die Position der FMSF führt vielmehr, insbesondere in den USA, zu „teilweise sehr unwissenschaftlichen, stark emotional gefärbten Auseinandersetzun-gen" (Eckhardt-Henn & Hoffmann, 2004, S.453), die zu einer deutlichen Beeinträchtigung einer besonnenen und kritischen Forschung führt. Nähere Ausführungen zu den Zielen und inhaltlichen Setzungen der FMSF findet sich auf fmsfonline.org; eine kritische Auseinandersetzung mit diesen Annahmen führen u.a. Brügge, 1999; Deistler & Vogler, 2002; Gast, 2003, 2003 a; Heiliger, 2000 und Vielfalt e.V., 2009.

Eckhardt-Henn & Hoffmann, HerausgeberInnen des Übersichtsbandes zu Dissoziativen Bewusstseinsstörungen (2004) betonen diesbezüglich, dass die Kontroversen um das False-Memory-Syndrom und die damit einhergehenden Sensationsprozessen um falsche Erinnerungen an rituellen Missbrauch „die Wissenschaftlichkeit des Dissoziationskonzeptes potentiell beschädigen" (S. 6). Das hat zur Folge, dass eine weiterführende Etablierung und wissenschaftliche Auseinandersetzung zu den Themen Trauma, Dissoziation und sexualisierter Gewalt bestenfalls verzögert und schlimmstenfalls blockiert werden. Die daraus resultierende immer wiederkehrende Rechtfertigung auf struktureller Ebene hat zur Konsequenz, dass eine benötigte praktische ebenso wie die theoretische weiterführende Beschäftigung mit der DIS behindert wird. Und, bezogen auf die *Daseinsberechtigung*, das Bereitstellen der benötigten Räume und Orte für die Einzelnen dadurch blockiert wird, dass diese sich zunächst auf abstrakter Ebene damit auseinander setzen müssen, ob sie überhaupt als existent wahr genommen werden. Dass das wiederum zu einer Blockierung des Erstreitens eines guten Lebens führt, liegt auf der Hand.

Hieran wird deutlich, dass die Konfliktlinien um die DIS sowohl die Etablierung hilfreicher Behandlungskonzepte in die psychosoziale Praxis als auch weitere fundierte Forschung einschränken und behindern. Dass diese jedoch notwendig ist, wird deutlich an den Leerstellen, die einer weiterführenden wissenschaftlichen wie gesellschaftlichen Auseinandersetzung bedürfen. Davon werden im Folgenden beispielhaft jene vorgestellt, mit denen diese Studie sowohl im Arbeitsverlauf als auch anhand der Ergebnisse unmittelbar in Berührung kam.

### 6.1.5 Eine Annäherung an die Leerstellen

Die Entwicklung einer einheitlichen Terminologie hinsichtlich der Phänomenologie der DIS steht nach wie vor aus, was sich im Verlauf dieser Studie bereits an der schwierigen Begriffsfindung für die tätergebundenen Persönlichkeiten gezeigt hat. Eine weitere zu Verwirrungen führende Auffälligkeit ist, dass der im Amerikanischen genutzte Begriff „alter" im Deutschen synonym für die einzelnen Persönlichkeiten genutzt wird. Diese unscharfe Bezeichnung ignoriert jedoch einen „so aufwändigen Sachverhalt wie das Bestehen von autonomen Persönlichkeitszuständen" (Eckhardt-Henn & Hoffmann, 2004, S.7). Wie in dem Kapitel 2.3.1 ausgeführt wurde, finden sich zudem weitere, scheinbar willkürlich und aus völlig unterschiedlichen Schulen adaptierte Begriffe für dieses grundlegende Phänomen der DIS. Dieser derart divergent genutzte Fachterminus weist auf eine noch ungenügende theoretische Aufarbeitung und auf durch weitere Forschung zu füllende Leerstellen hin.

Eine weitere stellt, wie bereits in Kapitel 2.2.4 erörtert, die ungenügende Differentialdiagnostik dar. Die Abbildung der dissoziativen Störungen in den aktuellen Manualen erscheint als „unzureichend und teilweise irreführend" (Eckhardt-Henn & Hoffmann, 2004, S.7). Dies führe zu einer Erschwerung der konzeptuellen Abgrenzung zu anderen dissoziativen Phänomenen und erschwere gleichermaßen das Erkennen einer DIS. Ungenügende Diagnostikwerkzeuge führen zu ungenauen Diagnosen, die wiederum unpassende Behandlungen nach sich ziehen. Wenn die DIS als solche nicht erkannt wird, kann das den Aufbau einer inneren Kommunikation und Kooperation und der *Daseinsberechtigung* der Einzelnen deutlich blockieren. Einige der InterviewpartnerInnen berichteten diesbezüglich in inoffiziellen Gesprächen darüber, dass sie bereits mindestens drei Diagnosen erhalten hätten, die sich alle als unpassend heraus stellten. Sie wurden jeweils darauf behandelt, allerdings ohne entlastende Wirkung. Nun kann dies sicher keine repräsentative Aussage darstellen, dennoch zeigen sich hier unmittelbare Erfahrungen, die vermutlich eine Folge von ungenügenden differentialdiagnostischen Werkzeugen sind.

Sachsse (2003) weist zudem darauf hin, dass es von Vorteil wäre, wenn TherapeutInnen sich einer Vielzahl an therapeutischen Methoden und Diagnosen bedienen könnten. Damit wäre der Gefahr Vorschub geleistet, dass Symptome der PatientInnen lediglich dem Kenntnisstand der TherapeutInnen entsprechend einsortiert werden, ohne dass eine gründliche Differentialdiagnostik durchgeführt worden wäre. Er plädiert insbesondere bei derart komplexen Identitätsstrukturen wie der DIS dafür, „dass Therapeuten flexibel verschiedenste Therapieformen beherrschen. Erst dann sind sie auch innerlich in der Lage, die Vielfalt der Diagnosen zuzulassen" (Sachsse, 2003, S. 38). Somit bedarf es zum Einen einer weiteren Ausarbeitung der Differentialdiagnostik hinsichtlich der DIS und zum Anderen einer Vermittlung von entsprechenden Wissensbeständen in Ausbildung und Lehre.

Howell (2011) diskutiert diesbezüglich, dass es an professionellem (und öffentlichem Wissen) um diesen Themenbereich mangelt: „One of the obstacles is the paucity of accurate professional, as well as public, knowledge about DID" (S. 16). Eckhardt-Henn (2004) ergänzt diesen Verweis und stellt fest, dass in Folge dessen unzureichend ausgebildete und unerfahrene PsychotherapeutInnen den speziellen Anforderungen hoch dissoziierter Menschen nicht genügen und eine therapeutische oder sozialarbeiterische Zusammenarbeit in Folge „oft unverantwortlich und nicht selten gefährlich ist" (S. 6). Sicher ist diese ungenügende Ausbildung in Trauma und Dissoziation auch dem Umstand geschuldet, dass bislang eine traumazentrierte Ausbildung in den Bereich der individuell zu organisierenden Weiterbildung fällt. In ihrem Leitlinienreport zu Posttraumatischen Belastungsstörungen plädieren Flatten et al (2013) diesbezüglich angesichts der hohen Prävalenz dissoziativer Persönlichkeitsstrukturen für eine zunehmende Integration der entsprechenden Wissensbestände in die psychologische und ärztliche Ausbildung (S. 33). Die 1988 gegründete Deutschsprachige Gesellschaft für Psychotraumatologie (DeGPT), die unter dem internationalen Dach der International Society for Traumatic Stress Studies (ISTSS) eingebunden ist, setzt diesbezüglich wichtige Impulse für Ausbildung, Forschung und weitere Versorgungsnetzwerke (DeGPT, 2016). In Folge ermöglichen zwar mittlerweile eine Vielzahl von Ausbildungsinstituten eine von der DeGPT zertifizierte Ausbildung in traumaspezifischer Psychotherapie. Allerdings steht eine standardisierte Integration traumaspezifischer Aspekte sowohl in die universitäre Ausbildung von PsychologInnen als auch in die Weiterbildung zu PsychotherapeutInnen noch aus.

Es konnte bislang nachgezeichnet werden, dass die *Daseinsberechtigung* sich grundsätzlich mit dem state of the art für die Behandlung von dissoziativen Identitätsstrukturen und den theoretischen Diskussionen dieser Behandlung deckt. Zudem konnten diese persönlichkeitenspezifisch weiter ausdifferenziert werden. Dabei ist deutlich geworden, dass in der Konsequenz insbesondere der Blick auf die tätergebundenen Persönlichkeiten erweitert werden konnte. Dennoch zeigten sich auch hier in den Daten Hinweise auf einen Rechtfertigungsdiskurs auf struktureller Ebene. Nicht nur die *Daseinsberechtigung* der Einzelnen eines Personensystems wird hierbei in Frage gestellt, sondern auch die Diagnose DIS an sich. Mögliche Ursachen dieses Umstandes wurden diesbezüglich ebenso heraus gearbeitet wie auch weitere Leerstellen, die es zu füllen gilt. Doch haben sich die bisherigen Ausführungen und Nachzeichnungen der aktuellen Fachdiskurse und der Widerstände in Bezug auf die *Daseinsberechtigung* in erster Linie auf therapeutische Behandlungsprozesse und eine Begleitung durch das soziale Hilfesystem insgesamt bezogen. Dabei liegt den bisher diskutierten Beziehungen eine Struktur zugrunde, an der eine hilfebedürftige und eine helfende Person beteiligt sind, wobei bisher nahezu qua natura davon ausgegangen wurde, dass der Mensch mit einer dissoziativen Identitätsstruktur den hilfesuchenden Part besetzt. An dieser Stelle lassen sich auf Grundlage der Daten die Beziehungskonstellationen um einen weiteren wesentlichen Bereich erweitern. Die Ergebnisse der Studie weisen auf die Relevanz der Menschen im Außen auch in nahen sozialen Liebes-, Freundschaftsbeziehungen sowie Bekanntschaften hin, in der eine Beziehung auf Augenhöhe und nicht auf Grundlage von Bedürftigkeit im Vordergrund steht. Nicht nur in therapeutischen und anderweitigen helfenden Beziehungen ist ein offener und wertschätzender Umgang mit den einzelnen Persönlichkeiten eines Personensystems von Bedeutung, sondern ebenso in all jenen sozialen Kontakten, in denen sich einzelne Persönlichkeiten zu erkennen geben (wollen).

## 6.1.6 Die Daseinsberechtigung im sozialen Umfeld

Die Relevanz des nahen sozialen Umfeldes speziell bei Menschen mit einer DIS findet in der Fachliteratur kaum Erwähnung. Seine Bedeutung wird allenfalls erwähnt im Zusammenhang mit Selbsthilfeliteratur, von der es im deutschsprachigen Raum eine übersichtliche Anzahl von Veröffentlichungen gibt (Boon, Steele & Van der Hart, 2013; Marya, 1999, 2005; Marya & Lindewald, 2009; Schäfer, Rüther & Sachsse, 2009; Striebel, 2008; Vielfalt e.V. 2009) erwähnt. Auch innerhalb von Peergroups, wie beispielsweise Internetforen für Menschen mit einer DIS (vgl. Lichtstrahlen e.V., 2015), werden die Auswirkungen, Herausforderungen und Besonderheiten der DIS innerhalb des nahen sozialen Umfeldes diskutiert. Einen äußerst interessanter und spannender Einblick in die Erfahrungen des direkten Umfeldes von Menschen mit einer DIS findet sich beispielsweise bei Striebel (2008, S. 206-215). Hier berichten PartnerInnen, Vorgesetzte, Außenkinder und FreundInnen von ihren Erlebnissen, dem Zusammenleben und/oder den intimen Beziehungen mit Viele-Menschen. Die Angehörigen weisen zwar im Sinne der *Daseinsberechtigung* darauf hin, dass jede Persönlichkeit mit Respekt und entsprechend ihres Alters zu behandeln sei: „Wenn ich mit einem Innenkind zu tun habe, behandle ich es wie ein Kind. Man muss jeden ernst nehmen und jeden akzeptieren" (Eine Arbeitskollegin in Striebel, 2008, S. 210). Trotz ihrer Relevanz für den Heilungs- und Bewältigungsprozess finden sich jedoch auch in einschlägiger Selbsthilfeliteratur lediglich Randkapitel für die Angehörigen.

Diesbezüglich ist als einziges deutschsprachiges Selbsthilfebuch, dass sich dezidiert an die PartnerInnen, FreundInnen und BegleiterInnen von Frauen mit einer DIS wendet, „Hand in Hand" von Sabine Marya (2005) zu nennen. Hier wird der therapeutische Beziehungskontext um den des nahen sozialen Umfeldes der Viele-Menschen erweitert. Marya legt auch bei Freundschaft- und Liebesbeziehungen den Fokus auf einen aktiven und einladenden Umgang mit den einzelnen Persönlichkeiten eines Personensystems. Sie macht auf eindrückliche Weise darauf aufmerksam, dass die Aufspaltung in mehrere Persönlichkeiten einen nicht unbedeutenden Teil der eigenen Identität darstellt. Sie fordert dazu auf, sich mit den Einzelnen einer (in diesem Fall weiblichen) Person mit DIS auseinander zu setzen: „Jede Innenperson hat ihre Bedeutung und ihren Platz, mag er auch von außen noch so unbedeutend wirken (...) Eine Ausgrenzung von Innenpersonen würde dazu führen, der Frau das Recht auf einen Teil ihres Seins abzusprechen" (Marya, 2005, S.65 f). Anschließend an diesen Appell gibt sie konkrete Ratschläge zum Umgang mit den jeweiligen Persönlichkeiten. Bezogen auf die Kindpersönlichkeiten beschreibt sie einen Gewöhnungsprozess für den Partner oder die Begleiterin, sich auf ein Kind in einem erwachsenen Körper einzulassen: „Es ist ein Lernprozess, sich der Anwesenheit von Kindern in diesem Frauenkörper bewusst zu sein und mit ihnen so zu kommunizieren, wie es mit ihnen und für ihr Alter angebracht ist" (S. 168). Zudem weist Marya darauf hin, dass dieser grundsätzlich respektvolle Umgang mit den Einzelnen einen wesentlichen Beitrag zur Heilung leisten kann: „Es ist Teil der Heilung, dass die Innenpersonen erleben können, dass es im Heute eine andere Form des Umgangs mit ihnen gibt als in der Vergangenheit!" (S. 50). Dieser Appell bestätigt die der *Daseinsberechtigung* immanente Kategorie der *Erfahrungserweiterung durch Menschen im Außen* und die damit einhergehende Ermöglichung neuer und positiver Erfahrungen.

Sowohl die Ergebnisse der Studie als auch die Beschäftigung mit einschlägiger Selbsthilfeliteratur legen den Schluss nahe, dass sich die Relevanz der *Daseinsberechtigung* von einem therapeutischen Kontext auf das nahe soziale Umfeld erweitern lässt. Auch Rüppel (2008) konstatiert, dass das soziale Netzwerk bei der Bewältigung traumatischer Erfahrungen nicht nur einen entscheidenden Faktor, sondern auch zeitlich den größeren Teil darstellt (S. 269). Dennoch lassen sich diesbezügliche Ausführungen lediglich in randnotizartigen Abhandlungen finden. Eine wissenschaftliche Aufarbeitung der Wichtigkeit, Wirksamkeit oder Art der Einflussnahme des (nahen) sozialen Umfeldes speziell auf Menschen mit einer DIS findet sich gar nicht. Dieser Umstand verdeutlicht eine bestehende Leerstelle in der wissenschaftlichen Auseinandersetzung und unterstreicht den explorativen und innovativen Charakter der Ergebnisse dieser Studie.

Wenngleich die Qualität der Beziehungen innerhalb des nahen sozialen Umfeldes bereits eine andere ist als im therapeutischen Kontexten, so stehen dennoch der Hilfebedarf und die Vulnerabilität von

Menschen mit DIS nach wie vor im Vordergrund. Die Ergebnisse der Studie weisen allerdings erweiternd darauf hin, dass sich die InterviewpartnerInnen nicht lediglich darauf reduzieren lassen, Überlebende von Gewalt zu sein (vgl. Kapitel 5.1.5.6). Vielmehr wird eine sich der eigenen Stärken und Fähigkeiten bewusste Selbstwahrnehmung, die einem normativen Opferdiskurs kritisch und reflexiv gegenüber steht, ebenso deutlich.

### 6.1.7 Die Daseinsberechtigung im Empowerment- und Viktimisierungsdiskurs

Auch wenn sich innerhalb der bereits rezipierten fachspezifischen Diskurse zur DIS immer wieder der Hinweis auf die Ressourcen, Stärken und Fähigkeiten von Viele-Menschen finden lässt, so liegt der Fokus der Auseinandersetzungen doch zumeist auf dem Unterstützungs- und Hilfebedarf dieser Personengruppe. Dieser ist keinesfalls von der Hand zu weisen, insbesondere nicht angesichts der Tatsache, dass es nach wie vor zu wenige kompetent ausgebildete TraumatherapeutInnen gibt, das psychotherapeutische und klinische Versorgungsangebot ungenügend ist (Bundesnetzwerk für angemessene Psychotherapie e.V., 2016) und sich, wie diskutiert, die DIS in aller Regelmäßigkeit in einem Rechtfertigungsdiskurs hinsichtlich ihrer Existenz wieder findet. Die folgenden Überlegungen stellen insofern keine Entweder-Oder-Dichotomie auf, sondern sind ein Plädoyer für eine Integration von Konzepten, die ihren Fokus auf Selbstbestimmung und Lebensstärke richten (vgl. Kapitel 3.3) in die dringend auszubauenden Unterstützungs- und Hilfeangebote für komplex traumatisierte Menschen mit hoch dissoziativen Persönlichkeitsstrukturen.

Doch um diesen Schritt zu gehen, bedürfte es zunächst einer kritischen (Selbst-) Reflexion der AkteurInnen innerhalb des psychosozialen Versorgungssystems, welches auf der Annahme einer Spaltung zwischen Opfer und HelferIn, Betroffenheit und Professionalität aufbaut (Moser, 2007, S.64). Dabei erscheint die eine Seite als die handlungsfähige und die andere als die ohnmächtige, hilfebedürftige, traumatisierte und in Folge dessen mit Problemen und Leid behaftete. Diese Spaltung unterliegt der Gefahr, einen Mechanismus zu implizieren, der Opfer von Gewaltsituation auch über das traumatische Ereignis hinaus als das handlungsunfähige und hilfebedürftige Subjekte fort schreibt. Die nachträgliche und zusätzliche Schaffung einer solchen Opferrolle bezeichnet die US-amerikanische Soziologin Barry (1993) als „Viktimismus" (S. 58). Sie versteht darunter zudem die Zuweisung eines Status, der auf einer Fremdbeurteilung der Erfahrungen des Opfers beruht und Gewaltüberlebende auf eben jene traumatische Erlebnisse und auf das damit einhergehende Leiden reduziert.

Diesen Überlegungen nimmt sich Becker (2009) in seinem, durchaus kritischen, Artikel über Traumatheorie an und weist darauf hin, dass diese immer auch einen Hinweis auf bestimmte politische Verhältnisse beinhaltet, innerhalb derer Mitgliedern einer Gesellschaft von anderen Mitgliedern schweres Leid angetan wird. Dabei erscheint ihm als Grundsatzfrage,

> „ob dieses Leid anerkannt wird und ob die Anerkennung etwas am Opferstatus der betreffenden Person ändert oder diesen festschreibt. Aus diesem Blickwinkel hat eine Traumatheorie dann Berechtigung, wenn sie die Viktimisierung nicht nur nicht verschärft, sondern ihr auch potentiell entgegen wirkt." (Becker, 2009, S.23f)

Um dies zu vermeiden, steht für Becker die Förderung und Anerkennung der Handlungsfähigkeit im Vordergrund, die unter keinen Umständen abgesprochen werden sollte. Je „ohnmächtiger und je verzweifelter Menschen sind, umso wichtiger ist es, dass wir ihr Leid zwar anerkennen, ihnen deshalb aber die Handlungsfähigkeit nicht absprechen", so Becker (S. 32). Das Anerkennen und Würdigen einer zu jeder Zeit bestehenden potentiellen Handlungsfähigkeit von Menschen erinnert an die bereits geführte forschungsethische Diskussion. Diesbezüglich wurde bereits auf die Gefahr einer Stigmatisierung aufgrund einer normativen Vulnerabilitätsannahme in der Forschung mit schwer traumatisierten Menschen hingewiesen (vgl. Kapitel 4.2.2).

Doch wie kann eine helfende Kultur aussehen, die Unterstützungs- und Hilfebedarf zur Verfügung stellt, dabei das Leiden nicht ignoriert und gleichzeitig den Opferstatus nicht fort schreibt? Eine Kultur, die den benötigten Bedarf ernst nimmt, (finanzielle und strukturelle) Ressourcen zur Verfügung stellt und dabei die (Fach-)Kompetenz im Sinne der bereits diskutierten expert by experiences (vgl. Kapitel 3.3.2) nicht nur anerkennt sondern fördert und in psychosoziale Hilfesysteme einbindet? Auch Moser (2007) stellt diese Überlegungen an und fragt nach der Balance zwischen strukturellen Begrenzungen und einer Grundannahme von Handlungsfähigkeit: „Wie können ethische Grundüberzeugungen, dass niemand ohne Handlungsmöglichkeiten ist, und die Einschränkungen durch Rahmenbedingungen (Bewusstseinslagen, gesellschaftliche und sozioökonomische Strukturen, in Beziehungsgeflechten immer gegebene und nicht notwendiger Weise negative Abhängigkeiten) ausbalanciert werden?" (Moser, 2007, S.66).

Eine Antwort liegt möglicherweise in den zu Beginn dieser Arbeit vorgestellten Konzepten Empowerment, Positive Psychologie und Salutogenese sowie deren Weiterentwicklungen. Die Anschlussfähigkeiten sind vor dem Hintergrund der Diskussionen zur Förderung der Handlungsfähigkeit und Vermeidung von Viktimisierung augenscheinlich. Das Empowermentkonzept sowie der darauf basierende Ansatz des Recovery (also dem Wiedererlangen von Handlungsfähigkeit und -macht) (vgl. Knuf, 2016) sind an dieser Stelle insbesondere für den traumatheoretischen, sozialen und psychotherapeutischen Sektor hervorzuheben[15]. Diese Verbindung schlägt auch Judith Herman, die sich bereits 1989 mit der deutschsprachigen Ausgabe von „Narben der Gewalt" für eine selbstbestimmte und die eigenen Stärken in den Vordergrund stellende Begleitung von traumatisierten Menschen einsetzte. Sie wiederholt diese Forderung in einer 2015 aktualisierten Ausgabe ihres erstmals 1992 erschienenen Titels „Trauma and Recovery". Dort empfiehlt sie Empowermentstrategien in der Zusammenarbeit mit (schwer) traumatisierten Menschen und stellt diese als die wichtigsten Prinzipien auf dem Weg der (Rück-)Gewinnung der eigenen Handlungsmacht und Selbstbestimmung dar. Dabei können andere Menschen diesen Prozess zwar durchaus begleiten, unterstützen oder dabei assistieren, aber sie können keinesfalls heilen (Herman, 2015, S.133). Im Gegenteil, müssen diejenigen, die ihrerseits traumati-

---

15 Mit Handlungsmacht setzt sich neben den hier genannten Theorien auch das Konzept der Agency nach Lucius-Hoene & Deppermann (2013) auseinander. Das Hauptaugenmerk der aktuellen Forschung zur Agency liegt zwar auf der Ausprägung der Handlungsmacht sozialer Akteure, dabei werden allerdings vornehmlich semantische und grammatikalische Sprachstrukturen von Interviewten hinsichtlich der sprachlichen Repräsentation von Handlungsmacht in ihren Aussagen untersucht.

sche Erfahrungen gemacht haben, als „the author and arbiter of her own recovery" (S. 133) verstanden werden.

Nun bedarf es an dieser Stelle eines kritischen Hinweises, dass der Appell an die eigene Herrschaft über das Heilen nicht in eine plakative und den Hilfebedarf ignorierende Motivations- und Durchhalteparole im Sinne von „Jede/r ist /ihres seines/ihres Glückes Schmied/in" umschwenken darf. Becker (2007) eröffnet mit dem Verweis auf die VertreterInnen des posttraumatischen Wachstums (Tedeschi, Park & Calhoun, 1998) diesbezüglich eine kritische Diskussion. Das Konzept des „posttraumatic growth" (ebd.) konzentriert sich weniger auf die die Psyche eines Menschen zerstörenden Aspekte eines Traumas als vielmehr auf das potentielle Reifen und Wachsen im Anschluss an solche Erfahrungen (Becker, 2007, S.24). Der Fokus liegt hier auf den Ressourcen und Stärken der Seele und darin, sich verstärkt mit Schutzmechanismen zu beschäftigen, die dazu führen, dass manche Menschen stärker und reifer aus Katastrophen hervor gehen (ebd.). Dass dem durchaus so sein kann, zeigt die kraftvolle und beeindruckende Ausstrahlung der InterviewpartnerInnen dieser Studie als auch ihrer Aussagen. Becker weist allerdings darauf hin, dass der ausschließliche Blick auf das Potential zum posttraumatischen Wachstum und damit einhergehend auf die Fähigkeiten und Stärken der (ehemaligen) Opfer die Gefahr impliziert, dass das Schrecken und die Zerstörung zwar überwältigend und umfassend war, aber die Genesung doch nun rasch, effizient und mit dem Ziel einer gestärkten und gesundeten Person erfolgen soll. Ihm erscheinen ressourcenorientierte Konzepte grundsätzlich sinnvoll, diese kommen jedoch dann an ihre Grenzen, wenn mit ihnen

> „die Legitimität einer Technik beschworen wird, die sich für die Inhalte des Leides der Personen nicht interessiert und versucht sie mechanizistisch von diesen zu befreien und das alle Techniken, die sich für das Leid der Menschen interessieren als ressourcenfeindlich abqualifiziert werden." (Becker, 2007, S.25)

Becker weist darauf hin, dass Selbstermächtigung, wie es das Empowerment-Konzept anvisiert, durch ausschließlich positive Verstärkung und das Ausklammern von Zerstörung und Leid nicht statt finden kann. Vielmehr muss es um die Anerkennung der ganzen Person gehen und um eine „Nicht-Verleugnung der extremen Dimensionen des Unglücks" (Becker, 2007, S.28). Dabei steht erst im Vordergrund, das erlebte Disempowerment anzuerkennen und emotional zu verstehen, so dass es in der Folge möglich wird, die eigenen Kräfte wieder zu entdecken und nutzbar zu machen. Insbesondere in Zusammenhang mit den tätergebundenen Persönlichkeiten bekommt diese Diskussion zusätzliche Relevanz. Die Möglichkeit der *Daseinsberechtigung* dieser Persönlichkeiten ist untrennbar mit einem (Sprech-)Raum über und der Anerkennung von den grausamen und traumatischen Erlebnissen verbunden. Es bedarf ZuhörerInnen, die bereit sind, sich diese anzuhören, und sich, im Sinne Beckers, emotional berühren zu lassen. Wie in Kapitel 5.4 zur Reflexion des Forschungsprozesses deutlich geworden ist, kann insbesondere der Kontakt mit dieser Persönlichkeitengruppe das Bedürfnis nach „Nicht-wahr-haben-Wollen" motivieren und beinhaltet somit das Potential einer sequentiellen Traumatisierung.

Die VertreterInnen des Empowerment-Konzepts setzen sich durchaus mit diesem kritischen Hinweis hinsichtlich einer möglicherweise reduktionistischen Arbeitsweise auf Ressourcenaktivierung auseinander und führen hinsichtlich möglicher Begrenzungen dieses Ansatzes entsprechende Diskussionen (Glaser, 2015; Herriger, 2010, S. 216-232; Knuf & Seibert, 2000; Quindel & Pankofer, 2000; Vossebrecher & Jeschke, 2007).

Bezogen auf den Gegenstandsbereich dieser Studie wird die diffizile Bewegung zwischen einem adäquaten Hilfeangebot für Menschen mit einer DIS im Sinne der *Daseinsberechtigung* bei gleichzeitiger Vermeidung der Reduktion auf Opfer und deren potentielle Viktimisierung deutlich. Es bedarf durchaus eines kompetenten, professionellen und vor allem gut informierten sozialen und entsprechend ausgebildeten psychotherapeutischen Netzes, welches die benötigten Räume, Orte und Beziehungsangebote zur Verfügung stellt. Jedoch sollten dessen AkteurInnen angesichts der massiven Gewalterfahrungen von Viele-Menschen nicht der Verlockung nachgeben, diesen auf so kreative Weise Überlebenden nur die Subjektposition eines Opfers und hilfebedürftigen Menschen zuzuschreiben. Nicht der Anspruch einer Verantwortungsübernahme der Heilung von Außen sollte im Vordergrund der unterstützenden Handlungen stehen, als vielmehr eine wohlwollende und stärkende Begleitung auf dem Weg zu einem besseren Leben. Dabei geht es um die gleichzeitige Anerkennung des erfahrenen Leides im Rahmen einer Begegnung auf Augenhöhe mit den einzelnen Persönlichkeiten. Es gilt, dass, wenngleich diese Persönlichkeiten entstanden sind aufgrund der vernichtenden *Du bist nicht – Ich bin nicht* Erfahrung und damit einhergehend des Verlusts ihres Subjektseins, dieser Umstand nicht unreflektiert und unbedacht fortgeschrieben wird. Moser (2007) fasst diese Grundhaltung zusammen, indem sie die Gleichzeitigkeit dieser Subjektpositionen heraus arbeitet: „Es geht um die Gleichzeitigkeit des Seines-Subjektseins-beraubt-Werdens in Opfer-Situationen und des Kampfes um eben dieses Subjekt-sein" (Moser, 2007, 66).

### 6.1.8 Zusammenfassung Einbettung der Daseinsberechtigung im Außen in aktuelle Fachdiskurse

Es wurde deutlich, dass sich verschiedene Aspekte der *Daseinsberechtigung* im Außen in aktuelle Fachdiskurse einbetten lassen. Wenngleich es keine äquivalente Theorie gibt, so ist die Anschlussfähigkeit an diverse Konzepte und Diskussionsstränge heraus gearbeitet worden, wobei die Denk- und Behandlungstradition der Ego-State-Therapie am umfassendsten der Forderung nach *Daseinsberechtigung* der Einzelnen entspricht. Dennoch ist es nicht selbstverständlich, die Einzelnen eines Personensystems wahr zu nehmen und als individuelle Persönlichkeiten zu behandeln. Auch die diesen Erfahrungen der InterviewpartnerInnen entsprechenden divergenten Umgangsweisen mit ihnen ließen sich in aktuelle Fachdebatten einbetten. Das damit auf struktureller Ebene einhergehende Ringen um *Daseinsberechtigung* der Diagnose DIS selbst und das daraus folgende Verhindern und Blockieren weiterer dringend benötigter (wissenschaftlicher wie gesellschaftlicher) Auseinandersetzungen mit diesem Themenbereich wurde ebenso nachgezeichnet. Anhand der vorliegenden Daten ergab sich zudem eine kritische Diskussion hinsichtlich einer potentiellen Viktimisierung komplex traumatisierter Menschen und endete mit dem Hinweis der Anschlussfähigkeit und Grenzen von Konzepten, die ihren Fokus auf die Handlungsmacht und Ressourcen legen.

Nun legen die Daten dieser Studie unabhängig von dieser komplex geführten Diskussion zudem die Überlegung nahe, dass es eines intrapersonellen Korrespondenzpunktes bedarf, an dem die äußeren Faktoren gewissermaßen andocken können, um ihre Wirkung zu entfalten. Es zeigt sich, dass die zerstörerischsten Erfahrungen nicht zwangsläufig zur Vernichtung eines eigenen Willens führen. Gleichermaßen können aber ebenso alle Bemühungen des sozialen Umfeldes um das Wiedererlangen der Handlungsfähigkeit und der Selbstbestimmung ins Leere laufen. Intrapersonelle Dynamiken haben hier einen entscheidenden Einfluss sowohl auf die Nutzbarmachung von lebensbejahenden Ressourcen als auch auf das Erkämpfen einer *Daseinsberechtigung* jenseits der gewaltvollen und vernichtenden Erfahrung des *Du bist nicht – Ich bin nicht*.

## 6.2 Die Daseinsberechtigung im Innen

Es haben sich in der Analyse verschiedene, auch innere, Handlungsstrategien heraus kristallisiert (innere Kommunikation und Kooperation, Akzeptanz vs. Verleugnung, Sicherheit und Orte und Räume schaffen, Erkennen und Nutzen der eigenen Handlungsmacht, Überwindung von Nullpunkterfahrungen), die im Sinne der *Daseinsberechtigung* angewandt werden. Der Aufbau einer inneren Kommunikation und Kooperation zeigt sich diesbezüglich beispielsweise als das primäre Ziel einer persönlichen wie therapeutischen Intervention, um in Folge dessen ein stabiles und miteinander verbundenes Netz ausbilden zu können, was wiederum belastende Dekompensationserfahrungen reduziert. In der Konsequenz werden Kräfte frei gesetzt, die für das Erstreiten eines besseren bzw. eines guten Lebens eingesetzt werden können. Dabei unterscheiden sich die Definitionen dessen, was das gute Leben ausmacht, je nach der interviewten Persönlichkeit und bedarf wiederum des Einsetzens und Nutzens individueller Handlungsstrategien, die u.a. vom Draußen Spielen der Innenkinder bis hin zum Erweitern der eigenen Rolle der BeschützerInnen reichen. Bei der Umsetzung dieser Strategien steht der Wille in mehrfacher Hinsicht im Zentrum. Neben den möglichst förderlichen Rahmenbedingungen für die *Daseinsberechtigung* im Außen stellt er einen entscheidenden motivationalen Aspekt für zielgerichtete Handlungen dar. Er offenbart sich in den Daten als ein *Wille zur Veränderung*, der sich bewusst steuern und einsetzen lässt. Neben diesem bewusst steuerbaren Willen zeigt dieser sich auf eine zweite Art: in Form des *Ursprünglichen Lebenswillen*, der ausschlaggebend für das Überleben war. Wie lassen sich diese Willensstrukturen und die damit einhergehenden motivationalen Faktoren, die zielorientierte Handlungen zur Folge haben, in Modelle bestehender Fachdiskurse einbinden?

Über den Willen hinaus zeigen sich weitere intrapersonelle Aspekte, die die Widerstandsfähigkeit der InterviewpartnerInnen gestärkt haben und nach wie vor stärken. Hierbei spielen intellektuelle Erkenntnisprozesse, dass das heutige Leben ein anderes ist als das frühere ebenso eine Rolle wie das Erkennen und Wissen um die eigene Handlungsmacht. Hier erscheinen die salutogenen Faktoren der Verstehbarkeit, Handhabbarkeit und Sinnhaftigkeit wieder und erweisen sich inhaltlich als anschlussfähig und werden zum Abschluss dieses Kapitels diskutiert.

### 6.2.1 Der Wille zu leben

*„Wird damit der Wille zum Garanten des sich erfüllenden Lebenssinns?" (Weinert, 1987, S. 23)*

Der Wille zeigt sich als ein essenzieller Bereich der intrapersonellen Prozesse in den Daten zunächst insofern, als der *Ursprüngliche Lebenswille* (vgl. Kapitel 5.1.3.3) zum Überleben beitrug. Doch abgesehen von diesem lebenssichernden Kontext erscheint der Wille zudem als entscheidender Faktor bei der Veränderung von Denken, Fühlen und Handeln, wie das Kapitel „Wille zur Veränderung" (vgl. Kapitel 5.1.3.5) bereits diskutierte. Zudem stellt er einen wesentlichen motivationalen Aspekt bei der Überwindung der *Du bist nicht – Ich bin nicht* Botschaft dar um sich auch jenseits der traumatischen Lebenserfahrungen das Recht auf ein gutes Leben zu erstreiten.

Grundsätzlich haben sich verschiedene Disziplinen mit dem Willen als einem komplexen psychischen Bereich des Menschen beschäftigt, es finden sich hierzu Ausführungen in der Philosophie, Biologie, Psychologie, Soziologie und aktuell auch in den Neuro-wissenschaften. Es empfehlen sich diesbezüglich die interdisziplinären Beiträge bei Petzold (2001) und Petzold & Sieper (2003, 2004), eine Nachzeichnung der historischen Entwicklung des Willensbegriffs findet sich bei Heckhausen (1987). Dieses Kapitel wird sich nun auf die *Daseinsberechti-*

*gung* konzentrieren und der Frage nachgehen, inwieweit diese sich innerhalb der Diskurse zum Wille kontextualisieren lässt. In diesem konkreten Zusammenhang bieten sich vornehmlich einige der Auseinandersetzungen zu dem Thema innerhalb der Psychologie und Philosophie an.

Folgt man den Ausführungen bei Weinert (1987), erscheint der Wille zunächst als Motivation, um einen Widerstand zu überwinden und eine Handlung auszuführen. Er kann in diesem Zusammenhang als eine Kraft verstanden werden, die in die Lage zur Bewegung versetzt: „Der Wille, der seinen Ursprung in sich selbst hat, wurde zur Kraft, die etwas bewegt, verändert und überwindet" (S. 13). Damit wird der Wille analog zu dem *Ursprünglichen Lebenswillen* und dem *Willen zur Veränderung* als ein der Person inhärenter Bereich verstanden. In Zusammenhang mit den Ergebnissen dieser Studie kann der Wille somit als eine Kraft im Sinne einer Motivation verstanden werden, um sich ein besseres Leben zu erstreiten und Lebenskrisen zu überwinden. Bei genauerer Betrachtung erweist sich der Wille jedoch gleichermaßen als eine Fähigkeit. Er repräsentiert nicht nur eine Handlungsmöglichkeit, sondern erfordert ebenso eine Bemühung, wenn sie wirksam sein will. Der Wille impliziert zudem ein Können, so dass „die Person als Ursprung und Akteur des Wollens in ihrer Leibhaftigkeit auch das *Selber-Können* des Wollens (im Wortsinne) verkörpert" [Hervorhebungen im Original] (Graumann, 1987, S.57). Es bedarf einer Kraftanstrengung, das Wollen in eine Tat umzusetzen und den Wunsch in eine zielführende Handlung zu übersetzen. Somit genügt es beispielsweise nicht, zu wünschen, dass die Einzelnen Räume und Orte der *Daseinsberechtigung* im Außen wie Innen zur Verfügung haben. Es bedarf einer Übersetzung dieser Vorstellung in eine entsprechende Handlung. Diesen Prozess untersucht die Motivations- und Volitionsforschung, die an dieser Stelle anschlussfähig ist.

### 6.2.1.1 Den Rubikon überwinden – Motivations- und Volitionsforschung

Eine Motivationstendenz alleine genügt noch nicht, um ein Handlungsziel so verbindlich zu machen, dass dieses beharrlich und aktiv verfolgt wird. Als Volition werden jene regulativen Prozesse bezeichnet, die entscheiden, welcher Motivation bei welcher Gelegenheit und auf welche Weise nachgegangen wird. Die Volitionsforschung beschäftigt sich mit der Frage nach der Kontrolle bei dieser handelnden Umsetzung von Zielen (Heckhausen, Gollert & Weinert, 1987; Heckhausen & Heckhausen, 2010). Dafür wird der Zusammenhang von Störungen, Hemmungen und Widerständen bei der Umsetzung einer Motivation in eine Handlung untersucht (Petzold, 2001, S.31). Die Formulierung eines Wunsches oder eines Wollens zieht nicht zwangsläufig eine auf das Erfüllen zielgerichtete Handlung nach sich, vielmehr gilt es, Hindernisse zu überwinden. Auch in den Daten dieser Studie zeigt sich, dass beispielsweise das Erkennen der eigenen Handlungsmacht nicht unbedingt ein Nutzen dieser nach sich zieht. Oder dass dem Wunsch nach einem besseren Leben nicht unmittelbar Handlungen folgen, um diesem Ziel entsprechend ausgerichtete Veränderungen im eigenen Leben vor zu nehmen. Auch die Erkenntnis, sich mit den anderen Innenpersönlichkeiten auseinander zu setzen und Raum und Zeit im Sinne der *Daseinsberechtigung* zu schaffen, bedeutet nicht zwangsläufig, dass dies in aller Regelmäßigkeit und mit Beharrlichkeit geschieht. Was geschieht an diesem Punkt eines Prozesses, oder vielmehr, was geschieht nicht? Zur Beantwortung dieser Fragen erscheint die Motivations- und Volitionsforschung mit der Ausarbeitung des Rubikon-Modells (Achtziger & Gollwitzer, 2010; Heckhausen & Heckhausen, 2010; Weinert, 1987) als anschlussfähig, weil es eine Brücke schlägt zwischen Wunsch, Wille und Handlung.

Folgt man dem Konzept des Rubikon-Modells sind verschiedene Handlungskontrollstrategien notwendig, um von einer Wunschvorstellung hin zu einer Zielformulierung zu kommen, die wiederum in eine Handlung mündet, die sich dann dem gewünschten Ziel nähert und es erreicht. Eine Verbindung zwischen den einzelnen Schritten schlägt das Rubikon-Modell, indem es den Prozess vom Abwägen verschiedener Wünsche hin zum Planen konkreter Strategien in vier Phasen unterteilt. Die erste, sogenannte „prädezisionale Handlungsphase" (Achtziger & Gollwitzer, 2010, S.310), stellt die motivationale Phase dar, die zu einer Entscheidung beiträgt, welche der existierenden Wünsche innerhalb einer Person ggfs. in einer Realisierung enden könnten. Sie dient dem Abwägen der Machbarkeit einer Zielerreichung. Damit ein Wunsch nicht nur im Bereich der Fantasie bleibt, sondern sich einer Realisierung nähert, bedarf es der Umwandlung des Wunsches in ein konkretes Ziel. Dieser Prozess wird als Rubikonüberschreitung bezeichnet, bei der das konkrete Entwickeln einer Zielintention das Wünschen ablöst: „Das Ergebnis der Umwandlung des Wunsches in ein verbindliches Ziel bzw. in eine Zielintention ist auf der phänomenologischen Seite ein Gefühl des Entschlossenseins und der Handlungsgewissheit" (S. 312). Die nachfolgende Volitionsphase ist gekennzeichnet durch das Wollen des spezifizierten Zielzustandes, wie beispielsweise in dieser Studie der Ausbau einer gelingenden inneren Kommunikation und Kooperation oder die Annäherung an ein besseres Leben. In dieser Phase gilt es, konkrete Handlungsschritte zu planen, die der Zielannäherung dienen, um dann in der schlussendlichen „aktionalen Phase" (S. 312) in einer Durchführung zu enden. Dabei werden die Ausdauer und Beharrlichkeit, die zur schussendlichen Handlungsdurchführung benötigt werden, von der sogenannten Volitionsstärke (Willensstärke) bestimmt: „Die Höhe der Volitionsstärke stellt sozusagen einen Grenzwert für die Anstrengungsbereitschaft dar" (Achtziger & Gollwitzer, 2010, S.313). Dieser bewussten Selbststeuerung der eigenen Handlungen bedarf es, um trotz möglicher Erschwernisse das gesteckte Ziel zu erreichen. Handlungsbarrieren innerhalb dieses Selbststeuerungsprozesses werden nun mithilfe der Willenskraft (Weinter, 1987, S.13), deren Merkmale u.a. Hartnäckigkeit, Ausdauer, Entschlossenheit oder Zielstrebigkeit darstellen, überwunden. Als ein bewusster Vorgang ermöglichen diese beispielsweise den Umgang auch mit unangenehmen Emotionen, die möglicherweise auf dem Weg zur Zielerreichung auftreten (Heckhausen, 2010, S.8).

Als eine in den Daten erscheinende wesentliche Blockade der eigenen Handlungsfähigkeit, auf die *Daseinsberechtigung* bezogen, ist die internalisierte *Du bist nicht – Ich bin nicht* Botschaft zu nennen. Es hat sich gezeigt, dass sich die traumatisierenden Grenzüberschreitungen seitens der TäterInnen als aktive und auf das heutige Leben Einfluss nehmende Introjektionen bei den InterviewpartnerInnen wieder finden lassen. Diese Blockade stellt eine nicht zu unterschätzende, da grundlegend und eng mit der eigenen Identität verwobene Grundüberzeugung, Handlungsbarriere hinsichtlich der Realisierung der *Daseinsberechtigung* dar. Eine ausgeprägte Volitionsstärke wird benötigt, um diese zu überwinden. Ein weiteres Hindernis kann im Sinne der inneren Kommunikation und Kooperation außerdem bedeuten, dass das Ziel einer guten Zusammenarbeit der Einzelnen untereinander auch das Einbeziehen von tätergebundenen Persönlichkeiten beinhaltet. Dies kann aufgrund der Reproduktion täterinduzierter Verhaltensweisen und Gedankenstrukturen auch als eine Auseinandersetzung mit unangenehmen Gefühlen verstanden werden, die auf dem Weg zu einem inneren Netzwerk aber nötig ist und dementsprechend ebenfalls einer gewissen Willensstärke bedarf.

Diese Volitionskraft nun ist der Antrieb, der, wie oben beschrieben, sowohl den Übertritt von der reinen Wunschvorstellung hin zu einer Zielformulierung initiiert als auch den Langlauf bis hin zur Zielerreichung inklusive des Überwindens der auftretenden Barrieren antreibt. Eine Klärung der Entwicklungsursprünge dieses Selbstregulationsprozesses steckt zu diesem Zeitpunkt noch in den Anfängen der empirischen Untersuchung (Heckhausen, 2010, S.8). Deutlich ist jedoch, dass es sich dabei um einen kontextbezogenen Prozess handelt, bei dem individuelle Fähigkeiten und Ressourcen in einem Zusammenspiel mit den Bedingungen und Voraussetzungen der Umwelt wirksam werden.

Das Rubikon-Modell bietet also eine theoretische Rahmung für einen bewusst steuerbaren und zielgerichtet einsetzbaren Wille, wie er als *Wille zur Veränderung* in den Daten auftaucht. So bedarf beispielsweise das aktive Auseinandersetzen mit belastenden inneren Prozessen einer Motivation und einer daraus resultierenden Handlung wie der inneren Kommunikation. Dabei spielt die Volitionsstärke eine Rolle, um trotz innerer Widerstände das Ziel des Aufbaus eines inneren Netzwerks zu verfolgen und das eigene Leben hin zu einem besseren zu verändern. Nun zeigt sich der Wille jedoch zudem auf eine zweite Art in den Daten. Der *Ursprüngliche Lebenswille* wird als ein dem Bewusstsein nicht zugänglicher Bereich der Psyche beschrieben, der den Antrieb zum Überleben beinhaltet (vgl. Kapitel 5.1.3.3). Dieser nicht bewusst steuerbare Teil erscheint als eine Lebenskraft, die sich nicht zerstören ließ und sich als ein ureigenster Teil der Persönlichkeit darstellt, der mit Hilfe der Dissoziation geschützt werden konnte. Um sich diesem Bereich der menschlichen Psyche theoretisch zu nähern, sind philosophische Diskurse am anschlussfähigsten.

### 6.2.1.2 Der Wille als (Über-)Lebensantrieb

Die Annäherung Schopenhauers (1819) an den Willen im Sinne des *Ursprünglichen Lebenswillen* erscheint an dieser Stelle am fruchtbarsten. Dort erscheint der Wille ebenfalls als „Ursache des Wollens" (Lindworsky, 2015, S.44). Der Fokus liegt hierbei allerdings nicht auf dem Willen als ein aus bewusster Entscheidung kommendes Vermögen: vielmehr ist er eine „bewußtlose [sic], den Menschen blind treibende Kraft" (Finke, 2003, S.249). Dieser unbewusste Wille als Trieb zum Leben dient zwar dem Drang zum Wohlsein, wird in diesem Zusammenhang aber aufgrund der damit verbundenen blinden Rastlosigkeit letztlich als zerstörerisch begriffen (Petzold & Sieper, 2004, S.133). Nietzsche (nach Colli & Montenari, 1989) nahm sich dieses Konzeptes einer den Menschen beherrschenden Macht in Folge an. Er gab diesem jedoch einen weniger pessimistischen Gehalt als Schopenhauer. So operierte er mit dem Willensbegriff als Antrieb, „in dem der Mensch sich nicht nur erhalten, sondern sich auch zu steigern sucht" (Finke, 2003, S.249). Damit erscheint der Wille als eine Art von positiver Lebensenergie und nicht als ein primär lebenserhaltendes Streben. Nietzsches diesbezügliche Ausführungen zum Leid als dem zu integrierenden Schreckliche und Grausamen erinnern an das Konzept des posttraumatischen Wachstums. Das Nutzbarmachen des eigenen Willens ist bei Nietzsche eng verbunden mit der Deutung des Lebens und der darin gemachten Erfahrungen. Erst durch die Integration leidvoller Erlebnisse wirken diese nicht mehr als eine Einschränkung der eigenen Freiheit (Figal, 1999; Winteler, 2014).

Es lassen sich diesbezüglich durchaus Hinweise in den Daten finden, die den Schluss nahe legen, dass eine aktive Bearbeitung der Vergangenheit und ihrer Integration in die eigene personale Geschichte zu einer gewissen Befreiung von bis in die Gegenwart quälenden Erfahrungen beiträgt. Und damit eine Steigerung der Lebensqualität sowie eine zum positiven veränderte Sich auf das Leben einhergehen kann. Doch können diese Aussagen lediglich im hypothetischen Bereich bleiben, denn um validiert und jenseits von potentiellen Normierungen und Vereinfachungen fest zu stellen, ob diese philosophische Annahme auch für den vorliegenden Gegenstandsbereich zutrifft bedarf es weiterer explizit diese Fragestellung betreffender Forschung.

Für eine weitere wissenschaftliche Annäherung an diesen komplexen Bereich ist an dieser Stelle zudem der Umstand problematisch, dass die Erforschung eines so verstandenen unbewussten Willens ein schwieriges Unterfangen aufgrund seiner Unbeobachtbarkeit darstellt. Kuhl (2010) schlägt aufgrund dessen vor, den Willen in zwei voneinander unterscheidbare Modi zu unterteilen: einen bewussten und steuerbaren Bereich, wie er im Sinne des Rubikon-Modells bereits diskutiert wurde und eine „weitgehend unbewusste, nicht sprachpflichtige Selbstregulation" (S. 347). Mit dieser Unterteilung bestätigt Kuhl die Ergebnisse der Studie, denn auch hier erscheint der Wille in diesen voneinander unterscheidbaren Formen als ein bewusst steuerbarer und als ein nicht bewusst zugänglicher intrapsychischer Bereich. Wenngleich die Quelle dieser beiden Willensformen die gleiche zu sein scheint (vgl. Kapitel 5.1.3.5).

Eine Veranlassung des Handelns durch solche internen Systeme bedingungsanalytisch zu untersuchen bleibt eine Herausforderung für die psychologische Theoriebildung, die zum jetzigen Zeitpunkt unabgeschlossen ist (Kuhl, 2010, S.346). Der Wille kann letztendlich nur als ein äußerst komplexes und sehr individuelles Zusammenspiel verstanden werden, „welche die einzigartigen Interaktionsmuster von Eigenschaften innerhalb jeder einzelnen Person und deren Interaktion mit Umweltvariablen betont" (S. 68). Denn, soweit lässt sich eine Übereinkunft der verschiedenen Diskurse über den (unbewussten wie bewussten) Willen fest stellen, das eigene Wollen ist kein lediglich subjektiver Prozess. Dieser muss in Verbindung mit gesellschaftlichen Normen und Werten zusammen gedacht werden. Graumann (1987) stellt diesbezüglich fest, dass „unser Wollen und damit alles i.e.S. Willentliche unseres Handelns in einer reziproken Beziehung steht zu einem unserer individuellen Willkür weitgehend entzogenen Wert- und Normgefüge des Gesellschaftssystems, innerhalb dessen wir handeln" (Graumann, 1987, S. 63). Dieser hier beschriebene Determinismus berührt den divergenten Diskurs um die grundlegende Frage, inwieweit Menschen über einen freien Willen verfügen und in welchem Ausmaße dieser in Interaktion mit sämtlichen Umwelteinflüssen steht. Diese Diskussion wird neu entfacht durch Erkenntnisse der Neurowissenschaften, die zu dem Schluss kommen, dass bewussten Willensentscheidungen neuronale Bereitschaftspotentiale zeitlich voraus gehen.

Damit wird eine Ebene der neurophysiologischen Vorbestimmung eröffnet. Für eine Vertiefung dieser auch andere Fachbereiche berührende Diskussion empfiehlt sich das mit interdisziplinären Beiträgen ausgestattete Buch von Fink & Rosenzweig (2006).

Es stellt sich nun die Frage, ob und in welchen Zusammenhängen der Wille der Menschen mit einer DIS, also einer Gruppe von Menschen, die sich durch einen ausgesprochen unbeugsamen Überlebenswillen auszeichnen, diskutiert wird. Sollte nicht insbesondere in traumatherapeutischen Kontexten davon ausgegangen werden, dass diese (un-)bewussten und lebensbejahenden Selbststeuerungsprozesse als Ressourcen nutzbar eingesetzt werden?

### 6.2.1.3 Der Wille – Eine wissenschaftliche und therapeutische Leerstelle

Es soll nicht der Eindruck entstehen, dass hier eine Absicht verfolgt würde, alle inneren Prozesse einer direkten Verwertbarkeit oder einer wissenschaftlichen Analyse zuzuführen. Ganz im Gegenteil stellt gerade der Wille einen Bereich der menschlichen Psyche dar, der sich diesem ökonomischen Ansinnen aufgrund seiner Unbestimmtheit und Unbeobachtbarkeit weitestgehend entzieht. Vielmehr geht es hier um die Eröffnung neuer Gedankenhorizonte und Überlegungen zum Willen innerhalb von Kontexten, die von psychischer Entwicklung, Veränderung von Verhalten sowie extrapersoneller Unterstützung geprägt sind. Der (unbewusst wie bewusst einsetzbare) Wille als ein motivationaler Antrieb für das Verändern von Denken und Handeln sollte so verstanden insbesondere in der Psychotherapieforschung von Belang sein.

Dass dem erstaunlicherweise nicht so ist, stellen Petzold & Sieper (2003) fest, indem sie konstatieren, dass der Wille, trotz seiner zentralen Funktion in der Psychotherapie nicht nur ein vernachlässigtes Gebiet in der Psychotherapieforschung praktisch aller Orientierungen darstellt. Sondern zudem auch nicht auf der Wirkfaktorenliste von psychotherapeutischen Behandlungsprozessen auftaucht (S. 8). Das erscheint irritierend, denn ohne den Willen als eine wesentliche Funktion der menschlichen Selbststeuerung sind, wie bereits diskutiert, Veränderungen im Verhalten schwerlich zu erreichen. Um sich dieser Leerstelle zunächst theoretisch zu nähern, laden Petzold & Sieper in einem Sammelband unterschiedliche psychotherapeutische Schulen ein, sich mit der Willensproblematik auseinander zu setzen. Die zwei Bände beinhalten sowohl verhaltenstherapeutische, systemische und integrative Verfahren (Petzold & Sieper, 2003) als auch tiefenpsychologische und humanistische (Petzold & Sieper, 2004). Doch trotz dieser interdisziplinären Bandbreite findet irritierenderweise keine Verbindung zur Psychotraumatologie statt.

Möglicherweise ist als eine Ursache dafür zu nennen, dass der Terminus Wille die Konnotation eines zielgerichteten Strebens und einer gewissen Disziplin nahe legt und als ein Gegenspieler von Leidenschaftlichkeit und Unabsichtlichkeit gelesen wird. Ein so verstandener Wille muss wie ein Gegenprinzip für eine einsichtsorientierte Psychotherapie erscheinen, in der es darum geht, die (auch unbewussten) Sollensforderungen zu beheben und den Menschen für sich selbst frei zu machen (Finke, 2003, S.249). Dass die Befreiung von solchen Sollensforderungen in Form von lebensverachtenden Introjektionen und einer aktiven Macht der TäterInnen über das eigene Leben und dessen Inhalte gerade komplex traumatisierten Menschen zugute kommen muss ist offensichtlich.

Somit erstaunt es nicht, dass das Empowerment-Konzept die Wichtigkeit des Willens für das (Wieder-)Erlangen von Selbstbefähigung anerkennt. Der Wille des Menschen wird hier als Ausdruck seiner Selbst und seiner Identität hoch wertgeschätzt (Pankofer, 2000 a, S.172). Somit erkennen empowernde Strategien den Willen als grundlegenden Antrieb zwar an, bleiben jedoch in der theoretischen Diskussion uneindeutig hinsichtlich der Art und Weise, ob und wie dieser Bereich der menschlichen Psyche für Recovery-Prozesse nutzbar gemacht werden kann. Zudem bleibt der Begriff in diesem Zusammenhang unscharf und undifferenziert und findet seine Erwähnung lediglich in der Liste der personalen Fähigkeiten (Pankofer, 2000, S.27).

Nun finden jedoch sowohl empowernde als auch therapeutische Prozesse, den Ergebnissen dieser Studie folgend, mit Hilfe des intrapersonellen Willens statt. Damit verdeutlicht sich die Relevanz dieser menschlichen Selbststeuerung gerade bei der Überwindung und Aufarbeitung traumatischer und fremdbestimmter Lebenserfahrungen. Somit stellt dieses Kapitel ein Plädoyer dar, sich dem Willen als einer entscheidenden (Über)Lebenskraft gedanklich zu öffnen und diesen

Umstand in weitere Untersuchungen zum Thema als einen Wirkfaktor mit einzubeziehen.

Die Beschäftigung mit den zwei in den Ergebnissen dieser Studie auftauchenden Willensvarianten hat einen unbewussten sowie einen bewussten Bereich deutlich werden lassen. Übertragen auf die *Daseinsberechtigung* ist der Wille als eine Lebensenergie zu begreifen, die trotz widrigster Umstände und lebensvernichtender Erfahrungen das Überleben gesichert hat. Und als eine ausdauernde Motivation, um die Erkenntnis, welche Handlungsstrategien im Sinne der *Daseinsberechtigung* anzuwenden sind, in eine zielorientierte Aktion zu übersetzen. In jeder Hinsicht kann der Wille somit als intrapersonelle Ressource verstanden werden, die sich als ausgesprochen prägnant im Zusammenhang mit einem guten Leben zeigt. Ob und inwieweit diese auch für psychotherapeutische Prozesse nutzbar gemacht werden kann, bleibt eine offene und noch zu beantwortende Frage. Ebenso ist die Erforschung der Quelle der benötigten Volitionsstärke, um Hindernisse bei der Ausführung zielgerichteter Handlungen zu überwinden, unabgeschlossen. Jenseits dieser allgemeinen Überlegungen zur Willensstärke bleiben bezogen auf den Gegenstandsbereich dieser Studie zudem die Frage offen, inwieweit sich die Ausprägung der Volition möglicherweise von Persönlichkeit zu Persönlichkeit qualitativ unterscheidet. Und inwieweit bei dem Erreichen von Zielen, die für das gesamte Personensystem relevant sind, eine unterschiedlich ausgeprägte Volition gebündelt eingesetzt werden kann. Oder diese Kräfte bei unterschiedlichen Zielsetzungen möglicherweise gegeneinander arbeiten. Auch könnte überlegt werden, inwieweit sich Strategien entwickeln lassen, um die Ressource des *Ursprünglichen Lebenswillens* als Kraftquelle bewusster einzusetzen. Dabei steht auch hier nicht das Prinzip der ökonomischen Verwertbarkeit aller Ressourcen im Vordergrund der Überlegung, als vielmehr die Frage nach der Förderung dementsprechender Bewusstwerdungsprozesse, um die Wahrnehmung und Wertschätzung für diesen Willensbereich zu sensibilisieren.

Der Wille kann in Folge dieser Ausführungen als eine Widerstandsfähigkeit gegen äußere wie innere Widrigkeiten bei einer handlungsorientierten Zielerreichung verstanden werden. Nun werden daneben in den Daten weitere intrapersonelle Faktoren relevant, die die Widerstandsfähigkeit der InterviewpartnerInnen gestärkt haben und weiterhin stärken. Diese weisen wiederum eine deutliche inhaltliche Nähe zu den salutogenen Faktoren des SOC auf. Wie diese sich darstellen, diskutiert das folgende, abschließende Kapitel dieser Arbeit.

### 6.2.2 Die salutogenen Faktoren der Daseinsberechtigung

Nun stellt die Salutogenese nicht das alleinige theoretische Modell für die Verarbeitung von Stress zur Verfügung. Neben dem kognitiv-phänomenologischen Konzept der Stressbewältigung nach Lazarus (1978), sind das der internalen und externalen Kontrollüberzeugungen nach Rotter (1966) oder auch das Konzept der Resilienz (Werner, 1971) als Konzepte menschlicher Widerstandsfähigkeit zu erwähnen. Aktuell sind diesbezüglich zudem insbesondere neurobiologische Erkenntnisse hirnphysiologischer Vorgänge bei Stressverarbeitung zu nennen (Esch, 2011; Hüther, 2012). Wenngleich sich sowohl die kognitiven als auch die wissenschaftstheoretischen Paradigmen hier stark voneinander unterscheiden, bieten alle Theorien eine Annäherung an ein Verstehen von menschlichen Stressverarbeitungsprozessen. Trotz dieser Vielfältigkeit an Theorien zeigt sich, dass einzelne Kategorien der *Daseinsberechtigung* eine deutliche inhaltliche Nähe speziell zu den salutogenen Faktoren aufweisen. Damit tritt eine Anschlussfähigkeit an die Salutogenese deutlich hervor.

Wie bereits diskutiert können hinsichtlich der Ausprägung des Kohärenzgefühls bei den befragten Persönlichkeiten die Ergebnisse dieser Studie aufgrund der eingeschränkten Anwendbarkeit des SOC-L9 keine gesicherten Aussagen machen (vgl. Kapitel 5.3). Wenngleich das Kohärenzgefühl nicht die Komplexität der *Daseinsberechtigung* erklären kann, weisen dennoch einzelne Kategorien eine deutliche Nähe zu den drei bereits in aller Kürze vorgestellten Komponenten (vgl. Kapitel 3.2.2) des Kohärenzgefühls auf. Dabei sollen diese drei Bereiche keinen Determinismus postulieren, Antonovsky selbst weist darauf hin, dass möglicherweise weitere Komponenten identifiziert werden können (Antonovsky, 1997, S.34). Dies geschah bisher nicht, also wird sich die folgende Diskussion an den bis heute gut validierten Komponenten Verstehbarkeit, Handhabbarkeit und Sinnhaftigkeit orientieren. Diese werden in Folge in aller Kürze definiert; daran anschließend werden die entsprechenden Kategorien der *Daseinsberechtigung* mit ihnen kontextualisiert.

### 6.2.2.1 Verstehbarkeit

Die Verstehbarkeit wird von Antonovsky (1997) als eine kognitives Merkmal des Kohärenzgefühls beschrieben, bei dem es darum geht, inwieweit ein Mensch innere wie äußere Stimuli als kognitiv sinnvolle Reize annehmen, strukturieren und sortieren kann. Menschen, die erwarten, dass Stimuli, denen sie in der Zukunft begegnen, bis zu einem gewissen Maße vorhersehbar sind und davon ausgehen, dass sie diese einordnen und erklären können, verfügen über ein hohes Maß an Verstehbarkeit (Antonovsky, 1997, S.34). In Folge dessen werden Erlebnisse als kontrollierbar wahr genommen. Eine weiterer Aspekt der Verstehbarkeit betrifft das soziale Umfeld und das Gefühl, dass die Anderen sowohl Handlungen als auch die eigenen Sinnstrukturen in gewisser Weise verstehen und nachvollziehen können (Grabert, 2009, S.26). Die Ausprägung der Verstehbarkeit steigt mit der quantitativen Anzahl von Lebenserfahrungen, in denen sich beispielsweise etwas Unbekanntes zufriedenstellend aufklären lässt oder sich Erlebnisse nach Mustern ordnen lassen und sich unter psychischen Belastungen der Überblick für die eigene Lage bewahrt wird (S. 26 f).

Einzelne Kategorien der *Daseinsberechtigung* sind anschlussfähig an diese Komponente des Kohärenzgefühls. Insbesondere der kognitive Aspekt findet sich in vielfacher Hinsicht in den Daten wieder. Auf der Ebene der inneren *Daseinsberechtigung* zieht das Erkennen und aktive Wahrnehmen der eigenen Multiplizität einen wichtigen und grundlegenden Prozess des Verstehens der eigenen Identität nach sich (vgl. Kapitel 5.1.5.2). Das Nachvollziehenkönnen der eigenen inneren Strukturen und damit einhergehend auch des eigenen Verhaltens bzw. der Symptome der DIS trägt einen wesentlichen Teil zum Verständnis von bis dahin unkontrollierbaren und unerklärlichen Vorgängen bei. Zu Begreifen, dass mehrere Persönlichkeiten innerhalb der eigenen Psyche existieren, ermöglicht ein aktives Zugehen auf diese und zieht den Aufbau einer inneren Kommunikation und Kooperation nach sich. Daraus können, wie bereits diskutiert, im besten Falle eine innere wie äußere Kongruenz und eine psychische Stabilität folgen. Gerade bei den Alltagspersönlichkeiten zeigt sich das Verstehen- und Begreifenkönnen der eigenen inneren Prozesse als grundlegend für das Knüpfen eines Netzes (vgl. Kapitel 5.1.8.1). Auf lange Sicht führt dies zu einer Selbstbemächtigung und Stabilisierung aufgrund der Reduktion von unkontrollierbaren Switches zwischen den Persönlichkeiten. Hier wird besonders deutlich, dass ein Einordnen können der inneren Stimuli zu einer Stärkung der salutogenen Komponente Verstehbarkeit und damit zu einer Stärkung des Kohärenzgefühls im Sinne einer Widerstandsfähigkeit insgesamt führen kann. Dieser Umstand weist neben allen anderen bereits diskutierten Aspekten ebenfalls auf die Notwendigkeit der Verbreitung und Integration von Wissensbeständen über traumabedingte Dissoziationen wie die DIS in Ausbildung und Wissenschaft hin. Dies kann in Folge zu einer besseren Verstehbarkeit dissoziativer Phänomene durch BegleiterInnen ebenso wie Betroffene und damit einhergehend zu einer Stärkung von gesundheitsfördernden Faktoren führen.

Abgesehen von dieser allgemeinen Verstehbarkeit von dissoziativen Vorgängen zeigt sich ein kognitiver Verständnisprozess auch speziell bei den tätergebundenen Persönlichkeiten. Hier ist der Erkenntnisprozess, dass das heutige Leben ein anderes als das Frühere ist und damit einhergehend auch die ehemalige Rolle nicht mehr in dem gewohnten Maße ausgefüllt werden muss, von Bedeutung (vgl. Kapitel 5.1.8.7). Die in der Erfahrungswelt dieser Persönlichkeiten bisher neuen und verwirrenden Stimuli eines unbekannten Lebens erfahren in Folge eine Neusortierung und sinnvolle Strukturierung. Die Verwirrung darüber, dass alte Verhaltensweisen heute nicht mehr in gewohnter Manier von Nutzen sind, kann sich auflösen. Dieses Verstehen zieht eine Möglichkeit der Veränderung von Verhaltensweisen und des Loslösens von Indoktrinationen nach sich, was zu einer Entlastung für das gesamte Personensystem führen kann. Die Relevanz der salutogenen Komponente Verstehbarkeit zeigt sich deutlich und unterstreicht die Wichtigkeit der *Daseinsberechtigung* der tätergebundenen Persönlichkeiten. Erst durch das Ermöglichen und Anregen eigener Verstehensprozesse können diese gesundheitsstärkende Veränderungen nach sich ziehen.

## 6.2.2.2 Handhabbarkeit

Antonovsky stellte fest, dass die Handhabbarkeit in hohem Maße vom Verstehen abhängt. Das Gefühl, eine Situation handhaben zu können stellt sich in dem Maße ein, wie die gestellten Anforderungen verstanden werden können (Antonovsky, 1997, S.37 f). Wenngleich alle Bestandteile des Kohärenzgefühls sich gegenseitig beeinflussen und in einer reziproken Beziehung zueinander stehen, kann Verstehbarkeit tendenziell als Schlüssel zur Handhabbarkeit verstanden werden (Grabert, 2009, S.29). Unter dieser wird das Ausmaß verstanden, inwieweit wahr genommen wird, dass geeignete innere wie äußere Ressourcen zur Bewältigung der Anforderungen des Lebens zur Verfügung stehen (Antonovsky, 1997, S.35). Diese Hilfsquellen können entweder selbst mobilisiert werden oder durch legitimierte Andere zugänglich gemacht werden (Grabert, 2009, S.27). Die Mobilisierung dieser Kraftquellen ist dabei entscheidend, aber nicht zwangsläufig die Kontrolle über sie: „Es bedeutet, dass Macht nicht in den eigenen Händen liegen muss, mit Ausnahme jener Macht, anderen die Legitimität zu erteilen oder zu entziehen" (Antonovsky, 1997, S.62). Dabei steht das Vertrauen in diejenigen, denen man die Kontrolle über eine Situation übergibt im Vordergrund. Es muss mindestens so stark ausgeprägt sein wie das Vertrauen in sich selbst (Antonovsky, 1997, S.35). Menschen mit einer stark ausgeprägten Kohärenzgefühlskomponente Handhabbarkeit lassen sich nicht vorschnell in eine Opferrolle drängen und gehen davon aus, dass sie in der Lage sind, auch schlimme und unerwartete Erfahrungen zu bewältigen.

Die inhaltliche Nähe der Handhabbarkeit zur Kategorie der handlungsorientierten Macherin bei den BeschützerInnen ist offensichtlich (vgl. Kapitel 4.4.2.2). Das Wissen um die eigene Handlungsmacht und die damit einhergehenden zielorientierten Handlungen weisen auf eine deutliche Ausprägung der Komponente Handhabbarkeit hin. Die BeschützerInnen zeigen sich überzeugt von der Schutzwirkung ihrer eigenen Handlungen, dabei beziehen sie das Umfeld mit ein und sorgen für sichere Räume und Orte für die anderen Innenpersönlichkeiten. Zudem geht es auch um das Entwickeln von Vertrauen in die Fähigkeiten der anderen im Innen oder der Menschen im Außen, so dass diese ebenso von den BeschützerInnen legitimierte Quellen von Sicherheit und Hilfe in prekären Situationen sein können.

Abgesehen von dieser persönlichkeitsspezifischen Ausprägung der Handhabbarkeit zeigt sich diese Komponente ebenso in der Kategorie „Erkennen und Nutzen der eigenen Handlungsmacht" (vgl. Kapitel 5.1.4.3). Das von Antonovsky fest gestellte Zusammenspiel von Verstehbarkeit und Handhabbarkeit wird hier ebenfalls deutlich. Das Begreifen, dass die eigenen Handlungen nun nicht mehr fremdbestimmt sind, führt dazu, dass selbstbestimmte Entscheidungen für das eigene Leben getroffen werden können. Damit einhergehend können interne wie externe Ressourcen als Hilfsquellen zur Bewältigung belastender Lebenssituationen nutzbar gemacht werden. Das Nutzen der eigenen Handlungsmacht kann in emotional belastenden Situationen dazu führen, dass mit Hilfe der inneren Kommunikation die anderen Innenpersönlichkeiten um Unterstützung gebeten werden. Damit wird die Dissoziation als Ressource nutzbar gemacht und das Gefühl der Handhabbarkeit für schwierige Situationen steigt. Wenn also davon ausgegangen wird, dass die *Daseinsberechtigung* der Einzelnen dazu führt, dass diese sich aktiv und hilfreich an problematischen Lebenssituationen beteiligen können, liegt der Schluss nahe, dass die *Daseinsberechtigung* sich durchaus förderlich auf die salutogene Komponente Handhabbarkeit auswirkt.

### 6.2.2.3 Sinnhaftigkeit

Die Sinnhaftigkeit repräsentiert in Antonovskys Ausführungen das motivationale Element. Sie bezieht sich auf das Ausmaß, in dem man das Leben emotional als sinnvoll erachtet und dass wenigstens einige der vom Leben gestellten Aufgaben und Anforderungen es wert sind, sich diesen zu stellen und Energie in sie zu investieren (Antonovsky, 1997, S.35 f). Würde das Leben nicht mit Sinn gefüllt, wären diese Herausforderungen lediglich Lasten, derer es sich zu entledigen gilt. Doch Neugierde auf das Leben inklusive seiner Hürden und dabei von der eigenen Bedeutsamkeit überzeugt zu sein zeichnen Menschen mit einer stark ausgeprägten Sinnhaftigkeit aus (Grabert, 2009, S.28). Dieser salutogenen Komponente misst Antonovsky den größten gesundheitserhaltenden Einfluss zu, da sie als motivationaler Antrieb für die

## 6.2 Die Daseinsberechtigung im Innen

Verstehbarkeit und Handhabbarkeit fungiert. Eine „gefühlsstabilisierende Weltanschauung" (ebd.) hat demnach mehr Gewicht als die eher kognitiv konnotierten Fähigkeiten haben, Ereignisse zu überschauen, zu ordnen und zu bewältigen. Die Bedeutsamkeit kann in diesem Zusammenhang verschiedentlich ausgefüllt werden, die Spannweite reicht von einem bestimmten religiösen Glauben, einer möglichen Gruppenzugehörigkeit bis hin zu anderen, privaten Lebensinhalten, die einem Menschen etwas bedeuten und deshalb sinnstiftend sind (Antonovsky, 1997, S.59).

Die Verbindung zu der bereits geführten Diskussion zum Willen wird hier deutlich. Die in den Daten auftauchenden Willensvarianten dienen ebenfalls als motivationaler Antrieb auf eine überlebenssichernde wie handlungsanregende Weise gleichermaßen. Insbesondere der *Ursprüngliche Lebenswille* weist eine deutliche Verbindung zur Sinnhaftigkeit auf. Dieser Wille dient als Kraftquelle und vermittelt einen Lebenssinn und -antrieb.

Auch der Wille zur Veränderung zeigt, dass dieser als eine sinnstiftende Motivation dient, sich mit inneren Prozessen auseinander zu setzen und verstehen zu wollen, was vor sich geht. Daraus resultieren dann bestenfalls Handlungen, die dazu dienen, belastende Lebenssituationen zu bewältigen. Dabei ist beispielsweise von einer neuen Berufswahl seitens einer Alltagspersönlichkeiten ebenso die Rede wie von der Überwindung von Symptomen der psychischen Dekompensation.

Abgesehen von diesem gewissermaßen das gesamte Personensystem betreffenden Lebenssinn lassen sich zudem individuelle Ausprägungen der Sinnhaftigkeit bei den einzelnen Persönlichkeitengruppen bis hin zu den einzelnen Persönlichkeiten finden. So speisen beispielsweise die BeschützerInnen ihren Sinn aus der Aufgabe des Schutzes für das Personensystem (vgl. Kapitel 4.4.2.2). Diese Rolle zwar auf selbstbestimmte Weise erweitern, aber dennoch auch weiterhin ausfüllen zu können, ist wichtiger Bestandteil des eigenen Selbstwerts dieser Persönlichkeitengruppe. Ein einzelnes Innenkind hingegen berichtet von seinem unerschütterlichen Glauben an Gott und speist daraus die Kraft, sich mit den anderen Kindpersönlichkeiten, die sehr traurig sind und von furchtbaren Erfahrungen berichten, zu beschäftigen. Eine Alltagsperson führte in dem Interview aus, dass sie Gegenstände bei sich trägt, die ihr Kraft geben und die ihr dabei helfen, schwierige Situationen im Alltag zu überwinden. Dass die Sinnhaftigkeit sich auch auf intellektueller Ebene befinden kann wurde deutlich in dem Gespräch mit einer ehemals tätergebundenen Persönlichkeit, die zu jeder Zeit wusste, dass das Erlebte nicht richtig war und dass es etwas anderes bzw. besseres als diese Erfahrungen im Leben geben musste. Diese Erkenntnis hat ihr die Kraft gegeben, weiterhin einen Sinn in ihrem Leben zu sehen. Die Nähe der hier ausgeführten Beispiele zu der Komponente Sinnhaftigkeit ist unübersehbar und verdeutlicht, wie lohnenswert ein Blick auf die individuellen Ausprägungen von salutogenen Elementen der je einzelnen Persönlichkeiten eines Personensystems sein kann.

Es wurde deutlich, wie gewinnbringend die Verbindung der salutogenen Faktoren mit der *Daseinsberechtigung* ist. Auch wenn sich der SOC-L9-Fragebogen für die Anwendung bei Menschen mit einer DIS als unpassend heraus gestellt hat, ist die inhaltliche Nähe einzelner Kategorien der *Daseinsberechtigung* zu den Faktoren des Kohärenzgefühls Verstehbarkeit, Handhabbarkeit und Sinnhaftigkeit offensichtlich geworden. Zwar bleibt die Frage nach der Qualität der jeweiligen Ausprägung bei den einzelnen Persönlichkeiten oder auch einem Personensystem insgesamt unbeantwortet. Auch konnte auf Grundlage der Daten nicht abschließend geklärt werden, ob es einzelne Persönlichkeiten gibt, bei denen der SOC stark ausgeprägt ist, in welcher Weise dies Einfluss auf das gesamte Personensystem hat, oder inwieweit ein starker SOC Einzelner nutzbar gemacht werden könnte für alle Persönlichkeiten. Ist es möglicherweise der Fall, dass durch die *Daseinsberechtigung* und damit einhergehend die innere Kooperation und Kommunikation salutogene Faktoren der Einzelnen erst zugänglich für das gesamte Personensystem werden und in Folge dessen der SOC insgesamt ansteigt? Es wurde deutlich, dass für eine Annäherung an derartige Fragestellungen der SOC-L9-Fragebogen ungeeignet ist und sich qualitative Interviews anbieten. Diese können Hinweise auf die inhaltliche Ausformung salutogener Faktoren bei den einzelnen Persönlichkeiten geben, denn die Ergebnisse dieser Studie lassen die Vermutung

## 6.2 Die Daseinsberechtigung im Innen

zu, dass die *Daseinsberechtigung* das Kohärenzgefühl von Menschen mit einer DIS stärkt[16].

An dieser Stelle bleibt die Frage offen, warum sich die Anwendung salutogener und empowernder Modelle noch so wenig im psychosozialen Versorgungssystem finden lässt. Möglicherweise ist auch hier ein Wechsel der Blickrichtung von Nöten, wie ihn Schulze-Steinmann (2002) diskutiert:

> „Das Problem liegt darin, dass die MitarbeiterInnen, meist sind es SozialarbeiterInnen und Pflegekräfte, sich nicht als Gesundheits-UnterstützerInnen verstehen. [....]. In den Berufsausbildungen wird nicht vorrangig auf Gesundheit fokussiert. Es steht die Krankheitslehre im Vordergrund. Ebenso ist Sozialarbeit kein Heilberuf. Dennoch erfordert eine ganzheitliche lebensweltorientierte Wahrnehmung und Unterstützung der/s KlientIn auch den Blick auf die Gesundheitsunterstützung." (Schulze-Steinmann, 2002, S. 439 f)

Noch haben diese gesundheitsorientierten Konzepte nicht für einen grundlegenden Perspektivenwechsel in der Defektorientierung des psychosozialen Versorgungssystems gesorgt. Dennoch zeigen sich Anfänge eines eingeleiteten Strukturwandels, beginnend in der psychiatrischen Versorgung und mit dem Modell des expert by experience. Doch in Anbetracht der Ergebnisse dieser Studie, die zu dem Schluss kommt, dass auf dem Weg in ein gutes Leben ein Umfeld, das seinen Fokus auf die Selbstbestimmung und die gesundheitsorientierten Aspekte der einzelnen Persönlichkeiten bei Menschen mit einer DIS legt, von entscheidender Bedeutung ist, ist eine zunehmende Etablierung von gesundheitsfördernden Konzepte in die psychosoziale Praxis ausgesprochen empfehlenswert.

---

16 Diesbezüglich diskutiert auch Wiesmann (2013) einen möglichen Zusammenhang von Traumatherapie und Salutogenese und kommt zu dem Schluss, dass eine dreistufige Traumatherapie, bestehend aus den Phasen Stabilisierung, Konfrontation und Integration der traumatischen Erfahrungen schlussendlich darauf ausgerichtet ist, den SOC und damit die psychische Widerstandsfähigkeit zu stärken.

## 6.3 Zusammenfassung und Ausblick

Zunächst bedarf es der wiederholten Anmerkung, dass das Sample dieser Studie aufgrund forschungsethischer Überlegungen eingeschränkt ausgewählt worden ist und damit auch der Erkenntnishorizont entsprechend eingegrenzt war. Der Fokus bei der Auswahl der InterviewpartnerInnen lag unter anderem auf der Fähigkeit der inneren Kommunikation, allerdings nicht notwendigerweise Kooperation, zwischen den einzelnen zu interviewenden Persönlichkeiten. Diese Entscheidung diente einer Vermeidung retraumatisierender Erfahrungen aufgrund unkontrollierbarer Persönlichkeitswechsel und der Vermeidung einer der Forschungsfrage nicht angemessenen potentiell belastenden Interviewsituation. Trotz dieser Einschränkungen konnten tiefe intrapsychische Einblicke in die Sinnstrukturen einzelner Persönlichkeitsgruppen von Menschen mit einer DIS gegeben werden. Die erwiesen sich nicht nur als ausgesprochen anschlussfähig, sondern zudem als erweiternd auf fachspezifische Diskurse, wobei die *Daseinsberechtigung* das verbindende Element zwischen ihnen darstellt. Wie bei derart explorativen und innovativen Studien üblich, ist auch diese als hypothesengenerierend zu begreifen. Sie eröffnet neue Fragestellungen und bietet eine fundierte Grundlage für weiterführende Forschungen.

So findet sich die *Daseinsberechtigung* in der Denk- und Behandlungstradition der Ego-State-Therapie wieder und erweitert diese um Einsichten in die Sinnstrukturen einzelner Persönlichkeitsgruppen. In Bezug auf die tätergebundenen Persönlichkeiten geben die Ergebnisse dieser explorative Studie differenzierte Hinweise auf die Relevanz der *Daseinsberechtigung* auch dieser Persönlichkeiten. Wenngleich mit Hilfe der Resultate eine Annäherung an diese statt finden konnte, ist deutlich geworden, dass es für die Entwicklung von in der Praxis dringend benötigten Theorie-Diagnostik-und Behandlungsmodellen weiterer Forschung bedarf. Diese sollte zum Einen danach fragen, inwieweit sich ein Veränderungspotential auch bei den Persönlichkeiten finden lässt, die dem *Stabilen Du* verhaftet sind. Und zum Anderen heraus arbeiten an welche Grenzen die Theorie der *Daseinsberechtigung* an dieser Stelle stößt. Zudem ist es von Interesse, inwieweit sich die *Daseinsberechtigung* auch auf andere als die hier befragten Persönlichkeitsgruppen anwenden lässt. Es hat sich deutlich gezeigt, dass sich die kontextuelle Erfahrung des *Du bist nicht* als internalisierte Botschaft von *Ich bin nicht* bis in das heutige Leben als lähmende Introjektion auswirken und in Folge die Nutzbarmachung von außen (wie innen) angebotener Hilfsangebote blockieren kann. Diese innere Einflussnahme gilt es in die Psychotherapieforschung und der Frage nach ihrer Wirksamkeit einzubinden.

Es wurde des Weiteren fest gestellt, dass sich trotz der Validität der Diagnose und differenzierter Fachdiskussionen zu Trauma und Dissoziation die DIS wiederholt in Rechtfertigungsdiskursen wieder findet. Die Dialektik des Traumas ebenso wie die FMSF haben hier einen deutlichen Einfluss und zeigen sich als Widerstände in einer weiterführenden wissenschaftlichen Auseinandersetzung mit der DIS. Zu den bestehenden Leerstellen zählen die Entwicklung einer einheitlichen Terminologie sowie die Ausarbeitung differentialdiagnostischer Konzepte, die die Symptome der DIS detailliert und nachvollziehbar beschreiben können. Ebenso steht eine breite öffentliche wie fachliche Auseinandersetzung mit der DIS und ihren Ursachen aus. Zudem bedarf es einer Implementierung wissenschaftlicher Erkenntnisse über Trauma und Dissoziation in das Curriculum entsprechender Berufszweige. An diese Ausarbeitung offener Fragen wurden die vornehmlich psychotherapeutischen und klinischen Diskurse, die sich der DIS annehmen um die Kategorie des nahen sozialen Umfeldes im Sinne der *Daseinsberechtigung* erweitert. Hier wurde die Relevanz der Anwendung des Empowerment-Konzepts sowie die Gefahr potentieller Viktimisierung von Menschen mit einer DIS hervor gehoben.

Bezogen auf die innere *Daseinsberechtigung* sind es überraschenderweise nicht mehr die spezifischen Fachdiskurse, die sich als anschlussfähig zeigten. Die hier vorgestellten Theorien nehmen nicht mehr originär die DIS in den Blick, vielmehr geht es um grundlegende menschliche Prozesse wie die Handlungsmotivation, den Willen und die gesundheitserhaltenden Faktoren. Erst in der Verbindung mit der *Daseinsberechtigung* zeigten sich diese Theorien als anwendbar auch in diesem spezifischen Bereich. Dieser Umstand ist insbesondere in dem Zusammenhang mit der Salutogenese und den drei Aspekten des SOC zu Tage getreten. Es ist deutlich geworden, dass die Ergebnisse dieser Studie eine ausgesprochene inhaltliche Nähe zu den salutogenen Faktoren aufweisen, die jedoch erst bei der Analyse der Daten der halbstrukturierten Interviews zu Tage trat. Im Folgenden gilt es nun heraus zu arbeiten, inwieweit es sinnvoll sein kann, diese Erkenntnisse in entsprechend gesundheitsorientierte Behandlungskonzepte zu implementieren, um die Komponenten der Salutogenese Handhabbarkeit, Sinnhaftigkeit und Verstehbarkeit bei Menschen mit einer DIS zu stärken.

Ein weiteres zentrales Ergebnis dieser Studie sind die zwei Willensformen. Diesbezüglich wurde heraus gearbeitet, dass dem Willen in psychotherapeutischen Kontexten insbesondere in der Arbeit mit schwer traumatisierten Menschen zu wenig Beachtung geschenkt wird. Wille sollte als für therapeutische Prozesse nutzbar zu machende Motivation seitens der Psychotherapieforschung deutlicher in den Blick genommen werden.

Ausblick nehmend hat sich gezeigt, dass die DIS ein noch vielfältig zu erforschendes Feld mit deutlichen Leerstellen ist. Die Dringlichkeit von Forschungen, die die beschriebenen Widerstände überwindet und dabei nicht mehr die Rechtfertigung dieses Überlebensmechanismus in den Blick nimmt, sondern sich Detailfragen zuwenden kann, ist deutlich geworden. Die Ergebnisse dieser Studie weisen darauf hin, dass eine weiterschreitende Etablierung gesundheitsfördernder Konzepte in der Zusammenarbeit mit komplex traumatisierten Menschen empfehlenswert ist. Wenn zudem verstärkt davon ausgegangen wird, dass das psychosoziale System grundsätzlich das Ziel eines besseren Lebens seiner NutzerInnen verfolgt, dann gilt es, den störungsorientierten Blick (auch) auf die DIS zu verändern und den Fokus auf Selbstbestimmung und Wiedererlangen der eigenen Handlungsmacht zu legen. Und der Phänomenologie der DIS entsprechend den einzelnen Persönlichkeiten Räume und Orte der *Daseinsberechtigung* zu ermöglichen. So stellen die vorgestellten Ergebnisse eine explorative und innovative Annäherung an die individuellen Sinnstrukturen von Kindpersönlichkeiten, BeschützerInnen, Alltagspersönlichkeiten und tätergebundenen Persönlichkeiten dar. Draußen Kind zu sein, mehr als BeschützerIn werden zu können, dabei das Netz zu knüpfen und eine Bewegung vom TäterIn-Du zum Ich zu initiieren können hierbei erste Schritte weg von den lebensverachtenden Erfahrungen hin zu einem guten Leben bedeuten.

# 7. Abschließende Bemerkungen

Weckt nun die Frage nach dem guten Leben auch abschließend noch Entsetzen der Gemüter ob der Dreistigkeit, eine solche Frage an so schwer verletzte Menschen zu richten? Denn schließt sie nicht gleichermaßen das Schlechte, das Verzweifelte, das Leid und die Qualen aus? Und beinhaltet sie das Potential eines sich die Augen und Ohren verschließenden und in monotoner Stimme vor sich hin murmelnden Gegenübers, dass alles irgendwie schon wieder gut werden wird?

In ihrem Buchbeitrag „Von Multiplen lernen" stellt auch Hantke (2011) die Kompetenzen und (Über-)Lebensfähigkeiten von Viele-Menschen in das Zentrum ihrer Ausführungen. Dafür schöpft sie aus ihren jahrelangen Erfahrungen als Psychotherapeutin und beschreibt zudem ihre eigenen Lernprozesse, die von der Zusammenarbeit mit komplex traumatisierten Menschen initiiert wurden. Sie führt dabei unter anderem Befähigungen auf, die BegleiterInnen von multiplen Systemen lernen können. Dazu zählen ihren Erfahrungen nach beispielsweise „Zeit effektiv nutzen", „Die eigene Energie bündeln" oder „Grenzen setzen" (S. 466). Sie schließt diesen Aufsatz mit einem fiktiven Dialog zwischen sich (gerade Schriftart) und einer Leserin (in der kursiv gesetzten Schrift), die Kritik an ihrer vermeintlich reduktionistischen und positivistischen Darstellung von multiplen Menschen übt:

> *„Das hast du dir aber schön zurechtgelegt! Kein Wort von all dem, was schief geht, den Mordversuchen und Strafaktionen, die dann als "Selbst"verletzungen zählen, von den Depressionen, Schmerzen, den Misshandlungen, den Ungerechtigkeiten eigenen Kindern und PartnerInnen gegenüber...* Es ging doch ums Lernen! Das können wir ja alles schon! Ich wollte mal versuchen, ein paar positive Punkte herauszufiltern. *Die kann man aber auch nur bei therapierten Multiplen sehen.* Bist du dir sicher? Vielleicht sehen wir die anderen auch genau deshalb nicht, weil sie es selber hinkriegen, miteinander klarzukommen – und nie darüber reden?" [Hervorhebungen im Original](Hantke, 2011, 470)

Die Gründe für das Schweigen derjenigen, die miteinander zurecht kommen, sind sicherlich vielfältig. Möglicherweise sind sie nie gefragt worden. Oder aber sie sprechen in Räumen, die nicht gehört werden. Möglicherweise sind sie es leid zu reden, sich ihrer Multiplizität zu rechtfertigen und zu erklären. Oder sie sind schlicht nie auf die Idee gekommen zu reden. Vielleicht verhindert auch die *Ich bin nicht – Du bist nicht* Indoktrination ein selbstermächtigtes Sprechen und *Da-Sein*. Oder es stehen ganz andere Gründe zu vermuten, warum dieses beeindruckende Potential nicht explizit wird.

In dem Epilog von Hantke wird außerdem die Annahme, dass es einer Intervention von außen bedarf, in diesem Fall Psychotherapie, um als multiples System zurecht zu kommen, kritisch in Frage gestellt. Sie hat sich, ebenso wie diese Arbeit, in ihrem Beitrag dem Guten zugewandt und dabei den eingeschränkten und psychopathologischen Blick auf Menschen mit einer dissoziativen Identitätsstruktur um jenen erweitert, der das Positive und Gesundheitserhaltende in den Blick nimmt.

In diesem Sinne nun hat sich diese Studie in aller Ausführlichkeit dem guten Leben von Viele-Menschen gewidmet. Dabei wurden bewusst nicht die Abhandlungen über das erfahrene Leid, die Greueltaten, die an Kindern verübt werden, und die Unmenschlichkeit in das Zentrum der wissenschaftlichen Aufmerksamkeit gestellt. Und das nicht, weil diese Themen bereits ausreichend Erwähnung finden würden (im Gegenteil, das zu tun kann nicht deutlich, unermüdlich und standfest genug getan werden) – sondern weil das Recht auf ein gutes Leben ein ebenso großes Gehör verdient.

# 8. Glossar und Abkürzungen

## Glossar

| | |
|---|---|
| Alter-Persönlichkeit (Kluft, 2003), Autonome Persönlichkeitszustände (Eckhardt-Henn & Hoffmann, 2004), Dissoziierte Persönlichkeitsanteile (Boon, Steele & Van der Haart, 2013), Ego State (Watkins & Watkins, 2012) | Persönlichkeiten innerhalb eines Personensystems |
| Außen, das | Die Welt, bzw. das Leben außerhalb des Personensystems |
| Außenkinder | Kinder außerhalb des Personensystems. Meistens ist von den eigenen, leiblichen Kindern die Rede. |
| DDNOS | Dissociative Identity Disorder not other specified |
| DeGPT | Deutschsprachige Gesellschaft für Psychotraumatologie |
| DIS | Dissoziative Identitätsstörung Dissoziative Identitätsstruktur |
| DID | Dissociative Identity Disorder |
| DSM (4&5) | Manual Diagnostic and statistical manual of Mental Disorders |
| ESTD | European Society of Trauma and Dissociation |
| ICD (10&11) | International Statistical Classification of Diseases and Related Health Problems |
| Innenkinder | Kindpersönlichkeiten innerhalb eines Personensystems |
| Innenperson, Innenpersönlichkeit | Eine der Persönlichkeiten innerhalb des Personensystems |
| Innenwelt, Innere Welt, Das Innen | „An 'inner world' is commonly developed in which the alters interact." (Kluft, 2006, S. 286) |
| Innersystemisch | Innerhalb des Personensystems |

# 8. Glossar und Abkürzungen

## Glossar

| | |
|---|---|
| ISSTD | International Society for the Study of Trauma and Dissociation |
| Menschen im Außen | Menschen außerhalb des Personensystems |
| „Personensystem" (Gast, 2004, S. 213), „personality system" (Kluft, 2006, S. 289), „Persönlichkeitssystem" (Gast, 2004, S. 213), „System" (Bohlen, 2010, S. 44), Multi-System, multiple sein, Multis, Truppe (Vielfalt, 2009) | Die Gesamtheit aller Persönlichkeiten eines Menschen mit DIS |
| SOC | Sense of coherence, Kohärenzgefühl |
| Switch, switchen, switching | Wechsel zwischen den einzelnen Persönlichkeiten |
| Täterintrojekt (Peichl, 2012), Täter-Implantation (Peichl, 2013), Täterimitierender Anteil (Van der Hart, 2013), Täterloyalität (Huber, 2011), Täterinduzierter Anteil (Vogt, 2007), Perpretator (Ross, 2011), Tätergebunden (Rudolph, 2015) | Bezeichnung für Persönlichkeiten, die den ehemaligen TäterInnen gegenüber emotional verbunden und/oder dem Gewaltsystem gegenüber loyal sind oder waren. |
| Trigger | Auslösereiz. Kann Erinnerungen an traumatische Erfahrungen wach rufen und/oder zu einem switch von einer Persönlichkeit zu einer anderen führen. |
| Viele-Sein, Viele-Menschen, multiple sein, Multis | Umschreibungen oder Selbstbezeichnungen für Menschen mit einer DIS |

## Abkürzungen

| | |
|---|---|
| A1, A2,...-A6 | Alltagspersönlichkeit des Personensystems 1,2,...-6 |
| B1, B2,...-B6 | BeschützerInpersönlichkeit des Personensystems 1,2,...-6 |
| K1, K2,...-K6 | Kindpersönlichkeit des Personensystems 1, 2...-6 |
| T1, T2,...-T6 | Tätergebundene Persönlichkeit des Personensystems 1, 2,...-6 |
| Sys1, Sys2,...-Sys 6 | Personensystem 1, 2,...-6 |

# 9. Literaturverzeichnis

Achtziger, A. & Gollwitzer, P. (2010). Volition und Motivation im Handlungsverlauf. In Heckhausen, J. & Heckhausen, H. (Hrsg.), *Motivation und Handeln* (4. Aufl., S. 309-334). Berlin: Springer Verlag.

AK Feministische Sprachpraxis (Hrsg.). (2011). *Feminismus schreiben lernen.* Frank-furt a.M.:Brandes & Apsel.

Albrecht-Ross, B., Leitner, S., Putz-Erath, L., Rego, K., Rohde, K., & Weydmann, N. (2015). „Falls meine Kleine weint, muss ich mal kurz weg". Möglichkeiten und Herausforderungen einer Online-Arbeitsgruppe mit Grounded-Theory-Projekten. In Equit, C. & Hohage, C. (Hrsg.), *Handbuch Grounded Theory. Von der Methodologie zur Forschungspraxis.* (S. 409-427). Weinheim und Basel: Juventa.

Alheit, P. (1999). *Grounded Theory: Ein alternativer methodologischer Rahmen für qualitative Forschungsprozesse.* Abgerufen am 12. Mai 2014 von http://www.global-systems-science.org/wp-content/uploads/2013/11/On_grounded_theory.pdf.

American Psychiatric Association (2013). *Diagnostic and Statistical Manual of Mental Disorders* (Fifth Edition). Arlington: American Psychiatric Association.

Antonovsky, A. (1979). *Health, Stress and Coping.* San Francisco: Jossey-Bass Publishers.

Antonovsky, A (1988). *Untraveling the mystery of health. How people manage stress and stay well.* San Francisco: Jossey-Bass.

Antonovsky, A. (1997). *Salutogenese. Zur Entmystifizierung der Gesundheit von Aron Antonovsky* (Dt. erw. Hrsg. von Alexa Franke). Tübingen: gdvt.

Argyle, M. (2001). *The Psychology of Happiness.* London: Routledge.

Auckenthaler, A. (2012). *Kurzlehrbuch Klinische Psychologie und Psychotherapie. Grundlagen, Praxis, Kontext.* Stuttgart: Thieme Verlag.

Bandura, A. (1977). Self-efficacy. Toward a unifying theory of behavioral change. *Psychology Review,* 84, 191-215.

Barry, K. (1993). *Sexuelle Versklavung von Frauen.* Berlin: Sub-rosa Frauenverlag.

Basset, T. & Stickles, T. (Hrsg.). (2010). *Voices of experience. Narratives of Mental Health Survivors.* West Sussex: Wiley-Blackwell.

Bateson, G. (1970). A systems approach. *International Journal of Psychiatry,* 9, 242-244.

Beahrs, J. (1982). *Unity and multiplicity: multilevel consciousness of self in hypnosis, psychiatric disorder, and mental health.* Brunner:Mazel.

Beck, U. (1986). *Risikogesellschaft. Auf dem Weg in eine andere Moderne.* Frankfurt am Main: Suhrkamp.

Becker, D. (2009). Extremes Leid und die Perspektive posttraumatischn Wachstums: Realitätsverleugnung, naives Wunschdenken oder doch ein Stück wissenschaftliche Erkenntnis? In *Zeitschrift für Psychotraumatologie, Psychotherapiewissenschaft, Psychologische Medizin.* 7, Jg. 2009, Heft 1, 21-34.

Becker, R. & Kortendiek, B. (Hrsg.). (2010). *Handbuch Frauen- und Geschlechterforschung: Theorie, Methoden, Empirie* (3. Aufl.). Wiesbaden: VS Verlag.

Becker, T. (2010). Rituelle Gewalt: was wir über Gewalt ausübende, ideologische Kulte, Täter und Täterstrukturen wissen – eine Betrachtung. In Fliß, C. & Igney, C. (Hrsg.), *Handbuch Rituelle Gewalt* (S. 105 – 134). Lengerich: Pabst Science Publishers.

Bengel, J., Strittmatter, R. & Willmann, H. (1998). *Was erhält Menschen gesund? Antonovskys Modell der Salutogenese – Diskussionsstand und Stellenwert.* Köln: BZgA.

Berchtold, D. (2008). *Implementierung von Empowerment in die Beschwerde-managementprozesse der Hotellerie.* Norderstedt: Grin.

Berne, E. (1970). *Spiele der Erwachsenen.* Reinbek: Rowohlt.

Berne, E. (2006). *Die Transaktions-Analyse in der Psychotherapie: Eine systematische Individual- und Sozialpsychiatrie.* Aus dem Englischen von Ulrike Müller. Paderborn: Junfermann.

Bernstein, E. & Putnam, F. (1986). Development, reliability, and validity of a dissociation scale. *Journal of Nervous and Mental Disease,* 174, 727–734.

Bethmann, A., & Hilgenböcker, E. (2013). EX-IN ohne Grenzen. Europäische Perspektiven: Experten aus Erfahrung bewegen die Psychiatrie. In *Soziale Psychiatrie.* 04/2013, 25-28.

Birks, M., Mills, J., Francis, K. & Chapman, Y. (2009). A thousand words paint a pic-ture. The use of storyline in grounded theory research. In *Journal of research nursing,* Vol. 14. No 5, 405-417 doi: 10.1177/1744987109104675.

Bliss, E. (1980). Multiple personalities. A report of 14 cases with implications for schizophrenia. In *Arch Gen Psychiatry;* 37: 1388-97.

Blumer, H. (1969). *Symbolic Interactionism: Perspective and Method.* Berkely/Los Angeles: University of California Press.

Bohlen, I. (2010). Dissoziative Identitätsstruktur – Ziel der Konditionierung, Krankheit, Überlebensstrategie? In Fliß, C. & Igney, C. (2010), *Handbuch rituelle Gewalt. Erkennen – Hilfe für Betroffene – Interdisziplinäre Kooperation* (S. 36-58). Paderborn: Junfermann.

Bombosch, J., Hansen, H. & Blume, J. (Hrsg.). (2004). *Trialog praktisch. Psychiatrie-Erfahrene, Angehörige und Professionelle gemeinsam auf dem Weg zur demo-kratischen Psychiatrie.* Neumünster: Paranus-Verlag.

Boon, S & Draijer, N. (1993). *Multiple Personality Disorder in the Netherlands.* Ams-terdam: Zwets u. Zeitlinger.

Boon, S., Steele, K. & Van der Hart, O. (2013). *Traumabedingte Dissoziation bewältigen. Ein Skills-Training für Klienten und ihre Therapeuten*. Paderborn: Junfermann.

Boothe, B. & Riecher-Rössler, A. (Hrsg.). (2013). *Frauen in Psychotherapie. Grundla-gen – Störungen – Behandlungskonzepte*. Stuttgart: Schattauer.

Boss, P. (2008). *Verlust, Trauma und Resilienz. Die therapeutische Arbeit mit dem „un-eindeutigen Verlust"*. Stuttgart: Klett Cotta.

Bowlby, J. (1975). *Bindung. Eine Analyse der Mutter-Kind-Beziehung*. München: Kindler.

Bowlby, J. (1995). *Elternbindung und Persönlichkeitsentwicklung*. Heidelberg: Dexter.

Bradshaw, John (1992). *Das Kind in uns. Wie finde ich zu mir selbst*. München: Droemer Knaur.

Brähler, E., & Fydrich, T. (2008). *Klinische Diagnostik und Evalutaion. Ressourcenorientierte Diagnostik*. Göttingen: Vandenhoeck und Ruprecht.

Brand, B., McNary, S., Loewenstein, R., Kolos, A. & Barr, S. (2006). Assessment of genuine and simulated dissociative identity disorder on the structured interview of reported symptoms. *Journal of Trauma & Dissociation, 7* (1), 63–85.

Brand, B., Classen, C., Lanius, R., Loewenstein, R., McNary, S. & Pain, C. (2009). A naturalistic study of dissociative identity disorder and dissociative disorder not otherwise specified patients treated by community clinicians. *Psychological Trauma: Theory, Research, Practice, and Policy*, 1, 153-171.

Brandstädter, J. (2011). *Positive Entwicklung. Zur Psychologie gelingender Lebensführung*. Heidelberg: Spectrum Verlag.

Braude, S. (1991). *First Person Plural: Multiple Personality and the Philosophy of Mind*. London: Routledge.

Braun, B. (1988). The BASK Model of Dissociation. *Dissociation* 1 (1), 4-23.

Breuer, F. (Hrsg.). (1996). *Qualitative Psychologie. Grundlagen, Methoden und Anwendungen eines Forschungsstils*. Wiesbaden: Opladen.

Breuer, F. (2010). *Reflexive Grounded Theory. Eine Einführung in die Forschungspraxis* (2. Aufl.). Wiesbaden: Springer.

Brügge, C. & Wildwasser Bielefeld e.V. (Hrsg.) (1999). *Frauen in verrückten Lebenswelten*. Bern: eFeF.

Bryant, A. & Charmaz, K. (Eds.). *The Sage Handbook of Grounded Theory*. Los Angeles: Sage.

Buchwald, P., Schwarzer, C. & Hobfoll, E. (2004). *Stress gemeinsam bewältigen. Ressourcenmanagement und multiaxiales Coping*. Göttingen: Hogrefe.

Budryte, D., Vaughn, L, & Riegg, N. (Eds.). (2009). *Feminist Conversations. Women, Trauma, and Empowerment in Post-Transitional Society*. Maryland: University Press of America.

# 9. Literaturverzeichnis

Bundesministerium für Familie, Senioren, Frauen und Jugend, Bundesministerin für Justiz und der Bundesministerin für Bildung und Forschung (2016). http://www.fonds-missbrauch.de. Abgerufen am 17. 02.2016.

Bundesnetzwerk für angemessene Psychotherapie e.V. (2016). http://www.initiativ e-phoenix.de/ev.html. Abgerufen am 07. Juni 2016.

Bundesregierung (2014). *gut-leben-in-deutschland*. https://www.dialog-ueber-deut sch-land.de/SharedDocs/Blog/DE/2014-04-02-dialog-lebenqualitaet.html.Abge rufen am 18. Mai 2016.

Burgard, R. (2002). *Frauenfalle Psychiatrie – Wie Frauen verrückt gemacht werden.* Berlin: Orlando Verlag.

Butler, J. (1998). *Haß spricht*. Berlin Verlag: Berlin.

Butler, J. (2001). *Psyche der Macht. Das Subjekt der Unterwerfung.* Frankfurt a.M.: Suhrkamp.

Charmaz, K. (2011). *Constructing Grounded Theory. A Practical Guide Through Qualitative Analysis*. Los Angeles: Sage.

Chopich, E. & Paul, M. (2005). *Das Arbeitsbuch zur Aussöhnung mit dem Inneren Kind*. Berlin: Ullstein Verlag.

Chu, J., Dell, P., Van der Hart, O., Cardeña, E., Barach, P., Somer, E., Loewenstein, R. J., Brand, B., Golston, J., Courtois, C., Bowman, E., Classen, C., Dorahy, M., Şar, V., Gelinas, D., Fine, C., Paulsen, S., Kluft, R., Dalenberg, C., Jacobson-Levy, M., Nijenhuis, E., Boon, S., Chefetz, R., Middleton, W., Ross, C., Howell, E., Goodwin, G., Coons, P., Frankel, A., Steele, K., Gold, S., Gast, U., Young, L. & Twombly, J. (2011). International Society for the Study of Trauma and Dissociation. Guidelines for treating dissociative identity disorder in adults, 3rd revision. In *Journal of Trauma & Dissociation*, 12, 115–187. Deutsche Übersetzung im Internet abrufbar: http://www.michaela-huber.com/files/expertenempfehlu ng_dis.pdf. Abgerufen am 10. Mai 2016.

Clarke, A. (2012). *Situationsanalyse. Grounded Theory nach dem Postmodern Turn.* Wiesbaden: Springer.

Clarkson, P. (1996). *Transaktionsanalytische Psychotherapie. Grundlagen und Anwendung – Das Handbuch für die Praxis*. Freiburg: Herder.

Colli, G. & Montinari, M. (1998). *Friedrich Nietzsche. Sämtliche Werke. Kritische Gesamtausgabe in 15 Bänden*. Berlin: de Gruyter.

Coons, P., Bowman, E. & Milstein, V. (1988). Multiple personality disorder. A clinical investigation of 50 cases. *Nerv Ment Dis;* 176, 518-27.

Corbin, J. & Strauss, A. (2008). *Basics of Qualitative Research: Techniques and Procedures for Developing Grounded Theory* (3rd ed.). Thousand Oaks, CA: Sage.

Dackweiler, R. & Schäfer, R. (Hrsg.). (2002). *Gewalt-Verhältnisse. Feministische Perspektiven auf Geschlecht und Gewalt*. Frankfurt/New York: Campus.

Dahl, M. & Wiesemann, C. (2001). Forschung an Minderjährigen im internationalen Vergleich: Bilanz und Zukunftsperspektiven. *Ethik in der Medizin* 13 (1/2), 87-110.

Dangendorf, C. (2007). *Trauma und die Folgen - Ursachen und Auswirkungen*. Nordersetdt: Grin.

DeGPT (2016). *Homepage*. Abgerufen am 29. Juni 2016 von http://www.degpt.de.

Deistler, I. & Vogler, A. (2002). *Einführung in die Dissoziative Identitätsstörung*. Paderborn: Junfermann.

Dell, P. (2006). The multidimensional inventory of dissociation (MID): A comprehensive measure of pathological dissociation. Journal of Trauma & Dissociation, 7 (2), 77-106.

Dell, P. (2009). The long struggle to diagnose multiple personality disorder (MPD): I.MPD.II.Partial forms. In Dell, P. & O'Neil, J. (Eds.), *Dissociation and the dissociative disorders: DSM-V and beyond* (S. 383-428). New York, Routledge.

Deppermann, A. (2013). Interview als Text vs. Interview als Interaktion. *Forum Qualitative Sozialforschung*, 14, 3, http://www.qualitative-research.net/index.php/fqs/article/view/2064. Abgerufen am 14. Februar 2016.

Devereux, G. (1984). *Angst und Methode in den Verhaltenswissenschaften*. Frankfurt a.Main: Suhrkamp.

Dewey, J. (1922). *Human Nature and Conduct*. New York: Henry Holt.

DGfE (2010). *Ethik Kodex der Deutschen Gesellschaft für Erziehungswissenschaften*. http://www.dgfe.de/service/ethik-rat-ethikkodex.html. Abgerufen am 18. April 2015.

Dick, A. (2011). Durch Psychotherapie Freude, Vergnügen und Glück fördern. In Frank, R. (Hrsg.), *Therapieziel Wohlbefinden. Ressourcen aktivieren in der Psychotherapie* (3. Aufl.) (S. 43-55). Heidelberg: Springer.

Dieris, B. (2006). „Och Mutter, was ist aus dir geworden?!" Eine Grounded-Theory-Studie über die Neupositionierung in der Beziehung zwischen alternden Eltern und ihren erwachsenen sich kümmernden Kindern. *Forum Qualitative Sozialforschung*, 7(3), Art. 25, http://nbn-resolving.de/urn:nbn:de:0114-fqs0603253. Abgerufen am 12. September 2015.

Dorahy, M., Brand, B., Şar V., Krüger, C., Stavropoulos, P., Martínez-Taboas, A., Lewis-Fernández, R. & Middleton, W. (2014). Dissociative identity disorder: An empirical overview. *Australian & New Zealand Journal of Psychiatry* 2014, Vol. 48(5), 402-417.

Dulz, B. & Sachsse, U (2004). Dissoziative Identitätsstörung - eine ontologische Enität oder Variante der Borderline-Störung? In Eckhardt-Henn, A. & Hoffmann, S.(Hrsg.), *Dissoziative Bewusstseinsstörungen. Theorie, Symptomatik, Therapie* (S. 342-254). Stuttgart, New York: Schattauer.

Dupont, S. (2011). *Empowerment als Personalführungskonzept*. Norderstedt: Grin.

Eckhardt-Henn, A. & Hoffmann, S. (Hrsg.). (2004). *Dissoziative Bewusstseinsstörungen. Theorie, Symptomatik, Therapie*. Stuttgart, New York: Schattauer.

Eckhardt-Henn, A. & Hoffmann, S. (2004). Aktuelle Kontroversen: die False-Memory-Debatte. In Eckhardt-Henn, A. & Hoffmann, S. (Hrsg.), *Dissoziative Bewusstseinsstörungen. Theorie, Symptomatik, Therapie*. (S. 453-455). Stuttgart, New York: Schattauer.

Ellason, J., Ross, C. & Fuchs, D. (1996). Lifetime axis I and II comorbidity and childhood trauma history in dissociative identity disorder. *Psychiatry*, 59, 255-266.

Ellenberger, H.F. (1996). *Die Entdeckung des Unbewußten*. Bern: Huber.

Elzinga, B., Van Dyck, R. & Spinoven, P (1998). Three controversies about dissociative identity disorder. *Clinical Psychology and Psychotherapy*, 5, 13-23.

Emch, M. (1944). On the „need to know" as related to identification and acting out. *International Journal of Psychoanalysis*, 25, 13-19.

ENNP (2016). *Homepage*. Abgerufen am 27. Juni 2016 von http://www.positive-intelligence.de/enpp-de//.

Esch, T. (2011). *Neurobiologie des Glücks. Wie die Positive Psychologie die Medizin verändert*. Stuttgart: Thieme Verlag.

ESTD 2016 (2015). *Homepage*. Abgerufen am 30. September 2015 von http://www.estd2016.org.

Falkai, P. & Wittchen H. (Hrsg.). (2015). *American Psychiatric Association. Diagnostisches und Statistisches Manual psychischer Störungen. DSM 5*. Göttingen: Hogrefe.

Faltermaier, T. (2000). Die Salutogenese als Forschungsprogramm und Praxisperspektive. Anmerkungen zu Stand Problemen und Entwicklungschancen. In Wydler, H., Kolip, P. & Abel, T. (Hrsg.), *Salutogenese und Kohärenzgefühl. Grundlagen, Empirie und Praxis eines gesundheitswissenschaftlichen Konzepts* (S. 185-197). München: Juventa.

Federn, P. (1956). *Ichpsychologie und die Psychosen*. Stuttgart: Huber.

Fenner, Dagmar (2007). *Das gute Leben*. De Gruyter, Berlin.

Ferenszi, S. (1988). *Ohne Sympathie keine Heilung. Das klinische Tagebuch von 1932*. Frankfurt am Main: Fischer.

Figal, G. (1999). Nietzsche. *Eine philosophische Einführung*. Stuttgart: reclam.

Fink, H. & Rosenzweig, R. (Hrsg.). (2006). *Freier Wille – Frommer Wunsch?: Gehirn und Willensfreiheit*. Münster: mentis.

Finke, J. (2003). Der Wille in der Gesprächspsychotherapie. In Petzold, H & Sieper, S. (Hrsg.), *Der Wille in der Psychotherapie. Band 1: Tiefenpsychologische und humanistische Verfahren*. (S. 249-270). Göttingen: Vandenhoeck & Ruprecht.

First Person Plural (2015). *Homepage*. Abgerufen am 30. September 2015 von http://www.firstpersonplural.org.uk.

Fischer, C. & Müller, M. (2005). *Ein Körper mit System*. Oldenburg: Lichtstrahlen e.V.

# 9. Literaturverzeichnis

Fischer, G. & Riedesser, P. (2009). *Lehrbuch der Psychotraumatologie.* Stuttgart: UTB

Flatten, G., Gast, U., Hofmann, A., Knaevelsrud, C., Lampe, A., Liebermann, P., Maer-cker, A., Reddemann, L. & Wöller, W. (2013). *Posttraumatische Belastungsstörung. S3-Leitlinie und Quelleentext. In Abstimmung mit den AWMF-Fachgesellschaften DeGPT, DGPM, DKPM, DGPs, DGPT und DGPPN.* Stuttgart: Schattauer.

Fleßner, H. (2013). Arbeit und Fürsorglichkeit. Alltägliche Geschlechterverhältnisse und ihre Bedeutung für die Soziale Arbeit. In Sabla, K. & Plößer, M. (Hrsg.), *Gendertheorien und Theorien Sozialer Arbeit. Bezüge, Lücken und Heraus- forderungen* (S. 79-99). Opladen: Barbara Budrich.

Flick, U. (1995). Stationen des qualitativen Forschungsprozesses. In Flick, U., v. Kar-dorff, E., Keupp, H., v. Rosenstiel, L., & Wolff, S. (Hrsg.), *Handbuch Qualita-tive Sozialforschung.Grundlagen, Konzepte, Methoden und Anwendungen* (S. 147-173). Weinheim: Beltz, Psychologie Verlags Union.

Flick, U. (2009). *Sozialforschung. Methoden und Anwendung. Ein Überblick für die BA-Studiengänge.* Hamburg: rowohlt.

Flick, U. (2010). *Qualitative Sozialforschung. Eine Einführung.* Hamburg: rowohlt.

Flick, U. (2010a). Gütekriterien qualitativer Forschung. In Mey, G. & Mruck, K. (Hrsg.), *Handbuch Qualitative Forschung in der Psychologie* (S. 395-408). Wiesbaden: Vs Verlag.

Flick, U. (2011). Das episodische Interview. In Oelerich, G. & Otto, H. (Hrsg), *Empirische Forschung und soziale Arbeit* (S. 273–280). Wiesbaden: VS.

Flick, U., von Kardoff, E. & Steinke, I. (Hrsg.). (2005). *Qualitative Sozialforschung. Ein Handbuch* (7. Aufl.). Reinbek: Rowohlt Taschenbuch Verlag.

Fliß, C. & Igney, C. (2008). Handbuch Trauma und Dissoziation. *Interdisziplinäre Kooperation für komplex traumatisierte Menschen.* Lengerich: Pabst Science Publisher.

Fliß, C. & Igney, C. (2010). *Handbuch rituelle Gewalt. Erkennen – Hilfe für Betroffene – Interdisziplinäre Kooperation.* Paderborn: Junfermann.

Foote, B., Smolin, Y., Neft, D. & Lipschitz, D. (2008). Dissociative disorders and suicidality in psychiatric outpatients. In *The Journal of nervous and mental disease.* 196 (1): February 2008, 29-36. New York: Springer.

Foucault, M. (1973). *Wahnsinn und Gesellschaft. Eine Geschichte des Wahns im Zeit-alter der Vernunft.* Frankfurt am Main: Suhrkamp.

Foucault, M. (1978). *Dispositive der Macht.* Berlin: Merve Verlag.

Frank, R. (Hrsg.). (2011). *Therapieziel Wohlbefinden. Ressourcen aktivieren in der Psy-chotherapie* (3. Aufl.). Heidelberg: Springer.

Franke, A. (2010). *Modelle von Gesundheit und Krankheit* (2. Aufl.). Bern: Huber.

Frauenbeauftragte der Ludwigs-Maximilians-Universität München (2011). *Leitfaden gendergerechte Sprache.* http://www.frauenbeauftragte.uni-muenchen.de/gendkompetenz/sprache/sprache_pdf.pdf. Abgerufen am 10. Mai 2016.

# 9. Literaturverzeichnis

Freimüller, L. & Wölwer, W. (2012). *Antistigma-Kompetenz in der psychiatrisch-psychotherapeutisch und psychosozialen Praxis.* Stuttgart: Schattauer.

Freud, Sigmund (1923). Das Ich und das Es. In *GW XIII.* London: Imago 1952.

Fritzsche, K. & Hartman, W. (2010). *Einführung in die Ego-State-Therapie.* Heidelberg: Carl-Auer.

Fröhlich-Gildhoff, K. & Rönnau-Böse, M. (2009). *Resilienz.* München: Ernst-Reinhardt.

Fröhling, Ulla (2008). *Vater unser in der Hölle.* Bergisch Gladbach: Bastei Lübbe.

Früchtel, F., Cyprian, G. & Budde, W. (2007). *Sozialer Raum und Soziale Arbeit. Text-book: Theoretische Grundlagen.* Wiesbaden: VS Verlag.

Fuchs-Heinritz, W. (2015). *Biographische Forschung. Eine Einführung in Praxis und Methoden* (3. überarb. Aufl.). Wiesbaden: VS Verlag für Sozialwissenschaften.

Gast, U. (2000). Diagnostik und Behandlung Dissoziativer Störungen. In Lamprecht, F. (Hrsg.), *Praxis der Traumatherapie. Was kann EMDR leisten?* (S. 164-206). Stuttgart: Pfeiffer bei Klett-Cotta.

Gast, U. (2003). Zusammenhang von Trauma und Dissoziation. In Seidler, G.H., Laszig, P., Micka, R. & Nolting, B.V. (Hrsg.), *Aktuelle Entwicklungen in der Psychotraumatologie. Theorie, Krankheitsbilder, Therapie* (S. 79-102). Gießen,:Psychosozial-Verlag.

Gast, U. (2003 a). Das bin nicht Ich. Überleben in einer anderen Identität. In *Gehirn & Geist,* 4/2003, 34-38.

Gast, U. (2004). Der pschodynamische Ansatz zur Behandlung komplexer dissoziativer Störungen. In Eckhardt, A. & Hoffmann, S. (Hrsg.), *Dissoziative Bewusstseins-störungen. Theorie, Symptomatik, Therapie.* (S. 395 – 422). Stuttgart, New York: Schattauer.

Gast, U. (2004 a). Die Dissoziative Identitätsstörung. In Eckhardt, A. & Hoffmann, S. (Hrsg.), *Dissoziative Bewusstseinsstörungen. Theorie, Symptomatik, Therapie.* (S. 195-226). Stuttgart, New York: Schattauer.

Gast, Ursula (2011). Dissoziative Identitätsstörung – valides und dennoch reformbedürftiges Konzept. In Reddemann, L., Hofmann, A. & Gast, U (Hrsg.), *Psychotherapie der dissoziativen Störungen* (3. Aufl.) (S. 24-36). Stuttgart: Thieme.

Gast, U., Oswald, T. & Zündorf, F. (2000). *SKID-D – Strukturiertes Klinisches Interview für dissoziative Störungen.* Göttingen: Hogrefe.

Gast, U. & Rodewald, F. (2006). Die dissoziative Identitätsstörung – häufig fehldiagnos- tiziert. In *Ärzteblatt,* 103 (47), A3193-A3201.

Gläser, J. & Laudel, G. (2010). *Experteninterviews und qualitative Inhaltsanalyse als Instrumente rekonstruierender Untersuchungen.* (4. Aufl.) Wiesbaden: VS Verlag.

Glaser, B. (1978). *Theoretical Sensibility: Advances in the Methodology of Grounded Theory.* Mill Valley, CA:Sociology Press.

Glaser, B. (1992). *Emergence vs Forcing. Basics of Grounded Theory Analyses*. Mill Valley CA: Sociology Press.

Glaser, B. & Strauss, A. (1967). *The Discovery of Grounded Theory. Strategies for Qualitative Research*. Chicago: Aldine.

Glaser, B. & Strauss, A. (2010). *Grounded Theory. Strategien qualitativer Forschung*. (3. Aufl.) Göttingen: Huber.

Glaser, S. (2015). Plädoyer gegen Empowerment? Zwischen Ansprüchen, gelebter Praxis, Kritik und neuen Ideen. In *soziales_kapital wissenschaftliches journal österreichischer fachhochschulstudiengänge soziale arbeit*, Nr. 14 (2015), 30-42.

Gleaves, D., May, C., & Cardena, C. (2001). An examination of the diagnostic validity of dissociative identity disorder. In *Clinical Psychological Review*, 21, 577-608.

Grabert, A. (2009). *Salutogenese und Bewältigung psychischer Erkrankung. Einsatz des Kohärenzgefühls in der Sozialen Arbeit*. Lage: Jacobs-Verlag.

Graumann, C. (1987). Heterogonie des Wollens: Eine phänomenologisch-psychologische Anregung zur Neubearbeitung der Psychologie des Wollens. In Heckhausen, J., Gollert, P. & Weinert, F. (Hrsg.), *Jenseits des Rubikon. Der Wille in den Humanwissenschaften* (S. 53-67). Heidelberg: Springer.

Habekuss, F. (2013). Diagnose psychischer Störungen. Heute noch normal, morgen schon verrückt. *Zeit online*. Abgerufen am 11. Mai 2013 von http://www.ze it.de.

Habermas, Jürgen (1999). *Die Einbeziehung des Anderen*. Frankfurt am Main, Suhrkamp.

Hacking, I. (2001). *Multiple Persönlichkeit. Zur Geschichte der Seele in der Moderne*. Frankfurt am Main, Fischer.

Häder, Michael (2009). Der Datenschutz in den Sozialwissenschaften. Anmerkungen zur Praxis sozialwissenschaftlicher Erhebungen und Datenverarbeitung in Deutschland. *Working Paper No. 90 des Rates für Sozial- und Wirtschaftsdaten* http://www.ratswd.de/download/RatSWD_WP_2009/RatSWD_WP_90.pdf. Abgerufen am 02. Februar 2016.

Hagemann-White, C. (2013). Grundbegriffe und Fragen der Ethik bei der Forschung über Gewalt im Geschlechterverhältnis. In: Helfferich, C., Kavemann, B. & Kindler, H. (Hrsg), *Forschungsmanual Gewalt. Grundlagen der empirischen Erhebung von Gewalt in Paarbeziehungen und sexualisierter Gewalt* (S. 13-31). Wiesbaden: Springer.

Hantke, L. (2011). Von Multiplen lernen. In Huber, M. (Hrsg.), *Viele Sein – ein Hand-buch. Komplextrauma und dissoziative Identität – verstehen, verändern, behandeln*. (S. 450-471). Paderborn: Junfermann.

Harris, M. (1998). *Trauma, Recovery and Empowerment. An Clinician´s Guide for working with women in groups*. New York: the free press.

## 9. Literaturverzeichnis

Hart, O., Nijenhuis, R. & Steele, K. (2008). *Das verfolgte Selbst. Strukturelle Dissoziation und die Behandlung chronischer Traumatisierung*. Paderborn: Junfermann.

Haubl, R (2003). Riskante Worte. Forschungsinterviews mit Traumatisierten. In *Psychosozial, 91* (2003), 63-77.

Hauser, T. (2014). *Einfluss des Verhaltens von Inhaber-Unternehmern auf Innovationen und deren Erfolg in den Unternehmen. Eine empirische Untersuchung nach der Grounded-Theory-Methodologie*. Mering: Rainer Hampp Verlag.

Heckhausen, J., Gollert, P. & Weinert. F. (Hrsg.). (1987). *Jenseits des Rubikon. Der Wille in den Humanwissenschaften*. Heidelberg: Springer.

Heckhausen, J & Heckhausen, H (Hrsg.). (2010). *Motivation und Handeln* (4. Aufl.). Berlin: Springer Verlag.

Heiliger, A. (2000). *Täterstrategien und Prävention. Sexueller Mißbrauch an Mädchen innerhalb familiärer und familienähnlicher Strukturen*. München: Frauenoffensive.

Heinze, T. (2001). *Qualitative Sozialforschung. Einführung, Methodologie und Forschungspraxis*. München, Wien: R. Oldenbourg.

Helfferich, C. (2011). *Die Qualität qualitativer Daten. Manual für die Durchführung qualitativer Interviews* (4. Aufl.). Wiesbaden: VS.

Helfrich, S. (2013). *Psychiatrieerfahrene als Experten in der psychiatrischen Ver-sorgung*. Abgerufen am 23. Mai 2016 von http://www.masurenhof.de/files/Bachelor-Arbeit_Helfrich,Sven_SS2013.pdf.

Hensel, Thomas (2014). Die Psychotraumatologie des Kindes- und Jugendalters. In Gahleitner, S., Hensel, T., Baierl, M., Kühn, M. & Schmid, M. (Hrsg.), *Traumapädagogik in psychosozialen Handlungsfeldern. Ein Handbuch für Ju-gendhilfe, Schule und Klinik* (S. 27-41). Göttingen: Vandenhoeck & Ruprecht.

Herman, J. (1989). *Die Narben der Gewalt. Traumatische Erfahrungen verstehen und überwinden*. München: Kindler.

Herman, J. (2015). *Trauma and Recovery. The Aftermath of violence – From Domestic Abuse to Political Terror*. New York: Basic Books.

Herriger, N. (2010). *Empowerment in der sozialen Arbeit: Eine Einführung* (4. Aufl.). Stuttgart: Kohlhammer.

Hesse, U. (2003). *Teilearbeit: Konzepte von Multiplizität in ausgewählten Bereichen modernder Psychotherapie*. (2. überarb. u. erw. Auflage). Heidelberg: Carl-Auer-Verlag.

Hobfoll, S. & Buchwald, P. (2004). Die Theorie der Ressourcenerhaltung und das multiaxiale Copingmodell – eine innovative Stresstheorie. In Buchwald, P. (Hrsg.), *Stress gemeinsam bewältigen. Ressourcenmanagement und multiaxiales Coping* (S. 11-27). Göttingen: Hogrefe.

Höfer, R. (2000). Kohärenzgefühl und Identitätsentwicklung. Überlegungen zur Verknüpfung salutogenetischer und identitätstheoretischer Konzepte. In Wydler, H., Kolip, P. & Abel, T. (Hrsg.), *Salutogenese und Kohärenzgefühl. Grundlagen, Empirie und Praxis eines gesundheitswissenschaftlichen Konzepts* (S. 57-71). München: Juventa.

Hoffmann, H. (Hrsg.). (2009). *Neurotische Störungen und psychosomatische Medizin. Mit einer Einführung in Psychodiagnostik und Psychotherapie* (8. Aufl.). Stutt – gart: Schattauer.

Holton, J. (2010). The Coding Process and Its Challenges. In Bryant, A. & Charmaz, K. (Eds.), *The Sage Handbook of Grounded Theory* (S. 265-293). Los Angeles: Sage.

Hopf, C. (2009). Forschungsethik und qualitative Forschung. In Flick, U. & Kardoff, E. v. & Steinke, I. (Hrsg.), *Qualitative Sozialforschung. Ein Handbuch* (S. 589-600). (7. Aufl.). Reinbek: Rowohlt Taschenbuch Verlag.

Howell, E. (2011). *Understanding and Treating Dissociative Identity Disorder*. Sussex: Routlegde.

Huber, M. (1997). *Multiple Persönlichkeiten. Überlebende extremer Gewalt*. Frankfurt am Main: Fischer.

Huber, M (2003). *Trauma und die Folgen. Trauma und Traumabehandlung 1*. Pader – born: Junfermann.

Huber, M. (2010). *Multiple Persönlichkeiten. Seelische Zersplitterung nach Gewalt*. Paderborn: Junfermann.

Huber, M. (2011). *Viele Sein – ein Handbuch. Komplextrauma und dissoziative Identität – verstehen, verändern, behandeln*. Paderborn: Junfermann.

Huber, M. (2011 a). Täterloyalität und Täteridentifikation verändern. In Reddemann, L., Hofmann, A. & Gast, U (Hrsg), *Psychotherapie der dissoziativen Störungen* (3. Aufl.). (S. 91-103). Stuttgart: Thieme.

Huber, M. (2013). *Der Feind im Innern. Psychotherapie mit Täterintrojekten*. Pader – born: Junfermann.

Huber, M. & Frei, P. (2009). *Von der Dunkelheit zum Licht*. Paderborn: Junfermann.

Hughes, E. (1971). *The Sociological Eye*. Chicago: Selected Papers.

Hüther, G. (2001). Traumatische Erinnerungen. Zum Stand der neurowissenschaftlichen Forschung. In *Asylpraxis Band 9*, BAMF, Nürnberg, 2001, 139-156.

Hüther, G. (2012). *Biologie der Angst. Wie aus Streß Gefühle werden*. Göttingen: Vandenhoeck und Ruprecht.

ICD 10 (2016). *ICD 10. Version 2016*. http://apps.who.int/classifications/icd10/bro wse/2016/en. Abgerufen am 12. März 2016.

ICD-Code (2016). Abgerufen am 13. September 2013 von http://www.icd-code.de /icd/code/F43.1.html.

## 9. Literaturverzeichnis

Igney, C. (2010). Rituelle Gewalt in unserer Gesellschaft – ein Phänomen zwischen Entsetzen, Glaubenskrieg und Arbeitsalltag. In Fliß, C. & Igney, C. (2010). *Handbuch rituelle Gewalt.erkennen – Hilfe für Betroffene – Interdisziplinäre Kooperation* (S. 19-36). Paderborn: Junfermann.

International Society for the Study of Trauma and Dissociation. (2011). [Chu, J. A., Dell, P. F., Van der Hart, O., Cardeña, E., Barach, P. M., Somer, E., Loewenstein, R. J., Brand, B., Golston, J. C., Courtois, C. A., Bowman, E. S., Classen, C., Dorahy, M., Şar, V., Gelinas, D. J., Fine, C. G., Paulsen, S., Kluft, R. P., Dalenberg, C. J., Jacobson-Levy, M., Nijenhuis, E. R. S., Boon, S., Chefetz, R. A., Middleton, W., Ross, C. A., Howell, E., Goodwin, G., Coons, P. M., Frankel, A.,Steele, K., Gold, S. N., Gast, U., Young, L. M. & Twombly, J.]. Guidelines for treating dissociative identity disorder in adults, 3rd revision. In *Journal of Trauma & Dissociation*, 12, 115–187. Deutsche Übersetzung im Internet abrufbar: http://www.michaela-huber.com/files/expertenempfehlung_dis.pdf.

Jaeggi, E., Faas, A. & Mruck, K. (1998). Denkverbote gibt es nicht! Vorschlag zur interpretativen Auswertung kommunikativ gewonnener Daten. (2. überarb. Fassung). *Forschungsbericht aus der Abteilung Psychologie im Institut für Sozialwissenschaften der Technischen Universität,* Berlin, Nr. 98-2. Abgerufen am 24. August 2014 von http://www.ash-berlin.eu/hsl/freedocs/227/Zirkulaeres_Dekonstruieren.pdf.

Jahnke, B. (2012). *Vom Ich-Wissen zum Wir-Wissen. Mit EX-IN zum Genesungsbegleiter.* Neumünster: Paranus.

Janet, P. (1889). *L´automatisme psychologique.* Paris: Alcan.

Kaimer, P. (2011). Narrative Ansätze. Nützliche Geschichten als Quelle für Hoffnung und Kraft. In Frank, R. (Hrsg.), *Therapieziel Wohlbefinden. Ressourcen aktivieren in der Psychotherapie* (3. Aufl.) (S. 94-110). Heidelberg: Springer.

Kanfer, F. & Saslow, G. (1965). Behavioural Analysis. An alternative diagnostic classification. In *Archiv of General Psychiatry*, 12, 529-538.

Kapfhammer, H. (2004) Dissoziation und Gedächtnis als Ergebnis neurobiologisch beschreibbarer Prozesse. In Eckhardt-Henn, A. & Hoffmann, S. (Hrsg.), *Dissoziative Bewusstseinsstörungen. Theorie, Symptomatik, Therapie* (S. 9-33). Stuttgart, New York: Schattauer.

Keilson, H. (Unter Mitarbeit von Sarphatie, H.R.) (1979). *Sequentielle Traumatisierung bei Kindern. Deskriptiv-klinische und quantifizierend-statistische follow-up Untersuchung zum Schicksal der jüdischen Kriegswaisen in den Niederlanden.* Stuttgart: Enke.

Kell, U. & Kluge, S. (2010). *Vom Einzelfall zum Typus. Fallvergleich und Fallkontrastierung in der qualitativen Sozialforschung* (2. Aufl.). Wiesbaden: VS Verlag

Kelle, U. (2011). „Emergence" oder „Forcing"? Einige methodologische Überlegungen zu einem zentralen Problem der Grounded-Theory. In Mey, G. & Mruck, K. (Hrsg.), *Grounded Theory Reader* (2. Aufl.) (S. 235-261). Wiesbaden: VS Verlag

## 9. Literaturverzeichnis

Kindler, H. (2013). Ethische Fragen in der Forschung mit Kindern und Jugendlichen zu sexueller Gewalt: Ein Überblick. In Helfferich, C., Kavemann, B. & Kindler, H. (Hrsg), *Forschungsmanual Gewalt. Grundlagen der empirischen Erhebung von Gewalt in Paarbeziehungen und sexualisierter Gewalt* (S. 69-101). Wiesbaden: Springer.

Kleve, H. (2011). Das Wunder des Nichtwissens. Vom Paradigma der professionellen Lösungsabstinenz in der Sozialen Arbeit. In *Kontext* 42(4), 338-355.

Kluft, R. (1985). *Childhood Antecedents of Multiple Personality*. Washington: American Psychiatric Press.

Kluft, R. (2004). Behandlung der dissoziativen Identitätsstörung aus psychodynamischer Sicht. In Eckhardt-Henn, A. & Hoffmann, S. O. (Hrsg.), *Dissoziative Bewusstseinsstörungen. Theorie, Symptomatik, Therapie* (S. 64-91). Stuttgart, New York: Schattauer.

Kluft, R. (2006). Dealing with Alters: A Pragmatic Clinical Perspective. In *Psychiatric Clinics of North America*, Am 29 (2006), 281-304.

Kluft, R. (2009). A clinician´s understanding of dissociation: Fragments of a acquaintance. In Dell, P. & Neil, J. (Eds.), *Dissociation and the dissociative disorders:DSM-V and beyond* (S. 599-624). New York: Routledge.

Knuf, A. (2016). *Empowerment und Recovery. Basiswissen* (5. erw. Aufl.). Köln: Psychiatrieverlag.

Knuf, A. & Seibert, U. (2000). *Selbstbefähigung fördern. Empowerment und psychia - trische Arbeit*. Bonn: Psychiatrie-Verlag.

Kriz, J. (2015). Psychotherapieforschung – und ihre Beschränkung durch einen schulenspezifischen Bias. In *Resonanzen*, Ausgabe 02/2015, 101 – 113.

Kröger, C., Ritter, C. & Bryant, Richard (2013). *Akute Belastungsstörung*. Göttingen: Hogrefe.

Krüger, A. (2015). *Homepage*. Abgerufen am 30. September 2015 von http://www.ipkj.de.

Kruse, J. (2004). *Arbeit und Ambivalenz: Die Professionalisierung Sozialer und infor - matisierter Arbeit*. Bielefeld: transcript.

Kuckartz, U. (2010). *Einführung in die computergestützte Analyse qualitativer Daten* (3. Auflage). Wiesbaden: VS Verlag.

Kuhl, J. (2010). Individuelle Unterschiede in der Selbststeuerung. In Heckhausen, J &Heckhausen, H. (Hrsg.), *Motivation und Handeln* (4. Aufl.) (S. 337-361). Berlin: Springer Verlag.

Kumbier, D. (2013). Das innere Team in der Psychotherapie. In *Psychotherapie*, 18. Jahrg., Bd. 18-2, 102-122.

Lazarus, R.S. & Launier, R. (1978). Stress related transactions between person and environment. In Pervon, L. & Lewis, M. (Eds.), *Perspectives in internationals psychology* (S. 287 – 327). New York: Plenum.

Lazarus, R.S. & Folkman, S. (1984) *Stress, appraisal and coping*. New York: Springer.

Lazarus, R.S. & Folkman, S. (1987). Transactional theory and research on emotions and coping. In *European Journal of Personality*, 1, 141 – 169.

Lichtstrahlen e.V. (2015). *Homepage*. Abgerufen am 30. September 2015 von http://lichtstrahlen-oldenburg.de/lichtstrahlen/.

Lilienfeld, S. & Lynn, S. (2003). Dissociative identity disorder: Multiple personalities, multiple controversies. In Lilienfeld, S., Lynn, S. & Lohr, J. (Hrsg.), *Science and pseudoscience in clinical psychology* (S. 109.142). New York: Guilford.

Linden, M. & Weig, W. (2009). (Hrsg.). *Salutotherapie in Prävention und Rehabilitation*. Köln: Deutscher Ärzte-Verlag.

Lindworsky, J. (2015). *Der Wille: seine Erscheinung und seine Beherrschung. Nachdruck des Originals von 1923*. Paderborn: Salzwasser.

Linley, A. & Joseph, S. (2004). *Positive Psychology in practice*. New Jersey: John Wiley & Son.

Loftus, E. (1994). *The Myth of Repressed Memory*. New York: St.Martin´s Griffin.

Lorenz, R. (2005). *Salutogenese. Grundwissen für Psychologen, Mediziner, Gesundheits- und Sozialwissenschaftler* (2. Aufl.). München: Ernst Reinhardt Verlag.

Lucius-Hoene, G. & Deppermann, A. (2013). *Rekonstruktion narrativer Identität. Ein Arbeitsbuch zur Analyse narrativer Interviews*. Wiesbaden: Springer.

Mann, B., Spieckermann, C. & Wagner, A. (2010). Das Vorkommen von ritueller Gewalt wird heute nicht mehr bestritten. In *Ärzteblatt Rheinland-Pfalz*, 1, 18.

Marya, S. (1999). *Schmetterlingsfrauen. Ein Selbsthilfebuch für Frauen mit multipler Persönlichkeit*. München: Frauenoffensive.

Marya, S. (2005). *Hand in Hand. Selbsthilfebuch für FreundInnen, PartnerInnen und BegleiterInnen von Frauen mit multipler Persönlichkeit*. Freiburg i.Br.: Autorenverlag artep.

Marya, S. & Lindewald, D. (2009). *Auf der Suche nach Weihnachten – Ein kreativer Adventskalender für große und kleine Menschen*. Leipzig: Engelsdorfer Verlag.

Mayring, P. (2007). Individuelle und situative Bedingungsfaktoren für Wohlbefinden – Ergebnisse psychologischer Glücksforschung. In Ecker, H. (Hrsg.), *Orte des guten Lebens. Entwürfe humaner Lebensräume* (S. 51-61). Wiesbaden: Königshausen und Neumann GmbH.

McNamee, S. (2016). *Sheila McNamee: Radical Presence*. Homepage abgerufen am 12. Juni 2016 von http://systemagazin.com/sheila-mcnamee-radical-presence/.

Mead, G. (1968). *Geist, Identität und Gesellschaft aus der Sicht des Sozialbehaviorismus*. Frankfurt am Main: Suhrkamp.

Mergenthaler, J. (2008). *Sollbruchstellen der Seele. Die multiple Persönlichkeit als Metapher im Identitätsdiskurs*. Marburg: Tectum.

Merkens, H. (2005). Auswahlverfahren, Sampling, Fallkonstruktion. In: Flick, U. & Kardoff, E. v. & Steinke, I. (Hrsg.), *Qualitative Sozialforschung. Ein Handbuch* (4. Aufl.) (S. 286-299). Reinbek: Rowohlt Taschenbuch Verlag.

Mey, G. & Mruck, K. (Hrsg). (2010). *Handbuch Qualitative Forschung in der Psychologie*. Wiesbaden: VS Verlag.

Mey, G. & Mruck, K. (Hrsg.). (2011). *Grounded Theory Reader*. (2. Aufl.). Wiesbaden: VS Verlag.

Moschner, B. (2002). Altruismus oder Egoismus – Was motiviert zum Ehrenamt? In *Zeitschrift für Politische Psychologie*, Jg. 10, 2002, Nr. 1+2, 25-40.

Moschner, B. & Dickhäuser, O. (2010). Selbstkonzept. In Rost (Hrsg.), *Handwörterbuch Pädagogische Psychologie*. (4. Aufl.) (S. 760-767). Weinheim: Beltz.

Moser, K. M. (2007). *Von Opfern reden. Ein feministisch ethischer Zugang*. Frankfurt a.M.: Helmer.

Mruck, K. & Mey, G. (2010). Grounded Theory and Reflexivity. In Bryant, A. & Charmaz, K. (Eds.), *The Sage Handbook of Grounded Theory* (S. 515-539). Los Angeles: Sage.

Mühlmeyer-Mentzel, A. & Schürmann, I. (2011). Softwareintegrierte Lehre bei der Grounded-Theory-Methodologie. In *Forum Qualitative Sozialforschung*, Volume 12, No. 3, Art. 17. September 2011. Abgerufen am 07. Januar 2016 von http://www.qualitative-research.net/index.php/fqs/article/view/1654/3266.

Nathschläger, J. (2014). *Martha Nussbaum und das gute Leben. Der „Capabilities Ap-proach auf dem Prüfstand"*. Tectum Verlag, Marburg.

Nijenhuis, E. (2006). *Somatoforme Dissoziation. Phänomene, Messung und theoretische Aspekte*. Paderborn: Junfermann.

Nijenhuis, E., Van der Hart, O., Steele, K. & Mattheß, H. (2011). Strukturelle Dissoziation der Persönlichkeitsstruktur, traumatischer Ursprung, phobische Residuen. In Reddemann, L., Hofmann, A. & Gast, U (Hrsg.), *Psychotherapie der dissoziativen Störungen* (3. Aufl.) (S. 47 – 64). Stuttgart: Thieme.

Nussbaum, M. (2000). *Women an Human Development. The Capabilities Approach*, New York.

Nussbaum, M. (2011). *Creating Capabilties. The Human Development Approach*, New York.

Overkamp, B. (2005). *Differentialdiagnostik der dissoziativen Identitätsstörung (DIS) in Deutschland – Validierung der Dissociative Disorders Interview Schedule (DDIS)*. Abgerufen am 23. Mai 2016 von https://edoc.ub.uni-muenchen.de/4409/1/Overkamp_Bettina.pdf.

Palazzoli, M. (1996). *Die psychotischen Spiele in der Familie*. Stuttgart: Klett Cotta

Pankofer, S. (2000). Empowerment – eine Einführung. In Miller, T. & Pankofer, S. (Hrsg.), *Empowerment konkret! Handlungsentwürfe und Reflexionen aus der psychosozialen Praxis* (S. 7-23). Stuttgart: Lucius und Lucius.

Pankofer, S. (2000a). Empowerment und Zwang. Eine unmögliche Beziehung? In In Miller, T. & Pankofer, S. (Hrsg.), *Empowerment konkret! Handlungsentwürfe und Reflexionen aus der psychosozialen Praxis* (S. 167-187). Stuttgart: Lucius und Lucius.

Peichl, J. (2007). *Die inneren Trauma-Landschaften. Borderline, Ego-State, Täterintrojekt.* Stuttgart: Schattauer.

Peichl, J. (2010). *Innere Kinder, Täter, Helfer & Co. Ego-State-Therapie des trauma – tisierten Selbst* (3. Aufl.). Stuttgart: Klett-Cotta.

Peichl, J. (2012). *Hypno-analytische Teilearbeit. Ego-State-Therapie mit inneren Selbst- Anteilen.* Stuttgart: Klett-Cotta.

Peichl, J. (2013). *Innere Kritiker, Verfolger und Zerstörer. Ein Praxishandbuch für die Arbeit mit Täterintrojekten.* Stuttgart: Klett-Cotta.

Perls, F (1976). *Grundlagen der Gestalttherapie. Einführung und Sitzungsprotokolle.* München: Pfeiffer.

Petzold, H. (Hrsg.) (2001). *Wille und Wollen. Psychologische Modelle und Konzepte.* Göttingen: Vandenhoeck&Ruprecht.

Petzold, H. & Sieper, S. (Hrsg.) (2003). *Der Wille in der Psychotherapie. Band 1: Tiefenpsychologische und humanistische Verfahren.* Göttingen: Vandenhoeck & Ruprecht.

Petzold, H. & Sieper, S. (Hrsg.) (2004). *Der Wille in der Psychotherapie. Band 2: Systemische, verhaltenstherapeutische und integrative Verfahren.* Göttingen: Vandenhoeck & Ruprecht.

Pickert, H. (2012). *Das angemessene Fragen nach dem Menschsein. Das Menschenbild der Philosophischen Anthropologie und der Existenzphilosophie im Vergleich.* Norderstedt: Books on Demand GmbH.

Prince, Morton (1932). *Die Spaltung der Persönlichkeit.* Stuttgart: Kohlhammer.

Przyborski, A. & Wohlrab-Sahr, M (2010). *Qualitative Sozialforschung. Ein Arbeitsbuch* (3. Aufl.). München: Oldenbourg.

Putnam, F. (1986). The treatment of multiple personality: State of the art. In Braun, B. (Hrsg), *Split Minds/Split Brains.* New York: New York University Press.

Putnam, F. (2003). *Diagnose und Behandlung der Dissoziativen Identitätsstörung. Ein Handbuch.* Paderborn: Junfermann.

Quindel, R. & Pankofer, S. (2000). Chancen, Risiken und Nebenwirkungen von Empowerment – Die Frage nach der Macht. In: Miller, T. & Pankofer, S. (Hrsg.), *Empowerment konkret. Handlungsentwürfe und Reflexionen aus der psychosozialen Praxis* (S. 33-44). Stuttgart: Lucuis & Lucius.

Reddemann, L (2007). *Imagination als heilsame Kraft. Zur Behandlung von Traumafolgen mit ressourcenorientierten Verfahren.* Stuttgart: Klett Cotta.

Reddemann, L. (2011). *Psychodynamisch imaginative Traumatherapie PITT – Das Manual: ein resilienzorientierter Ansatz in der Psychotraumatologie.* Stuttgart: Klett-Cotta.

Reddemann, L., Hofmann, A. & Gast, U (Hrsg). (2011). *Psychotherapie der dissoziativen Störungen* (3. Aufl.). Stuttgart: Thieme.

## 9. Literaturverzeichnis

Reichertz, J. (2000). Zur Gültigkeit von Qualitativer Sozialforschung. In *Forum Qualitative Sozialforschung*. Volume 1, No. 2, Art., Juni 2000. Abgerufen am 25. April 2015 von http://www.qualitative-research.net/index.php/fqs/article/view/1101/2427.

Reichertz, J. (2015). Die Bedeutung der Subjektivität in der Forschung. In: *Forum Qualitative Sozialforschung*. Volume 16, No. 3, 2015. Abgerufen am 14. April 2016 von http://www.qualitative-research.net/index.php/fqs/article/view/2461/3889.

Rode, T. (Hrsg). (2009). *Bube, Dame, König – DIS. Dissoziation als Überlebensstrategie im Geschlechterkontext*. Köln: Mebes & Noack.

Rodewald, F. (2004). Diagnostik dissoziativer Störungen. In Huber, M. (Hrsg.), *Viele Sein – ein Handbuch. Komplextrauma und dissoziative Identität – verstehen, verändern, behandeln* (S. 351 – 368). Paderborn: Junfermann.

Rosales, A. (1970). *Transzendenz und Differenz. Ein Beitrag zum Problem der ontologischen Differenz beim frühen Heidegger*. The Hague: Springer.

Ross, C. (1989). *Multiple personality disorder*. New York: Wiley.

Ross, C. (1989 a). Differences between multiple personality disorder and other diag-nostic groups on structured interviews. In *Journal of nerv and Mental Disease* 179, 487-491.

Ross, C. (1997). *Dissociative Identity Disorder: Diagnosis, Clinical Features, and Treatment of multiple personalities*. New York: Wiley.

Ross, C. (2011). Das Täterintrojekt als General im dissoziativen Patienten. *Tagung Körperpotentiale III*: Leipzig 16.-18.6.2011. Auf DVD durch AVRecord.

Ross, C. (2012). Täterintrojekte in der Trauma Model Therapy (TMT). In Vogt, R. (Hrsg.), *Täterintrojekte. Diagnostik und Behandlungsmodelle dissoziativer Strukturen* (S. 85-97). Kröning: Ansager.

Ross, C. (2013). *Essay on Dissociative Identity Disorder*. Homepage. Abgerufen am 4.4.2016 von http://www.toddlertime.com/dx/did/essay-did.htm.

Ross, C., Anderson, G., Fleischer, W.P. & Norton, G.R. (1991). The frequency of multiple personality disorder among psychiatric inpatients. In: *American Journal of Psychiatry*, 148 (12), 1717-1720.

Ross, C., Norton, G. & Wozney, K. (1989). Multiple personality disorder. An analysis of 236 cases. In *Can J Psychiatry*, 34 (5), 413-418.

Roth, G. (2003). *Aus Sicht des Gehirns*. Suhrkamp: Frankfurt am Main.

Roth, W. (2004). Qualitative Forschung und Ethik. In *Forum Qualitative Sozialforschung*, Volume 5, No. 2, Art. 7, Mai 2004. Abgerufen am 10. Januar 2016 von http://www.qualitative-research.net/index.php/fqs/article/view/614/1330.

Rotter, J. (1966). Generalized expectancies for internal versus external locus of control of reinforcement. In *Psychological Monographs*, 1966, No. 609, 1-28.

## 9. Literaturverzeichnis

Röh, D. (2005). *Empowerment als Hilfe zur Lebensbewältigung. Anforderungen an ein integratives Empowermentmodell für die Arbeit mit psychisch erkrankten Menschen in Zeiten postmoderner Gesellschaftsveränderungen.* Abgerufen am 14. September 2015 von http://oops.uni-oldenburg.de/148/.

Rüppell, A. (2008). Soziale Unterstützung traumatisierter Menschen: Begleitung durch FreundInnen, PartnerInnen und andere Angehörige. In Fliß, C. & Igney, C. (Hrsg.), *Handbuch Trauma und Dissoziation. Interdisziplinäre Kooperation für komplex traumatisierte Menschen* (S. 269-286). Lengerich: Pabst Science Pub-lisher.

Sachsse, U. (2003). Der diagnostische Notnagel. In *Gehirn&Geist*, 4/2003, 38-39.

Sachsse, U. (Hrsg.) (2004). *Traumazentrierte Psychotherapie. Theorie, Klinik und Praxis.* Stuttgart: Schattauer.

Saleebey, D. (1992). *The strength perspective in social work practice.* New York: White Plains.

Sambale, M. (2010). *Empowerment statt Krankenversorgung. Stärkung der Prävention und des Case Management im Strukturwandel des Gesundheitswesens.* Hannover: Schlütersche Verlagsgesellschaft.

Sandritter, W. & Beneke, G. (1981). *Allgemeine Pathologie. Lehrbuch für Studierende und Ärzte.* New York, Stuttgart: Schattauer.

Sautermeister, J. (2013). Selbstwahrnehmung und Empathie. In Droesser, G., Lutz, R. & Sautermeister, J (Hrsg.), *Konkrete Identität. Vergewisserung des individuellen Selbst* (S. 47-83). Frankfurt am Main: Internationaler Verlag der Wissenschaften.

Schäfer, U., Rüther, F & Sachsse, U. (2009). *Hilfe und Selbsthilfe nach einem Trauma – Ein Ratgeber für Menschen nach schweren seelischen Belastungen und ihren Angehörigen.* Göttingen: Vandenhoeck & Ruprecht.

Scheffer, D.& Heckhausen, H (2010). Eigenschaftstheorien der Motivation. In Heck -hausen, J & Heckhausen, H. (Hrsg), *Motivation und Handeln.* (4. Aufl.) (S. 43-73). Berlin: Springer Verlag.

Scherwath, C. & Friedrich, S. (2014). *Soziale und pädagogische Arbeit bei Traumatisierung* (2., überarb. und erw. Aufl.). München: Ernst Reinhardt.

Schneider, B. (2015). *Narrative Kunsttherapie. Identitätsarbeit durch Bildgeschichten. Ein neuer Weg in der Psychotherapie.* Bielefeld: transcript.

Schnell, M. W. & Heinritz, C. (2006). *Forschungsethik. Ein Grundlagen und Arbeitsbuch für die Gesundheits- und Pflegewissenschaften.* Bern: Huber.

Schopenhauer, A. (1819). *Die Welt als Wille und Vorstellung.* Stuttgart.

Schramm, S. (2010). Systematische Kinder-Abrichtung in Deutschland. In Fliß, C. & Igney, C. (Hrsg.), *Handbuch rituelle Gewalt. Erkennen – Hilfe für Betroffene - Interdisziplinäre Kooperation.* (S. 141-153). Paderborn: Junfermann

Schreiber, F. (1974). *Sybil.* London: Penguin books.

Schreiber, L. (2013). *Was lässt Ehen heute (noch) gelingen? Gelingen posttraditionaler Ehestabilität*. Wiesbaden: Westdeutscher Verlag.

Schulze-Steinmann, L. (2002). Salutogenese – die Gesundheit psychisch Kranker erhalten und fördern! In *Theorie und Praxis der Sozialen Arbeit 6*, 435-443.

Schumacher, J.& Brähler, E. (2004). *SOC-L9, Sense of Coherence Scale – Leipziger Kurzform*. Homepage abgerufen am 23. Mai 2016 von http://www.assessment-info.de/assessment/seiten/datenbank/vollanzeige/vollanzeige-de.asp?vid=7.

Schwartz, R.C. (2000). *Systemische Therapie mit der inneren Familie* (2. Aufl.). Stutt-gart: Klett-Cotta.

Schwartz, H. (2012). Behandlung und Transformation von täteridentifizierten States bei dissoziativen Patienten – Eine Alchemie von Wölfen und Schafen. In Vogt, R. (Hrsg.), *Täterintrojekte. Diagnostik und Behandlungsmodelle dissoziativer Strukturen* (S. 97-138). Kröning: Ansager.

Schwerwath, C. & Friedrich, S. (2014). *Soziale und pädagogische Arbeit bei Traumatisierung* (2. Aufl.). München: Reinhardt Verlag.

Seidler, G. (2004). Zur Wirksamkeit traumazentrierter Psychotherapie. In Sachsse, U. (Hrsg.), *Traumazentrierte Psychotherapie. Theorie, Klinik und Praxis* (S. 322-334). Stuttgart: Schattauer.

Seligman, M. (1972). Learned helplessness. *Annual Review of Medicine*. Vol. 23. 407-412. doi:10.1146/annurev.me.23.020172.002203.

Seligman, M. (2003). Foreword: The past and the future of positive psychology. In Keyes, C. & Haidt, J. (Eds.), *Flourishing. Positive psychology and the life well-lived* (2nd ed.) (S. XI-XX). Washington: APA.

Seligman, M. & Csikszentmihalyi, M. (2000). Positive Psychology. An Introduction. In *American Psychologist*, Vol 55(1), Jan 2000, 5-14.

Shazer de, Steve (1985). *Keys to solution in brief therapy*. New York: W.W. Norton & Co inc.

Sielaff, G. (2015). *Homepage*. Abgerufen am 30. September 2015 von http://www.ex-in-hamburg.de

Simon, F., Clement, U. & Stierlin, H. (2004). *Die Sprache der Familientherapie. Ein Vokabular. Kritischer Überblick und Integration systemtherapeutischer Begriffe, Konzepte und Methoden* (Sechste, überarb. u. erw. Auf.). Stuttgart: Klett Cotta.

Singer, S. & Brähler, E. (2007). *Die „Sense of Coherence Scale". Testhandbuch zur deutschen Version*. Göttingen: Vandenhoeck & Ruprecht.

Smith, M. (1994). *Gewalt und sexueller Missbrauch in Sekten*. Zürich: Kreuz.

Spanos, N. & Burgess, C. (1994). Hypnosis and multiple personality disorder. A sociocognitive perspective. In Lynn, S. & Rhue, J. (Eds.), *Dissociation Clinical and theoretical perspectives* (S 136-155). New York: Health Science Books.

Spring, Rob (2013). DSM-5: what's new in the criteria for dissociative disorders? In *Multiple Parts*,Volume 3.3 (2013), 13-44.

Steiner, B. & Krippner, K (2006). *Psychotraumatherapie. Tiefenpsychologisch-imaginative Behandlung von traumatisierten Patienten.* Stuttgart: Schattauer.

Steinhage, R. (2004). Parteiliche Beratungsansätze. In Körner, W. & Lenz, A. (Hrsg.), *Sexueller Missbrauch. Band 1. Grundlagen und Konzepte* (S. 38-49). Göttingen: Hogrefe.

Stern, Adriana (2015). *Hannah und die Anderen* (5. Aufl.). Hamburg: Argument.

Strauss, A. (1987). *Qualitative Analysis For Social Scientists.* Cambridge: Cambridge University Press.

Strauss, A. (2004). Methodologische Grundlagen der Grounded Theory. In Strübing, J. & Schnettler (Hrsg.), *Methodologie interpretativer Sozialforschung. Klassische Grundlagentexte* (S. 427-453). Konstanz: UTB.

Strauss, A. & Corbin, J. (1990). *Basics of Qualitative Research. Grounded Theory Pro-cedures and Techniques.* Thousands Oaks: Sage.

Strauss, A. & Corbin, J. (1996). *Grounded Theory. Grundlagen qualitativer Sozialforschung.* Weinheim: Beltz.

Striebel, C. (2008). *Schritt für Schritt ins Leben – Ein kompaktes Selbsthilfebuch für Menschen mit Dissoziativer Identitätsstörung und Zwischenformen.* Leipzig: Engelsdorfer Verlag.

Strübing, J. (2008). *Grounded Theory. Zur sozialtheoretischen und epistemologischen Fundierung des Verfahrens der empirisch begründeten Theoriebildung* (2. Auflage). Wiesbaden: VS.

Strübing, J. (2008 a). Der Beitrag der Grounded Theory zur Empirie-Theorie-Frage. In Kalthoff, H., Hirschauer, S. & Lindemann, G. (Hrsg.), *Theoretische Empirie. Zur Relevanz qualitativer Forschung* (S. 279-311). Frankfurt am Main: Suhrkamp.

Strübing, J. (2013). *Qualitative Sozialforschung. Eine komprimierte Einführung für Studierende.* München: Oldenbourg Verlag.

Strübing, J. (2014). *Grounded Theory. Zur sozialtheoretischen und epistemologischen Fundierung des Verfahrens der empirisch begründeten Theoriebildung.* (3. Auflage). Wiesbaden: VS.

Strübing, J. & Schnettler (Hrsg.). (2004). *Methodologie interpretativer Sozialforschung. Klassische Grundlagentexte.* Konstanz: UTB.

Tameling, R. (2014). *Stress und Stressbewältigung. Die Stresstheorien von Richard S. Lazarus und Aaron Antonovsky.* Hamburg: disserta Verlag.

Taylor, E. (1982). *William James on Exceptional Mental States: The 1896 Lowell Lectures.* New York: Scribner´s.

Tedeschi, R., Park, C. & Calhoun, L. (1998). *Posttraumatic Growth. Positive Change in the Aftermath of Crisis.* Mahwah, NJ: Lawrence Erlbaum.

Trautmann, T. (2010). *Interviews mit Kindern. Grundlagen, Techniken, Besonderheiten, Beispiele.* Wiesbaden: VS Verlag.

Truman, A. (2002). *Feministische Theorie. Frauenbewegung und weibliche Subjektbildung im Spätkapitalismus*. Stuttgart: Schmetterling Verlag.

Tulving, E. (2013). *Memory, Consciousness, and the brain. The Tallin conference*. New York: Psychological Press.

Van der Hart, O. (2013): „Wir sprechen von täterimitierenden Anteilen". In Huber,M. (Hrsg.), *Der Feind im Innern. Psychotherapie mit Täterintrojekten* (S. 205-211). Paderborn: Junfermann.

Van der Hart, O., Nijenhuis, E. & Steele, K (2008). *Das verfolgte Selbst. Strukturelle Dissoziaton und die Behandlung chronischer Traumatisierung*. Paderborn: Junfermann.

Van der Kolk (1994). The body keeps the score: memory and the evolving psychobiology of posttraumatic stress. In *Harvard Review of Psychiatriy* 1 (5), 253-265.

Vielfalt e.V. (2009). *Viele-Sein. Überlebensstrategie und Alltag. Eine Broschüre für dissoziative/multiple Menschen und ihre UnterstützerInnen*. Selbstverlag. Erhältlich über Vielfalt e.V., Postfach 100602, 28006 Bremen oder www.vielfalt-info.de.

Vogt, R. (2007). *Psychotrauma, State, Setting*. Gießen: Psychosozial-Verlag.

Vogt, R. (Hrsg.). (2012). *Täterintrojekte. Diagnostik und Behandlungsmodelle dissoziativer Strukturen*. Kröning: Ansager.

von Unger, H. & Narimani, P. (2012). Ethische Reflexivität im Forschungsprozess: Herausforderungen in der Partizipativen Forschung. In *Discussion Paper* SP I 2012-304. Abgerufen von http://bibliothek.wzb.eu/pdf/2012/i12-304.pdf.

von Unger, H. (2014). Forschungsethik in der qualitativen Forschung: Grundsätze, Debatten und offene Fragen. In von Unger, H., Narimani, P. & M´Bayo, R. (Hrsg.) (2014). *Forschungsethik in der qualitativen Forschung. Reflexivität, Perspektiven, Positionen* (S. 15-39). Wiesbaden: Springer VS.

von Unger, H., Narimani, P. & M´Bayo, R. (Hrsg.) (2014). *Forschungsethik in der qualitativen Forschung. Reflexivität, Perspektiven, Positionen*. Wiesbaden: Springer VS.

Vossebrecher, D. & Jeschke, K. (2007). Empowerment zwischen Vision für die Praxis und theoretischer Diffusion. In *Forum Kritische Psychologie*, 51/2007, 53-66.

Warin, J. (2011). Ethical Mindfulness and Reflexivity: Managing a Research Relationship With Children and Young People in a 14-Year Qualitative Longitudinal Research (QLR) Study. In: *Qualitative Inquiry*, 17(9), 805–814.

Watkins, J. (1978). *The therapeutic Self*. New York: Human Sciences Press.

Watkins, J. & Watkins, H. (1997). *Ego States. Theory and Therapy*. New York: W. W. Norton & Company.

Watkins, J. & Watkins, H. (2012). *Ego-States – Theorie und Therapie. Ein Handbuch* (3. Aufl.). Heidelberg: Carl-Auer.

Weik, A., Rapp, C., Sullivan, W. & Kisthardt, W. (1989). A strenghts perspective for social work practice. In *Social Work*, 7/1989, 350-354.

# 9. Literaturverzeichnis

Weinert, P. (1987). Bildhafte Vorstellungen des Willens. In Heckhausen, H., Gollwitzer, P. & Weinert, F. (Hrsg.), *Jenseits des Rubikon. Der Wille in den Humanwissenschaften* (S. 10-27). Heidelberg: Springer.

Weiss, E. (1960). *The structure and dynamic of the human mind*. New York: Grune and Stratton.

Weiss, E. (1966). Paul Federn (1871 – 1950): Theory of the psychoses. In Alexander, F., Eisenstein, S. & Grotjohn, A.M. (Hrsg.), *Psychoanalytic pioneers* (S. 142-159). New York: Basic Books.

Werner, E. (1971). *The children of Kauai: a longitudinal study from the prenatal period to age ten*. Honolulu: University of Hawaii Press.

Winteler, R. (2014). *Friedrich Nietzsche, der erste tragische Philosoph. Eine Entdeckung*. Basel: Schwabe AG.

Wiesmann, U. (2013). Salutogenese und Trauma – Salutogenese in der Traumatherapie. In *Praxis Klinische Verhaltensmedizin & Rehabilitation*, 26. Jahrgang, Heft 2 (92),19-34.

Wildwasser Bielefeld e.V. (Hrsg.). (1997). *Der aufgestörte Blick. Multiple Persönlichkeiten, Frauenbewegung und Gewalt. Erweiterter Sammelband zum ersten bundesdeutschen Kongreß mit dem Schwerpunktthema Multiple Persönlich-keitsspaltung*. Bielefeld: Kleine Verlag.

Wöller, W. (2009). *Trauma und Persönlichkeitsstörungen. Psychodynamisch-integrative Therapie*. Stuttgart: Schattauer.

Wolf, U. (1999). *Die Philosophie und die Frage nach dem guten Leben*. Reinbek bei Hambug: rororo.

Wolinsky, S. (1993). *Die alltägliche Trance. Heilungsansätze in der Quantenpsychologie*. Freiburg: Lüchow.

Wollschläger, M. (Hrsg.). (2001). *Sozialpsychiatrie. Entwicklungen. Kontroversen. Perspektiven*. Tübingen: DGVT.

World Health Organization (WHO) (1948-2015). World Health Organization. Abgerufen am 23. Mai 2016 von http://www.who.int.

Wright, B. & Lopez, S. (2009). Widening the Diagnostic Focus. A Case for Including Human Strength and Environmental Resources. In Snyder, C.R & Lopez, S. (Hrsg.), *The Oxford Handbook of Positive Psychology* (2. Aufl.) (S. 71-87). New York: Oxford University Press.

Wustmann, C. (2004). *Resilienz. Widerstandsfähigkeit von Kindern in Tageseinrichtungen*. Weinheim: Beltz.

Zierer, K., Speck, K. & Moschner, B. (2013). *Methoden erziehungswissenschaftlicher Forschung*. München: E. Reinhardt UTB.